Das politische System Polens

Das politische System Polens

Hrsg.
Stanisław Sulowski
Konstanty Adam Wojtaszczyk

Warszawa 2001

Hrsg.
Stanisław Sulowski
Konstanty Adam Wojtaszczyk

Das politische System Polens, Warszawa 2001, Verlag Elipsa

ISBN 83-7151-444-1

Umschlaggestaltung:
Krzysztof Szczepanik

Übersetzt aus dem Polnischen von:
Grażyna Prawda, Grzegorz Fordon
Stefan Schmidt (native speaker)

Institut für Politische Wissenschaften
Warschauer Universität e-mail: INP@mail.uw.edu.pl

Stiftung Politeja
Ul. Krakowskie Przed. 3, 00 047 Warszawa, Tel.004822 8265428

Mit finanzieller Unterstützung der Stiftung für deutsch-polnische Zusammenarbeit aus den Mitteln der Bundesrepublik Deutschland

Printed in Poland

Inhalt

Stanisław Sulowski, Konstanty Adam Wojtaszczyk
Vorwort 7
Eugeniusz Zieliński
Die Prinzipien der politischen Gesellschaftsordnung Polens 10
Tadeusz Mołdawa
Die Verfassung der Republik Polen 22
Ryszard Chruściak
Sejm und Senat. 37
Tomasz Słomka
Der Präsident der Republik Polen 51
Grzegorz Rydlewski
Regierung und Regierungsverwaltung in Polen 63
Izabela Malinowska
Die Behörden des Rechtsschutzes in Polen 86
Konstanty Adam Wojtaszczyk
Das Parteiensystem in Polen 105
Jan Garlicki
Die politische Kultur in der polnischen Gesellschaft. 113
Tadeusz Bodio
Die psychologischen Voraussetzungen der Transformation des politischen Systems 136
Stanislaw Sulowski
Das internationale Umfeld des politischen Systems Polens 151
Barbara Rysz-Kowalczyk
Die Sozialpolitik in Polen 166
Leszek Graniszewski
Die Sozialpartner in Polen 174

Anhang 184
Ausgewählte Ereignisse bis 2000 184
Verfassung der Republik Polen vom 2. April 1997 186
Verfassungsorgane und ihre Kompetenzen 236
Parlamentswahlergebnisse 1987–1997 246
Präsidenten und Regierungen der III Republik 248
Abkürzungen 249
Autoren und Herausgeber 250

Stanislaw Sulowski, Konstanty Adam Wojtaszczyk

Vorwort

Die Grundlage für die Entwicklung wissenschaftlicher Kontakte auf dem Gebiet der Politikwissenschaften wurde mit der Vereinbarung über die wissenschaftliche Zusammenarbeit zwischen der Bonner und der Warschauer Universität vom 24. Mai 1978 geschaffen.

Prof. Hans-Adolf Jacobsen, der damalige Seminarleiter für Politische Wissenschaft an der Bonner Universität und Prof. Franciszek Ryszka, ein in Polen bekannter Deutschlandkenner waren die Anreger der ersten Kontakte.

Das Institut für Politische Wissenschaften an der Warschauer Universität wurde im Jahre 1967 gegründet und war über viele Jahre die einzige akademische Einrichtung auf diesem Gebiet in der Region „jenseits des eisernen Vorhangs".

Bereits in den 70er und 80er Jahren fanden zahlreiche Vorträge, Symposien sowie Forschungsprojekte statt, deren Ergebnisse auch veröffentlicht wurden. Studienaufenthalte und Stipendien stellten eine weitere Form dieser Zusammenarbeit dar.

Im Institut der Politischen Wissenschaften gibt es seit 1990 ein Forschungsprogramm „Polen und Deutschland in Europa", das vom Komitee für Wissenschaftliche Forschungen getragen wird. Die Forschungsergebnisse wurden in einigen Monographien in polnischer Sprache zusammengefasst (*„Die innerpolitischen und die internationalen Aspekte der Vereinigung Deutschlands", 1991, „Deutschland nach der Vereinigung", 1995, „Das vereinigte Deutschland", 1997, „Das gegenwärtige Deutschland", 1999*).

Das Studienprogramm im Institut für Politische Wissenschaften sieht folgende Seminare zur deutschen Problematik vor: *„Das politische System Deutschlands", „Die Aussenpolitik Deutschlands", „Transformationsprobleme in Ostdeutschland" und „Probleme der politischen Kultur in Deutschland"*:

Das Institut für Politische Wissenschaften arbeitet derzeit mit Fachbereichen der Politikwissenschaften an den Universitäten in Bonn, Hamburg, Saarbrücken, Konstanz, Berlin (Freie Universität und Humboldt-Universität), Tübingen sowie Frankfurt/Oder (Universität Viadrina) zusammen. Seit drei Jahren sind im Rahmen des europäischen Förderprogrammes Socrates einige polnische und deutsche Studierende austauschweise in beiden Ländern zu Gast. Seit 1999 wird vom Institut für Politische Wissenschaften und der Stiftung „Politeja" in Zusammenarbeit mit dem Akademischen Auslandsamt der Bonner Universität die Sommerschule – „Polen heute" für die deutschen Studierenden organisiert. Die an Polen interessierten deutschen Studierenden haben die Möglichkeit ihre Kenntnisse über Geschichte, Politik, Wirtschaft, Kultur, Gesellschaft, Transformation und die Stellung Polens im internationalen Gefüge zu erweitern. Wir freuen uns, dass die Sommerschule sich eines so großen Interesses erfreut. Bis jetzt haben an ihr Studierende aus Bonn, Konstanz, Saarbrücken, Berlin und Hamburg teilgenommen.

An den Ergebnissen unserer Zusammenarbeit ist leider festzustellen, dass das Interesse deutscher Politologen am Thema Polen viel kleiner als das der Polnischen an Deutschland ist. Auch die Veröffentlichungen über Polen in deutscher Sprache sind nicht sehr zahlreich.

Polen ist das erste Land in Ostmitteleuropa, in dem der Transformationsprozess auf dem Wege der Verständigung und des Dialoges eingeleitet wurde. Die Veränderungen setzten allmählich ein und führten zum Übergang von der zentralen Planwirtschaft zur Marktwirtschaft, vom autoritären Staat zur Parlamentsdemokratie und zivilen Gesellschaft, von der eingeschränkten Souverenität zur unabhängigen Gestaltung der Beziehungen im internationalen Umfeld. In der Systemtransformation nimmt die Veränderung des politischen Systems eine zentrale Stellung ein. Die Gesamtheit der staatlichen Organe, politischen Parteien, Interessengruppen, Normen und Grundsätze, Relationen zwischen ihnen und Funktionen, die sie in Bezug auf das innere (Gesellschaft, Wirtschaft, Kultur, Umwelt) und äußere (internationale Beziehungen mit den Staaten und internationalen Organen) Umfeld ausüben, werden neu definiert. Im letzten Jahrzehnt haben sich diese Elemente des politischen Systems in Polen qualitativ geändert. Die institutionelle Sphäre des politischen Systems hat sich gewandelt. Das Parlament ist keine Fassadeninstitution mehr, sondern das wichtigste Entscheidungsgremium, das gleichzeitig eine Kontrolle über Regierung und Staatsverwaltung ausübt. Die Szene des politischen Parteiensystems ist nach wie vor sehr differenziert. Die Entwicklung der zivilen Gesellschaft hat zur Herausbildung verschiedener Interessengruppen geführt. Es wurden neue rechtliche Grundlagen für das demokratische politische System geschaffen. Sie wurden mit der Verabschiedung der Verfassung am 2. April 1997 von der Nationalversammlung (Zwei-Kammer-System: Sejm und Senat) und von der Gesellschaft im Referendum am 25. Mai 1997 bestätigt. Die Verfassung festigt somit die Grundsätze der Ordnung, insbesondere die Souveränität des Staates, die Tripelmacht, den politischen Pluralismus und den Rechtsstaat. Im politischen System des gegenwärtigen Polens werden die für die Demokratie typischen Verhältnisse artikuliert. Es werden Regierungskoalitionen gebildet, die Rechte der Opposition respektiert, Programme und Organisation der politischen Parteien stabilisieren sich.

Das vorliegende Buch soll den Wünschen der Teilnehmer an der Sommerschule in Warschau entgegenkommen. Wahrscheinlich ist dieser Band der erste, der das politische System im gegenwärtigen Polen behandelt und der von den polnischen Autoren in Deutsch verfasst wurde.

Wodurch zeichnet sich dieses Buch aus? Zum ersten liefert es die Einführung in die Problematik über das politische System im gegenwärtigen Polen. Zum zweiten handelt es sich hier nicht um eine Synthese sondern lediglich um eine Darstellung der institutionellen Sphäre des politischen Systems und ausgewählter sozialer, ökonomischer und internationaler Probleme. Bei einigen Autoren findet der Leser einen tieferen Bezug auf die historischen Aspekte. Zum dritten kann in diesem Beitrag nicht die Gesamtheit der Probleme des politischen Systems in Polen erschöpfend behandelt werden. Die Herausgeber möchten betonen, dass sie eine übergreifende und ausführliche Darstellung des politischen Systems nicht zum Ziel hatten. Dies könnte evt. der Gegenstand einer nächsten Veröffentlichung sein.

Wir sind überzeugt, dass die Inhalte in diesem Buch zur besseren Verständigung des Zusammenlebens und Zusammenwachsens der Nationen in Europa beitragen werden. Wir vertreten die Meinung, dass heute nicht nur die Politik der gutnachbarlichen Beziehungen zwischen unseren Ländern sondern auch die Politik der Erweiterung und Vertiefung der europäischen Integration auf Wissen beruhen sollte. Um sich besser zu verstehen und kennenzulernen brauchen die Nationen Europas mehr fundiertes Wissen von einander,und zwar nicht nur von den Massenmedien, deren Informationen weitgehend nur Sensationelles widerspiegeln.

Die Herausgeber und Autoren sowie die Stiftung „Politeja" danken der Stiftung für Deutsch-Polnische Zusammenarbeit, die das Projekt unterstützt hat. Ohne deren Hilfe würde dieser Band nicht erscheinen können. Ein besonderer Dank gilt unserem Kollegen Dr. Hans Wassmund von der Universität in Saarbrücken, der uns bei der Realisierung dieses Projekts mit fachlichem Rat begleitet hat.

Eugeniusz Zieliński

Die Prinzipien der politischen Gesellschaftsordnung Polens

Die Verfassung der Republik Polen vom 2. April 1997 legt als das grundlegende Rechtsdokument des Staates die Prinzipien der Gesellschaftsordnung des Rechtsstaates und die bürgerlichen Freiheiten, die Struktur und die Organisation der Staatsmacht sowie das Tätigkeitsgebiet der Staatsmachtorgane fest. Die Verfassung nimmt liberal-demokratische politische Werte und Organe der Vertretungsdemokratie an. Die staatliche Praxis hat die Richtigkeit der gesellschaftsordnungsbezogenen rechtlichen Lösungen sowie deren Eignung für die Ausübung der Regierungsgewalt gegenüber der polnischen Gesellschaft bestätigt.

Einen wichtigen Platz in der Zusammensetzung der Verfassung nehmen die Prinzipien der politischen Gesellschaftsordnung ein, die die Errichtung eines modernen Staates auf der Basis von demokratischen Prinzipien vorsehen, was die Grundlage für das Funktionieren des polnischen Staates und die Schaffung seiner institutionellen Grundlagen bilden. Es treten dabei folgende Prinzipien auf: das Prinzip des demokratischen Rechtsstaates, das Prinzip der vom Volk ausgeübten obersten Gewalt, das Prinzip der politischen Vertretung, das Prinzip der Gewaltenteilung, das Prinzip des politischen Pluralismus, das Prinzip der Selbstverwaltung. Jedes dieser Prinzipien umfasst bestimmte die Gesellschaftsordnung betreffende Inhalte sowie ruft funktionelle Konsequenzen hervor und demzufolge verdient es ausführlicher dargelegt zu werden.

1. Das Prinzip des demokratischen Rechtsstaates

Die Idee eines demokratischen Rechtsstaates findet ihren Ausdruck in der Verfassung der Republik Polen als einen Grundsatz der politischen Gesellschaftsordnung Polens. Der Artikel 2 der Verfassung stellt fest: „Die Republik Polen ist ein demokratischer Rechtsstaat, der die Grundsätze gesellschaftlicher Gerechtigkeit verwirklicht." Dieses Prinzip trägt einen zweifachen Charakter, der sich sowohl darin widerspiegelt, dass die demokratischen Institutionen des Staates in die Rechtsordnung eingebettet werden und verpflichtet sind auf der Basis des Rechts zu handeln als auch darin, dass die Pflichten der Bürger ausschließlich in Folge der Rechtssprechung festgelegt werden.

Der zeitgenössische demokratische Staat setzt sich aus einem Komplex von Institutionen und Rechtslösungen zusammen, die sowohl unter dem organisatorischen als auch dem funktionellen Gesichtspunkt eine gegenseitige und voneinander abhängige Verflechtung bilden. Die Aufgabe dieser Institutionen und Rechtslösungen besteht darin, das rechtsmäßige Funktionieren des ganzen Staatsapparates auf dem direkten bzw. indirekten Wege zu gewährleisten. Nach Auffassung von Michał Pietrzak bilden folgende Merkmale „die tragenden Säulen der Konstruktion eines demokratischen Rechtsstaates: 1) das Prinzip der Verfassungsmäßigkeit, 2) die Souveränität des Volkes, 3) die Gewaltenteilung, 4) die Anerkennung des Gesetzes als grundlegende Quelle der Rechtsbildung, 5) die Unabhängigkeit des Gerichtswesens, 6) die Organe der Selbstverwaltung, 7) der verfassungsmäßige Charakter und die verfassungsmäßigen Garantien für die Rechte und bürgerliche Freiheiten."[1]

Die Entfaltung des allgemeinen Prinzips eines demokratischen Staates besteht in der Annahme des Legalismusprinzips, das im Art. 7 der Verfassung der Republik Polen ausgedrückt wird. Im Lichte dieses Artikels „handeln die Organe der öffentlichen Gewalt auf der Grundlage und in den Grenzen des Rechts". Dieses Prinzip verpflichtet alle Staatsorgane, sich bei der Ausübung jeglicher öffentlichen Gewalt auf die Rechtslegitimierung zu beziehen. Dies bedeutet, dass die Art der Zusammensetzung, die Zuständigkeit sowie der Verhaltensweg der Organe ihren Niederschlag in einer Rechtsgrundlage haben müssen. Demzufolge gilt der Grundsatz, dass alles, was einem Organ nicht erlaubt ist, ihm untersagt ist. In einer umgekehrten Lage befinden sich dagegen die Bürger, die sich in ihren Handlungen nicht auf eine Rechtsgrundlage zu beziehen haben. Sie sind lediglich dazu verpflichtet, das Recht nicht zu verletzen. Kein Bürger kann zu etwas gezwungen werden, was ihm nicht durch das Gesetz geboten wird.

Das im Art. 7 der Verfassung ausgedrückte Gebot der Rechtseinhaltung betrifft sowohl die Rechtsbildung als auch die Rechtsausübung. Die Rechtsbildung wird von bestehenden Rechtsnormen bestimmt, d.h. das Recht bestimmt selbst nach welchen Regeln das Recht gebildet, angewandt und außer Kraft gesetzt wird. Die Anwendung des auf einem formellen Weg gebildeten Rechts ist somit die verfassungsmäßige Verpflichtung auch des Organs, das die geltende Norm geschaffen hat und zwar bis zur legalen Änderung dieser Rechtsnorm. Die Verletzung des Rechts und seine Umgehung – abgesehen davon, mit welchen Umständen dies auch gerechtfertigt werden sollte – bildet dem Wesen nach, eine Verletzung der Verfassung.[2]

Die formellen Garantien für die Einhaltung des Rechts durch Staatsorgane bildet die Tätigkeit von speziellen Institutionen, deren Aufgabe darin besteht, den rechtmäßigen Zustand, insbesondere den im Verhältnis zwischen den Staatsorganen und den Bürgern, wieder herzustellen. Eine derartige Rolle üben in Polen aus: der Verfassungsgerichtshof, der Beauftragte für Bürgerrechte, das Oberste Verwaltungsgericht und unabhängige Gerichte.

---

1 M. Pietrzak, *Odpowiedzialność konstytucyjna w Polsce*, Warszawa 1992.

2 J. Jaskiernia, *Zasady demokratycznego panstwa prawnego w sejmowym postepowaniu ustawodawczym*, Warszawa 1999.

Die institutionelle Garantie der Gesetzmäßigkeit bildet das Prinzip der Haftung des Staates für Schäden, die den Bürgern in Folge von Handlungen der Staatsvertreter zugefügt werden sowie das Prinzip der Gewährleistung eines uneingeschränkten, auch in Ausnahmezuständen, Zugangs des Bürgers zum Gericht.

Die Idee des demokratischen Rechtsstaates kommt durch Verbindung von formellen und materiellen Voraussetzungen zur Geltung, zu denen vor allem folgende Voraussetzungen zählen: die Gewährleistung und die Einhaltung der persönlichen Freiheiten und der Rechte des Menschen und des Bürgers, das Prinzip der Souveränität, das Prinzip des politischen Pluralismus, welchesr auf die wiederholbare Gestaltung der Machtorgane in Folge von freien und allgemeinen Wahlen aufbaut, die Gewährleistung der Teilnahme der Gesellschaft an der Entscheidungsfindung durch die Staatsgewalt, die auf Verwirklichung des Prinzips der sozialen Gerechtigkeit aufbauende Idee des Sozialstaates, das unabhängige Gerichtswesen, welches sowohl die rechtsschaffende als auch die rechtsausführende Gewalt kontrolliert, sowie das Prinzip der Selbstverwaltung.

Das Prinzip des demokratischen Rechtsstaates hat seit seiner Einführung in Polen nach Veränderungen in der Gesellschaftsordnung im Jahre 1989 einen wesentlichen Einfluss auf den gesellschaftlichen Prozess in der ganzen Übergangszeit bis zur Verabschiedung der neuen Verfassung der Republik Polen im Jahre 1997 ausgeübt. Dies wurde in erster Linie dank der Rechtssprechung durch den Verfassungsgerichtshof möglich. Der Verfassungsgerichtshof hat dieses gesellschaftsordnungsbezogene Prinzip als einen Maßstab für die Prüfung der Verfassungsmäßigkeit zugrunde gelegt und, indem er eine dynamische Systemauslegung angewendet hat, hat er damit einen Grundsatzkatalog von unabdingbaren formellen und materiellen Voraussetzungen geschaffen, die einen „Standard" des demokratischen Rechtsstaates ausmachen.

2. Das Prinzip der vom Volk ausgeübten obersten Gewalt

Die Idee der vom Volk ausgeübten obersten Gewalt wurde in der Feststellung des Art. 4, Punkt 1 zum Ausdruck gebracht, in der es heißt, dass „die oberste Gewalt in der Republik Polen dem Volk zusteht". Die Verfassung weist eindeutig darauf hin, wem die Staatsgewalt zusteht. Es ist eine souveräne Gewalt, die alle Sphären des gesellschaftlichen Lebens umfasst, gegenüber allen Personen und Einheiten besteht, mit Hilfe der auch von ihr selbst geschaffenen Formen wirkt. Die Verfassung weist sowohl auf das Machtsubjekt als auch auf die Quelle der öffentlichen Gewalt hin. Es kommt also zur verfassungsmäßigen Legitimierung der Staatsgewalt.

Das Volk ist ein Souverän. Die Verfassung bedient sich nicht der ethnischen sondern der soziologisch-politischen Bezeichnung des Volkes, das sich aus allen zusammensetzt, die durch ihre persönlichen Schicksale und ihre Existenz im polnischen Staat eine Gemeinschaft bilden. Die Verfassung schafft nicht erst die Gewalt des Volkes, sie proklamiert diese als jene, die existierte, bevor die Verfassung verabschiedet wurde. Das Volk ist nicht nur ein Gebilde von Einzelnen sondern eine zusammengefügte gesellschaftliche Struktur, die sich aus einzelnen sozialen Gruppen zusammensetzt, welche ihre eigenen Interessen im Rahmen von verschiedenen Verbänden zum Ausdruck bringen, diese verwirklichen und verteidigen.[3] Um die öffentliche Gewalt auszuüben bedient sich das Volk vor allem der politischen Parteien. Das Volk ist fähig, seinen eigenen Interessen selbständig Ausdruck zu verleihen, seinen Willen autonom zu schaffen. Zu diesem Zwecke bildet es Prozeduren um den Willen der einzelnen Gruppen zu integrieren und schafft Möglichkeiten, welche die Äußerung des Willens des ganzen Volkes ermöglichen.

Den Ausdruck der Souveränität des Volkes bildet sein Zusammenschluss im Staate. Dieser Zusammenschluss dient dem Volk zur Lösung von Problemen des Gemeinschaftslebens. Das Volk wird durch den Staat tätig indem es seine, den zwangsläufigen Charakter tragenden Entscheidungen, durch den Rechtszwang erwirkt. Die Verfassung, eine Niederschrift für den politischen Ausdruck des organisatorischen Zusammenlebens jedes Volkes, bestimmt den Umfang der Staatsgewalt. Diese Staatsgewalt ist verpflichtet, die Obrigkeit des Volkes zu respektieren. Im Falle des Einsatzes der Staatsgewalt in Folge z.B. der allgemeinen Wahlen oder einer Volksabstimmung, also wenn typische Staatsentscheidungen anstehen (Nominierung von Staatsfunktionären, Gesetzesbildung) wird nicht das ganze Volk als das handelnde Subjekt sondern seine engere Vertretung – die Wähler bzw. zur Wahlabgabe berechtigte Personen – wirksam. Durch die Rechtsauslegung wird von der Staatsgewalt bestimmt, wer berechtigt ist, als Wähler bzw. zur Stimmabgabe bei einer Volksabstimmung, im Namen und auf Rechnung des Volkes, ähnlich wie es der Fall bei einer Volksabstimmung oder einer Konsultation bezüglich einer Gesetzesvorlage ist, aufzutreten.

Das Volk ist als Subjekt dazu fähig, vor allem durch seine Vertreter zu handeln und seinen Staatswillen zum Ausdruck zu bringen. Das Recht, seine politische Vertretung zu wählen, bildet die wichtigste, feste Befugnis des Volkes und aller Bürger. Eine so verstandene Auslegung der Rolle des Volkes als Subjekt der obersten Gewalt kommt auch darin zum Vorschein, dass die Volksabstimmung und andere Institutionen der direkten Demokratie eine begrenzte Bedeutung im Verhältnis zur grundlegenden Konstruktion der zeitgenössischen Regierungsform – der Vertretung – besitzen.

Die rechtliche Bedeutung des Prinzips der vom Volk ausgeübten obersten Gewalt wird also darauf zurückgeführt, dass die vom Volk ausgeübte Mitbestimmung mit den Organen des Staates beim Regieren durch eine Volksabstimmung gewährleistet wird, die Vertreter dazu gezwungen sind, sich in ihrem Handeln auf das Wohl und die Interessen aller Bürger, das heißt des ganzen Volkes, zu berufen und dass es eine Stütze für andere demokratische Prinzipien und gesellschaftsordnungsbezogene Lösungen bildet.

---

[3] A. Kubiak, *Określenie podmiotu władzy państwowej (zasady suwerenności ludu i rozwojowego charakteru demokracji) – wnioski do przyszlej regulacji konstytucyjne.* Tom 2, Warszawa 1989.

3. Das Prinzip der politischen Vertretung

Die Verfassung vertritt den Standpunkt, dass die öffentliche Gewalt in Vertretungsform ausgeübt wird. Zugleich wird aber auch eine direkte Ausübung der öffentlichen Gewalt zugelassen. Dieses Prinzip findet in der Verfassung seinen Ausdruck in der folgenden Festlegung: „Das Volk übt die Gewalt durch seine Vertreter oder unmittelbar aus." Da die direkte Ausübung der Gewalt nicht die grundlegende Form der Gewaltausübung bilden kann, hat sich der Gesetzgeber dafür entschieden, die Vertretungsform der Gewaltausübung in den Vordergrund zu stellen. Die Konsequenz dieses Prinzips liegt darin, dass die Vertreter in einer allgemeinen Wahl durch die Wähler bestimmt und das Verhältnis der Vertretung in Bezug auf einen Wählerauftrag festgelegt werden, wobei die Vertreter durch keine Weisungen gebunden sind.

Die Wahlen zu den Organen der gesetzgebenden Gewalt erfolgen auf der Grundlage des in der Verfassung verankerten Wahlrechts. Der Sejm wird durch die Wähler aufgrund eines Wahlrechts, welches folgende fünf Eigenschaften beinhaltet, bestimmt: allgemein, gleich, unmittelbar, proportional und geheim. Der Senat wird durch die Wähler aufgrund eines Wahlrechts mit drei Eigenschaften bestimmt: allgemein, unmittelbar und geheim. In diesem Falle finden die Regel der Gleichheit und der Proportionalität keine Anwendung.

Das erforderliche Alter der Vertreter, das heißt das passive Wahlrecht bleibt unterschiedlich. In den Sejm kann gewählt werden, wer spätestens am Wahltag das 21. Lebensjahr vollendet hat. Bei der Wahl zum Senat gilt das vollendete 30. Lebensjahr. Die Abgeordneten und die Senatoren, abgesehen von Unterschieden bei der Wahlform und dem erforderlichen Alter, werden als Volksvertreter betrachtet und sind an keine Wählerweisungen gebunden. Bei ihren Handlungen im Parlament bleibt es ihnen überlassen, wie sie ihren Willen zum Ausdruck bringen und ihre Entscheidungen treffen.

Die Wählbarkeit spielt eine wichtige Rolle, da sie dafür sorgt, dass die Vertretung in der Lage ist, die Regierenden zu legitimieren, den Willen des Volkes zum Ausdruck zu bringen, das politische Meinungsbild der Gesellschaft zu gewinnen und die zum Regieren fähige Mehrheit hervorzuheben.

Die gewählten Vertreter repräsentieren bestimmte gesellschaftliche Kreise und zugleich drücken sie den Willen der politischen Orientierungen aus. Indem sie im Rahmen von demokratischen Prozeduren auserwählt werden, besteht ihre Aufgabe darin, die Bürgschaft dafür zu leisten, dass die Volksvertretung und die Gewaltausübung gewährleistet werden. Von den Vertretern des Volkes, die dazu berufen sind, seinen Willen auf dem Wege von Kompromissen und Zugeständnissen zu gestalten, wird eine Sammelstellungnahme ausgearbeitet, die dann in Form der Gesetzgebung ihren Niederschlag findet. Da die Volksvertreter aus verschiedenen gesellschaftlichen Kreisen und politischen Optionen stammen, werden dadurch verschiedenartige Meinungen der Gesellschaft zum Ausdruck gebracht und damit diese auch in den Endentscheidungen berücksichtigt. Die Volksvertretungen sind auch nicht zuletzt dazu berufen, die Regierenden auszuwählen. Die gebildete Mehrheit in der Volksvertretung gibt der vollziehenden Gewalt die nötige Stütze beim Führen der Regierungsgeschäfte.[4]

Die Verfassung der Republik Polen sieht ebenfalls die Ausübung der öffentlichen Gewalt unmittelbar auf dem Wege der Volksabstimmung und der Volksinitiative vor. Eine landesweite Volksabstimmung kann in Fällen von besonderer Bedeutung für den Staat durchgeführt werden (Art. 125 der Verfassung). Das Recht, die Volksabstimmung anzuordnen, steht 1) dem Sejm mit absoluter Stimmenmehrheit in Anwesenheit von mindestens der Hälfte der gesetzlichen Abgeordnetenzahl, 2) dem Staatspräsidenten mit Zustimmung des Senats, die mit der absoluten Mehrheit der Stimmen in Anwesenheit von mindestens der Hälfte der gesetzlichen Senatorenzahl erteilt werden muss, zu.

Das Ergebnis der Volksabstimmung ist bindend, wenn sich an ihr mehr als die Hälfte der Stimmberechtigten beteiligt hat. Der Gesetzgeber hat es lediglich bei der Festlegung der Minimalzahl der an der Volksabstimmung beteiligten Stimmberechtigten bewenden lassen ohne die Anzahl der zur Annahme einer bestimmen Lösung notwendigen Stimmen festzulegen.

Im Rahmen einer landesweiten Volksabstimmung kann eine gesetzgebende und eine konsultative Volksabstimmung durchgeführt werden. Die Verfahrensweise und die Grundsätze der Durchführung einer Volksabstimmung werden durch das Gesetz über die Volksabstimmung vom 29. Juni 1995 geregelt. Eine separate Regelung betrifft eine lokale Volksabstimmung, in welcher die Einwohner von Einheiten der territorialen Grundaufteilung des Staates bestimmte Entscheidungen auf dem Wege der Abstimmung treffen können.

Die Entscheidung des Sejms, ein bestimmtes Thema im Rahmen einer landesweiten Volksabstimmung abstimmen zu lassen, kann vom Sejm aus eigener Entscheidung getroffen werden, aber auch auf Vorschlag: 1) des Senats, 2) des Ministerrates, 3) einer Gruppe von Bürger (ausschlaggebend dabei ist jedoch, dass der Antrag einer Gruppe von Bürgern die Unterstützung von mindestens 500 Tausend Bürger, welche über das aktive Wahlrecht zum Sejm verfügen, finden muss). Eine Volksabstimmung auf Antrag einer Gruppe von Bürgern wird jedoch nur auf bestimmte Themenbereiche begrenzt und kann Fragen wie Ausgaben und Einnahmen des Staates, die Landesverteidigung sowie die Amnestie nicht betreffen

Das Recht zur Volksinitiative auf dem Gebiet der Gesetzgebung steht unter anderem einer Gruppe von Bürgern zu die mindestens 100 Tausend Personen zählt und die zum Sejm stimmberechtigt sind. Die Antragsteller haben dem Sejm einen Gesetzesentwurf samt eines entsprechenden Dokumentes über die finanziellen Folgen der Annahme dieses Gesetzes vorzulegen.

---

[4] B. Banaszak, *Prawo konstytucyjne*, Warszawa 1999.

4. Das Prinzip der Gewaltenteilung

Das Prinzip der Gewaltenteilung wird eindeutig im Abschnitt der Verfassung formuliert, der sich mit den Prinzipien der Gesellschaftsordnung Polens befasst. Dieses Prinzip wird im Art. 10 der Verfassung zum Ausdruck gebracht, in dem es heißt: „Die Ordnung der Republik Polen stützt sich auf die Trennung und das Gleichgewicht der gesetzgebenden, der vollziehenden und der rechtssprechenden Gewalt (Pkt.1). Die gesetzgebende Gewalt üben der Sejm und der Senat...., die vollziehende Gewalt der Präsident der Republik Polen und der Ministerrat, die rechtssprechende Gewalt Gerichte und Gerichthöfe (Pkt.2)" aus. Die Verfassung der Republik Polen weist auf die Gewaltenteilung sowohl unter dem sachlichen Gesichtspunkt (die gesetzgebende Gewalt, die vollziehende Gewalt und die rechtssprechende Gewalt) als auch unter dem Gesichtspunkt des jeweiligen Rechtsubjekts (die gesetzgebende Gewalt – der Sejm und der Senat, die vollziehende Gewalt – der Präsident der Republik Polen und der Ministerrat, die rechtssprechende Gewalt – Gerichte und Gerichthöfe).

Die Leitlinie der in der Verfassung verankerten Gewaltenteilung bilden: die Trennung und das Gleichgewicht der Gewalt, die den gesellschaftsordnungsbezogenen Lösungen auf dem europäischen Kontinent entsprechen und an die polnische Tradition anknüpfen (die Verfassung vom 3. Mai 1791 und die Verfassung vom 21. März 1921).

Die Gewaltenteilung nennt drei Arten der Gewalt, die von bestimmten Staatsorganen ausgeübt wird. Die gesetzgebende Gewalt wird von zwei Organen ausgeübt – dem Sejm und dem Senat, die vollziehende Gewalt ebenfalls von zwei Organen – dem Präsidenten und dem Ministerrat und die rechtssprechende Gewalt auch von zwei Organen – von Gerichten und Gerichtshöfen. Es wird dabei angenommen, dass beide Gerichtshöfe, d.h. der Verfassungsgerichtshof und der Staatsgerichtshof Bestandteile der rechtssprechenden Gewalt sind. Für drei Arten des staatlichen Handelns wurden drei Gruppen von Organen geschaffen, die für das Handeln zuständig sind. Alle drei Arten des staatlichen Handelns sind unter sich gleichwertig und gleich nötig. Keines der Staatsorgane nimmt eine übergeordnete Rolle ein.

Die Gewaltenteilung stützt sich auf die organisatorische und die funktionelle Trennung. Das Erscheinungsbild der Gewaltenteilung hängt mit der Aussonderung dieser beiden Arten von Trennung zusammen. Der ursprüngliche Gedanke der Gewaltenteilung lag darin, die Aktivitäten des Staates durch innere auf gegenseitige Abhängigkeit von drei Gruppen der Staatsorgane beruhende Einschränkung begrenzen zu wollen.[5]

Die Verfassung weist auf das allgemeine Prinzip der Gewaltenteilung hin, das jedoch keine ausführliche Aufzählung der verfassungsmäßigen Organe des Staates darbietet. Einige verfassungsmäßige Organe des Staates finden keinen Niederschlag in der

---

5 A. Pułło, *Podział władzy. Aktualne problemy w doktrynie, prawie i współczesnej dyskusji konstytucyjnej w Polsce*, 1991, nr 3, s. 19.

klassischen Gewaltaufteilung. So ist zum Beispiel die Oberste Kontrollkammer ein den Sejm bei der Kontrolle der Regierung unterstützendes Organ. Es gibt jedoch keine eindeutige Zuweisung dieses Organs zur Aufstellung der Staatsorgane. Auf ähnliche Probleme würden wir beim Einordnen des Beauftragten für Bürgerrechte stoßen. Es ist ein Organ, welches mit dem Parlament sehr eng verbunden ist. Der Beauftragte wird vom Sejm berufen und ist dem Sejm rechenschaftspflichtig. Dieses Organ überwacht die Richtigkeit und Gerechtigkeit des Handelns von anderen Machtorganen. Die meisten Themen, mit denen es befasst ist, betreffen die Verwaltung, also die vollziehende Gewalt. Der Beauftragte übt auch einen Einfluss auf die rechtssprechende Gewalt. Es ist jedoch nicht einfach, dieses Organ eindeutig zuzuordnen. Ähnlich ist es im Falle des Landesrates für Rundfunk und Fernsehen und des Landesrates für Gerichtswesen, die sich nicht eindeutig klassifizieren lassen.

Die Ausübung der gesetzgebenden Gewalt besteht vor allem in der Verabschiedung des Rechts mit Wirkung des Gesetzes. Die Verfassung misst diese Befugnis dem Sejm und dem Senat bei. Sie sieht keine Möglichkeit vor, dass die Gesetzgebung in einer anderen Form erfolgen kann, d.h. sie sieht es nicht vor, ein Gesetz in Form eines Erlasses – was in einigen Ländern vorkommt – zu verabschieden.

Die vollziehende Gewalt kommt zur Geltung indem ausführende Handlungen auf der Basis der Gesetze realisiert werden. Die Ausführung umfasst einen ziemlich breiten Handlungsumfang und manchmal geht sie über die Sphäre des Gesetzes hinaus. Die ausführende Gewalt schreitet überall dort ein, wo das Interesse des Volkes und des Staates zu hüten ist und sie handelt diesem Interesse entsprechend. Insbesondere kommt die vollziehende Gewalt im Prozess des Regierens zum Vorschein, das heißt in der Lenkung der Staatsangelegenheiten und zwar nicht im Widerspruch zu den geltenden Gesetzen, im Verwalten, das heißt in der Bestimmung der Richtungen und Ziele für die Verwirklichung von Gesetzen sowie in der Administration, das heißt in der Anwendung der Gesetze auf dem Wege von konkreten Entscheidungen.

Die rechtssprechende Gewalt kommt in der Entscheidung von Rechtsstreitigkeiten auf der Basis des geltenden Rechts, nach genauer Bemessung aller Umstände zum Ausdruck. Diese Gewalt wird von unabhängigen Gerichten und anderen Einrichtungen ausgeführt. Auch Gerichthöfe sind berechtigt, über die Rechtsstreitigkeiten Entscheidungen zu treffen.

In der polnischen Tradition und in den angenommenen gesellschaftsordnungsbezogenen Lösungen tritt eine starke gesetzgebende Gewalt auf. Diese starke Position wird durch die Herleitung dieser Gewalt aus allgemeinen Wahlen und ihrer breiten Befugnisse bekräftigt. Eine derartige Position kommt den anderen Gewalten – der vollziehenden und der rechtssprechenden Gewalt – nicht zuteil.

5. Das Prinzip des politischen Pluralismus

Das Prinzip des politischen Pluralismus wurde in der polnischen Verfassung ausdrücklich niedergeschrieben. Die Verfassung stellt im Art. 11, Pkt.1 fest: „Die Republik Polen gewährleistet die Freiheit der Bildung und Tätigkeit der politischen Parteien. Politische Parteien vereinigen polnische Staatsangehörigen auf der Grundlage der Freiwilligkeit und Gleichheit mit dem Zweck, auf die Gestaltung der Staatspolitik mit demokratischen Methoden einzuwirken". Auf diese Weise ist es in der polnischen verfassungsmäßigen Gesetzgebung zur Institutionalisierung der politischen Parteien gekommen, die dazu zugelassen wurden, „die Staatspolitik zu gestalten". Die Parteien werden als Organisationen besonderer Art, inmitten von verschiedenen gesellschaftlichen im Staat tätigen Organisationen, behandelt.

Die Regelung trägt einen generellen Charakter und ist für alle politischen Parteien bindend. Sie legt das Gewicht auf die „Freiheit der Bildung und Tätigkeit". Ebenso hebt sie „die Vereinigung auf der Grundlage der Freiwilligkeit und Gleichheit" hervor. Die Ursache dafür liegt darin, dass in der Vergangenheit negative Erfahrungen zu verzeichnen waren, wo es zur Bevorzugung von Organisationen und Personen, die den politischen Organisationen angehörten, gekommen ist. Die Verfassung hebt zugleich die Frage der Methoden, mit denen sich die Parteien in ihrer Tätigkeit zu bedienen haben („mit demokratischen Methoden einzuwirken") hervor, und weist eindeutig auf den demokratischen Charakter dieser Methoden hin. Die Verankerung dieser Regeln in der Verfassung der zeitgenössischen politischen Demokratie zeugt davon, dass europäische demokratische Standards angenommen und angewandt wurden.[6] Den politischen Parteien wurde auferlegt bei der Festlegung der Ziele und in ihrer Tätigkeit im Einklang mit der Verfassung zu handeln.

Die Freiheit der Bildung und Tätigkeit der politischen Parteien hat jedoch in Polen, so wie das auch in den meisten der europäischen Staaten der Fall ist, keinen uneingeschränkten Charakter. Die Erfahrungen aus der Vergangenheit haben den Gesetzgeber dazu bewogen, bestimme Verbote auf diesem Gebiet einzuführen. Gemäß Art. 13 der Verfassung beziehen sich die Verbote auf:

1. den programm- und ideologisch bezogenen Charakter der Partei, d.h. verboten ist das Bestehen politischer Parteien, die sich in ihren Programmen auf die totalitären Methoden und Praktiken des Nazismus, Faschismus und Kommunismus berufen, deren Programm oder Tätigkeit Rassen- und Nationalitätenhass voraussetzt oder zulässt;
2. die Methoden und Organisationsprinzipien der Partei, d.h. verboten ist das Bestehen politischer Parteien, deren Programm oder Tätigkeit Gewalt zu Zweck der Machtübernahme oder Einflussausübung auf die Staatspolitik voraussetzt oder zulässt oder das Verheimlichen von Strukturen oder Mitgliedschaften vorsieht.

---

6 W. Skrzydło (Red.), *Polskie prawo konstytucyjne*, Lublin 1997, s. 139.

Eine Organisation deren Beschreibung wenigstens eines der genannten Merkmale beinhaltet, kann nicht als eine politische Partei anerkannt werden, d.h. sie kann nicht in das Register der politischen Parteien, geführt vom Wojewodschaftsgericht in Warschau, eingetragen werden. Sollten diese Merkmale in Bezug auf bereits bestehende Parteien festgestellt werden, kann angenommen werden, dass ihre Ziele oder Tätigkeit im Widerspruch zur Verfassung stehen, was die Auflösung der Partei zufolge haben wird. Eine Entscheidung in dieser Frage kann nur vom Verfassungsgerichtshof getroffen werden.

Das verfassungsmäßige Prinzip des politischen Pluralismus findet seine erweiterte Auslegung im Gesetz über politische Parteien vom 27. Juni 1997. Nach der Verfassung und dem Gesetz über politische Parteien werden die Parteien als organisierte politische Strukturen angesehen, welche solche Staatsbürger zwecks Formulierung, Ausdruck und Verwirklichung ihrer politischen Ziele vereinigen, die danach streben, die politische Gewalt im Staate, vor allem auf dem Wege der Mehrheitsbildung in den staatlichen und örtlichen Vertretungsorganen, zu erlangen.

Eine politische Partei unterscheidet sich von anderen Organisationen durch folgende Merkmale:

1. einer Partei können nur polnische Staatsbürger angehören,
2. die Mitgliedschaft kann nur nach dem Prinzip der Freiwilligkeit und der Gleichheit erfolgen,
3. der Zweck der Tätigkeit einer Partei ist es, mit demokratischen Methoden auf die Gestaltung der Staatspolitik und die Gewaltausübung einzuwirken.

Die politischen Parteien erlangen nach dem Gesetz eine privilegierte Stellung im Verhältnis zu anderen Organisationen, die sich in der Gestaltung des politischen Lebens ausdrückt (die Wahlen, die Tätigkeit der Vertretungsorgane, der Zugang zu den Medien).

Damit eine Partei als solche anerkannt wird, muss sie in das Register der politischen Parteien, geführt vom Wojewodschaftsgericht in Warschau, eingetragen werden. Das Gericht kann die Eintragung nicht verweigern, wenn eine Organisation, die als eine Partei angesehen werden will, die oben genannten formellen Bedingungen erfüllt. Der Staat besitzt keine Möglichkeiten frei darüber zu entscheiden, welche Parteien gegründet werden können und welche nicht. In diesem Sinne kann von der Freiheit der Gründung und Tätigkeit der politischen Parteien die Rede sein.

6. Das Prinzip der Selbstverwaltung

Das in der Verfassung der Republik Polen verankerte Prinzip der Selbstverwaltung kommt in der Bestätigung der tief in polnischer Tradition eingebetteten Führungsrolle der lokalen Gemeinschaft zum Ausdruck. Diese Führungsrolle beinhaltet die vom Staate für die örtlichen, lokalen und regionalen Selbstverwaltungsgemeinschaften festgelegten Aufgaben. Den Aufgaben entsprechend werden die Organisation und die Befugnisse der Selbstverwaltungsorgane angepasst. Die rechtliche und gesellschaftsordnungsbezogene Grundlage dafür bilden die Verfassung und die Gesetze über die Selbstverwaltung, welche die einzelnen Einheiten der Selbstverwaltung betreffen, d.h. das Gesetz über die Gemeindeselbstverwaltung vom 8. März 1990, das Gesetz über die Kreisselbstverwaltung vom 5. Juni 1998 und das Gesetz über die Wojewodschaftsselbstverwaltung vom 5. Juni 1998.

Die Verfassung geht davon aus, dass dank der Gliederung des Staatsgebietes der Republik Polen die Dezentralisierung der öffentlichen Gewalt gewährleistet wird (Art. 15). Dementsprechend wird das Staatsgebiet in die territorialen Einheiten, eine Gemeinde, einen Kreis und eine Wojewodschaft gegliedert, in denen die Einheiten der Selbstverwaltung bestehen. In dieser Gliederung bildet die Gemeinde die grundlegende Einheit der örtlichen Selbstverwaltung. Jede der Einheiten der territorialen Selbstverwaltung ist eine Selbstverwaltungsgemeinschaft, die sowohl aus dem Teil des Staatsgebietes als auch aus den Einwohnern dieses Gebietes bestehen. In der Struktur der Selbstverwaltung sind drei Arten der Selbstverwaltungsgemeinschaften zu verzeichnen: die örtliche in einer Gemeinde, die lokale in einem Kreis und die regionale in einer Wojewodschaft. Die gegenseitigen Beziehungen zwischen diesen Gemeinschaften beruhen auf dem Prinzip der Selbständigkeit und der Unabhängigkeit.[7]

Alle Einheiten der territorialen Selbstverwaltung nehmen an der Ausübung der öffentlichen Gewalt teil. Diese Einheiten erfüllen einen wesentlichen Teil von öffentlichen Aufgaben, die ihnen durch Gesetz zuerkannt werden und die sie als Eigenaufgaben und auf eigene Verantwortung ausführen. Die Gemeinde erfüllt Aufgaben, die öffentliche lokale Belange betreffen und die nicht anderen Einheiten durch Gesetz vorbehalten werden. Im Allgemeinen besteht die Aufgabe der Gemeinde, die Sammelbedürfnisse der Gemeinschaft zu erfüllen. Der Kreis erfüllt die öffentlichen Aufgaben, die einen übergemeindemäßigen Charakter tragen. Die Wojewodschaft erfüllt Aufgaben mit regionalem Charakter.

Die öffentlichen Aufgaben werden in die Eigenaufgaben und die übertragenen Aufgaben unterteilt. Die Eigenaufgaben einer Selbstverwaltungsgemeinschaft dienen der Befriedigung der Bedürfnisse dieser Gemeinschaft und werden durch Gesetz für die entsprechenden Selbstverwaltungseinheiten bestimmt. Die übertragenen Aufgaben sind solche andere öffentliche Aufgaben, die vom Staat durch Gesetz übertragen werden, wenn sich eine solche Notwendigkeit aus begründeten Bedürfnissen des Staates ergibt.

Die Einheiten der Selbstverwaltung sind juristische Personen, was verfassungsmäßig und rechtlich gewährleistet wird. Es bedeutet also, dass sie Subjekte sowohl des öffentlichen als auch des privaten Rechts sind. Sie können wirtschaftliche Tätigkeit ausüben und über selbstverwaltetes eigenes Eigentum verfügen. Die Tatsache, dass die Einheiten der örtlichen Selbstverwaltung juristische Personen sind, bildet die Garantie für deren Selbstständigkeit und ermöglicht ihnen mit staatlichen Organen Rechts-

---

[7] Z. Leoński, *Samorząd terytorialny w RP*, Warszawa 1999, S. 9.

verhältnisse einzugehen, welche sich durch Gleichberechtigung der Subjekte auszeichnen.

Die Einheiten der Selbstverwaltung sind selbstständig, was ihnen ermöglicht, aktiv an der Verwirklichung der ihnen gesetzten Aufgaben zu wirken. Die Selbstständigkeit der Einheiten der örtlichen Selbstverwaltung steht unter gerichtlichen Schutz und gibt den Einheiten die Möglichkeit vor jedem öffentlichen Gericht die Einhaltung ihres Rechte zu fordern und diese zu verteidigen.

Den Einheiten der örtlichen Selbstverwaltung wird ein den ihnen zufallenden Aufgaben entsprechender Anteil an den öffentlichen Einnahmen gewährleistet. Änderungen der Aufgaben- und Zuständigkeitsbereiche der Einheiten der örtlichen Selbstverwaltung sind mit entsprechenden Änderungen bei der Verteilung der öffentlichen Einkommen verbunden. Die Finanzgarantie für die Einheiten der Selbstverwaltung bildet also eines der Hauptmerkmale deren Selbstständigkeit.

Die Einheiten der örtlichen Selbstverwaltung verfügen über eigene Einnahmen und darüber hinaus erhalten sie auch allgemeine und zweckgebundene Zuwendungen aus dem Staatshaushalt. In dem im Gesetz festgelegten Umfang haben sie das Recht, die Höhe der lokalen Abgaben und Gebühren zu bestimmen.

Die Einheiten der örtlichen Selbstverwaltung führen ihre Aufgaben mittels bestimmender und vollziehender Organe aus. Die bestimmende Organe in den Gemeinden und in den Kreisen sind Räte und in den Wojewodschaften – die Landtage. Die vollziehende Organe sind: in einer Gemeinde – der Vorstand mit dem Gemeindevorsteher an der Spitze, in einem Kreis – der Vorstand mit dem Obmann und in einer Wojewodschaft – der Vorstand mit dem Marschall an der Spitze. Die bestimmenden Organe werden in allgemeinen Wahlen bestimmt: nach dem Mehrheitsprinzip in kleineren Ortschaften und nach dem proportionalen Prinzip in größeren Ortschaften. Die vollziehenden Organe werden von den Räten und den Landtagen bestimmt. Die gewählten Räte nehmen an den Aktivitäten des Rates und der Landtage sowie deren Ausschüsse teil.

In den Einheiten der örtlichen Selbstverwaltung besteht schließlich die Möglichkeit über die Belange der Selbstverwaltungsgemeinschaft, darunter über die Abberufung eines aus einer direkten Wahl hervorgegangenen Organs der Selbstverwaltung, im Rahmen einer Volksabstimmung zu entscheiden. Die Volksabstimmung kann einen obligatorischen bzw. einen fakultativen Charakter tragen. Die obligatirische Volksabstimmung betrifft die Abberufung des Rates vor Ablauf der Legislaturperiode in einer Gemeinde bzw. in einem Kreis und des Landtages in einer Wojewodschaft sowie – was jedoch nur die Gemeinde betrifft – die freiwillige Selbstbesteuerung der Bürger für öffentliche Zwecke. Die fakultative Volksabstimmung kann in Bezug auf jeden für die betreffende Einheit der örtlichen Selbstverwaltung wichtigen, in deren Zuständigkeit liegenden Themenbereich, durchgeführt werden.

Tadeusz Mołdawa

Die Verfassung der Republik Polen

Die Verfassung der Republik Polen vom 2. April 1997 ist die fünfte Verfassung Polens im Laufe der letzten zwei Jahrhunderte. Ein konstitutioneller Staat wurde Polen Ende des XVIII. Jahrhunderts, als der Vierjährige Sejm die erste geschriebene Verfassung in Europa verabschiedete – die Verfassung vom 3. Mai 1791. Diese Verfassung sollte eine Rettung für die Republik sein und ihr wieder auf die Beine helfen. Indem sie auf gesellschaftlicher Ebene noch im Ständesystem verankert war, schuf sie ein für die damalige Zeit modernes Herrschaftssystem, das Elemente des Präsidialsystems mit Lösungen, die der parlamentarischen Monarchie eigen sind, verband. Als erste Verfassung in der Welt hat sie u.a. nach dem Vorbild der ungeschriebenen englischen Verfassung die politische Verantwortung der Minister vor dem Sejm eingeführt.

Der Untergang der Republik vier Jahre später hat die Geschichte des polnischen Konstitutionalismus für die nächsten 120 Jahre unterbrochen.[1] Die erste Verfassung des unabhängigen Polens – die Verfassung vom 17. März 1921, die Märzverfassung genannt wurde, eine Frucht des rechtlichen Positivismus, war ein Werk politischen Kompromisses. Die Schöpfer der Verfassung, die sich vor der Macht eines starken Individuums fürchteten[2], haben trotz der formalen Annahme des Grundsatzes der Gewaltenteilung, der ersten Kammer des Parlaments – dem Sejm, nach dem Vorbild der Dritten Französischen Republik volle Dominanz gesichert. Im Endeffekt wurde ein äußerst unausgegelichenes Herrschaftssystem geschaffen, was bei der Zersplitterung und der Schwäche der politischen Parteien einen Mangel an politischer Stabilität verursachte und das parlamentarische System in den Augen der Öffentlichkeit bloßstellte. Der Militärstaatsstreich im Mai 1926 störte die formale Legitimität der Herrschaft und

---

1 Zur Tradition des polnischen Konstitutionalismus sensu largo werden auch Verfassungsakte nicht souveräner Staatsorganismen aus dem XIX. Jahrhundert gerechnet, insbesondere die Verfassung des Herzogtums Warschau aus dem Jahre 1807 sowie die Verfassung des Köngigreichs Polen aus dem Jahre 1815. Von besonderer Bedeutung war der Artikel 4 der Verfassung des Herzogtums, der die rechtliche Differenzierung des Status des Individuums, die durch seine Standeszugehörigkeit bedingt war, durchbrach („Alle Bürger sind vor dem Gesetz gleich"), der später, in einer etwas gewandelten Form, im Artikel 17 der Verfassung des Königreichs aufrechterhalten wurde.

2 Dies erinnert gewissermaßen an die Angst des polnischen Adels vor dem königlichen absolutum Dominium in der Zeit der Adelsrepublik.

brachte Verfassungsänderungen in Form der sog. Augustnovelle aus dem Jahre 1926 mit sich. Auf rechtlicher Ebene erfolgte der Ausgleich der Gewalten als Ergebnis der Schwächung der Stellung des Parlaments und der Stärkung der Rolle des Präsidenten der Republik. In der Praxis brachte der Maiputsch die Herausbildung der sog. überparlamentarischen Herrschaft, die sich nicht auf die parlamentarische Mehrheit, welche aufgrund allgemeinern Wahlen zustande kam, stützte, sondern auf die Macht und das Vertrauen eines Faktors, der außerhalb und über dem Parlament stand – des Marschalls Józef Piłsudskis.

Die Einsetzung der dritten polnischen Verfassung vom 23. April 1935, der sog. Aprilverfassung war das Werk eines politischen Lagers und erfolgte als Resultat einer neuen konstitutionellen Misshandlung, die darauf beruhte, dass die Prozedur der Verfassungsänderung eklatant verletzt wurde. Das Ziel der Aprilverfassung war, die Macht des bisher regierenden politischen Lagers – der sog. „Sanierung" – durch die Institutionalisierung und die Konstitutionalisierung des faktischen Herrschaftssystems beizubehalten. Der Garant der Verfassungsordnung und der oberste politische Schiedsrichter war nach der Verfassung der Präsident der Republik, der an der Spitze des Staates stand und der lediglich vor Gott und Geschichte verantwortlich war. Das eingesetzte Herrschaftssystem kann man autoritär semi-präsidial nennen.

Infolge der Jalta-Verträge im Jahre 1945 kam es zur Einführung einer neuen gesellschaftlich-politischen und konstitutionellen Ordnung in Polen, die die Kontinuität mit dem System der II. Republik abbrach. Die neue polnische Verfassung vom 22. Juli 1952 (die vierte in der Reihe der Verfassungen Polens) war nicht ein Werk des souveränen Willens des Volkes oder seiner Vertretung (ihr Text wurde vor der formalen Verabschiedung durch den Sejm von J.W. Stalin genehmigt). Die Verfassung stützte das gesellschaftlich-politische System auf Staatseigentum und strikte Reglementierung im Bereich der Wirtschaft.[3] Abgelehnt wurde der Grundsatz des politischen Pluralismus sowie der Gewaltenteilung zugunsten des Grundsatzes der Einheitlichkeit der Macht, die in formaler Hinsicht im Einkammerparlament (Sejm) konzentriert war und in Wirklichkeit in der ganzen Periode des reallen Sozialismus von der Führung der PVAP ausgeübt wurde. Diese Macht, die ursprünglich uneingeschränkt war, wurde nach dem Arbeiterprotest vom Dezember 1970 durch das sog. Arbeitereinspruchsrecht begrenzt, also die erzwungene Anerkennung des Rechts auf gesellschaftlichen Einspruch gegen gesellschaftlich-wirtschaftliche Entscheidungen der politischen Führung.[4]

---

3 Die Spezifik des gesellschaftlich-ökonomischen Systems Polens dieser Periode beruhte darauf, dass in der Landwirtschaft der private Sektor dominierte (etwa 80% des Bodens), damit aber war die beschränkte wirtschaftliche Tätigkeit verbunden. Siehe A.Walicki *Marksizm i skok do królestwa wolności. Dzieje komunistycznej utopii*, Warszawa 1996, s. 502.

4 Vgl. A.Smolar *Paradoksy liberalizacji i rewolucja*, Aneks 1981, nr 24/25, s. 14., K.Barcikowski, *U szczytów władzy*, Warszawa 1998, s. 18.

Die fortschreitende gesellschaftliche und wirtschaftliche Unzulänglichkeit des Systems sowie seine sich vertiefende Legitimierungskrise haben das Problem grundlegender politischer Reformen als Vorbedingung dafür, dass das Land die tiefe Krise, die alle Bereiche des gesellschaftlichen Lebens erfasste, überwinden könne, in den Vordergrund gestellt. Das wachsende Bewusstein der Notwendigkeit tiefgreifender Wandlungen des Systems des reallen Sozialismus in der sog. reformistischen Strömung der PVAP sowie das Anerkennen der Notwendigkeit eines gesellschaftlich-politischen Kompromisses in einem Teil des Solidarność-Lagers haben das sog. ausgehandelte, friedliche, evolutionäre Ausscheiden aus dem alten System ermöglicht, was von den Beratungen des polnischen Runden Tisches (Februar-April 1989) eingeleitet wurde. Die unmittelbare Folge des Runden Tisches war die konstitutionelle Reform, die Kraft des Gesetzes vom 7.April 1989, die die Aprilnovelle von 1989 genannt wird, durchgeführt wurde. Sie war der erste Verfassungsakt in der Kette der nacheinanderfolgenden derartigen Entscheidungen, welche die rechtlichen Grundlagen grundlegender politischer und gesellschaftlich-wirtschaftlicher Wandlungen schufen. Dies ermöglichte es, die Rechts- und konstitutionelle Kontinuität in Bezug auf das alte System beizubehalten. Verfassungs- und Rechtsänderungen waren überhaupt notwendig und sie fanden auch statt. Dies erfolgte jedoch stets im Einklang mit den geltenden Prozeduren der Rechtsbildung (und der Rechtsänderung). Entschieden abgelehnt wurden Vorschläge des revolutionären rechtlichen und konstitutionellen Abbruchs.[5]

Der Prozess der politisch-gesellschaftlichen Wandlungen in Polen beruhte damals nicht auf der Verwirklichung irgendeines fertigen Szenarios. Es war nur selbstverständlich, dass die Wandlungen sich in Richtung des Aufbaus eines wirtschaftlichen Systems vollziehen sollen, das sich auf Regeln der Marktwirtschaft sowie auf die pluralistische politische Demokratie stützt. Die Gestaltung der pluralistischen politischen Demokratie in Polen wurde mit der Verwirklichung zweier notwendiger Maßnahmen in Verbindung gebracht: mit der Schaffung der pluralistischen politischen Infrastruktur, insbesondere des pluralistischen Parteiensystems sowie der Schaffung konstitutioneller, rechtlich-institutioneller und prozeduraler Grundlagen der pluralistischen Demokratie.

Der Erfolg der erwähnten Maßnahmen war durch die Veränderungen in der Mentalität der polnischen Gesellschaft bedingt, deren heutige Generationen im Grunde genommen keine Erfahrungen hatten, was das Funktionieren eines demokratischen Systems anbelangt. Die Konsequenz dessen war, dass demokratische Institutionen und Prozeduren sowie ihre Resultate nicht verstanden und unterschätzt wurden. Andererseits haben langjährige Auseinandersetzungen mit dem autoritären System des reallen

[5] Gegen eine solche „revolutionäre" Einstellung zum alten Recht haben sich u.a. der Beauftragte für Bürgerrechte sowie das Präsidium des Kommitees für Rechtswissenschaften der Polnischen Akademie der Wissenschaften entschieden ausgesprochen. Die entgegengesetzte Konzeption hingegen fand ihren Ausdruck u.a. im Beschluss des Senats der Republik Polen vom 16.April 1998 über die rechtliche Kontinuität zwischen der II. und der III. Republik (Monitor Polski 1998, nr 12, poz. 200).

Sozialismus Präferenzen für ausserrechtliche Aktivitäten sowie diverse Formen von Massenprotest und Massendruck, wie politische Streiks, die organisiert wurden, ohne dass das Recht respektiert wurde, öffentliche Manifestationen usw. entstehen lassen.

Ein anderer wichtiger Faktor, der den Aufbau der pluralistischen politischen Demokratie bedingte, war das Gewährleisten des sozialen Friedens. In der ersten Zeit war der soziale Friede das Ergebnis des enormen Vertrauenskredits für die erste Solidarność-Regierung. Die nächsten Jahre brachten eine allmähliche Zunahme von gesellschaftlichen Unruhen und Protesten. Die politischen Kräfte sowie die Gewerkschaften in Polen waren nicht imstande, es zu einer breiten gesellschaftlichen Einigung zu bringen, nach dem Vorbild der Moncloa-Verträge und ihrer Fortstezung in Gestalt von gesellschaftlich-wirtschaftlichen Verträgen in Spanien in der Zeit, in der die Grundlagen der Demokratie in diesem Staat aufgebaut wurden.

Die nächste Periode der polnischen politischen Transformation des Systems wurde von Verfassungsänderungen begleitet. Für den ersten Zeitabschnitt der Transformation, die von einer politischen Öffnung der Solidarność-Opposition gekennzeichnet war und die noch unter der Kontrolle der PVAP verlief, war die bereits erwähnte Änderung vom 7.April 1989 charakteristisch. Diese Verfassungsänderung hat noch nicht unmittelbar das Ausscheiden aus dem System des reallen Sozialismus vorgesehen, obwohl sie, wie ich meine, diesen Schritt in weiterer Perspektive nicht ausschloss. Sie war eine Konsequenz der politischen Vereinbarungen des Runden Tisches und enthielt Beschlüsse, die der bisherigen Opposition die Möglichkeit boten, sich in das System der Machtausübung einzuschließen (z.B. die Berufung des Senats, der in freien, Konkurrenzwahlen gewählt wurde, die starke Stellung des Senats im gesetzgebenden Prozess – seine Gesetzesabänderungen konnte der Sejm mit der Mehrheit von zwei Dritteln der Stimmen ablehnen, die Zuerkennung des Rechts, Kandidaten für die Parlamentswahlen unmittelbar den Wählern, also auch der Opposition aufzustellen).

Andererseits enthielt sie den Beschluss, der es der PVAP ermöglichte, den Wandlungsprozess zu kontrollieren und die Loyalität des polnischen Staates gegenüber seinen damaligen Verbündeten zu sichern. Diese Aufgaben sollte vor allem das neu geschaffene Amt verwirklichen – des Präsidenten des Staates, dessen Besetzung der PVAP vorbehalten war. Wider der Haltung des Präsidenten konnte in Polen nicht eine Regierung entstehen und nach drei Monaten ohne eine Regierung konnte der Präsident die beiden Kammern des Parlaments auflösen. Der Präsident konnte kraft eigener Entscheidug das Parlament auflösen, wenn dieses einen Beschluss fassen würde, der dem Präsidenten die Verwirklichung seiner Aufgabe erschwerte: über die Beachtung der Verfassung, die Sicherung der Treue gegenüber politischen und militärischen Bündnissen usw. zu wachen Der Präsident verfügte über das gesetzgebende Veto, das im Sejm mit der Mehrheit von zwei Dritteln der Stimmen umgestoßen werden konnte. (im Sejm hatte die PVAP 37%, also über 1/3 der Mandate). Nachdem die PVAP auf die absolute Mehrheit verzichtet hatte, konnte sie zwar nur zusammen mit ihren bisherigen Verbündeten, der Bauernpartei und der demokratischen Partei regieren, aber gegen den Willen der PVAP konnte weder eine Verfassungsänderung noch eine Ablehnung des Urteils des Verfassungsgerichtshofes erfolgen. Diese Entscheidungen der Aprilnovelle haben ihren Sinn im Jahre 1989 geändert, nachdem die Macht von einer von der Solidarność dominierten Koalition übernommen worden war. Der Präsident hat auch infolge interner Wandlungen (u.a. die Krise und der Untergang der PVAP) und Veränderungen im internationalen Umfeld Polens die politische Möglichkeit verloren, seine konstitutionellen Befugnisse in vollem Umfang nutzen zu Können.

Die zweite Periode der polnischen Transformation, die in der Schaffung von Grundlagen für das System pluralistischer politischer Demokratie bestand, verlief bereits unter der Kontrolle des Solidarność-Lagers. Sie wurde von der Verfassungsreform vom 29. Dezember 1989 eingeleitet. Infolge dieser Reform erfolgte in Polen eine Änderung der konstitutionellen gesellschaftlich-wirtschaftlichen und politischen Ordnung.[6] Es vollzog sich eine Wandlung der Leitideen, auf die sich das System Polens stützte. Die konstitutionelle Formel von Polen als „einem sozialistischen Staat" ersetze man durch die Formel „des demokratischen Rechtsstaates, der die Grundsätze der gesellschaftlichen Gerechtigkeit verwirklicht". An die Stelle des Grundsatzes der Oberhoheit des werktätigen Volkes trat der Grundsatz der Souveränität der Nation. Der abgeschaffte Grundsatz der führenden Rolle der PVAP wurde durch den Grundsatz der Freiheit, politische Parteien zu gründen (des politischen Pluralismus) ersetzt. In die Verfassung wurde der Grundsatz der Teilnahme der territorialen Selbstverwaltung an der Machtausübung eingeführt, der dann in der nächsten Verfassungsänderung vom 8. März 1990 erweitert wurde. Die Verfassungsreform vom Dezember 1989 brachte einen grundlegenden Umbau der konstitutionellen Grundlagen des gesellschaftlich-wirtschaftlichen Systems mit sich. Verworfen wurden die besondere Rolle und der besondere Schutz des Staatseigentums zugunsten gleichen Schutzes aller Formen des Eigentums. An die Stelle des Grundsatzes der zentral gesteuerten Planwirtschaft wurde der Grundsatz der freien wirtschaftlichen Tätigkeit, unabhängig von der Eigentumsform, eingeführt. Diesen allgemeinen Beschlüssen folgend, entfernte man aus den ausführlichen Bestimmungen der Verfassung Bezüge auf das System des reallen Sozialismus. Die Verfassungsreform vom Dezember 1989 hat auch gewisse symbolische Änderungen eingeführt. Der Name des Staates wurde geändert. Die Volksrepublik Polen wurde die Republik Polen, der Adler auf dem Staatswappen bekam eine Krone. Diese Änderungen waren mit der Aufhebung des berüchtigten Artikels 6 der Verfassung verbunden, der von der Freundschaft mit der UdSSR sprach und symbolisierten die Wiedererlangung der Staatssouveränität durch den polnischen Staat.

Diese Etappe der polnischen politischen Transformation des Systems krönte das Verfassungsgesetz vom 17. Oktober 1992, das die Kleine Verfassung genannt wurde. Seine Beschlüsse betrafen vor allem die Struktur und die Relationen zwischen der

---

[6] Es ist interessant, dass gegen diese Verfassungsreform im Sejm nur ein Abgeordneter stimmte, 11 hingegen haben sich der Stimme enthalten.

gesetzgebenden und der vollziehenden Gewalt. Die Kleine Verfassung war eine Art Zusammenfassung von Erfahrungen aus dem dreijährigen Funktionieren eines besonderen Verhältnisses zwischen dem Parlament, dem Präsidenten und der Regierung, das das präsidial-parlamentarische System genannt wurde. Sie war bestrebt, das Übermaß an Präsidialgewalt zu beseitigen, die manchmal das Regierungssystem destabilisierte und die Regierung stärker an die erste Kammer des Parlaments – an den Sejm zu binden. Ihr Ziel war also die Parlamentarisierung des Machtsystems, die u.a. darin zum Ausdruck kam, dass der parlamentarischen Mehrheit, falls eine solche zustande kam, das Recht gewährleistet wurde, die ihr entsprechende Regierung zu bestellen. Der Präsident hörte also auf, ein für den Sejm gleichrangiger Partner im Prozess der Regierungsbildung zu sein. Die Kleine Verfassung schuf nach einer fast 65 Jahre dauernden Unterbrechung Voraussetzungen für den Wiederaufbau des parlamentarischen Systems in Polen. Sie war zugleich eine Generalprobe vor der endgültigen Regelung dieser Angelegenheit in der künftigen Verfassung.

Die Kleine Verfassung brachte auch einen Akt von symbolischer Bedeutung zustande, indem sie das Grundgesetz aus dem Jahre 1952 mit späteren Änderungen gänzlich aufhob. Beibehalten wurden zwar diese Kapitel der Verfassung, die der Inhalt der Kleinen Verfassung nicht betraf (die Grundsätze des Systems, das System des Gerichtswesens und des Rechtsschutzes, bürgerliche Rechte und Freiheiten), aber sie galten seit dieser Zeit bereits kraft der Entscheidung der systemgebenden Autorität der Dritten Republik.

In der Zeit der Dominanz des Solidarność-Lagers wurden auch die Prinzipien der Vorbereitung und Verabschiedung des neuen polnischen Grundgesetzes festgelegt. Dies tat das Verfassungsgesetz vom 23. April 1992. Die Verfassung sollte die Nationalversammlung, die sich aus zwei Parlamentskammern, dem Sejm und dem Senat zusammensetzte, mit einer Mehrheit von zwei Dritteln der Stimmen verabschieden. Die Entscheidung des Parlaments musste von der Nation in einer landesweiten Volksabstimmung bestätigt werden.

Die Vorbereitung und Verabschiedung des Grundgesetzes der Republik Polen fielen bereits auf die nächste Etappe der Transformation: eine Etappe der Konsolidierung und Stabilisierung, die von Gruppierungen dominiert war, welche ihre Herkunft aus politischen Gebilden ableiteten, die in der Zeit der Volksrepublik Polen existierten (SLD – Bündnis der Demokratischen Linken und PSL – Polnische Bauernpartei). Infolge der beschleunigten Parlamentswahlen vom 19. September 1993 bekamen sie 376 Sitze in der 560 Personen zählenden Nationalversammlung, also etwas über zwei Drittel der Sitze. Sie konnten dabei auf die Unterstützung wenigstens eines Teils der linksorientierten Arbeitsunion zählen. Die Notwendigkeit der Akzeptanz der von der Nationalversammlung angenommenen Verfassung in einer landesweiten Volksabstimmung gebot den dominierenden Gruppierungen jedoch Maß und die Suche nach einer breiteren parlamentarischen Einigung, die auch die Demokratische Union (später die Freiheitsunion), eine Partei der Mitte, erfasste.

In der ersten Hälfte des Jahres 1997 waren die Arbeiten an der Verfassung zu Ende. Am 2. April 1997 hat die Nationalversammlung endgültig die neue Verfassung der Republik Polen verabschiedet. Diese Verfasung wurde dann vom Volk in einer landesweiten Abstimmung am 25. Mai angenommen. Nach der Feststellung der Gültigkeit der Volksabstimmung am 16. Juli durch das Oberste Gericht, wurde die Verfassung vom Präsidenten der Republik Polen unterzeichnet und im „Dziennik Ustaw" veröffentlicht. Drei Monate später, am 17. Oktober 1997 trat die Verfassung der Republik Polen in Kraft. Dies bedeutete das Ende eines ein paar Jahre dauernden Verfassungsprovisoriums und die Transformation des Systems in Polen erhielt somit eine solide rechtliche Grundlage. Die neue polnische Verfassung wurde von einem angemessen legitimierten Parlament, das in freien demokratischen Wahlen gewählt wurde, angenommen. In der Nationalversammlung ist es gelungen, einen konstitutionellen Kompromiss zu erreichen und man sicherte eine breite, über 90%-ge Unterstützung für die Verfassung. Die aussenparlamentarischen Kräfte, die gegen die Verfassung waren, haben es hingegen unmöglich gemacht, dass in dieser Hinsicht eine signifikante gesellschaftliche Zustimmung eingeholt wurde. In der Volksabstimmung über die Verfassung 25.Mai 1997 haben sich für die Verfassung 52,7% der Abstimmenden, gegen sie 45,9% (1,4% waren ungültige Stmmen) ausgesprochen. Da die Frequenz niedrig war, haben an der Volksabstimmung 42,86% der Stimmberechtigten teilgenommen.

Die Verfassung der Republik Polen vom 2.April 1997 ist ein verhältnismäßig umfangreicher Akt. Sie besteht aus der Einleitung und 13 Kapiteln, die in 243 Artikel eingeteilt sind. Sie stellt die rechtliche Grundlage des Staates dar, die die Freiheit und Effektivität der wirtschaftlichen Tätigkeit sichert und zugleich das Gefühl der sozialen Sicherheit gewährleistet. Das System der Rechte und Freiheiten leitet die Verfassung von der angeborenen Würde des Menschen ab, über die Beachtung dieser Rechte und Freiheiten wacht ein ausgebauter, mit entsprechenden Wirkungsinstrumenten ausgestatteter Komplex von Institutionen. Die Verfassung schafft auch rechtliche Voraussetzungen für die Gestaltung und Konsolidierung der demokratischen Gesellschaft sowie einer demokratischen, leistungsfähigen und verantwortlichen Gewalt.

Die Verfasssung proklamierte die Republik Polen als einen Rechtsstaat. Dies ist ein sehr umfangreiches Problem, das vor allem mit den Garantien der bürgerlichen Rechte und Freiheiten im Zusammenhang steht. Der Rechtsstaat ist von vier Grundeigenschaften gekennzeichnet: die Rechtmäßigkeit der Gewalt, die Festlegung der Grenzen der Gewalt durch das Recht, die Existenz des allgemein anerkannten Systems der bürgerlichen Rechte und Freiheiten, und die Existenz des Systems wirksamer institutioneller und prozeduraler Garantien der Rechte und Freiheiten. Im System des reallen Sozialismus hat der Vorrang der Politik vor dem Recht im Grunde genommen die Bindung der Macht an das Recht in der Praxis des gesellschaftlichen Lebens ungültig gemacht. Es dominierte die instrumentale Einstellung zur Verfassung und zum Gesetz überhaupt, die vor allem als ein elastisches Werkzeug der Machtausübung betrachtet wurden.

Nach dem Untergang des reallen Sozialismus hat der aus dem westlichen Konstitutionalismus übernommene Grundsatz des Rechtsstaates seinen unmittelbaren Ausdruck im Text der polnischen Verfassung infolge der Verfassungsnovelle vom 29. Dezember 1989 gefunden.

Aus dieser allgemeinen Formel, die von der Rechtswissenschaft und der Rechtsprechung des Verfassungsgerichtshofes erläutert wurde, werden bestimmte Konsequenzen für die Gestaltung der Inhalte des Rechts und der Interpretation der bisherigen Rechtslösungen abgeleitet. Der Verfassungsgerichtshof hat aus diesem allgemeinen Grundsatz u.a. den Grundsatz des Vertrauens der Bürger zum Staat, den Grundsatz des Vertrauens der Bürger zum Gesetz, den Grundsatz des Schutzes der erworbenen Rechte, den Grundsatz des Anspruchs auf rechtliches Gehör vor Gericht abgeleitet. Über die Beachtung der Regeln des demokratischen Rechtsstaates wacht jetzt ein erneuertes und ausgebautes System von Organen des Rechtsschutzes und besonders die allgemeine Gerichtsbarkeit sowie die Verwaltung und die Institution des Beauftragten für Bürgerrechte und des Verfassungsgerichtshofes.

Von grundlegender Bedeutung ist der Grundsatz der Kontrolle der Verfassungsmäßigkeit der Gesetze durch einen unabhängigen Verfassungsgerichthof. Dies bedeutet die Hervorhebung des Primats der Verfassung und die Unterstellung der laufenden politischen Argumente unter das Gesetz. Die Ergänzung des Grundsatzes des Primats der Verfassung ist der Grundsatz der konstitutionellen Verantwortung der höchsten öffentlichen Amtsinhaber einschließlich des Präsidenten der Republik Polen.

Die Verfassung entwickelt die konstitutionellen Garantien des Schutzes der bürgerlichen Rechte und Freiheiten, indem sie expressis verbis das Recht auf Entschädigung für den Schaden, der durch unrechtmäßige Maßnahmen der öffentlichen Gewalt entstanden ist sowie den allgemeinen Anspruch auf rechtliches Gehör vor Gericht, auf Verfassungsbeschwerde beim Verfassungsgerichtshof, das Recht darauf, sich an den Beauftragten für Bürgerrechte zu wenden, um ihn um Hilfe beim Schutz seiner Freiheiten und Rechte zu ersuchen, formuliert.[7] Diese neuen Verfassungsgarantien werden durch institutionell-prozedurale Garantien ergänzt, wie die Endgültigkeit der Entscheidungen des Verfassungsgerichtshofes, die zwei Instanzen umfassende allgemeine Gerichtsbarkeit sowie die Konstitutionalisierung der Grundsätze des Strafrechts, der Strafprozedur, des Steuerrechts oder des Arbeitsrechts.[8]

Das Ins-Leben-Rufen der Idee des Rechtsstaates ist zweifelsohne ein komplizierter und langwieriger Prozess. Die Eintragung eines solchen Grundsatzes in die Verfassung sowie seine eindeutige Auslegung in ausführlichen Vorschriften, die Verleihung eines deutlich jurisdischen Charakters der Verfassung sowie die eindeutige Anerkennung der Verfassung als das oberste Recht der Republik Polen und zugleich die Schaffung des Grundsatzes, gemäß dem die Vorschriften der Verfassung unmittelbar angewandt

---

7 Siehe Art. 77-80 der Verfassung.

8 Siehe Art. 176 Abs. 1, Art. 184, Art. 190 Abs. 1 sowie Kapitel III und X der Verfassung.

werden, können wesentliche Faktoren werden, die die Verwirklichung der Idee des Rechtsstaates in der Praxis des öffentlichen Lebens näher rücken lassen.

Nach der Verfassung soll Polen auch ein demokratischer, leistungsfähig regierter Staat sein. In erster Linie geht es hier um einen Komplex der Rechtslösungen und Prozeduren, die den einzelnen Kettengliedern der Macht die Rechtmäßigkeit (Legitimität) gewährleisten. Der Einfluss der Systemlösungen westlicher Demokratien ist in diesem Bereich wohl am meisten sichtbar. Die Vorbilder werden aus dem Konsitutionalismus der BRD, aber auch Frankreichs, Spaniens und anderer Länder geschöpft. Von grundlegender Bedeutung ist die Schaffung verfassungsrechtlicher Grundlagen der demokratischer Gewalt.

Die Verfassung bestätigt den im zeitgenössischen Konstitutionalismus allgemein existenten Grundsatz, dass die Quelle der Macht in der Nation verankert ist, die als eine politische Kategorie betrachtet wird, die alle Bürger des polnischen Staates erfasst. Dies schafft nicht nur eine symbolische demokratische Legitimierung der Machtstrukturen. Die unmittelbare Konsequenz der Annahme eines so verstandenen Grundsatzes ist die Gleichheit aller Bürger vor dem Gesetz, die Allgemeinheit der politischen Rechte sowie das Recht eines jeden Bürgers auf aktive Teilnahme am öffentlichen Leben, auf die Beeinflussung der Staatsangelegenheiten, was in den Bestimmungen der Verfassung zum Ausdruck kommt.

Gemäß Art. 4 der Verfassung übt das Volk die Gewalt durch seine Vertreter sowie unmittelbar aus. Obwohl es keinem Zweifel unterliegt, dass der Wille der Verfassungsschöpfer, die Beibehaltung der Repräsentativform der Machtausübung als der Grundgestalt der Gewaltausübung war, sieht die Verfassung einige Arten der landesweiten und örtlichen Volksabstimmungen vor sowie die gesetzgebende Volksinitiative vor.[9]

Die Grundprozedur, die den Machtorganen eine demokratische Legitimierung gewährleistet, sind allgemeine, pluralistische und freie Wahlen. Die Verfassung sieht vor, dass infolge einer solchen Prozedur die zwei Parlamentskammern – der Sejm und der Senat, der Präsident der Republik Polen sowie Organe der örtlichen Selbstverwaltung gewählt werden. Die Schöpfer der Verfassung konnten dabei das alte Dilemma nicht vermeiden: wie ist die Sicherung der Repräsentativität der Repräsentativorgane und zugleich die Fähigkeit zum wirksamen Handeln zu vereinbaren. Die Verfassung legt Grundwahlgarantien der Repräsentativität des Sejm fest: die Allgemeinheit, die Gleichheit und Proportionalität. Weniger entschieden ist sie gegenüber dem Senat: sie fordert nicht, dass die Wahlen zu der zweiten Kammer sich auf den Grundsatz der

---

[9] Die Institution der landesweiten Volksabstimmung ist im Art. 90 der Verfassung vorgesehen – die Zustimmung für die Ratifizierung eines völkerrechtlichen Vertrags, aufgrund dessen die Republik Polen einer internationalen Organisation oder einem internationalen Organ die Kompetenz von Organen der staatlichen Gewalt in bestimmten Angelegenheiten überträgt, Art. 125 – in Fällen von besonderer Bedeutung für den Staat, Art. 235 – eine Volksabstimmung, die die von dem Parlament in die Kapitel I, II oder XII eingeführten Verfassungsänderungen bestätigt. Eine Volksabstimmung über eine lokale Angelegenheit läßt der Art. 170 der Verfassung zu. Art. 118, Abs. 2 sieht die gesetzgebende Initiative von 100.000 Bürgern vor.

Gleichheit stützen (sie verbietet jedoch nicht die Annahme dieses Grundsatzes), sie legt auch nicht die Wahlformel fest (das Wahlsystem sensu stricto), sondern sie lässt diese Angelegenheit von dem Gesetz regeln.

Die polnische Verfassung spricht sich nicht über die Möglichkeit aus, im Wahlrecht Lösungen anzuwenden, die zugunsten der Herausbildung beständiger, stabiler Mehrheiten wirken würden, u.a. durch die Eliminierung kleiner Vertretungen diverser Gruppierungen, die im Maßstab des Landes keine bedeutende Unterstützung haben (das Vorbeugen der Zersplitterung des Sejm), zB. in Form von Sperrklauseln. Wenn jedoch derartige Lösungen im europäischen Konstitutionalismus bekannt sind und ihre Verfassungsmäßigkeit im allgemeinen nicht in Frage gestellt wird, und man in der Verfassung Beschlüsse finden kann, die die Stabilisierung des Machtsystems fördern, dann denke ich, dass die Einführung derartiger Lösungen durch die Wahlgesetzgebung sich mit der Verfassung ohne weiteres vereinbaren läßt.

Die Verfassung erhält die bisherigen Lösungen aufrecht, die die Legitimität und die entsprechende Autorität des Staatsoberhauptes gewährleisten, indem sie den Grundsatz der allgemeinen Präsidentenwahlen und der Ausstattung des Präsidenten der Republik Polen mit Kompetenzen, die ihm nicht nur die klassischen Funktionen des Staatsoberhauptes erfolgreich auszuüben ermöglichen annimmt, sondern auch die Rolle des politischen Schiedsrichters und Moderators in der Struktur der Hauptorgane des Staates in ihren Beziehungen mit der Gesellschaft erfolgreich spielen lassen.

Die Verfassung gewährleistet die Rechtmäßigkeit durch die Annahme des Grundsatzes der parlamentarischen Gewalt (die Regierung ist in politischer Hinsicht nur vor dem Sejm verantwortlich) und des sich aus ihm ergebenden Grundsatzes, dass die Regierung eine politische Emanation der parlamentarischen Mehrheit sein soll. Dies ist durch die Teilnahme des Sejm am Prozess der Regierungsbildung gewährleistet sowie durch klassische Institutionen des parlamentarischen Systems: das Vertrauens- und Misstrauensvotum.

Eine schwierigere Aufgabe ist zweifellos die Sicherung der Stabilität und der Leistungsfähigkeit des Machtsystems. Die einfache Übertragung mancher in westlichen Demokratien bewährten Systemlösungen, wie z.B. des deutschen konstruktiven Misstrauensvotums muss die erwünschte Stabilität nicht von selbst gewährleisten.

Die Stabilität und die Leistungsfähigkeit der Gewalt können u.a. Lösungen fördern, die:

- die Sicherung der relativen Beständigkeit des Parlaments anstreben, dadurch dass sie der vollziehenden Gewalt das Recht auf die freie, nicht bedingte Auflösung des Parlaments absprechen;
- zur Stabilität der Macht durch die Annahme von Lösungen führen, die der Regierung die Unterstützung der parlamentarischen Mehrheit bereits im Moment ihrer Bildung sichern und den Sturz der Regierung durch das Parlament erschweren (der einzige Weg, die Regierung auf die Initiative des Parlaments hin zu stürzen führt über das konstruktive Misstrauensvotum, das mit der Mehrheit der gesetzlichen Zahl der Abgeordneten beschlossen wird);

– darauf beruhen, dass die Rolle des Staatsoberhauptes als ein Faktor, der aktiv auf das Funktionieren anderer Organe des Staates einwirkt, gestaltet wird, vor allem dadurch, dass es mit Mediationsbefugnissen ausgestattet wird, die die Lösung von Konflikten zwischen den Behörden und den politischen Kräften einerseits fördern und andererseits dadurch, dass dem Staatsoberhaupt das Recht zuerkannt wird, ein Parlament, dass die Regierung destabilisiert, das nicht fähig ist, eine Regierung, die Unterstützung im Parlament hat, zu bilden und zu erhalten, aufzulösen.

Die Chance, eine demokratische und stabile Macht zu sichern, hat in Polen vor allem das in der Verfassung angenommene parlamentarische Kabinettssystem mit dem klar bestimmten Grundsatz der ausschließlichen politischen Verantwortung der Regierung vor dem Sejm. Die fundamentale Aufgabe des Parlaments jedoch ist die Sicherung der Übereinstimmung der Politik des Staates, also auch der Regierung, mit dem Willen des Volkes in einer solchen Gestalt, in der sie ihren Ausdruck in den Parlamentswahlen sowie in anderen demokratischen Prozeduren findet. Um der Regierung Stabilität zu sichern, wurden in den Mechanismus der Macht Einrichtungen eingesetzt, die zufälligen oder lediglich von negativen Argumenten oder Bewertungen der bisherigen Regierung verursachten Regierungskrisen vorbeugen. Die ihm gebührende gesellschaftliche und politische Autorität sichert man dem Präsidenten der Republik, der die Rolle des politischen Vermittlers, des Schiedsrichters sowohl in den Beziehungen zwischen den Gewalten als auch zwischen politischen Gruppierungen sowie zwischen ihnen und der Stellungnahme der öffentlichen Meinung spielt.

Auf diese Art und Weise legt also die Verfassung ausreichende Garantien für die Gewalt der entsprechend legitimierten parlamentarischen Mehrheit und zugleich für die beschränkte Gewalt, die von den moderierenden Befugnissen des Präsidenten der Republik Polen, des Senats und des Verfassungsgerichtshofes gemäßigt wird, fest. Der Verfassung der Republik Polen schwebt also der Grundsatz vor, dass der Staat nicht ein Eigentum derer wird, die die Parlamentswahlen gewonnen haben.

Die Republik Polen ist auch ein Staat mit einem pluralistischen politischen System. Der Pluralismus gehört zu den Grundwerten der modernen Gesellschaft, er ist ein Merkmal demokratischer Systeme. Er ist ein besonders kostbarer Wert in diesen Gesellschaften, die die Erfahrung der autoritären Herrschaft und sogar des Totalitarismus hinter sich haben. Unter den höchsten Werten, solchen wie Freiheit, Gerechtigkeit und Gleichheit nennt ihn auch die spanische Verfassung aus dem Jahre 1978. Er fand direkten Ausdruck in den Verfassungen der Mehrheit der Staaten Mittel- und Osteuropas nach der Abschaffung des Systems des reallen Sozialismus.[10]

Im pluralistischen politischen System fehlt vor allem eine das ganze System bestimmende Zentralstelle, die unumstrittene Entscheidungen treffen und zugleich die

---

[10] Die Verfassungen Bulgariens (Art.11 Abs. 1) und Rumäniens (Art. 1 Abs. 3 und Art. 8 Abs. 1) bringen diesen Grundsatz expressis verbis zum Ausdruck. Die anderen proklamieren ihn indirekt. Siehe z.B. Paragraph 2 Abs. 3 der ungarischen Verfassung, Art. 1 der slowakischen, Art. 5 der tschechischen Verfassung.

Ideologie liefern würde. Daher können Subjekte mit einem differenzierten gesellschaftlich-politischen Programm bestehen, ihre Argumente zum Ausdruck bringen und am öffentlichen Leben teilnehmen.

Das Problem des Pluralismus kann man unter einigen Aspekten betrachten. Auf der rechtlich-institutionellen Ebene ist sein Ausdruck die Pluralisierung der Gewaltstrukturen, anders gesagt, eine funktionale und organische Gewaltenteilung, die zugleich eine der wesentlichen Garantien des Rechtsstaates ist.

Der Pluralismus ist jedoch vor allem ein Merkmal des politischen Systems. Seine Garantie bildet die rechtliche Freiheit der Gründung und der Tätigkeit politischer Parteien sowie anderer Verbände und Bürgerbewegungen sowie der Grundsatz der Freiheit der gesellschaftlichen Kommunikation.

Diese grundsätzlichen Verfassungsentscheidungen werden in der Gesetzgebung über politische Parteien, Gewerkschaften, Vereine, im Presserecht sowie dem Recht, das sich auf den Rundfunk und das Fernsehen usw. bezieht, ausgelegt. Die Verfassung proklamiert expressis verbis den Grundsatz der Freiheit der Bildung und der Tätigkeit politischer Parteien, die auf der Grundlage der Freiwilligkeit und Gleichheit polnische Staatsangehörige vereinigt mit dem Zweck auf die Gestaltung der Staatspolitik mit demokratischen Methoden einzuwirken. Viele gesellschaftliche, politische und kulturelle Faktoren haben einen Einfluss auf die Gestalt des Parteiensystems. Es wird auch von gesetzgebenden Entscheidungen hinsichtlich insbesondere der Art und Weise, die politischen Parteien oder das Wahlsystems zu finanzieren, beeinflusst[11] sowie sogar vom konstitutionellen Mechanismus der Machtübergabe nach den Parlamentswahlen. Dieses letztere Problem ist ebenfalls eine der systembezogenen Garantien der Pluralisierung der Gewaltstruktur. Die Verfassung erfasst es eindeutig: das Recht auf Regierungsbildung hat die siegreiche Gruppierung oder eine Koalition. Über das politische Antlitz der Regierung entscheidet somit das Ergebnis der Parlamentswahlen und die infolgedessen entstandene politische Struktur des Parlaments und nicht die bisher regierende Gruppe und die Entscheidungen des Staatsoberhauptes.

Der politische Pluralismus erfasst die Gesamtheit des politischen Lebens im Staat und seine gesellschaftlichen und materiellen Garantien bildet der ideologische, kulturelle und wirtschaftliche Pluralismus. In manchen Staaten bemühen sich die Verfassungen darum, eine gewisse rechtliche Barriere zu schaffen, die der Wiederholung der Lage vorbeugen würde, in der das öffentliche Leben völlig von einer Ideologie und einer politischen Partei dominiert wäre. Sehr deutlich bringt dies z.B. die Verfassung Bulgariens zum Ausdruck, die feststellt, dass „kein Teil des Volkes, keine politische Partei oder keine

---

[11] Im Art. 11 Abs. 2 proklamiert die Verfassung deutlich den Grundsatz der Öffentlichkeit der Finanzierung politischer Parteien. Ich meine, dass es angesichts der jungen Demokratie und der Schwäche politischer Parteien, von großer Bedeutung wäre, wenn der Grundsatz angenommen würde, politische Parteien aus öffentlichen Quellen zu finanzieren. Dies wäre eine Garantie ihrer Unabhängigkeit von Gruppen, die einen Druck ausüben sowie manchmal eine Bedingung für die Existenz einer politischen Partei.

andere Organisation die Ausübung der Nationalhoheit an sich reissen darf". Inhaltsmäßig ähnliche Entscheidungen kann man ebenfalls in den Texten anderer Verfassungen, z.B. der ungarischen und der slowakischen finden. Die polnische Verfassung schafft nicht so weitgehende und deutliche Garantien dieser Art, obwohl man eine Spur dessen, wie es scheint, doch finden kann, z.B. im Art. 13 der Verfassung, der das Bestehen politischer Parteien und anderer Organisationen verbietet, die „sich in ihren Programmen auf totalitäre Methoden und Praktiken berufen".

Eine für die Sicherung des Pluralismus wichtige Angelegenheit ist die Wahrung der moralischen (weltanschaulichen) Neutralität des Staates. Der Staat darf der Gesellschaft nicht Moral predigen. Er soll ein unparteilicher Schiedsrichter sein und das Zusammenwirken der Anhänger diverser moralischer Überzeugungen und Weltanschauungen in den Grenzen der Vernunft gewährleisten. Ich denke, dass die in der polnischen Verfassung angenommenen Lösungen eben dies anstreben. Die Unparteilichkeit der öffentlichen Gewalt in Angelegenheiten der religiösen, weltanschaulichen und philosophischen Anschauungen sowie die Freiheit, diese im öffentlichen Leben zu äußern, ist gewährleistet. Die Annahme des Grundsatzes der Beachtung der Autonomie sowie der gegenseitigen Unabhängigkeit, eines jeden in seinem Gebiet, in den Beziehungen zwischen dem Staat und den Kirchen sowie anderen Religionsgemeinschaften bedeutet nicht nur eine Garantie der Unabhängigkeit dieser letzteren, sondern auch die Garantie dafür, dass der Staat sich in seiner Tätigkeit nicht unmittelbar von religiösen Geboten leiten wird, von wem sie auch immer stammen würden.

Man darf jedoch nicht vergessen, dass in Polen wie auch in anderen Staaten Mittel- und Osteuropas außerrechtliche, politisch-psychologische Beschränkungen und Barrieren des Pluralismus, auch des politischen, bestehen und sich noch einige Zeit halten werden.

Schließlich die letzte Frage – die Probleme der gesellschaftlichen Gerechtigkeit.[12] Diesen Begriff betrachte ich als sehr umfangreich, da er eine differenzierte Einstellung des Konstitutionalismus zu wirtschaftlichen und sozialen Angelegenheiten umfasst.

Entscheidungen, die sich auf gesellschaftliche und wirtschaftliche Angelegenheiten beziehen, bilden den Ausgangspunkt für jegliche Verfassungsarbeiten. Die Annahme optimaler Lösungen im Bereich des wirtschaftlichen Lebens und ein Gefühl für die gesellschaftlichen Angelegenheiten seitens der Schöpfer der Verfassung schaffen das Klima der gesellschaftlichen Akzeptanz konstitutioneller Normen und tragen zum Aufbau ihrer konsensualen Legitimierung bei. In einem Staat, der einen grundlegenden Umbau des Wirtschaftssystems unternimmt und der sich mit dem Mangel an Mitteln für gesellschaftliche Zwecke auseinandersetzt, kann die Versuchung entstehen, der öffentlichen Gewalt die sozialen Verpflichtungen gegenüber der Gesellschaft abzunehmen. Solche Konzeptionen sind mehrmals während der Arbeiten an der Verfassung zum Ausdruck gekommen. Es ist offensichtlich, dass die Schöpfer der Verfassung sich der

[12] Vgl. Art. 2 der Verfassung, nach dem die Republik Polen ein demokratischer Rechtsstaat ist, der die Grundsätze gesellschaftlicher Gerechtigkeit verwirklicht.

objektiven Bedingtheiten der Fähigkeit, soziale Verpflichtungen durch den Staat zu übernehmen, bewusst sein sollen. Nichtsdestoweniger stünden Entscheidungen im Geiste des „reinen" Liberalismus im Widerspruch mit den dominierenden Tendenzen im modernen Konstitutionalismus sowie mit der Tradition des polnischen Konstitutionalismus. Der moderne Staat darf sich nicht von der Verpflichtung lossagen, der Gesellschaft ein Minimum an sozialer Sicherheit zu gewährleisten. Darüberhinaus muss man in Betracht ziehen, dass sogar der Verzicht auf bestimmte konstitutionelle Verpflichtungen den Regierenden die Pflicht, die zum Vorschein kommenden gesellschaftlichen Probleme zu lösen, nicht abnehmen wird.

Die Verfassung der Republik Polen nimmt diese Probleme wahr und gibt ihnen mäßigen Ausdruck in der angenommenen Konzeption der sog. sozialen Marktwirtschaft als Grundlage der wirtschaftlichen Ordnung der Republik Polen, also als ein wirtschaftliches System, das die gesellschaftlichen Konsequenzen der Wirkung „reiner" ökonomischer Gesetze mildert. Nach Art. 20 soll sich die soziale Marktwirtschaft auf die Freiheit der wirtschaftlichen Tätigkeit, Privateigentum und Solidarität, Dialog und Zusammenarbeit der sozialen Partner stützen. Bemerkenswert ist, dass die Schöpfer der Verfassung die Rolle der Lohnarbeit in einem so begriffenen Wirtschaftssystem nicht beachten. In dieser Hinsicht bildet die gegenwärtige Verfassung der Republik Polen einen Schritt rückwärts, wenn es um die Betonung des Arbeitsfaktors in der Gestaltung des nationalen Reichtums im Vergleich mit den früheren Verfassungen, der März- und der Aprilverfassung geht.[13] Sie zeigt ihr „rein" kapitalistisches Antlitz viel deutlicher.

In der Verfassung eines modernen Staates lässt es sich auch nicht vermeiden, die sozialen Grundrechte der Bürger zu formulieren. Diese gehören bereits zur Regel des westlichen Konstitutionalismus, zu ihnen gehören: das Recht auf soziale Sicherung, auf Gesundheitsschutz, auf Erholung sowie das Recht auf Arbeit. Bestimmte Verpflichtungen ergeben sich für Polen aus dem Inhalt der von ihm ratifizierten Internationalen Pakte über Menschenrechte sowie der Europäischen Konvention zum Schutze der Menschenrechte und Grundfreiheiten. Was das Recht auf Arbeit anbetrifft, so geht es selbstverständlich weder um die Schaffung des subjektiven Rechts, das auf dem Gerichtsweg geltend gemacht werden könnte noch um die vollständige und sofortige Verwirklichung dieses Rechts, sondern um die sich daraus ergebende Pflicht des Staates, Schritte zu unternehmen, um dieses Ziel zu sichern.[14]

In diesem Kontext drängt sich noch eine Bemerkung auf. Wenn man sagen kann, dass die polnische Verfassung nach minus ein wenig von der europäischen Norm abweicht, dann steht das wohl eben mit der Auffassung der Arbeitsproblematik und großenteils anderer sozial-ökonomischer Rechte im Zusammenhang. Sie besagt lediglich,

---

13 Die Märzverfassung z.B. besagte im Art. 102, dass „die Arbeit als die Hauptgrundlage des Reichtums der Republik unter einem besonderen Schutz des Staates stehen soll", die Aprilverfassung hingegen unterstrich, dass „die Arbeit die Grundlage der Entwicklung und der Stärke der Republik ist" (Art.8).

14 Vgl. Art. 6 der Internationalen Pakte über wirtschaftliche, soziale und kulturelle Rechte.

jedermann habe das Recht auf freie Wahl und Ausübung des Berufes sowie auf freie Wahl des Arbeitsplatzes (Art. 65 Abs. 1) und nicht das Recht auf Arbeit. Die weitgehende Vorsicht des polnischen Ordnungsgebers in der Regelung auch anderer sozial--ökonomischer Rechte ist überdeutlich. Im Grunde genommen hat die Verfassung in der Absicht ihrer Schöpfer diese Rechte lediglich zu proklamieren, sie gewissermaßen in den Rang der Würde der Verfassungsregel zu erheben, aber der Inhalt dieser Norm und der Umfang des Schutzes der Rechte, auf die in ihr hingewiesen wird, soll erst der gewöhnliche Gesetzgeber bestimmen.[15]

Viele Kontroversen erweckt in der Verfassung das Problem der Bestimmung der Richtungsgrundsätze der Sozial- und Wirtschaftspolitik.[16] Wenn man den möglichen gewissen deklarativen Charakter der Verfassungsaufzeichnung diesartiger Grundsätze und Schwierigkeiten, die mit der Festlegung ihres konkreten Inhalts im Zusammenhang stehen, sieht, muss man zugleich ihre Bedeutung für die Interpretation der Beschlüsse der Verfassung, die die Bürgerrechte betreffen, vor Augen haben. Sie können auch ein Kriterium der Bewertung der Politik der Staatsgewalt durch die Gesellschaft bilden.

So erfasst also die Verfassung im Einklang mit grundlegenden Trends des europäischen Konstitutionalismus auf diesem Gebiet die Verpflichtungen der öffentlichen Gewalt im gesellschaftlich-wirtschaftlichen Bereich in dreierlei Weise, indem sie:

- die Grundsätze der Gesellschaftsordnung formuliert und auf Ziele verweist, die die Aktivität des Staates anstreben soll,
- konkrete soziale, kulturelle und Bildungsrechte sowie wirtschaftliche Rechte formuliert,
- Richtlinien (Leitgrundsätze) der Staatspolitik im gesellschaftlich-wirtschaftlichen Bereich formuliert.

Zusammenfassend: die Verfassung der Republik Polen ist trotz diverser sichtbarer Mängel eine moderne Verfassung, die sowohl in der polnischen Tradition der Gesellschaftsordnung als auch in der Errungenschaft des europäischen konstitutionellen Gedankens verankert ist. Sie stützt sich auf gesamthumanistische Grundwerte und erkennt als Quelle der Freiheiten und Rechte des Menschen und Bürgers die angeborene und unveräußerliche Würde des Menschen an. Zweifellos entspricht sie den Standards des modernen europäischen Konstitutionalismus.

---

[15] Vgl. Art. 81 der Verfassung (Die....bestimmten Rechte können in den im Gesetz bestimmten Grenzen geltend gemacht werden").

[16] Vgl. Art.65, Abs. 5 (der Grundsatz der vollen und produktiven Beschäftigung), Art. 68 (Gesundheitsschutz), Art. 68 Abs. 5 (Entwicklung der sportlichen Betätigung), Art. 70 Abs. 4 (Bildungspolitik), Art. 71 Abs. 1 (Politik, die das Wohl der Familie fördert), Art. 74 (ökologische Sicherheit und Umweltschutz), Art. 75 (Wohnungspolitik), Art. 76 (Politik des Verbraucherschutzes).

Ryszard Chruściak

Sejm und Senat

1. Position im Staatssystem und Struktur

Den die Position von Sejm und Senat – dem polnischen Zweikammerparlament – im Staatssystem bestimmenden Grundsatz bezeichnet das in Art. 10 der Verfassung stehende Prinzip der Gewaltendreiteilung. Aus diesem Prinzip geht hervor, dass das Staatssystem der Republik Polen auf dem Prinzip der Gewaltenteilung und dem Prinzip des Gleichgewichtes der gesetzgebenden, vollziehenden und richterlichen Gewalt aufgebaut ist und dass die gesetzgebende Gewalt Sejm und Senat ausüben.[1]

Diese allgemeine Bestimmung der Platzierung von Sejm und Senat innerhalb der Struktur der Organe der öffentlichen Gewalt stellt eigentlich eine Fortsetzung der Lösungen dar, die nach dem Staatssystemumbruch im Jahre 1989 eingeführt wurden; so wurde damals u.a. die zweite Kammer, der Senat, wiederhergestellt. Damit wurde zugleich auch an die Ideen der Verfassung aus der Zwischenkriegszeit angeknüpft.

An die früheren polnischen Verfassungen knüpft ebenfalls die in der geltenden Verfassung festgelegte relativ stärkere (Präponderanz) Position der gesetzgebenden Gewalt im Rahmen der Gewaltendreiteilung an. Dies ist in der Gestaltung und dem Zuständigkeitsbereich des Parlaments und insbesondere des Sejm deutlich zu sehen. Es erlaubt, das Staatssystem des heutigen Polens als parlamentarisches Regierungssystem zu bezeichnen. Es ist jedoch kein klassisches parlamentarisch-kabinettisches System, sondern eher ein rationaler Parlamentarismus.[2]

Die besondere Position von Sejm und Senat im Staatssystem resultiert auch aus dem in Art. 4 der Verfassung stehenden Prinzip der Volkssouveränität, laut dem die höchste Herrschaftsgewalt das Volk innehat, das seine Gewalt durch seine Vertreter oder unmittelbar ausübt. Gemäß den Verfassungsvorschriften sind nur Sejmabgeordnete und Senatoren die Vertreter des Volkes. Sejm und Senat sind also die einzigen für die Vertretung des Volkes zuständigen Vertretungsorgane.

Es ist also anzunehmen, dass das Wesen der Position von Sejm und Senat im

---

1 Die vollziehende Gewalt üben Präsident und Ministerrat und die richterliche Gewalt die Gerichte und Gerichtshöfe aus.

2 Vgl. L. Garlicki: *Polskie Prawo konstytucyjne. Zarys wykładu*. Warszawa 1998, s. 77.

Staatssystem als Vertretungsorgane der gesetzgebenden Gewalt in der Zuständigkeit zur Regulierung aller Bereiche des Gesellschaftslebens und der rechtlichen Beziehungen innerhalb des Staates in Form von Gesetzen liegt.[3]

Der zweite generelle Bereich der Zuständigkeit des Parlaments, neben der Gesetzgebung, aber unter Ausschluss des Senats, bestimmt Art. 95 der Verfassung, der besagt, dass im von Verfassungsvorschriften und Gesetzen bestimmten Umfang, „Der Sejm... die Kontrolle über die Tätigkeit des Ministerrates... ausübt." Dies bedeutet, dass das im Jahre 1989 wiederhergestellte und ohne wesentliche Änderungen in der Verfassung aus dem Jahre 1997 erhaltene Modell des Zweikammerparlaments nicht auf dem Prinzip des Gleichgewichtes der beiden Kammern aufbaut. Der Sejm besitzt eine stärkere Position, die sich besonders in seiner breiteren Zuständigkeit zeigt. Die Hauptaufgabe des Senats ist es, eine Verbesserung der Qualität der im Sejm stattfindenden Gesetzgebung anzustreben.

Hierbei ist zu betonen, dass beide Kammern einen allgemeinpolitischen Charakter besitzen. Keine von beiden vertritt nur eine bestimmte, gesonderte Kategorie des politischen, gewerkschaftlichen oder territorialen Interesses.

Sejm und Senat sind zwei völlig selbstständige Staatsorgane mit unterschiedlichen Zuständigkeiten, die prinzipiell getrennt beraten. Nach der Verfassung jedoch dürfen diese Organe gemeinsam als sogenannte *Nationalversammlung* beraten, die grundsätzlich drei Zuständigkeitsbereiche besitzt:

- Annahme des Eides des neugewählten Präsidenten;
- Erklärung, dass der Präsident wegen seines Gesundheitszustandes zur Amtsausübung dauerhaft unvermögend ist;
- Beschluss zur Anklage des Präsidenten vor dem Staatsgerichtshof.

2. Wahlen

Im Jahre 1991 fand in Polen die erste völlig freie und demokratische Parlamentswahl statt. Seit dieser Zeit nehmen Sejm und Senat ihr Recht, ihre Zuständigkeitsbereiche zu erfüllen, aus dem Mandat, das ihnen in der pluralistischen Wahl, an der die frei wirkenden politischen Gruppierungen einander Konkurrenz machten, anvertraut wurde wahr.

Das Wahlrecht ist allgemein, es hat jeder polnischer Bürger, falls er spätestens am Wahltag 18 Jahre alt wird. Nicht zur Wahl berechtigt sind nur die Personen, die durch eine rechtskräftige Gerichtsentscheidung entmündigt wurden oder denen die staatsbürgerlichen Rechte oder das Wahlrecht entzogen wurde.[4]

---

3 P. Sarnecki (Red.), *Prawo konstytucyjne RP*. Warszawa 1999, s. 173.

4 Bei der letzten Parlamentswahl im Jahre 1997 waren fast 28,5 Mio. Personen wahlberechtigt.

2.1. Sejm

Zum Sejm kann jeder polnische Bürger, der das aktive Wahlrecht besitzt und am Wahltag 21 Jahre alt ist, gewählt werden. Außerdem muss die Sejmwahl eine gleiche, geheime und unmittelbare Verhältniswahl sein. Das detaillierte Wahlverfahren ist in der Wahlordnung aus dem Jahre 1993 festgelegt.[5] Die 460 Sejmabgeordneten werden nicht einheitlich gewählt. In Mehrmandatenwahlkreisen werden 391 Sejmabgeordnete aufgrund von Kandidatenlisten gewählt. 69 Mandate (15%) werden dagegen von den allgemeinpolnischen Listen besetzt.

Die Anmeldung der Wahlkreisliste einer politischen Partei, oder Wahlbündnis (zu Wahlzwecken gründen diese Wahlkomitees) verlangt eine von 3000 Unterschriften bestätigte Unterstützung. Befreit von dieser Pflicht sind jedoch die Wahlkomitees, die im Sejm der vorigen Wahlperiode einen mindestens aus 15 Abgeordneten bestehenden Klub (Fraktion) hatten.

Die Besonderheit des Wählens bei der Sejmwahl besteht darin, dass der Wähler eine gesamte Liste wählt und ein Zeichen „x" an der markierten Stelle neben dem Namen eines Kandidaten der von ihm bevorzugten Liste setzt, und der Wähler dadurch zeigt, dass er ihm einen Vorrang gibt, das Mandat zu erlangen. Es bedeutet, dass in der Praxis das Sejmabgeordnetenmandat im Wahlkreis ein unter den Wählern allgemein beliebter Kandidat erlangen kann, der von seiner Gruppierung auf eine obere Position seiner Kreisliste gestellt wurde.

Die Grundlage der Mandatsverteilung im Wahlkreis bildet die Zahl der gültig abgegebenen Stimmen auf jeder Liste. Die Zahl der abgegebenen Stimmen auf einer Liste bildet die Gesamtzahl der in Form des Zeichens „x" abgegebenen Stimmen auf alle Kandidaten dieser Liste.

Die Mandatsverteilung erfolgt in Wahlkreisen[6] nach der d'Hondt-Methode, jedoch werden an der Verteilung nur die Gruppierungen – Wahlkomitees – beteiligt, die im ganzen Land mindestens 5% der gültig abgegebenen Stimmen erhielten (Sperrklausel).[7] Im Fall von Wahlkoalitionen ist es notwendig, 8% zu erreichen.

Eine allgemeinpolnische Liste kann ein Wahlkomitee anmelden, das Wahlkreislisten in mindestens der Hälfte der Wahlkreise registriert hat oder das im Sejm der vorigen Wahlperiode einen mindestens aus 15 Abgeordneten bestehenden Klub hatte. Es ist also eher größeren Gruppierungen von Nutzen, die sich an der Wahl beteiligen.

---

5 Dz.U., 1993 nr 45, poz. 205 mit weiteren Änderungen Diese Wahlordnung ist nicht völlig der Verfassung vom Jahr 1997 und den Änderungen in der im Jahr 1998 eingeführten territorialen Teilung angepasst. Es ist jedoch zu bemerken, dass fast alle grösseren politischen Gruppierungen ansagten, einen Entwurf der neuen Sejmwahlordnung vorzulegen.

6 Bei der letzten Parlamentswahl wurde in 52 Wahlkreisen mit je 3 bis 17 Mandaten gewählt. Um ein Mandat bewarben sich durchschnittlich 16 Kandidaten.

7 Wahlkomitees eingetragener Vereine von nationalen Minderheiten können von dieser Sperrklausel befreit werden. In der Praxis erlangen dank dieser Möglichkeit Vertreter der deutschen Minderheit Parlamentsmandate.

Die Grundlage der Verteilung der übrigen 69 Mandate bildet die Gesamtzahl der gültig abgegebenen Stimmen[8] auf allen Kreislisten des gegebenen Wahlkomitees. Die Mandatsverteilung erfolgt ebenfalls nach der d'Hondt-Methode, jedoch ist es erst notwendig, 7%[9] der gültig abgegebenen Stimmen im ganzen Land zu erreichen. Die Mandate werden proportional zur Gesamtzahl der im Land auf Kreislisten des gegebenen Wahlkomitees erreichten Stimmen verteilt.

Diese Mandatsverteilungsmethode erlaubt es den Kandidaten, die kein Mandat in ihrem Wahlkreis erreichten, aber durch ihre Gruppierung auf der allgemeinpolnischen Liste hochpositioniert wurden, doch noch ein Sejmabgeordneter zu werden.

2.2. Senat

Zum aus 100 Mandaten bestehenden Senat kann jeder polnische Bürger, der das aktive Wahlrecht besitzt und am Wahltag 30 Jahre alt ist, gewählt werden.

Im Fall des Senats bestimmt die Verfassung kein festes Wahlmodell, sondern verlangt nur eine allgemeine, unmittelbare und geheime Wahl. Seit dem Jahr 1989 ist dies eine Mehrheitswahl, noch gültig ist die Wahlordnung aus dem Jahre 1991.[10]

Die Anmeldung eines Kandidaten für die Senatorenwahl verlangt eine mit 3000 Unterschriften bestätigte Unterstützung durch die Wähler.

Der Wähler wählt durch ein „x" neben dem Namen höchstens so viele Kandidaten, wie viele Senatoren im gegebenen Wahlkreis[11] zu wählen sind. Mandate erwerben dann Kandidaten, die der Reihe nach die höchste Zahl der gültig abgegeben Stimmen erwarben.

3. Amtszeit

Sejm und Senat werden für eine vierjährige Amtsperiode gewählt. Diese Amtszeit beginnt am Tag der ersten Sitzung von Sejm und Senat und endet am Vortag der ersten Sitzung von Sejm und Senat der nächsten Amtszeit. Es gibt also keine sog. „Zwischenamtszeitpause".

Der Sejm kann seine Amtszeit mit einem von mindestens 2/3 der Stimmen der gesetzlichen Abgeordnetenzahl gefassten Beschluss verkürzen, sich also selbst auflösen.

---

[8] Die Wähler stimmen also nicht unmittelbar auf allgemeinpolnische Liste.

[9] Auch hier können Wahlkomitees der eingetragenen Vereine nationaler Minderheiten von dieser Sperrklausel befreit werden.

[10] Dz.U., 1994, nr 54, poz. 224 mit weiteren Änderungen. Diese Wahlordnung benötigt noch Veränderungen, die mit den Änderungen aus der im Jahre 1998 eingeführten territorialen Neugliederung verbunden sind.

[11] Bei der letzten Parlamentswahl stellten die Wojewodschaften die Wahlkreise dar. In 47 Kreisen wurden je 2 Senatoren und in zwei Kreisen (Warszawa, Katowice) je 3 Senatoren gewählt.

Die Amtszeit des Sejm kann auch der Präsident verkürzen, was in zwei Fällen möglich ist.

Obligatorisch wird die Amtszeit dann verkürzt, falls die Regierung kein Vertrauensvotum im Laufe des dritten Versuchs der Regierungsbildung erhielt.[12]

Fakultativ, d.h. vom Ermessen des Staatoberhauptes abhängig, kann es dann zur Amtszeitverkürzung kommen, wenn das Haushaltsgesetz nicht innerhalb von 4 Monaten nach der Haushaltsgesetzesvorlage dem Präsidenten zur Unterzeichnung vorgelegt wird. Damit sollen Sejm und Senat während der Haushaltsdebatte diszipliniert werden.

Jede Amtszeitverkürzung des Sejm bedeutet zugleich eine Amtszeitverkürzung des Senats.

Die Verfassung sieht auch die Möglichkeit vor, die Parlamentsamtszeit zu verlängern, dies ist jedoch nur im Zusammenhang mit der Verhängung des Notstandes möglich.

4. Abgeordnete und Senatoren

Die Verfassung äußert die Idee des freien Mandats und stellt fest, dass Abgeordnete und Senatoren Vertreter des Volkes sind. Sie sind nicht an Weisungen der Wähler gebunden und es ist den Wählern rechtlich nicht möglich, sie von ihrem Amt abzuberufen.

Parlamentarier genießen materielle und formelle Immunität. Die materielle Immunität (Indemnität) – Straflosigkeit – bedeutet, dass der Parlamentarier für seine Tätigkeit, die in den Bereich der Mandatsausübung[13] fällt weder während der Amtszeit noch nach dem Erlöschen des Mandats zur Verantwortung gezogen werden darf. Für diese Tätigkeit verantwortet sich der Sejmabgeordnete ausschließlich vor dem Sejm und der Senator vor dem Senat. Im Falle der Verletzung von Rechten Dritter kann der Parlamentarier zur rechtlichen Verantwortung gezogen werden, jedoch nur mit Zustimmung des Sejm oder entsprechend des Senats.

Die formelle Immunität – Schutz vor Strafverfolgung- beruht darauf, dass ab dem Tag der Veröffentlichung der Wahlergebnisse bis zu dem Tag des Erlöschens des Mandats der Parlamentarier nicht ohne die Sejm- oder Senatzustimmung strafrechtlich belangt werden kann.

Die Aufhebung der Immunität benötigt einen Beschluss, der in Anwesenheit von mindestens der Hälfte der gesetzlichen Abgeordnetenzahl bzw. Senatorenzahl mindestens 2/3 der Stimmen erhält.

---

[12] Es ist anzunehmen, dass es zu dieser Situation im Falle einer gravierenden politischen Zersplitterung im Sejm, der keine zur Regierungsbildung fähige Koalition bilden konnte, kommt. Die Gefahr einer Auflösung und die von Neuwahlen sollen die Fähigkeit zur Regierungsbildung vergrößern.

[13] Das Gesetz vom 9. Mai 1996 über die Ausübung des Mandats von Sejmabgeordneten und Senatoren (Dz.U. nr 73, poz. 350 mit weiteren Änderungen) zählt zur Ausübung des Mandats beispielweise nicht erschöpfend: Antragsstellungen, Redevorträge, Abstimmungen während der Parlamentssitzungen und seiner Organe und während der Sitzungen der parlamentarischen Klubs.

Eine durch die Verfassung von 1997 eingeführte Neuheit ist die Möglichkeit, auf die formelle Immunität zu verzichten, d.h. der Parlamentarier kann der strafrechtlichen Belangung zustimmen.[14]

Parlamentarier besitzen auch das Privileg der Unverletzlichkeit der Person, dies bedeutet das Verbot der Festhaltung oder Festnahme ohne Zustimmung des Sejm oder entsprechend des Senats. Das Gesetz über die Ausübung des Mandats eines Abgeordneten oder Senators fasst den Begriff Festhaltung sehr breit, womit dies auf alle Formen der Entziehung oder Beschränkung der persönlichen Freiheit durch staatliche Zwangsorgane anzuwenden ist. Die Festnahme eines Parlamentariers ist nur im Fall der Ergreifung auf frischer Tat (in flagranti) möglich. Der Sejmmarschall oder entsprechend der Senatsmarschall muss hierüber jedoch unverzüglich in Kenntnis gesetzt werden und kann die sofortige Entlassung des festgenommenen Parlamentariers anordnen.

Der Parlamentarierstatus wird darüber hinaus von dem in der Verfassung festgelegten Verbot bestimmt, das Parlamentariermandat – im Prinzip – mit allen anderen in der Verfassung benannten Funktionen und Stellen im Staatsapparat zu verbinden. Das Parlamentariermandat darf nur mit der Funktion des Regierungsmitgliedes und des Staatssekretärs in der Regierungsverwaltung verbunden werden.

Nach dem Jahr 1989 begann ein Prozess der Professionalisierung der Mandatsausübung, der dadurch zu sehen ist, dass eine immer größere Gruppe von Abgeordneten und Senatoren von der bisherigen Arbeitsstelle beurlaubt wird und sie das Parlament als Arbeitsstelle betrachten. Im Zusammenhang damit wurde ab 1997 die Parlamentariervergütung in Höhe des Vizeministergehalts eingeführt. Jetzt ist die überwiegende Mehrheit von Abgeordneten und Senatoren Parlamentarier von Beruf.

Außerdem beinhalten die Verfassung und Gesetzvorschriften Einschränkungen bei der Ausübung von wirtschaftlichen Tätigkeiten von Abgeordneten und Senatoren.[15]

5. Organisation und Tätigkeit

Im Jahre 1989 erfolgte der Übergang vom Sessionsystem zum Permanenzsystem; dies bedeutet, dass Sejm und Senat während der bei Bedarf einberufenen Sitzungen beraten. In der Praxis tritt der Sejm – im Prinzip – seit einigen Jahren alle zwei Wochen

---

14 Gemäß herrschender Doktrin und Rechtsvorschriften wurde bis dahin der Standpunkt vertreten, dass die Immunität kein Eigentum des Parlamentariers, sondern des Parlaments ist. Also konnte nur das Parlament zustimmen, die Immunität aufzuheben.

15 Vgl. Gesetz vom 21. August 1997 über die Einschränkung der Ausübung einer wirtschaftlichen Tätigkeit von Personen, die öffentlichen Funktionen ausüben (Dz.U. nr 106, poz. 679 mit weiteren Änderungen).

zusammen, und es wird von Mittwoch bis Freitag beraten. Ähnlich berät der Senat, bei dem der Arbeitsrhythmus gravierend vom Arbeitsrhythmus des Sejm abhängt.[16]

Die ausführlichen Grundsätze der inneren Organisation und der Funktionsweise des Parlaments sind in der Geschäftsordnung des Sejm[17] und der Geschäftsordnung des Senats[18] festgelegt.

Gemäß der Verfassung und der Geschäftsordnung sind Sejmmarschall, Sejmpräsidium, Ältestenrat und die Ausschüsse Sejmorgane.

Als Ergebnis der nach der Wahl im Jahre 1997 eingeführten Veränderungen in der Geschäftsordnung wurde – vor allem auf Kosten des Zuständigkeitsbereichs des Sejmpräsidiums – die Stellung des Sejmmarschalls verstärkt, die jetzt als Organ mit einer Schlüsselfunktion im Sejm angesehen werden kann. Der Sejmmarschall beruft die Sejmsitzungen ein, führt bei den Sitzungen den Vorsitz, leitet Beschluss- und Gesetzgebungsverfahren und das Verfahren bezüglich eines an den Sejm gerichteten Antrages, achtet auf Verlauf und Fristbestimmungen der Sejmarbeit, führt den Vorsitz des Sejmpräsidiums und vertritt schließlich den Sejm in der Öffentlichkeit.

Das Sejmpräsidium besteht aus dem Sejmmarschall und seinen Vizemarschällen.[19] Dieses Organ stellt u.a. den Plan der Sejmgeschäfte auf, legt die Geschäftsordnung des Sejm fest sowie organisiert und koordiniert die Arbeit der Sejmausschüsse.

Der Ältestenrat hat einen Begutachtungscharakter und wurde vor allem für die Sicherung der Zusammenarbeit der im Sejm vertretenen politischen Gruppierungen einberufen. Der Ältestenrat besteht aus dem Sejmmarschall, den Vizemarschällen und den Klubvorsitzenden (Fraktionsvorsitzenden). Klubs bzw. Fraktionen vereinigen Abgeordnete einzelner politischer Gruppierungen.

Die Grundarbeitsorgane des Sejm sind Ausschüsse, die vor allem zur Untersuchung und Vorbereitung der Angelegenheiten, die den Gegenstand der Sejmarbeiten bilden, berufen werden. Es sind drei Arten von Ausschüssen zu nennen: ständige Ausschüsse, Sonderkommissionen und Untersuchungsausschüsse.

Eine Schlüsselrolle spielen die ständigen Ausschüsse, die zusammen mit ihrem Tätigkeitsbereich in der Geschäftsordnung des Sejm aufgelistet sind. Zur Zeit sind 28 ständige Ausschüsse tätig. Der Tätigkeitsbereich der Mehrzahl der ständigen Ausschüsse entspricht dem Tätigkeitsbereich der einzelnen Ressorts (u.a. Finanzen, Wirtschaft, nationale Verteidigung, auswärtige Angelegenheiten).

An die ständigen Ausschüsse werden besonders die Gesetzentwürfe zur Unter-

---

16 Vgl. ausführlicher zu diesem Thema *„Polskie prawo konstytucyjne" (Das polnische Verfassungsrecht)* W. Skrzydło (red.), Lublin 1998, s. 271 ff.

17 Gesetz des Sejm RP vom 30. Juli 1992 – Regulamin Sejmu RP *(Geschäftsordnung)* (M.P.-*Amtsblatt der Republik Polen „Monitor Polski"* 1998 nr 44, poz. 618 mit weiteren Änderungen).

18 Gesetz des Senats RP vom 23. November 1990 – Regulamin Senatu RP *(Geschäftsordnung)* (M.P.-*Amtsblatt der Republik Polen „Monitor Polski"* 1993 nr 20, poz. 198 mit weiteren Änderungen).

19 Momentan gibt es 4 Vizemarschälle, die von den größten im Sejm vertretenen politischen Gruppierungen stammen.

suchung überwiesen, die die Angelegenheiten betreffen, die in den Tätigkeitsbereich der einzelnen Ausschüsse fallen.

In der Praxis werden Sonderkommissionen im Rahmen des Gesetzgebungsverfahrens meistens dann einberufen, wenn der Gegenstand zur Beratung ein Gesetz ist, dass in keinen Tätigkeitsbereich eines ständigen Ausschusses oder einiger ständiger Ausschüsse fällt.

Untersuchungsausschüsse untersuchen jeweils eine bestimmte Angelegenheit. Die Art und Weise ihrer Tätigkeit bestimmen die Geschäftsordnung des Sejm und auch ein Sondergesetz[20], kraft dessen jede von dem Untersuchungsausschuss vorgeladene Person verpflichtet ist, zu erscheinen und eine Aussage zu machen.

Die Ausschüsse werden vom Sejm unter Einhaltung der politischen Parität der im Sejm vertretenen Gruppierungen berufen. Den Vorsitz eines Ausschusses leitet das aus dem Vorsitzenden und seinen Stellvertretern zusammengesetzte Präsidium.

Das Funktionieren von Sejm und Senat wird stark – außer der Arbeit der einzelnen Organe – von der politischen Aktivität der Abgeordneten und Senatoren beeinflusst. Die Formen der Vereinigung von Abgeordneten und Senatoren sind vor allem Klubs und Gruppen.

Klubs und Gruppen sollen „im Prinzip politisch" gebildet werden, d.h., sie müssen Mitglieder nach dem Kriterium ihrer politischen Orientierung vereinigen. In der Praxis vereinigen die Klubs meistens Mitglieder der politischen Parteien. Es können jedoch auch Wahlkoalitionen sein. In diesem Fall bilden diejenigen Abgeordnete einen Klub oder eine Gruppe, die Mandate von den Listen des bestimmten Koalitionswahlkomitees erwarben. Um im Sejm einen Klub zu bilden, sind mindestens 15 Abgeordnete,[21] und um eine Gruppe zu bilden, sind mindestens 3 Abgeordnete erforderlich. Die Vertreter der Klubs gehören laut Gesetz zum Ältestenrat und in der Praxis meistens zum Sejmpräsidium.

Im Senat kann ein Klub von mindestens 7 Senatoren und eine Gruppe von mindestens 3 Senatoren gebildet werden.

6. Funktionen

6.1. Gesetzgebungsfunktion (Gesetzgebungsverfahren)

Da sowohl der Sejm als auch der Senat ihrem Wesen nach Organe der gesetzgebenden Gewalt sind, ergibt sich, dass die Schlüsselfunktion dieser Organe die

---

[20] Vgl. Gesetz vom 21. Januar 1999 über den Sejmuntersuchungsausschuss (Dz.U. nr 35, poz.321).

[21] Nach der letzten Parlamentswahl besitzt der Parlamentsklub von Akcja Wyborcza Solidarność (Wahlaktion Solidarität) 201 Abgeordnete (am Ende des Jahres 1998 – 187), Sojusz Lewicy Demokratycznej (Bündnis der demokratischen Linke) 124, Unia Demokratyczna (Demokratische Union) 60 und Polskie Stronnictwo Ludowe (Polnische Volkspartei) 27 Abgeordnete.

Gesetzgebung, also die Beschlussfassung von Gesetzen ist. Im Rechtssystem ist ein Gesetz nach der Verfassung der höchste Akt des Landesrechtes.

Das Gesetzgebungsverfahren beginnt, wenn eine Gesetzvorlage in den Sejm eingebracht wird. Die Gesetzesinitiative haben gemäß der Verfassung Abgeordnete[22], der Senat, der Präsident sowie der Ministerrat. Eine von der Verfassung aus dem Jahre 1997 eingeführte Neuheit ist es, einer Gruppe von mindestens einhunderttausend Staatsbürgern das Recht der Gesetzesvorlage zuzuerkennen. Das detaillierte Verfahren bei der Ausführung der Gesetzvorlage der Staatsbürger bestimmt – neben der Sejmgeschäftsordnung – ein Sondergesetz[23]. Das Gesetz sieht u.a. vor, dass es zur Führung der mit der Vorbereitung des Entwurfes verbundenen Tätigkeiten (Veröffentlichung, Promotionskampagne und Unterschriftensammlung) notwendig ist, ein Komitee zu berufen. Dessen Aufgabe ist es auch, die mit der Ausführung der Initiative entstandenen Kosten zu decken.

Das zweite Element des Gesetzesverfahrens ist die erste Beratung (Lesung) der Gesetzesvorlagen, die meistens in den Ausschusssitzungen und im Fall wichtigerer Gesetzesvorhaben direkt im Sejm stattfindet. Der Antragsteller legt seinen Gesetzesentwurf vor und begründet ihn. Anschließend beginnt eine Diskussion über die Entwurfsangaben. Wenn der Entwurf nicht bei der ersten Beratung abgelehnt wird, wird er an einen oder mehrere Ausschüsse verwiesen, was hauptsächlich von dem Bereich des vom Entwurf behandelnden Themas abhängt.

Die Behandlung des Entwurfes in dem zuständigen Ausschuss (Ausschüssen) ist in der Regel die längste Etappe der Gesetzgebungsarbeiten. Es ergibt sich hauptsächlich daraus, dass bei der Behandlung üblicherweise alle Artikel des Entwurfes der Reihe nach analysiert und mögliche Veränderungen eingebracht werden. Wenn mehrere Veränderungen zur gleichen Sache vorgeschlagen werden, wird die bei einer Abstimmung am meisten unterstützte Veränderung angenommen. Die übrigen Änderungsvorschläge können als Minderheitsantrag Gegenstand der weiteren Arbeit werden.

Nach der Behandlung des Entwurfes im Ausschuss (in den Ausschüssen) ist dieser – oft wesentlich im Vergleich mit der Anfangsfassung verändert – Gegenstand der zweiten Beratung. Das politische Wesen ist dabei die Diskussion, in der die Meinungen der Klubs und Gruppen d.h. der im Sejm vertretenen politischen Gruppierungen ausgesprochen werden. Von deren Standpunkt hängt die Fortsetzung des behandelten Entwurfes ab.

Bei der zweiten Beratung ist es möglich, zum Entwurf Änderungen einzubringen. Wenn jedoch keine Änderungen angemeldet werden oder angemeldete Änderungen

---

22 Ein Abgeordnetengesetzentwurf darf von einem Sejmausschuss oder einer aus 15 Abgeordneten bestehenden Gruppe eingebracht werden. Es ist hinzufügen, dass die von Abgeordneten und Sejmausschüssen eingebrachten Gesetzentwürfe in den letzten Jahren über die Hälfte der eingebrachten Entwürfe bilden und die Zahl der von der Regierung eingebrachten Entwürfe übersteigen.

23 Vgl. das Gesetz vom 24. Juni 1999 über die Ausführung der Gesetzvorlage der Staatsbürger (Dz.U. nr 62, poz. 688).

nur einen geringen Bereich umfassen, wird vom Sejm eine dritte Beratung durchgeführt. Wenn jedoch die angemeldeten Änderungen einen wesentlichen Bereich umfassen, wird der Entwurf wieder an den zuständigen Ausschuss verwiesen, wo nach der Behandlung der bei der zweiten Beratung angemeldeten Änderungen ein die Rechtmäßigkeit der angemeldeten Änderungen beurteilender Bericht erstattet wird. Dieser Bericht ist dann Gegenstand der dritten Beratung.

Dann beginnt der Sejm mit der Abstimmung. Zuerst wird über die Änderungen und die bei den Ausschüssen angemeldeten Minderheitsanträge und zum Schluss über die Gesamtheit des Gesetzes abgestimmt. Der Sejm beschließt die Gesetze mit einfacher Stimmenmehrheit in Anwesenheit von mindestens der Hälfte der gesetzlichen Abgeordnetenzahl (Beschlussfähigkeit). Dies bedeutet, dass um ein Gesetz beschließen zu können, müssen für dieses Gesetz mehr Abgeordnete dafür als dagegen abstimmen.

Jedes vom Sejm beschlossene Gesetz wird anschließend an den Senat verwiesen. Die Behandlung der vom Sejm beschlossenen Gesetze ist der Schlüsselzuständigkeitsbereich und die Hauptaufgabe des Senats.[24]

Nach der Einleitungsbehandlung im zuständigen Senatsausschuss (bzw. Ausschüssen) verfasst der Senat seine endgültige Stellungnahme. Der Senat kann: 1.) das Gesetz ohne Änderungen beschließen; 2.) Gesetzesänderungen beschließen; 3.) das Gesetz als Ganzes ablehnen.

Im ersten Fall wird das Gesetz an den Präsidenten verwiesen und es kommt nicht in den Sejm. Im zweiten und dritten Fall dagegen wird das Gesetz dem Sejm erneut Zurück vorgelegt. Der Sejm kann die Stellungnahme des Senats überwinden – also die Änderungen oder den Vorschlag der Ablehnung des ganzen Gesetzes verwerfen, dies muss jedoch mit absoluter Stimmenmehrheit[25] in Anwesenheit von mindestens der Hälfte der gesetzlichen Abgeordnetenzahl erfolgen. Das Fehlen dieser Mehrheit bedeutet, dass die vom Senat eingebrachten Änderungen im Gesetz verbleiben.

Nach der Schließung des Verfahrens in Sejm und Senat wird das Gesetz an den Präsidenten weitergeleitet, der gemäß Verfassung die Gesetze unterzeichnet und die Veröffentlichung im „Dziennik Ustaw" anordnet. Wenn der Präsident jedoch einen Vorbehalt anmeldet, verfügt er über zwei Möglichkeiten, die er allerdings nur alternativ ausüben kann. Wenn er also die erste Möglichkeit in Betracht zieht, bleibt ihm die zweite verwehrt.

Erstens kann der Präsident das beanstandete Gesetz zur Überprüfung der Verfassungsmäßigkeit an den Verfassungsgerichtshof weiterleiten. Wenn der Verfassungsgerichtshof die Verfassungsmäßigkeit des Gesetzes bestätigt, dann muss der Präsidenten dieses Gesetz unterzeichnen. Erkennt der Verfassungsgerichtshof das Gesetz als verfassungswidrig, so verweigert der Präsident seine Unterschrift und das Gesetz ist

---

[24] Die innere Organisation und der Ablauf der Senatsgeschäfte sind sehr der inneren Organisation und dem Ablauf der Sejmgeschäfte ähnlich.

[25] Die absolute Mehrheit besteht aus mehr als die sich an der Abstimmung beteiligende Hälfte.

gescheitert. Die zweite Möglichkeit des Präsidenten in dem Gesetzgebungsverfahren ist ein sogenanntes Veto, d.h. die Rücküberweisung des Gesetzes an den Sejm zur erneuten Behandlung. Der Sejm kann das Veto des Präsidenten zurückweisen, benötigt hierzu jedoch einen Beschluss mit 3/5 Mehrheit in Anwesenheit von mindestens der Hälfte der gesetzlichen Abgeordnetenzahl. Daraufhin darf der Präsident seine Unterschrift unter das Gesetz nicht verweigern und muss die Veröffentlichung anordnen.

Wenn jedoch die 3/5 Mehrheit nicht erreicht wurde, so ist das Veto gültig und das Gesetz ist kein Subjekt mehr (gescheitert).

Die Verfassung aus dem Jahre 1997 hat das nach einer Verfassungsänderung[26] strebende Gesetzgebungsverfahren anders festgelegt.

Über die Gesetzesinitiative zu einer Verfassungsänderung verfügen 1/5 der gesetzlichen Abgeordnetenzahl, der Senat und der Präsident. Der Hauptunterschied in dem weiteren Verfahren besteht darin, dass das verfassungsändernde Gesetz in gleichem Wortlaut erst vom Sejm mit 2/3 Mehrheit in Anwesenheit von mindestens der Hälfte der gesetzlichen Abgeordnetenzahl und dann vom Senat mit absoluter Stimmenmehrheit in Anwesenheit von mindestens der Hälfte der gesetzlichen Senatorenzahl beschlossen werden muss. Dies bedeutet, dass der Senat nicht über das Recht verfügt, Änderungen einzubringen, aber gleichzeitig ohne die Senatszustimmung keine Verfassungsänderung möglich ist.

Der andere wichtige Unterschied besteht darin, dass wenn das verfassungsändernde Gesetz den Teil I („Die Republik" – *Rzeczpospolita*), Teil II („Freiheiten, Rechte und Pflichten des Menschen und des Staatsbürgers") oder Teil XII („Verfassungsänderung") der Verfassung betrifft, so ist es möglich, eine Volksabstimmung durchzuführen. Die Verfassungsänderung wird angenommen, wenn hierfür eine Mehrheit stimmt. Wenn diese Bedingung nicht erfüllt wird, so ist die Verfassungsänderung erfolglos. Es bedeutet, dass die Bürger der von Sejm und Senat beschlossenen Verfassungsänderung in der Volksabstimmung nicht erlauben können, in Kraft zu treten.

Es ist hinzufügen, wenn es um das Verfassungsverfahren geht, dass die Verfassung die Möglichkeit vorsieht, auf Antrag des Ministerrates einen Gesetzesentwurf im Schnellverfahren zu behandeln. Dieses Verfahren ist dadurch charakterisiert, dass vor allem die Termine der einzelnen Etappen des Gesetzgebungsverfahrens verkürzt werden. Im Schnellverfahren dürfen aber nicht Steuergesetze, Wahlrechtsgesetze, Staatssystemgesetze und die Zuständigkeiten der öffentlichen Gewalten und Gesetzbücher behandelt werden.

Darüber hinaus bestimmt die Verfassung auch die Verschiedenheit im den Staatshaushalt betreffenden Gesetzgebungsverfahren. Einer der wesentlichsten Unterschiede besteht darin, dass über die Haushaltsgesetzesinitiative ausschließlich der Ministerrat verfügt. Der Entwurf des Haushaltsgesetzes muss dem Sejm im Prinzip spätestens 3 Monate vor Beginn des Haushaltsjahres vorgelegt werden. Wie schon

---

26 Es kann als Grundlage zur Unterscheidung der systemgebenden Funktion anerkannt werden.

oben gesagt wurde, kann der Präsident die Sejmamtszeit verkürzen, wenn das Haushaltsgesetz nicht binnen 4 Monaten nach der Haushaltsgesetzesvorlage vom Sejm beschlossen wird. Der Präsident verfügt jedoch nicht über das Vetorecht für das Haushaltsgesetz.

6.2. Aufsichtsfunktion

Die Verfassung formuliert eine generelle Sejmzuständigkeit zur Kontrolle des Ministerrates. Diese Kontrolle wird durch unterschiedliche Formen und rechtliche Institutionen ausgeübt. Seine Aufsichtszuständigkeit übt der Sejm 1) als ganze Kammer; 2) durch einzelne Ausschüsse; 3) durch einzelne Abgeordnete aus.

Wenn es um die Ausübung der Aufsichtsfunktion durch die ganze Kammer geht, sind mindestens zwei Formen zu nennen: zum einen das Misstrauensvotum und zum zweiten die Entlastung.

Der Sejm kann nur durch ein konstruktives Misstrauensvotum die Regierung entlassen, was eine von der Verfassung von 1997 eingeführte Neuerung ist. Der entsprechende Antrag verlangt mindestens 46 Unterschriften der Abgeordneten und muss den (neuen) Kandidaten für den Vorsitzenden des Ministerrates namentlich nennen. Wenn der Sejm diesen Antrag mit der Mehrheit der gesetzlichen Abgeordnetenzahl (d.i. mindestens 231) beschließt, nimmt der Präsident den Rücktritt der Regierung an, ernennt den neuen vom Sejm gewählten Vorsitzenden des Ministerrates und auf seinen Antrag die anderen Mitglieder des Ministerrates.

Der Sejm kann auch ein Misstrauensvotum einem Minister gegenüber mit der Mehrheit der gesetzlichen Abgeordnetenzahl beschließen. Wenn diese Mehrheit erreicht wird, beruft der Präsident den Minister vom Amt ab.

Die Entlastung ist eine Institution für die Ausübung einer relativ breiten und vielseitigen Kontrolle der Regierung. Dem Ministerrat obliegt es, im Laufe von 5 Monaten nach dem Ende des Haushaltsjahres dem Sejm einen Bericht über die Ausführung des Haushaltsgesetzes zusammen mit den Informationen über die Staatsschulden vorzulegen. Dieser Bericht wird an die ständigen Sejmausschüsse weitergeleitet; diese untersuchen die Teile des Berichtes,[27] die in ihren Zuständigkeitsbereich fallen.

Es ist zu betonen, dass außer dem von der Regierung vorgelegten Bericht die Abgeordneten eine von der Obersten Kontrollkammer (diese ist ein von der Regierung unabhängiges, professionelles Organ der staatlichen Kontrolle) vorbereitete Analyse zur Ausführung des Haushaltsgesetzes erhalten.

Das Endelement des Verfahrens ist die Abstimmung des Antrages über die Entlastung oder über die Verweigerung der Entlastung im Sejm. Die Erteilung der Entlastung

---

27 Z.B.: der Ausschuss für Nationale Verteidigung untersucht die Ausführung des Haushaltsgesetzes im Ministerium für Nationale Verteidigung, der Ausschuss für Auswärtige Angelegenheiten entsprechend im Ministerium für Auswärtige Angelegenheiten.

bedeutet die Bestätigung vom Sejm, dass der Ministerrat das Haushaltsgesetz im vorigen Jahr richtig erfüllt hat. In der Praxis wird diese Bestätigung jedoch manchmal auch von kritischen Bemerkungen begleitet, dass in bestimmten Bereichen des Haushaltes (Ministerien) wesentliche Unrichtigkeiten in der Ausführung des Haushaltes aufgetreten sind.

Weitere Kontrolltätigkeiten führen auch die Sejmausschüsse durch. Denn diese haben die Möglichkeit, von Regierungsvertretern Informationen zu bestimmten Themen zu verlangen. Diese Informationen können dann das Thema einer Ausschusssitzung sein.

Die Ausschüsse können auch die Anwesenheit der Regierungsmitglieder und Vertreter der Regierungsverwaltung während ihrer Beratungen fordern.

Wie bereits erwähnt, sieht die Verfassung darüber hinaus vor, dass der Sejm einen Untersuchungsausschuss zur Untersuchung einer bestimmten Angelegenheit einberufen kann.

Kontrolltätigkeiten der Regierung gegenüber können auch einzelne Abgeordnete ausüben. Der Ministerpräsident und die anderen Mitglieder der Regierung sind verpflichtet, binnen 21 Tagen Antwort auf Interpellationen und Anfragen der Abgeordneten zu geben. Die Sejmgeschäftsordnung besagt, dass Interpellationen zu Angelegenheiten von einem grundsätzlichen Charakter gestellt werden können.

Die Institution der Anfragen dient den Abgeordneten dazu, Informationen über aktuelle Probleme der Staatspolitik zu erhalten.

Eine von der Verfassung von 1997 eingeführte Neuheit ist die Verpflichtung der Regierungsmitglieder, Antworten auf laufende Angelegenheiten während jeder Sejmsitzung zu geben. Fragen zu laufenden Angelegenheiten werden mündlich formuliert und verlangen eine direkte Antwort.

6.3. Gestaltungsfunktion

Der Sejm und der Senat haben einen sehr großen Anteil an der Gestaltung der Personalbesetzung bei den für das Funktionieren des Staates wichtigen Staatsorganen.

Wenn der erste vom Präsidenten initiierte Versuch der Regierungsbildung scheitert, so werden der Ministerpräsident und die von ihm vorgestellte Regierungsmitglieder vom Sejm gewählt.

Der Sejm wählt en bloc den Verfassungsgerichtshof.

Der Sejm wählt auch den Staatsgerichtshof, jedoch mit Ausnahme des Vorsitzenden, weil dieses Amt von dem vom Präsidenten berufenen Ersten Präsidenten des Obersten Gerichts bekleidet wird.

Vom Sejm wird auch der Präsident der Polnischen Nationalbank berufen.

Der Sejm beruft darüber hinaus mit Zustimmung des Senats: den Beauftragten für Bürgerrechte, den Präsidenten der Obersten Kontrollkammer und den Hauptinspekteur für Datenschutz.

Überdies wählt der Sejm 4 Abgeordnete und der Senat 2 Senatoren für den Landesrat für das Gerichtswesen.[28]

Der Sejm besetzt 4 Abgeordnete und der Senat 2 Senatoren im Landesrat für Rundfunk und Fernsehen.[29]

Der Sejm und der Senat berufen je 3 Mitglieder in den Rat für Geldpolitik.

7. Schlussbemerkungen

Nach den Bestimmungen der Verfassung und dem nach 1989 gestalteten und angewandten Staatsystem ist es anzunehmen, dass das polnische Parlament – Sejm und Senat – voll und ganz mit Parlamenten der modernen demokratischen Staaten, insbesondere europäischen, vergleichbar ist. Es geht vor allem daraus hervor, dass das Parlament in einer demokratischen und pluralistischen Wahl ausgewählt wird und dank dessen eine Vertretung der wichtigsten politischen Gruppierungen wiederspiegelt.

Die aus dem Prinzip der Gewaltendreiteilung erfolgten Zuständigkeitsbereiche – Funktionen- lassen zu, dass das Parlament – insbesondere Sejm – der eigentliche Alleingesetzgeber und die zur Kontrolle der Regierung zuständige Institution ist. Diese Kontrolle erfolgt unter Einsetzung der Mechanismen und der für die parlamentarischen Systeme der Regierungen üblichen Institutionen.

Das Parlament spielt auch eine sehr bedeutende Rolle beim Prozess der Ernennung zu den meisten zentralen Staatsorganen.

Gesetzbestimmungen als auch das angewandte Staatssystem gewährleisten dem Parlament volle Selbständigkeit und Innenautonomie.

Nicht ohne Bedeutung ist auch die Tatsache, dass die Verankerung des Systems der Machtausübung in Schlüsselpositionen des Parlaments allgemein sowie von den wichtigsten politischen Gruppierungen als auch von öffentlicher Meinung angenommen wird. Es erlaubt also festzustellen, dass sowohl Verfassungs-rechtliche Lösungen als auch politische Bedingungen gewährleisten, dass das Parlament die Rolle der zentralen Institution des Systems der Republik Polen bewahren wird.

---

[28] Der Landesrat für das Gerichtswesen besteht aus 25 Mitgliedern, von denen die Mehrheit Richter sind.

[29] Die übrigen 3 Mitglieder werden vom Präsidenten berufen.

Tomasz Słomka

Der Präsident der Republik Polen

1. Position des Präsidenten der Republik Polen im Staatssystem

Das Amt des Staatsoberhauptes – des Präsidenten wurde in Polen im Jahre 1989 als Ergebnis der Tagungen des „Runden Tisches" restituiert. Der Präsident ersetzte den ab dem Jahr 1952 kollegial tätigen Staatsrat. Diskussionen über die Restituierung des Präsidentenamtes wurden jedoch schon in Polen ab Anfang der 80 ger Jahre geführt. Die sich für diese Staatssystemlösung einsetzenden politischen und wissenschaftlichen Kreise waren der Meinung, es würde die schwache Legitimation der Hauptbehörde des Staates kräftigen.[1] Mit der Restituierung des Präsidentenamtes im Jahre 1989 haben sich die Teilnehmer des Runden Tisches nicht nur auf die Tradition der II. Republik (sie wurde in Jahren 1947–1952 fortgesetzt) berufen, aber auch und vielleicht vor allem haben sie die Notwendigkeit betont, ein im Fall von politischen Krisen zur erfolgreichen Tätigkeit fähiges Organ einzusetzen. Es wurde also das Modell des Präsidenten-Arbiters, mit der Möglichkeit Entscheidungen kraft eigener Machtbefugnisse zu treffen,[2] errichtet. Der Präsident sollte von Parlament (Nationalversammlung – Zgromadzenie Narodowe) für 6 Jahre gewählt werden. So wurde das Modell der Präsidentschaft in die PRL-Verfassung mit der Novelle vom April 1989 eingetragen. Es plazierte im Ganzen in Rahmen des parlamentarischen Systems der Regierung.

In September 1990 wurde eine wichtige mit dem Staatsoberhaupt verbundene Änderung der Verfassung der RP unternommen. Es wurde eine neue Weise der Wahl des Präsidenten eingeführt und zwar, dass die Wahl allgemein und unmittelbar wird. Es war eine Staatssystemlösung ohne Präzedenzfall in der Tradition des polnischen Konstitutionalismus Gleichzeitig wurde das Gesetz über die Wahl des polnischen Präsidenten beschlossen. Die Änderung der Wahlweise des Staatsoberhauptes bedeutete aber nicht die Änderung des parlamentarischen Systems der Regierung für das Präsidentschaftsystem. Die Befugnisse des Präsidenten der RP wurden nicht geändert. Ohne Zweifel bekam er jedoch eine zusätzliche gesellschaftliche und politische

---

[1] Zum Thema z.B.: S. Gebethner, Modele rządów prezydenckich, Warszawa 1982

[2] Breiter zum Thema des errichteten Modells des Präsidentenamtes der VRP in: R. Mojak, Instytucja Prezydenta RP w procesie przekształceń ustrojowych, Lublin 1995, S.67 und ff.

Legitimation, was gewiss die Verhältnisse mit den anderen Staatsoberbehörden beeinflusst hatte.[3]

Die Kleine Verfassung aus dem Jahr 1992 hat im ganzen keine wesentlichen Änderungen der Position des Präsidenten im Staatssystem eingeführt. Die Rolle des Staatsoberhauptes kann man hier wie folgt beschreiben: „Der Sejm mit der absoluten Mehrheit kann die Regierung berufen, der gegenüber der Präsident nicht viel zu sagen haben würde. Der Präsident würde im Fall der Zusammenarbeit mit der Regierung über eine bedeutende Macht verfügen, aber im Fall von Spannungen mit dem Ministerpräsidenten würde er wesentlich schwach bleiben. Eine mit dem Präsidenten übereinstimmende Regierung dagegen kann sich mehr von Parlament unabhängig machen, aber im Fall eines Streites mit dem Präsidenten wird sie von Sejm abhängig."[4] In der Zeit der Gültigkeit der Kleinen Verfassung spielte die Staatssystempraxis (Verfassungspraxis) die Hauptrolle. Dies wurde von zahlreichen Lücken und anderen Unvollkommenheiten des Grundgesetzes gefördert.[5]

Angesichts der neuen Verfassung der Republik Polen aus dem Jahr 1997 wird der Präsident der Republik das Staatsoberhaupt (es wurde zwar in keinen Bestimmungen aber expressis verbis ausgedrückt), der oberste Vertreter des Staates, d.h. das Staatsorgan mit besonderen Staatssystemaufgaben (Funktionen). Zu diesen Funktionen gehören nach der Verfassung: die Aufsicht über die Beachtung der Verfassung (Der Präsident – Wächter des Grundgesetzes), die Wacht über die Staatsoberhoheit und über die Sicherheit des Staates und auch die Unverletzlichkeit und Unteilbarkeit des Staatsgebietes, die Garantie für die Kontinuität der Staatsgewalt. Eine besondere Aufmerksamkeit erweckt die letzte Funktion des Präsidenten, die eine Neuheit im polnischen Konstitutionalismus ist. In der Fachliteratur gibt es schon mehrere Versuche der Auslegung dieser Bestimmung. „Die Auslegung der Funktion des Präsidenten als Garant der Staatsgewaltkontinuität, mit breiter Bedeutung der Staatsgewalt, sollte in Zusammenhang mit seiner Rolle als Staatsoberhaupt in innerstaatlichen und ausserstaatlichen Verhältnissen betrachtet werden. In innerstaatlichen Beziehungen ist diese Funktion mit der Idee der politischen Arbitrage verbunden und es dient der Stabilisierung der Staatsgewalt und Sicherstellung des Funktionierens des Staates im Fall der besonderen Gefährdung des Staates (Reservegewalt). Der Präsident der RP hat als der oberste Vertreter des Staates in außenpolitischen Beziehungen ohne Zweifel auch die Funktion des Garanten

[3] Es ist zu bemerken, dass trotz der allgemeinen Wahl der Präsident keinenVertretungscharakter hat. Was beim Parlament der Fall ist. Weiter zum Thema T. Mołdawa, Parlament w systemie władz naczelnych Rzeczypospolitej, in: R. Chruściak, T. Mołdawa, K.A. Wojtaszczyk, E. Zieliński, Polski system polityczny w okresie transformacji, Warszawa 1995, S. 154–158

[4] W. Wic, Przeobrażenia ustrojowe w Polsce w latach 1989–1992, in: J. Pluta, E. Stawowy, S. Wilkanowicz (Red.), Demokracja dla wszystkich, Kraków 1993 , S.124

[5] Eine besondere Aktivität auf dem Gebiet der „Ausnutzung" der Unvollkommenheit der Kleinen Verfassung zeigte der Präsident L.Wałęsa. Seine Politik auf diesem Gebiet wurde Falandisation (von Namen des Präsidentenjuristen Prof. L. Falandysz) genannt.

der Einhaltung der internationalen Verpflichtungen des Staates zu erfüllen. Der Präsident garantiert als Staatsoberhaupt die Staatsgewaltkontinuität, insbesondere bei häufigen Regierungs – und Parlamentswechseln. Auf diesem Gebiet wird er zweifellos ein Symbol, aber auch ein wirklicher Garant der Staatskontinuität, was für die Sicherheit der internationalen Beziehungen eine Sache von fundamentaler Bedeutung ist."[6]

Der Präsident ist – neben dem Ministerrat-das zweite Element der vollziehenden Gewalt (Exekutive). Es ist zu betonen, dass die Mehrheit der mit der Ausübung der Staatspolitik verbundenen Befugnisse der Regierung gehört.Das stimmt mit Grundsätzen des parlamentarischen Systems der Regierung überein. Art. 146 Abs. 1 der Verfassung besagt klar: „Der Ministerrat leitet die Innen – und Außenpolitik der Republik Polen". in Abs. 2 dieses Artikels lesen wir: „In die Zuständigkeit des Ministerrates fallen die Angelegenheiten der Staatspolitik die nicht anderen staatlichen Organen oder der örtlichen Selbstverwaltung vorbehalten sind Wir haben es hier mit der Befugnisvermutung zugunsten der Regierung zu tun. Auf dieser Weise hat der Staatssystemgeber die Möglichkeit der Tätigkeit des Präsidenten als Mitglied der Exekutive eingeschränkt.

Das Modell des Systems der polnischen Präsidentschaft kann man als Arbitrage-Präsidentschaft bezeichnen. Die Aufgabe des Präsidenten ist es, keine „alltägliche" Staatsverwaltung, was ich schon oben andeutete, sondern die Aktivierung in Krisensituationen. Das Staatsoberhaupt wird ein Vermittler in politisch-gesellschaftlichen und Systemkonflikten. Zu den wichtigsten Befugnissen des Präsidenten in Rahmen der Systemsarbitrage gehören:
- die Amtszeit des Parlaments zu verkürzen;
- Sitzungen des Kabinettsrates einzuberufen;
- Botschaften an den Sejm, den Senat und die Nationalversammlung zu richten:
- das Gesetzgebungsvetorecht auszuüben;
- Anträge an den Verfassungsgerichtshof einzubringen;
- Am Prozess der Regierungsbildung teilzunehmen;
- die Volksabstimmungsanordnung (mit der Zustimmung des Senats).

Der Präsident kann auch mit politischer Arbitrage im Fall von gesellschaftlichen Unruhen oder Konflikten innerhalb der politischen Parteien, die die Stabilität des Staates bedrohen[7], auftreten. Ein Merkmal des Modells der polnischen Präsidentschaft ist die Steigerung der politischen Bedeutung des Staatsoberhauptes in Momenten der Krise. Der Präsident erfüllt dann die Rolle der Autorität und steht sozusagen über anderen Staatsbehörden, „er erfüllt also die Funktion einer „neutralen" oder „regulierenden", Gewalt, die auf die harmonische Tätigkeit der übrigen Gewalten achtet."[8]

---

6 R.Mojak, Pozycja ustrojowa Prezydenta w świetle nowej Konstytucji, w: „Państwo i Prawo", Heft 11–12/1997, S. 57–58.

7 Als Beispiel der Arbitrage dienen die von dem Präsidenten A. Kwasniewski im Jahr 1998 organisierten Treffen zu Problemen der administrativen Reform des Staates, oder im Jahre 1999 zu u.a. Problemen des polnischen Landes und der Landwirtschaft und zu Problemen der Schulreform.

8 P. Tuleja (Red.), Prawo Konstytucyjne, Warszawa 1995, S. 196.

Nach der Verfassung darf der Präsident keine andere öffentliche Funktion oder ein anderes Amt bekleiden. Es ist ein incompatibilitas Prinzip, d.h. Nichtverbindung der Posten. Es geht hier um den Schutz der Autorität des Staatsoberhauptes und gleichzeitig verhindert es die Konzentration der Gewalt in den Händen einer Person. Die dritte Funktion von incompatibilitas ist es letztendlich, die Ausübung der Rolle des Präsidenten als eines Arbiters zu ermöglichen.

Das Präsidentenhilfsorgan ist die Kanzlei des Präsidenten der Republik Polen. Sie emöglicht dem Staatsoberhaupt die Ausübung seiner Verfassungsbefugnisse. An der Spitze der Kanzelei steht der Kanzleichef, der von Präsidenten berufen und abberufen wird. Der Kanzleichef leitet die Kanzlei und ist der Vorgesetze für alle Kanzleimitarbeiter. Der Präsident bestimmt über die Kanzleisatzung.

Bei der Untersuchung der Problematik der Systemrolle des Präsidenten der Republik kann man die Frage des Stils der Amtausübung vom Staatsoberhaupt nicht umgehen. Allgemein kann man von einem passiven oder aktiven Stil der Präsidentschaft sprechen. Dies hängt nicht nur von juristischen Bestimmungen ab, die die Position und die Befugnisse des Staatsoberhautes regulieren, sondern auch von anderen wichtigen Faktoren, wie der Persönlichkeit des Amtsinhabers und der Kompliziertheit der politischen Situation, in der der Präsident zu wirken hat.[9] In der III. Republik haben wir es mit einer breiten Palette der Stile der Amtsausübung des Staatsoberhauptes zu tun. Die Präsidentschaft von W. Jaruzelski wurde eindeutig als eine passive Präsidentschaft qualifiziert. Diese fiel in einen besonderen Zeitabschnitt. Den Anfang des tiefgreifenden Prozesses der Systemveränderung, der politischen, ökonomischen und gesellschaftlichen Transformation.Das verlangte vom Präsidenten ein außerordentliches Feingefühl und politische Gewandtheit, um so mehr, als W.Jaruzelski einen Auftrag zu erfüllen hatte, der so würde es scheinen, sich selbst widersprach. So musste er der Sprecher der Rechte des von der Bühne abtretenden politischen Staatssystems sein und gleichzeitig musste er Polen in die Bahnen einer neuen politischen Wirklichkeit lenken. Der Präsident vermied die politische Konfrontation mit dem Parlament und der Regierung von T. Mazowiecki, indem er ihnen den Vorrang einräumte. Er beschränkte seine Aktivität hauptsächlich auf das Gebiet der Außenpolitik. Äusserst selten hat er seine verfassungsmässigen Befugnisse[10] in Anspruch genommen.

Die Präsidentschaft von L. Wałęsa war dagegen aktiv. Er verfügte über die von der allgemeinen Wahl stammende Legitimation und er strengte sich an, dies auf allen Gebieten seiner Aktivität in Anspruch zu nehmen. „Die Art und Weise der Inanspruch-

---

[9] Auch zum Thema: S. Gebethner, Modele systemów rządów a ich regulacja konstytucyjna, in: S. Gebethner, R. Chruściak (Red.), Demokratyczne modele ustrojowe w rozwiązaniach konstytucyjnych, Warszawa 1997, S. 91 und folgende.

[10] Oft wird als Grund für die passiven Präsidentschaft von W.Jaruzelski die mangelnde politische Legitimation zur Inanspruchnahme breiter Befugnisse genannt. Eine dies bestätigende Tatsache war die in der Nationalversammlung lediglich mit einer Stimme gewonnene Wahl für das Präsidentenamt. Eine andere Ursache war sicher auch das Ergebnis der Parlamentswahl von 4. Juni 1989.

nahme der ihm zustehenden Befugnisse des Präsidenten und besonders der Versuch der Verfassungsauslegung deuteten darauf hin, dass er beabsichtigte, aus der Regierung ein Instrument zur Ausführung der Politik des Präsidenten zu machen, für welche die nächsten Regierungen die Rolle, wie er es selbst nannte, von Stossstangen erfüllen sollten."[11] Die Präsidentschaft von L. Wałęsa kann man nicht nur als aktive Präsidentschaft bezeichnen, sondern auch als Präsidentschaft der „planmäßigen Destruktion". Sie beruhte auf der Zersplitterung und Abschwächung der anderen Machtzentren, die die Position des Staatsoberhauptes zur Seite und weit ab von der laufenden Politik schieben konnten. Deshalb also gab es mehrmalige Interventionen gegenüber dem Kabinett und Angriffe gegen den Sejm. Der Präsident bemühte sich auch die Gestaltung des Parteiensystems zu beeinflussen. Die Zeit der Präsidentschaft von L. Wałęsa nennt man, besonders in der Publizistik, als Zeit des „Krieges der Obrigkeiten". Sie war von heftigen Spannungen innerhalb der Machtelite gekennzeichnet.[12]

Die Präsidentschaft von A. Kwaśniewski kann man als eine mäßig aktive bezeichnen. Die ersten vier Jahre der Amtsausübung von A. Kwaśniewski kann man folgendermaßen zusammenfassen:

- trotz ihrer Aktivität ist diese Präsidentschaft nicht auf Antagonisierung der Machtzentren und politischen Gruppierungen gerichtet;
- Der Präsident bemüht sich darum die Rolle des Arbiters, der in Krisensituationen zu reagieren hat, zu erfüllen;
- Mit dem Stil der Präsidentschaft von A. Kwasniewski haben wir es mit der Verdrängung von ideologischen Elementen zugunsten der Pragmatik zu tun, was verursacht, dass dieser Stil manchmal „nüchtern" oder ein Managerstil zu sein scheint.

Ergebnisse einer vielmonatigen Untersuchung der öffentlichen Meinung in Polen deuten daraufhin, dass etwa 3 von 4 Polen mit der Art und Weise der Ausübung des Amtes von A.Kwaśniewski zufrieden sind.[13]

2. Die Wahl und Amtsdauer des Präsidenten der RP

Ich habe schon oben erwähnt, dass ab dem Jahr 1990 die Wahl des Präsidenten der Republik Polen allgemein und unmittelbar ist. Die Verfassung aus dem Jahr 1997 hat diese Systemlösung aufrechterhalten, der Art. 127 Abs. 1 besagt: „Der Präsident der Republik wird vom Volk in allgemeiner, gleicher , unmittelbarer und geheimer Wahl gewählt."

---

[11] R. Mojak. Instytucja Prezydenta RP..., S. 309.

[12] Zum Thema: A. Michnik, Klęska aksamitnej restauracji, „Gazeta Wyborcza", 4–5 Februar 1995, wie auch: M. Kozakiewicz, Byłem marszałkiem kontraktowego, Warszawa 1990; J. Kurski, Wódz, Warszawa 1991.

[13] Z.B. Nach der in September 1999 durchgeführten Untersuchung von Ośrodek Badania Opinii Publicznej bewerten die Tätigkeit von A. Kwaśniewski 74% der Untersuchten positiv, 18% dagegen negativ.

Das aktive Wahlrecht zur Präsidentenwahl besitzen Bürger, die 18 Jahre alt sind, eine Entscheidung eines Gerichtes ihnen keine bürgerlichen Rechte und der Staatsgerichtshof ihnen keine Wahlrechte entzogen haben und nicht durch die Entscheidung eines Gerichtes entmündigt wurden. Das passive Wahlrecht besitzen Bürger, die 35 alt sind und über das Wahlrecht zu Sejm verfügen.

Die Wahl schreibt der Sejmmarschall zu den von der Verfassung vorgesehenen Terminen aus (Art. 128, Abs. 2).

Das Recht der Meldung der Kandidaten für den Präsidenten steht den politischen und gesellschaftlichen Organisationen und Wählern zu. Jede Kandidatur muss von mindestens 100 Tausend Wählern unterstützt werden. Es wird der Kandidat als gewählter Präsident anerkannt, der die absolute Mehrheit der gültigen Stimmen erreichte. Falls keiner der Kandidaten so viel Stimmen erreicht so wird nach 14 Tagen die zweite Runde der Wahl durchgeführt. Daran beteiligen sich die zwei Kandidaten, die in der ersten Runde die meisten Stimmen erreichten. In der zweiten Runde siegt der Kandidat, der die meisten Stimmen erreicht. Die Gültigkeit der Präsidentenwahl wird vom Obersten Gericht bestätigt. Es untersucht auch Wahleinsprüche der Bürger. Falls das oberste Gericht die Ungültigkeit der Wahl feststellt, wird die Wahl wiederholt.

Die Amtsdauer des Präsidenten der Republik dauert 5 Jahre und beginnt am Tag der Ablegung des Präsidenteneides vor der Nationalversammlung. Er lautet wie folgt: „Gemäß dem Willen des Volkes trete ich das Amt des Präsidenten der Republik Polen an und schwöre feierlich, dass ich den Bestimmungen der Verfassung treu bleiben , die Würde des Volkes, die Unabhänigkeit und die Sicherheit des Staates unbeugsam wahren werde, und dass das Wohl des Vaterlandes und das Wohlergehen der Staatsbürger mir immer die höchste Pflicht sein werden." Der Eid kann mit dem Zusatz: „So wahr mir Gott helfe" abgelegt werden: (Art. 130 der Verfassung). Eidesverweigerung des Präsidenten-Elekten bedeutet Amtsentsagung und die Notwendigkeit einer neuen Wahl.

Dieselbe Person kann das Amt des Präsidenten nicht länger als zwei Amtsperioden ausüben.

Die Amtszeit des Präsidenten kann nach den in der Verfassung vorgesehenen Situationen verkürzt werden:

- Im Fall des Ablebens des Präsidenten;
- Im Fall der Amtsabdankung des Präsidenten;
- Bei der Entlassung des Präsidenten aus dem Amt durch die Entscheidung des Staatsgerichtshofes;
- Wenn die Nationalversammlung das Dauerunvermögen des Präsidenten wegen seines Gesundheitszustandes (dazu ist ein mit mindestens 2/3 der Stimmen der Zahl der Mitglieder der Nationalversammlung angenommener Beschluss erforderlich) beschließt.

Im Fall der Verkürzung der Amtszeit des Präsidenten übernimmt seine Pflichten der Sejmmarschall (wenn er nicht kann – der Senatsmarschall). Der Sejmmarschall ordnet unverzüglich die Neuwahl des Präsidenten der Republik Polen an (in der in Art. 128

Abs. 2 der Verfassung vorgesehenen Weise). Der Sejmmarschall (oder Senatsmarschall ersetzt den Präsidenten auch dann, wenn er vorübergehend das Amt nicht ausüben kann. Die den Präsidenten ersetzende Person besitzt dann alle Kompetenzen des Staatsoberhauptes, mit Ausnahme der Verkürzung der Sejmperiode.

3. Kompetenzen des Präsidenten der Republik Polen

Der Präsident der Republik Polen übt seine Kompetenzen / Zuständigkeitsbereiche auf dem Wege von Amtsakten aus. Diese sind alle in Rahmen der verfassungsmäßigen und gesetzlichen Kompetenzen unternommenen Amtstätigkeiten des Staatsoberhauptes. Die Hauptqualifizierung der Kompetenzen des Präsidenten bildet die Teilung in gegengezeichnete und eigene Amtsakte.

Art. 144 Abs. 2 der Verfassung besagt: „Amtsakte des Präsidenten der Republik bedürfen zu ihrer Gültigkeit die Gegenzeichnung des Ministerpräsidenten, der infolge der Unterzeichnung die Verantwortung vor dem Sejm trägt". Sie wird die Kontrasignatur der Amtsakte des Präsidenten genannt. Die Kontrasignatur ist eine die Zusammenarbeit zwischen dem Präsidenten und dem Ministerpräsidenten gewissermaßen erzwingende Institution.

Der Präsident kann auch die durch die Verfassung bestimmten Kompetenzen selbständig ausüben, d.h. ohne Teilnahme der anderen Staatsorgane. Er nimmt dann eigene Prärogative in Anspruch (eigene Befugnisse). Die Amtsakte dieses Typs müssen nicht vom Ministerpräsidenten unterzeichnet werden. Sie werden im Art. 144 Abs. 3 der Verfassung aufgezählt. Es steht hier u.a. das Recht auf Verkürzung der Sejmperiode, die Designierung und Berufung des Vorsitzenden des Ministerrates, die Berufung der Richter etc.

Ein anderes Kriterium der Kompetezenteilung des Staatsoberhauptes kann auch die Teilung in Kompetenzen dem Parlament, der Regierung, der richterlichen Gewalt gegenüber und andere Zuständigkeitsbereiche (auf dem Bereich der Staatssicherheit, der Außenpolitik, der Tradition) sein.

Zu den wichtigsten Kompetenzen des Staatsoberhauptes dem Parlament gegenüber gehört seine Teilnahme am legislativen Prozess:

- die Gesetzesinitiative (nominal kann der Präsident einen Entwurf eines Gesetzes in jedem Bereich – Ausnahmefall – Haushaltsgesetz einbringen);
- das Gesetzgebungsveto (das Recht dem Sejm ein Gesetz zur Wiederbehandlung zu übergeben. Die Durchsetzung der ersten Gesetzesvorlage erfolgt mit der Mehrheit von mindestens 3/5 der Stimmen bei der Anwesenheit von mindestens der Hälfte der verfassungsmäßigen Zahl der Sejmabgeordneten);

Gesetze an den Verfassungsgerichtshof zu leiten, mit dem Antrag die Übereinstimmung des Gesetzes mit der Verfassung zu untersuchen.

Zu anderen Kompetenzen im Bereich der Kontakte Zusammenarbeit des Präsidenten mit dem Parlament gehören:

- Die Verkürzung der Sejmperiode. Sie kann nur in zwei Fällen stattfinden: wenn nach drei Versuchen die Regierungsbildung misslang (obligatorisch), oder wenn das Parlament kein Haushaltsgesetz im Verlaufe von vier Monaten nach der Vorstellung des Entwurfes beschliesst;
- Die Anordnung der Sejm und Senatwahlen;
- Die Einberufung der ersten Sitzungen der Kammer und Beauftragung der Marschälle-Senioren;
- Die Anordnung eines landesweiten Referendums (erfolgt mit der Zustimmung des Senats);
- Das Auftreten mit einer Botschaft an den Sejm, den Senat und der Nationalversammlung (Botschaft wird kein Gegenstand der Debatte).

Die Verfassung sieht die Möglichkeit vor, das der Präsident Rechtsverordnungen mit Gesetzeskraft erlassen kann. Das Brechen des Monopols von Sejm und Senat auf dem Gebiet der Gesetzgebung ist jedoch nur während des Kriegszustandes möglich, also dann wenn der Sejm nicht zur Sitzung zusammentreten kann. Der Präsident erlässt Rechtsverordnungen mit Gesetzeskraft auf Antrag des Ministerrates und sie obliegen der Bestätigung vom Sejm während der nächsten Sitzung der Kammer. Diese Rechtsverordnungen dürfen aber nicht die wesentlichsten Themen betreffen, z. B. eine Verfassungsänderung.

Wenn man das Problem der Kompetenzen des Präsidenten gegenüber der Regierung betrachtet, ist vor allem die Rolle des Staatsoberhauptes im Prozess der Berufung des Ministerrates zu bemerken. Dem Präsidenten steht die Inbewegungssetzung des Prozesses, durch die Designierung des Kandidaten für den Ministerpräsidenten zu (Aufstellen des offiziellen Kandidaten für den Regierungschef). Der Präsident hat im Bereich der Designierung freie Hand, d.h. er kann Kandidaten nach eigenem Ermessen aufstellen. Eine andere Sache ist es, dass er die Tatsache der Zusammensetzung der parlamentarischen Mehrheit, derer Emanation das Kabinett sein wird, berücksichtigen sollte. Bei einer Handlung des Präsidenten der Mehrheit zuwider droht nämlich ein Konflikt zwischen dem Staatsoberhaupt und dem Sejm. Die bisherige Systempraxis, eine zwangsläufig geringe, zeigt den guten Willen der Kooperation des Präsidenten mit der parlamentarischen Koalition im Prozess der Kabinettsbildung.

Der Präsident beruft den Vorsitzenden des Ministerrates und auf seinen Antrag beruft er Minister und nimmt von ihnen den Eid entgegen. Das Kabinett bemüht sich dann das Vertrauensvotum vom Sejm zu bekommen. In der Fachliteratur wird oft bemerkt, dass die Rolle des Staatsoberhauptes im Prozess der Regierungsbildung bei einer unstabilen Regierungskoalition wesentlich wachsen kann.[14]

Eine andere Befugnis des Präsidenten der Regierung gegenüber ist die Berufung des Kabinettsrates. Der Kabinettsrat ist der unter der Leitung des Präsidenten tagende Ministerrat. Dieser besitzt aber keine Regierungskompetenzen. Die „verfassungsmäßige

---

14 Zum Thema z.B.: L. Garlicki, Polskie prawo konstytucyjne, Zarys wykładu (T.2), Warszawa 1998, s. 56/57.

Konstruktion des Kabinettsrates schließt sein Funktionieren mit dem Charakter „einer Superregierung" aus, nähert sich aber der Konzeption des Organes, das die institutionellen Formen der Kooperation des Präsidenten und der Regierung in die für die Staatspolitik wesentlichsten Angelegenheiten sicherstellt."[15] Der Kabinettsrat wird also nicht so wie ein Staatsorgan, sondern mehr als eine Ebene der Konsultationen des Präsidenten und des Ministerrates in den für den Staat wesentlichsten Angelegenheiten sein. Er ist kein toter Verfassungsmechanismus – seit dem Inkrafttreten der Verfassung der Republik Polen in Oktober 1997 hat der Präsident mehrmals Sitzungen des Kabinettsrates einberufen.[16]

Der Präsident ändert auch auf Antrag des Ministerpräsidenten die Zusammensetzung des amtierenden Ministerrates, beruft die Minister ab, die von Sejm ein Misstrauensvotum bekamen; stellt im Sejm den Antrag den Vorsitzenden des Ministerrates oder eines Mitgliedes des Ministerrates verfassungsrechtlich zur Verantwortung zu ziehen. Es ist zu betonen, dass der Präsident seine Befugnisse im Bereich der Außenpolitik und der Staatssicherheit mittels und im Einverständnis mit dem Vorsitzenden des Ministerrates und den zuständigen Ministern ausüben kann.

Zum Bereich der politischen Gebräuche gehört die laufende Information des Präsidenten durch den Regierungschef über Probleme der Arbeit des Ministerrates, wie auch die Teilnahme des Vertreters des Präsidenten an den Sitzungen der Regierung (ohne Stimmrecht).

Das Grundgesetz vom April 1997 hat die Befugnisse des Präsidenten gegenüber der sog. Dritten Gewalt d.h. der richterlichen Gewalt erweitert. Eine Neuheit bildet die Berufung des Präsidenten des Verfassungsgerichtshofes (VGH) und des Ersten Präsidenten des Obersten Gerichts (OG)durch den Präsidenten (bis zu dem Jahr 1997 gehörte dies zu den Sejmkompetenzen). Ausserdem beruft der Präsident wie früher den Präsidenten des Obersten Verwaltungsgerichtshofes und Richter des OVGH. Der Präsident beruft die ihm durch die Generalversammlung (VGH,OG und OVGH) vorgeschlagenen Kandidaten für die Richter des Verfassungsgerichtshofes, des Obersten Gerichtes und des Obersten Verwaltungsgerichtshofes.

Der Präsident beruft auf Antrag des Landesrates für Gerichtswesen Richter. Dem Präsidenten steht auch das Recht zu, ein Mitglied des Landesrates für Gerichtswesen zu berufen.

Dem Staatsoberhaupt steht auch traditionell das Gnadenrecht zu. Dieses erlaubt dem Präsidenten jeder verurteilten Person die Strafe zu mildern oder zu erlassen. Art. 139 der Verfassung bestimmt dabei klar: Das Begnadigungsrecht findet im Fall von vom Staatsgerichtshof verurteilten Personen keine Anwendung. Das Gnadenrecht hat immer einen individuellen Umfang.

Der Präsident der Republik Polen verfügt über eine ganze Reihe von Befugnissen

---

15 R. Mojak, Pozycja ustrojowa Prezydenta RP..., S. 69

16 Der Kabinettrat tagte z.B zu den mit dem Eintritt Polens in die EU verbundenen Problemen.

im Bereich der außenpolitischen Beziehungen. Dazu gehören das Recht der aktiven und passiven Legation – der Präsident beruft und beruft die bevollmächtigten Vertreter Polens in anderen Staaten und bei Internationalen Organisationen ab, nimmt Beglaubigungs- und Akkreditivbriefe der diplomatischen Vertreter der anderen Staaten und internationalen Organisationen entgegen.

Der Präsident hat auch das Recht internationale Verträge zu ratifizieren und zu kündigen (er muss darüber die parlamentarische Kammer benachrichtigen). Für die Ratifizierung einiger besonders wichtiger internationaler Verträge (Z.B. die Staatsgrenze betreffend) ist die Zustimmung des Parlaments in Form eines Gesetzes erforderlich.

Als der oberste Vertreter des Staates in internationalen Beziehungen stattet der Präsident Auslandsbesuche ab und empfängt im Lande internationale Gäste hauptsächlich höchsten Ranges. Trotz, dass die Unterhaltung der internationalen Kontakte vom Staatsoberhaupt die Kooperation mit dem Ministerpräsidenten und Außenminister verlangt, zeigt die Praxis deutlich, dass der Präsident hier eine sehr wichtige schöpferische Rolle zu erfüllen hat.[17]

Die Befugnisse des Präsidenten auf dem Gebiet der Staatssicherheit berücksichtigend, steht in der ersten Reihe der Art. 134 Abs. 1 der Verfassung: „Der Präsident der Republik Polen ist der oberste Vorgesetzte der Streitkräfte der Republik Polen". Die Verfassung bestimmt nicht genau das Wesen des Vorgesetzten über die Streitkräfte; es ist jedoch anzunehmen, dass allgemein die Obrigkeit des Präsidenten den Streitkräften gegenüber ein Modell der passiven Obrigkeit ist. Dies umfasst keine Attribute der tatsächlichen Führung der Streitkräfte. Die Verfassung grenzt die Befugnisse des Präsidenten als Vorgesetzter über die Streitkräfte von den Befugnissen der Regierung zur Führung und Lenkung ab"[18] Während des Friedens werden die Streitkräfte vom Minister für Nationale Verteidigung geführt. Auf Antrag des Verteidigungsministers verleiht der Präsident militärische Grade. Der Präsident nominiert auch den Chef des Generalstabes und den Oberbefehlshaber der Streitkräfte. Während eines Krieges nominiert oder beruft das Staatsoberhaupt den Oberbefehlshaber der Streitkräfte (auf Antrag des Ministerpräsidenten) ab. Im Fall einer Bedrohung des Staates von Außen ordnet der Präsident auf Antrag des Ministerpräsidenten die allgemeine oder Teilmobilisierung an. Der Präsident hat das Recht, auf Antrag des Regierungschefs, in einer Situation in der übliche Verfassungsmaßnahmen unzureichend sind, den Ausnahmezustand: Kriegszustand (im Fall einer Bedrohung von Außen) oder Notzustand (im Fall von inneren Unruhen) zu verhängen. Die Verhängung von diesen Ausnahmezuständen erfordert die Zustimmung des Sejm (Art. 229–231 der Verfassung). Der Präsident beschließt auch dann die Kriegserklärung (z.B. bei einem militärischen Überfall auf Polen), wenn der Sejm dazu nicht in der Lage ist.

---

[17] Zu bemerken ist die erfolgreiche internationale Aktivität von drei Präsidenten der III Republik Polen – W. Jaruzelski, L. Wałęsa und besonders A. Kwaśniewski.

[18] R. Mojak, Pozycja ustrojowa Prezydenta RP..., S. 65–66.

Zum Schluss ist auch das Bestehen des Rates für Nationale Sicherheit zu erwähnen. Er ist ein verfassungsmäßiges Beratungsorgan des Präsidenten auf dem Gebiet der inneren- und äußeren Sicherheit des Staates. Der in Januar 1998 vom Präsidenten berufene Rat setzt sich aus dem Sejmmarschall, dem Senatsmarschall, dem Ministerpräsidenten, den Ministern: Außenminister, der Nationalen Verteidigung, der inneren Angelegenheiten und der Verwaltung, des Finanzwesens, des Präsidenten der Polnischen Nationalbank und des Chefs des Büros der Nationalen Sicherheit (Sekretär des Rates) zusammen. Die Berufung und Abberufung der Mitglieder des Rates für Nationale Sicherheit gehört zu den Prärogativen des Präsidenten.

Zu den sog. traditionellen Befugnissen des Staatsoberhauptes gehören: die Verleihung des Bürgerrechtes und die Zustimmung auf dieses Recht zu verzichten, die Verleihung von Auszeichnungen und Orden, die Verleihung von wissenschaftlichen Titeln für ordentlichen Professoren und das schon erwähnte Gnadenrecht.

4. Die Verantwortung des Präsidenten der Republik Polen

Art. 145 Abs. 1 der Verfassung bestimmt: „Wegen Verletzung der Verfassung,des Gesetzes oder wegen Begehung einer Staftat kann der Präsident der Republik Polen vor dem Staatsgerichtshof zur Verantwortung gezogen werden".Die Nationalversammlung versetzt den Präsidenten in den Anklagezustand, wenn mindestens 140 Mitglieder der Nationalversammlung den Antrag unterstützen. Der Antrag wird vom Sejmausschuss für Verfassungsmäßige Verantwortung gestellt, der weiter einen entsprechenden Antrag formuliert und ihn an die Nationalversammlung überweist. Die Nationalversammlung fasst den Beschluss über das Ziehen des Präsidenten vor den Staatsgerichtshof, mit der Mehrheit von mindestens 2/3 der Stimmen der Mitglieder der Nationalversammlung. An dem Tag, an dem die Nationalversammlung den Beschluss fasst, wird die Amtsausübung des Präsidenten ausgesetzt. Er wird dann vom Sejmmarschall ersetzt. Im Fall ,dass der Staatsgerichtshof die Schuld des Präsidenten feststellt wird er des Amtes enthoben. Dann folgt die Notwendigkeit von Präsidentenwahlen. Es ist zu betonen, dass der Staatsgerichtshof für den Präsidenten auch der Strafgerichtshof ist.

Es ist auch bemerkenswert, dass das Staatsoberhaupt, laut den Prinzipien der parlamentarischen Regierungen, keine politische Verantwortung für seine Tätigkeit trägt. Das Parlament kann gegenüber dem Staatsoberhaupt kein Misstrauensvotum einlegen oder es abberufen. Eine gewisse spezifische Form der politischen Verantwortung ist dagegen mit der Art und Weise der Präsidentenwahl verbunden und dies auch dann, wenn er zur Wiederwahl steht.[19]

---

[19] In November 1995 haben die Wähler ein gewisses Misstrauensvotum L. Wałęsa gegenüber , der für zweite Amtszeit kandidierte, abgegeben.

Beim Beschluss über die neue Verfassung der Republik Polen waren gegensätzliche Stimmen zu hören; die System- und politische Rolle des Präsidenten sei zu groß oder zu klein. Es scheint jedoch, dass keine von den Parteien dieses Streites Recht hatte. Im Laufe von 10 Jahren wurde (manchmal nach der Methode des Versuchs und des Irrtums) das optimale Modell der Präsidentschaft gebildet, das gut zu den polnischen Systembedingungen passt. Der Präsident, der nicht die Rolle besitzt den Staat zu verwalten, kann jedoch im Notfall wesentlich die Tätigkeit der Regierung stärken oder den Folgen von schwachen Kabinetten entgegenwirken. Die Verfassung hat das Staatsoberhaupt mit guten Arbitrage-Mechanismen ausgerüstet. Es gibt auch entsprechende juristische Grundsteine für den Bau der entsprechenden Autorität des Staatsoberhauptes.

Grzegorz Rydlewski

Regierung und Regierungsverwaltung in Polen im Transformationsprozeß

Die heute in Polen gültigen rechtlichen Regelungen, die den Ministerrat sowie die Regierungsadministration betreffen, haben sich im gesellschaftspolitischen Transformationsprozeß nach 1989 entwickelt. Auf neue Art und Weise wurde die verfassungsrechtliche Stellung, der Kompetenzbereich sowie die Grundlagen für die interne Organisation und Verfahrensweise der Regierung definiert. Die Veränderungen betrafen alle Regierungsorgane, darunter auch den Ministerrat selbst, den Vorsitzenden des Ministerrates, die Minister, die Leiter der zentralen Ämter der Zentralverwaltung sowie die regionalen Organe der Regierungsverwaltung. Die neuen Lösungen wurden in einer Atmosphäre der Auseinandersetzung über das Modell der Beziehungen zwischen der Legislative und der Exekutive sowie der gegenseitigen Beziehungen zwischen dem Präsidenten und der Regierung gestaltet. Sie sind noch nicht in allen Punkten innerlich widerspruchsfrei. Darüber hinaus fanden nicht alle ihre volle Bestätigung in der politischen Praxis.[1]

1. Rahmenbedingungen der heutigen Regelungen

Die neuen Regelungen widerspiegeln den grundlegenden Bruch mit den sozialistischen Grundlagen der Staatsorganisation. Von grundlegender Bedeutung war insbesondere die Überwindung der Grundsätze der Einheit der Staatsobrigkeit und der leitenden Rolle der marxistisch-leninistischen Partei im Staat (u.a. bei der Bestimmung des Regierungsprogramms und bei personellen Entscheidungen) sowie des Prinzips der Vorherrschaft des Staatseigentums im Wirtschaftssystem, der zentralen Wirtschafts- und Sozialplanung wie auch des Staatsmonopols in zahlreichen Wirtschaftszweigen (u.a. im Außenhandel). Die Auflösung einer Situation, in der die Regierung eine Politik realisierte, die durch eine vorherrschende Partei bestimmt wurde, machte es notwendig, neue Mechanismen für die Programmierung der Arbeit des Ministerrates und der Lösung der Personalfragen festzulegen.

---

[1] Zu diesem Thema: H. Izdebski, M. Kulesza *Administracja publiczna. Zagadnienia ogólne*. Warszawa 1999; G. Rydlewski, *Problemy reformy rządu i administracji rządowej w okresie przemian społeczno-politycznych w Polsce w latach 1989–1998*, in: Państwo – Demokracja – Samorząd, Warszawa 1999.

Die heutigen Regelungen bezüglich des Ministerrates und der Regierungsverwaltung berücksichtigen auch die Erfahrungen der politischen Praxis im Polen der 90er Jahre. Sie sind insbesondere mit der Verwirklichung der Prinzipien des demokratischen Rechtsstaates, politischen Pluralismus, der Machtteilung und des Gleichgewichts zwischen der Legislative, Exekutive und Judikative verbunden. Ebenso hängen sie eng mit der Einhaltung der Grundsätze des Völkerrechts, an das Polen gebunden ist, und der sozialen Marktwirtschaft sowie mit den zu Beginn der Transformation herausgearbeiteten Programmen zusammen. Sie resultieren auch aus der Tatsache, daß die Mehrheit der politischen Kräfte die Doktrin des hilfsbereiten Staates, das Konzept der Dezentralisierung und Dekonzentration der Macht sowie die Beteiligung der lokalen Selbstverwaltung an der Ausübung der öffentlichen Macht akzeptierte.

Für die neue Situation, in der sich in Polen die Regierung und Regierungsverwaltung befanden, hatte eine wesentliche Bedeutung die normative Bestimmung der Grundsätze und Grenzen ihrer Tätigkeit, die faktische Kontrolle der Zweckmäßigkeit und Legalität dieser Tätigkeit sowie eine Selbstbeschränkung auf Angelegenheiten, die im Ergebnis der selbständigen Aktivitäten der einzelnen Einheiten und Zwischengruppen nicht erledigt werden können.

Eine der praktischen Folgen der Einführung des Grundsatzes des politischen Pluralismus am Anfang der 90er Jahre war die Herausbildung eines Mehrparteiensystems in Polen. Die programmatische, personelle und organisatorische Differenzierung der politischen Landschaft wurde Realität. Trotz einer Tendenz von Zusammenschlüssen einzelner Parteien zu größeren politischen Strukturen, die in letzter Zeit sichtbar wurde, tritt weiterhin eine deutliche Polarisierung im Parlament auf. Für die Regierungen wurde es notwendig eine Koalitionsbasis zu suchen. Das Ergebnis einer solchen Situation war eine geringe Stabilität der Regierungen, insbesondere in den ersten Jahren der Dekade der 90er Jahre. In den Jahren 1989–2000 waren in Polen acht Ministerräte tätig. Der letzte – nach der Auflösung der Koalition zwischen der Wahlaktion „Solidarność" (AWS) und der Freiheitsunion (UW) – ist eine Minderheitsregierung geworden.[2]

Die politischen Bedingungen verursachten die Notwendigkeit der Ausarbeitung von neuen Verfahren zur eindeutigen Entscheidungsfindung in einer Regierung, an der sich Vertreter verschiedener Parteien beteiligten, die sich oft in programmatischen Fragen voneinander unterschieden. Die Folge einer solchen Situation war die Tendenz zur Stärkung der rechtlichen Position des Vorsitzenden des Ministerrates (Premierministers), der die Regierungsarbeit leitete.

Die Reformen in Polen verlangten nach einer großen Anzahl an Beschlüssen, die vom Ministerrat getroffen werden mußten, welche wiederum eine Voraussetzung für die Veränderung der Mechanismen war, die der Vorbereitung der Regierungsentschei-

---

[2] Zu diesem Thema: *Gabinety koalicyjne w Polsce w latach 1989–1999*, (red.) M. Chmaj, M. Żmigrodzki, Lublin 1998; G. Rydlewski, *„Rządzenie koalicyjne w Polsce. Bilans doświadczeń lat dziewięćdziesiątych"*, Warszawa 2000; Z. Szeliga, *„Rada Ministrów a Sejm (1989–1997)"*, Lublin 1998.

dungen dienten. Das Wesen dieser Veränderungen wurde durch das Streben danach bestimmt, daß die meisten Unstimmigkeiten noch vor der Sitzung des Ministerrates entschieden werden sollten. Das Postulat der Verbesserung der Rechtsqualität ist die Voraussetzung für die Änderung der Verfahren zur Vorbereitung von Gesetz- und Normaktprojekten der Regierung. In diesen Prozeß wurde ein Sonderberatungsorgan eingegliedert, das sich aus hervorragenden Juristen zusammensetzt (Legislationsrat). Für die Koordinierung der Normaktprojekte wurde dagegen ein ausgesondertes spezialisiertes Amt eingesetzt (Regierungszentrum für Legislatur). Die Veränderungen wurden zusätzlich durch die Notwendigkeit bedingt, Mechanismen der Harmonisierung des polnischen Rechts mit dem Rechtssystem der Europäischen Union zu schaffen. Es hat seinen Ausdruck in den neuen Prozedurlösungen (Kontrolle der Übereinstimmung aller Projekte mit dem Recht der Europäischen Union), institutionellen Lösungen (Komitee für Europäische Integration) und zahlreichen Anpassungen im Gesetz gefunden. Eine weitere Voraussetzung war die Notwendigkeit der Berücksichtigung des NATO-Standards nach dem Beitritt Polens zu diesem Bündnis im Jahre 1999. Dies hat seinen Ausdruck unter anderem in den neuen Regelungen über den Schutz von Geheimnachrichten gefunden.

Neben den partikulären Bedingungen, wurden die neuen Lösungen durch globale Veränderungen, die in den letzten Jahren auf der ganzen Welt eingetreten sind, beeinflußt. Die Kapitalkonzentration in den zwischenstaatlichen Koorporationen und die Stärkung der ungehinderten Einflüsse in der gegenwärtigen Welt – freier Bevölkerungsverkehr, Ideenfluß, Finanzmittelverkehr, Waren- und Dienstleistungsverkehr – haben Veränderungen der Grundsätze und Grenzen für das Funktionieren des Staates verursacht. Eine ähnliche Bedeutung hatte der Zuwachs der Beteiligung von außerstaatlichen Organisationen an dem Dienst für gesellschaftliche Bedürfnisse. Die Bedingungen für die Verwaltung des Eigentums der zentralen Wirtschaftsplanung sowie Konzessionen und Monopole, haben aufgehört zu existieren. Im Ergebnis der Prozesse der Privatisierung und der Kapitalkonzentration sowie infolge der Einflüsse der Prozesse der Wirtschaftsglobalisierung, ist die Verwaltung durch Bezeichnung der Grundsätze und Parameter für die Tätigkeit, Zielsetzung sowie Ausnutzung der mit der Konkurrenz verbundenen Mechanismen, in den Vordergrund getreten.

2. Stellung des Ministerrates im System der Staatsorgane

Die grundlegenden Regulierungen über die Regierung und Regierungsverwaltung in Polen haben ihre jetzige Quelle in den Normen der Verfassung vom 2. April 1997.[3] Die Detaillösungen sind dagegen in den Gesetzen, die in den Jahren 1995–1997 im

3 Verfassung der Republik Polen vom 2. April 1997. Warschau 1997.

Rahmen der Verwaltungsreform (die am 1.1.1999 in Kraft trat) und im Rahmen der geplanten Reform des Regierungszentrums vorbereitet wurden, enthalten.[4]

Der Ministerrat in Polen ist – neben dem Präsidenten – ein Element der staatlichen Exekutive. Sein Platz im System der Staatsorgane wurde vor allem durch die Zuweisung der Hauptaufgaben bestimmt. Diese Aufgaben beinhalten die Durchführung der Innen- und Außenpolitik sowie die Koordination und Kontrolle der Arbeit der Organe der Regierungsverwaltung. In Fragen aus diesen Bereichen, die nicht den anderen Staats- und Organen der territorialen Selbstverwaltung vorbehalten sind, gilt der Grundsatz der vermuteten Kompetenz des Ministerrates. Dieser Grundsatz bewirkt zusammen mit einem breiten Katalog der Regierungskompetenzen, daß der Ministerrat ohne Zweifel ein stärkeres Element der Exekutive als der Präsident ist. Dies gilt um so mehr, da der Präsident 1997 in Folge verfassungsrechtlicher Regelungen einen Teil seiner Einflussmöglichkeiten auf die Zusammensetzung und die Tätigkeit des Ministerrates verloren hat. Unter anderem wurde die bisherige Regel aufgehoben, daß der Premierminister bei der Benennung der Kandidaten für die Posten des Außen-, Innen- und Verteidigungsministers die Meinung des Präsidenten einzuholen hat. Darüber hinaus wurde auch auf das Privileg des Präsidenten, eine Sitzung des Ministerrates zu Fragen von besonderer Wichtigkeit einzuberufen und zu leiten, verzichtet. Der Präsident hat die Möglichkeit erhalten, den Kabinettsrat unter Beteiligung des Ministerrates einzuberufen, aber dieses Organ hat keine Entscheidungskompetenzen, für die die Regierung zuständig ist. Es bildet eine Stelle für den Austausch von Meinungen und Beurteilungen.

Die Verfassung definierte als Aufgaben des Ministerrates insbesondere:

- die Sicherstellung der Durchführung der Gesetze;
- den Schutz der Interessen des Staatsschatzes (einschließlich des Staatsvermögens);
- die Ausarbeitung des Entwurfs für das Haushaltsgesetz, die Durchführung dieses Gesetzes sowie die Vorbereitung der Berichterstattung über seine Erfüllung;
- die Durchsetzung der inneren und äußeren Sicherheit sowie der Sicherung der öffentlichen Ordnung;
- die Ausübung der allgemeinen Leitung im Bereich der Beziehungen mit anderen Staaten und internationalen Organisationen;
- den Abschluß ratifizierungspflichtiger Verträge;
- den Abschluß und die Kündigung anderer internationaler Abkommen;
- die Ausübung allgemeiner Leitung im Bereich der Landesverteidigung.

In Übereinstimmung mit der Verfassung besitzt der Ministerrat auch das Recht auf die Gesetzinitiative. Dabei hat er das ausschließliche Recht auf die gesetzgeberische

---

[4] Gesetz vom 8. August 1996 über die Struktur und Arbeitsweise des Ministerrates sowie über die Tätigkeitsbereiche der Minister – einheitlicher Text, in: Dz.U., nr 82/1999, poz. 929; Verordnung des Ministerrates vom 25. November 1997 über die Bildung ständiger Ausschüsse beim Ministerrat, in: Dz. U., nr 143/1997, poz. 953, nr 121/1998, poz. 789, nr 132/1998, poz. 865; Beschluß nr 13 des Ministerrates vom 25 Februar 1997 – Arbeitsordnung des Ministerrates, in: Monitor Polski, nr 15/1997 poz. 144, nr 12/1998 poz. 202, nr 32/1999 poz. 49.

Initiative für das Haushaltsgesetz und für seine Änderungen sowie für Gesetze über die öffentliche Verschuldung und Erteilung der finanziellen Garantien durch den Staat. Als einzige Institution kann der Ministerrat in bestimmten Fällen seine Gesetzesprojekte für dringend erklären. Dies bewirkt, daß die Projekte im Parlament unter Anwendung eines Eilverfahrens behandelt werden. Dies gilt aber nicht für die Projekte von Steuergesetzen, Gesetzen über die Wahl des Präsidenten, zum Sejm, zum Senat sowie über die territoriale Selbstverwaltung, Gesetzen über die Staatsordnung und über den Charakter der öffentlichen Macht sowie Gesetzessammlungen.

Ein fundamentaler Grundsatz ist die Notwendigkeit des Vertrauensvotums des Sejms gegenüber dem Ministerrat. Formell wird der Vorsitzende des Ministerrates vom Präsidenten nominiert. Auf Antrag des Vorsitzenden des Ministerrates wird der Ministerrat innerhalb von 14 Tagen ab der ersten Sitzung des Parlaments oder vom Rücktrittstag der vorherigen Regierung vom Präsidenten nominiert. In der Praxis ist der Präsident in seinen Entscheidungen diesbezüglich von der politischen Konstellation im Sejm abhängig. Der Vorsitzende des Ministerrates ist innerhalb von 14 Tagen seit seiner Berufung dazu verpflichtet, dem Sejm das Arbeitsprogramm des Ministerrates mit einem Antrag über das Vertrauensvotum vorzustellen. Die Annahme dieses Votums verlangt die absolute Mehrheit bei der Anwesenheit von mindestens der Hälfte der gesetzlich vorgeschriebenen Zahl der Abgeordneten.

Kann in diesem Verfahren der Ministerrat nicht bestimmt werden oder er erhält kein Vertrauensvotum, so bestimmt der Sejm allein den Vorsitzenden des Ministerrates und die von ihm vorgeschlagenen Mitglieder des Ministerrates. Auch in diesem Fall ist die absolute Mehrheit bei der Anwesenheit von mindestens der Hälfte der Abgeordneten notwendig. Der Präsident ist verpflichtet, einen so gewählten Ministerrat in seinem Amt zu bestätigen. Sollte auch dieses Verfahren versagen, kehrt laut der Verfassung, die Initiative zur Wahl des Vorsitzenden des Ministerrates und seiner Mitglieder zum Präsidenten zurück. Ein so gewählter Ministerrat muss ebenfalls die absolute Mehrheit der Stimmen bei der Anwesenheit von mindestens der Hälfte der Abgeordneten haben. Ist auch dieses Verfahren erfolglos, so wird die Legislaturperiode des Parlaments vom Präsidenten verkürzt und neue Parlamentswahlen ausgeschrieben.

Die Mitglieder des Ministerrates sind vor dem Parlament für die Tätigkeit des Ministerrates solidarisch verantwortlich und tragen auch individuell die Verantwortung für ihren eigenen Kompetenzbereich sowie für Aufgaben, die ihnen vom Vorsitzenden des Ministerrates übertragen wurden. Sie sind dazu verpflichtet, in diesen Fragen auf die Interpellationen und Anfragen der Abgeordneten zu antworten. Der Sejm kann dem Ministerrat das Mißtrauensvotum aussprechen. Dies geschieht auf Antrag von mindestens 46 Abgeordneten bei gleichzeitiger namentlicher Benennung des neuen Vorsitzenden des Ministerrates. Das Mißtrauensvotum wird mit der absoluten Mehrheit aller Abgeordneten angenommen. In dieser Situation ist der Präsident dazu verpflichtet, den Rücktritt des bisherigen Ministerrates anzunehmen und den neuen Vorsitzenden sowie auf seinen Antrag die übrigen Mitglieder des Ministerrates zu bestätigen. Der Sejm kann auch einem einzelnen Minister das Mißtrauensvotum aussprechen. Der Antrag in dieser Sache muß von mindestens 69 Abgeordneten eingereicht werden. Die Annahme des Mißtrauensvotums bedarf einer absoluten Mehrheit der Abgeordneten. Die Konsequenz eines Mißtrauensvotums für einen Minister ist seine Abberufung durch den Präsidenten.

In der Verfassung wurden Einschränkungen gegen den Mißbrauch des Mißtrauensvotums gegenüber dem Ministerrat und den einzelnen Ministern sowie gegen die Nutzung dieser Möglichkeiten unter dem Einfluß der jeweiligen Situation verankert. Über den Antrag darf erst 7 Tage nach seiner Einreichung abgestimmt werden. Er darf frühestens drei Monate nach der vorherigen Antragstellung wieder eingereicht werden, es sei denn der Antrag wird von mindestens 115 Abgeordneten gestellt.

Der Ministerpräsident kann sich an den Sejm mit dem Antrag auf ein Vertrauensvotum für den Ministerrat wenden. Er wird mit der absoluten Mehrheit bei der Anwesenheit von mindestens der Hälfte der Abgeordneten verabschiedet. Die Nichtbestätigung des Vertrauensvotums hat den Rücktritt des Ministerrates zur Folge.

Unabhängig von der politischen Verantwortung vor dem Sejm unterliegt die Arbeit der Regierung und ihrer einzelnen Mitglieder sowie die Entscheidungen der Organe der Regierungsverwaltung einer Kontrolle seitens anderer Staatsorgane. In konkreten Fällen wird sie durch staatliche Kontrollorgane (die Höchste Kontrollkammer – NIK), Institutionen zum Schutz der Bürgerrechte (darunter auch der Sprecher für Bürgerrechte) sowie durch Gerichte (darunter die Verwaltungsgerichte) und Tribunale (Verfassungstribunal – in Fragen der Normakte sowie Standestribunal – in Fragen der persönlichen Verantwortung für die Verstöße gegen die Verfassung oder Gesetze, die in Verbindung mit der ausgeübten Position stehen) ausgeübt.

3. Zusammensetzung und Struktur des Ministerrates

Der Ministerrat setzt sich aus dem Vorsitzenden und den Ministern zusammen. Die Verfassung läßt auch die Berufung von stellvertretenden Vorsitzenden des Ministerrates zu. Ihre Position ist im polnischen System jedoch relativ schwach und ihre Aufgabe beschränkt sich – neben der Teilnahme an der Arbeit des Ministerrates auf die Vertretung des Premierministers und die Ausübung der ihnen übertragenen Aufgaben und Kompetenzen in seinem Namen. Der Vorsitzende und seine Stellvertreter können auch die Funktionen eines Ministers ausüben. In den Ministerrat können darüber hinaus auch die Vorsitzenden der in den Gesetzen genannten Ausschüsse berufen werden. Die Änderungen in der Zusammensetzung des Ministerrates werden auf Antrag des Premierministers durch den Präsidenten vollgezogen.

In Übereinstimmung mit der Verfassung gibt es in Polen zwei Kategorien von Ministern. Zu der ersten Kategorie gehören die Minister, die ein Ressort leiten. Ihr Aufgabenbereich wird per Gesetze bestimmt. Zu der zweiten Kategorie gehören

Minister, die vom Ministerpräsident mit der Erfüllung bestimmter Aufgaben betraut werden.

In den Jahren 1989–1999 schwankte die Zahl der Regierungsmitglieder zwischen 25 und 17 Personen. Im letzten Fall lag es daran, daß ein Teil der Ministerposten nicht besetzt worden war. Es gab in dieser Zeit maximal vier stellvertretende Vorsitzende des Ministerrates, wobei sie – bis auf zwei Ausnahmen – gleichzeitig Ministerposten bekleideten und ein Ressort leiteten.

Eine der qualitativen Änderungen, die sich in den 90er Jahren vollzogen haben, war die Herausbildung von Mechanismen, die es dem Vorsitzenden des Ministerrates erlaubten, die Struktur der Regierung elastisch zu gestalten. Es wurde die vorher geltende Regelung aufgehoben, wonach das Amt eines Ministers nur infolge eines besonderen Gesetzes geschaffen oder aufgelöst werden konnte. Es setzte sich die Meinung durch, wonach eine solche Lösung die Anpassung der institutionellen Instrumente an die sich schnell ändernden Aufgaben der Regierung erschweren würde.

Neue Lösungen bezüglich der Gestaltung der Regierungsstruktur, die gesetzlich noch in den Jahren 1996–1997 festgeschrieben wurden, fanden ihre Anwendung zum ersten Mal im Herbst 1999. Die Grundlage dieses Mechanismus bildet nunmehr eine nach langwierigem Streit gesetzlich vorgeschriebene Liste, die 32 Aufgabenbereiche der Regierungsverwaltung umfaßt[5]. Mit Hilfe dieser Liste darf der Premierminister eigenständig den Ministern – nach ihrer Einberufung in den Ministerrat – ihre Verantwortungsbereiche zuweisen.

Die Liste umfaßt folgende Aufgabenbereiche: 1) öffentliche Verwaltung; 2) Bauwesen und Architektur; 3) Haushalt; 4) öffentliche Finanzen; 5) Wirtschaft; 6) Meereswirtschaft; 7) Wasserwirtschaft; 8) Finanzinstitutionen; 9) europäische Integration; 10) Kultur und Schutz des nationalen Erbes; 11) Körperkultur und Sport; 12) Kommunikationswesen; 13) Raum- und Wohnungswirtschaft; 14) Wissenschaft; 15) nationale Verteidigung; 16) Schul- und Bildungswesen; 17) Arbeit; 18) Landwirtschaft; 19) Entwicklung der ländlichen Gebiete; 20) regionale Entwicklung; 21) Agrarmärkte; 22) Staatsschatz; 23) Justiz; 24) Hochschulwesen; 25) Transportwesen; 26) Touristik; 27) Umwelt; 28) innere Angelegenheiten; 29) Religion und Glaubensgemeinschaften; 30) soziale Versicherungen; 31) Außenpolitik; 32) Gesundheitswesen.

Jedem Minister, der ein Ressort übernimmt, kann der Premierminister einen oder mehrere Aufgabenbereiche aus dieser Liste zuteilen. Die Bereiche Haushalt, öffentliche Finanzen und Finanzinstitutionen müssen aber einem Minister zugewiesen werden.

Nach der Anwendung dieses Mechanismus im Herbst 1999 zählte der Ministerrat nur noch 19 Mitglieder. Zu seinen Mitgliedern zählten:

– Der Ministerpräsident, der auch das Komitee der Europäischen Integration leitete – ein kollegiales Organ der Regierung, das für die Koordination und Planung zu Fragen

---

[5] Gesetz vom 4. September 1997 über die Ressorts der Regierungsverwaltung – einheitlicher Text, in: Dz. U., 1999, nr 928.

der Integration Polens mit der EU sowie für die Anpassung Polens an die europäischen Standards zuständig ist;
- Zwei stellvertretende Premierminister, die gleichzeitig zwei Ressorts leiteten (Finanzen und Arbeit);
- 14 Minister, die andere Ressorts leiteten;
- zwei Minister, die mit besonderen Aufgaben betraut wurden: einer koordinierte im Namen des Premierministers die Geheimdienste, der andere leitete das 1997 entstandene Regierungszentrum für Strategische Studien – eine Institution, die die Regierung in Fragen strategischer Planung, bei der Prognose der sozialen und wirtschaftlichen Entwicklung, bei der räumlichen Bewirtschaftung des Landes und bei den Analysen der Übereinstimmung der kurz- und mittelfristigen Pläne mit den strategischen Programmen unterstützen soll.

Nach der Umbildung der Regierung im Juni 2000, die im Zusammenhang mit dem Zerfall der Regierungskoalition AWS-UW, nachdem die UW die Koalition verlassen hatte, durchgeführt wurde, hat man einen neuen Posten des Ministers für regionale Entwicklung und Wohnungswesen geschaffen. In der neuen Regierung wurde anstelle des Finanzministers der Wirtschaftsminister zum stellvertretenden Premierminister ernannt.

4. Das Regierungszentrum

Nach der in den Jahren 1996/1997 durchgeführten Reform werden die Funktionen des Regierungszentrums durch die Kanzlei des Vorsitzenden des Ministerrates ausgeübt. Diese Institution bildet die organisatorische und personelle Basis, die es dem Premierminister ermöglicht, die Regierungsgeschäfte zu leiten und die Regierungsarbeit zu unterstützen. In seinem Konzept ist sie der Ort, wo die Entscheidungsprozesse organisiert und unterstützt werden. Dort wird auch die gemeinsame Regierungspolitik bestimmt. In der Kanzlei befindet sich ebenfalls das Büro des Regierungssprechers und des Sprechers des Premierministers. Ferner übernimmt die Kanzlei die Koordination der Arbeit der Regierungsverwaltung und überwacht die Durchführung der Politik des Ministerrates, unter anderem führt sie auch Kontrollen durch.

Zu den einzelnen Aufgaben der Kanzlei des Vorsitzenden des Ministerrates gehört:
- die Kontrolle der Durchführung der Aufgaben, die durch den Ministerrat und den Premierminister zugewiesen wurden sowie die Berichterstattung über diese Kontrollen;
- die Veröffentlichung der Gesetzessammlungen (Dziennik Ustaw und Monitor Polski);
- die Koordinierung der Umsetzung der Personalpolitik in der Regierungsverwaltung;
- die Koordination der Zusammenarbeit des Ministerrates und des Premierministers mit anderen Staatsorganen, darunter auch mit dem Präsidenten, Sejm und Senat.

Die Erfüllung der Pflichten der Regierung gegenüber dem Sejm und Senat sowie der

Beteiligung der Regierungsvertreter an den parlamentarischen Arbeiten sichert der Sekretär für die parlamentarischen Fragen. In seinen Aufgabenbereich fällt insbesondere: die fristgerechte Erfüllung der Verpflichtungen der Regierung gegenüber dem Sejm und Senat, die Vorbereitung und Darstellung der Position der Regierung sowie die Sicherung einer angemessenen Vertretung der Regierung an den Arbeiten des Parlaments.

Die Erfüllung der Aufgaben des Regierungszentrums durch die Kanzlei des Vorsitzenden des Ministerrates wird in der Praxis durch die immer wieder auftretende Tendenz verhindert, diese Kanzlei in ein Superministerium zu verwandeln, das sich mit vielen und nicht direkt mit der sachlichen Unterstützung der Arbeit des Ministerrates und des Premierministers verbundenen Aufgaben befaßt.

Der Verbesserung der Qualität der mit der Unterstützung der Regierung verbundenen Tätigkeit soll (seit dem 1. Januar 2000) die Schaffung eines Gesetzgebungszentrums der Regierung dienen, das die Arbeiten zur Vorbereitung und Abstimmung der Regierungsprojekte und Normakte koordinieren soll.

Zu den Aufgaben dieses Zentrums zählen: die Ausarbeitung juristisch-legislativer Gutachten zu den Regierungsprojekten der Normakte, die Koordination der zwischenministerialen Vereinbarungen, die Bearbeitung der Regierungsprojekte unter juristischen Aspekten, die Bearbeitung der Regierungsprojekte im vom Premierminister festgelegten Ausmaß, die Redaktion des ,Dziennik Ustaw' und des ,Monitor Polski' (amtliche Gesetzessammlung), die Zusammenarbeit mit dem Komitee der Europäischen Integration bei der Harmonisierung des polnischen Rechts mit dem EU-Recht, das Zusammenwirken mit dem Rechtsbeirat (ein Team von namhaften Juristen, das den Premierminister in Fragen der Rechtsbildung berät) bei der Beurteilung der Regierungsprojekte unter dem Aspekt der Verfassungskonformität und der Übereinstimmung mit dem Rechtssystem, die Kontrolle der Veröffentlichung der Ausführungsvorschriften zu verschiedenen Gesetzen durch die Organe der Regierungsverwaltung.

Die Sicherung einer effektiveren Arbeitsweise der Regierungsverwaltung ist der Hauptgrund der geplanten Schaffung des Hauptamtes der öffentlichen Verwaltung. Die legislative Arbeit verbunden mit der gesetzlichen Bezeichnung der Aufgaben und der Position dieses Amtes dauern an.

5. Der Ministerpräsident

Von der Kanzlei des Ministerpräsidents hängt in hohem Maße die Schaffung der Rahmenbedingungen zur eigentlichen Realisierung der Kompetenzen und zur Aufgabenerfüllung durch den Ministerpräsidenten ab. Es ist zu betonen daß der breite Katalog der Kompetenzen des Premierministers in der Verfassung und anderen Gesetzen festgelegt sind. Dazu gehören insbesondere: die Vertretung des Ministerrates und die Leitung seiner Arbeit; die Sicherung der Durchführung der Politik des Ministerrates und die Festlegung ihrer Umsetzungsweise; die Aufsichtsfunktion gegenüber der

Kommunalverwaltung innerhalb der Grenzen und Formen, die von der Verfassung und den Gesetzen bestimmt wurden. Der Premierminister ist auch der Vorgesetzte der Mitarbeiter der Regierungsverwaltung.

Die besondere Stellung des Premierministers in der Regierung findet ihre Bestätigung in der Regelung, daß sein Rücktritt das Rücktrittsgesuch des ganzen Ministerrates beim Präsidenten bedeutet. Die gegenwärtig geltende Verfassung bestimmt jedoch, daß der Präsident in diesem Fall das Rücktrittsgesuch des Ministerrates zurückweisen kann.

Der Ministerrat in Polen arbeitet kollegial. Im Rahmen und in den Grenzen, die in der Verfassung bestimmt sind, bestimmt er seine Organisation und seine Arbeitsweise selbst. Die heute gültigen Regelungen wurden vorwiegend in den Jahren 1995–1997 ausgearbeitet. In Übereinstimmung mit diesen Regelungen gilt der Vorsitzende des Ministerrates als der tatsächliche Leiter der Regierungsarbeit. Der Ministerrat arbeitet auf Grundlage der Arbeitsprogramme, die durch den Premierminister festgelegt werden. Er hat auch das Recht zu entscheiden, ob die Arbeiten an konkreten Lösungen von einzelnen Mitgliedern des Ministerrates, Leitern der Zentralämter oder Wojewoden begonnen werden. Er kann auch entscheiden, in welcher Weise diese Arbeiten durchgeführt werden.

Ein Organ, das seine Arbeit an einem Regierungsdokument initiieren will, muß den Premierminister über seine Absichten benachrichtigen. Diese Benachrichtigung soll Informationen über die Ursachen und die Notwendigkeit dieser Initiative sowie Informationen über ihr Wesen, über die sozialen und ökonomischen Folgen beinhalten. Diese Benachrichtigung soll ferner Informationen über Verfassungs- und Rechtskonformität sowie die rechtlichen Grundlagen des Projektes und auch die Einschätzung der Initiative in bezug auf die Harmonisierung des polnischen Rechts mit dem EU-Recht beinhalten. Der Vorsitzende des Ministerrates darf ebenfalls entscheiden, daß die Ausarbeitung, die Abstimmung und die Einreichung des Projektes in einem gesonderten Verfahren erfolgt. So liegt in seinem Ermessen, die Vorbereitung eines Projektes der Kanzlei des Ministerratsvorsitzenden oder einem anderen Organ des Ministerrates zu übertragen. Er kann die Pflicht auferlegen, daß ihm oder einem von ihm ausgewiesenem Organ die Prämissen, das Projekt selbst vorher dargestellt werden sowie die Projekte durch den zuständigen Ausschuß oder den Rechtsbeirat beim Ministerpräsident zur Beurteilung vorgelegt werden.

Der Ministerpräsident hat gegenwärtig weitreichende Vorrechte gegenüber den Ministern und anderen Regierungsorganen. Er kann einem Minister einen Aufgabenbereich, in dem der Minister mit seiner Vollmacht tätig wird, zuweisen. Er kann von den Ministern, Amtsleitern, Wojewoden sowie von den Mitarbeitern der Organe der Regierungsverwaltung Dokumente über die geführten Geschäfte fordern. Er ist auch dazu berechtigt, in jedem ständigen Ausschuß den Vorsitz zu übernehmen, Sitzungen unter Beteiligung von Ministern, Amtsleitern und Wojewoden einzuberufen sowie Streitigkeiten zwischen den Ministern bei Kompetenzüberschreitungen zu schlichten.

6. Die Minister

Die Mitglieder des Ministerrates sind gesetzlich dazu verpflichtet, in ihrem Kompetenzbereich die Regierungspolitik zu initiieren und auszuarbeiten sowie dem Ministerrat die Projekte und Gesetzinitiativen einzureichen. Die Minister sind auch dazu verpflichtet, in dem von ihnen geleiteten Bereich der Regierungsverwaltung die Politik des Ministerrates umzusetzen sowie ihre Ausführung durch die Organe, Ämter und Einheiten, die ihnen unterstehen oder die sie beaufsichtigen, zu koordinieren.

Die gesetzlichen Normen verpflichten die Minister, in ihren Äußerungen die Meinung zu vertreten, die mit den vom Ministerrat getroffenen Vereinbarungen übereinstimmt. Ein Mitglied des Ministerrates darf in der Öffentlichkeit keine Kritik an der Regierung üben. Dies betrifft auch Projekte, die von den anderen Mitgliedern des Ministerrates eingereicht worden sind, oder Entscheidungen in deren Kompetenzbereich. Die öffentlichen Äußerungen eines Mitglieds des Ministerrates, die wesentliche Fragen aus dem Aufgabenbereich eines anderen Ministers erörtern, sollten mit ihm abgestimmt werden. Sollte dies nicht der Fall sein, so sollte das betroffene Regierungsmitglied den Sachverhalt dem Vorsitzenden des Ministerrates zur Entscheidung vortragen.

In Praxis trifft die Einhaltung dieser Pflichten auf ernsthafte Schwierigkeiten. Die Minister richten sich in ihren Äußerungen nach den Interessen ihrer politischen Gruppierungen. Sie vertreten oft die Meinung, die durch die partikulären Interessen einzelner Branchen determiniert wird. Im Fall von Koalitionsregierungen schafft ein solches Verhalten oft Spannungen innerhalb des Ministerrates. In extremen Situationen, wo einzelne Minister auch Abgeordnete sind und sich nicht ausreichend mit der Position der Regierung identifizieren, erschwert dies die Berücksichtigung der Regierungsinitiativen im Parlament.

Soll ein Ministerposten nicht besetzt werden oder ist ein Minister zeitweilig nicht im Stande, seine Pflichten zu erfüllen, so kann der Vorsitzende des Ministerrates oder ein anderes durch ihn designiertes Regierungsmitglied diese Pflichten übernehmen. Der Minister erfüllt seine Aufgaben mit Hilfe der Staatssekretäre, die vom Vorsitzenden des Ministerrates, auf Antrag des Ministers, benannt und entlassen werden. Im Fall der Annahme des Regierungsrücktritts durch den Präsidenten reichen die Staatssekretäre ebenfalls Rücktrittsgesuche ein. Ihren Rücktritt reichen auch die Wojewoden und ihre Stellvertreter ein. Über die Annahme dieser Rücktrittsgesuche entscheidet der Vorsitzende des Ministerrates innerhalb von drei Monaten seit der Berufung des neuen Ministerrates. Diese Vorschrift wurde 1997 zum ersten Mal angewandt und führte zum Austausch fast des ganzen, mehrere Hundert Personen zählenden Leitungspersonals in der Regierungsverwaltung.

7. Hilfsorgane des Ministerrates

In Polen besitzt der Ministerrat eine stark ausgebaute interne Struktur. Dies soll eine reibungslose sachliche und formelle Vorbereitung von Fragen, die im Ministerrat entschieden werden sollen, garantieren. Gleichzeitig soll es Situationen während der Regierungssitzungen verhindern, in denen der Ministerrat statt sich auf die Entscheidungen zu konzentrieren, sich mit den redaktionellen Fragen beschäftigen muß.

Der Ministerrat kann einen Regierungsbevollmächtigten bestimmen, der sich zeitweilig mit bestimmten Fragen befaßt, deren Übertragung auf ein Mitglied des Ministerrates nicht sinnvoll ist. Den Bevollmächtigten benennt er aus der Gruppe der Staatssekretäre und ihrer Stellvertreter und in regionalen Fragen aus der Gruppe der Wojewoden der Premierminister. Er wird auch vom Premierminister entlassen. In der Praxis schwankte in den verschiedenen Regierungen die Zahl der Bevollmächtigten stark.

Der Ministerrat kann ständige Ausschüsse bilden, die zur Abstimmung der gemeinsamen Haltung der Regierungsmitglieder, zur Initiierung, zur Vorbereitung und Vorstellung der Projekte verschiedener Lösungen, zur Erstellung von Gutachten oder zur Erteilung der Empfehlung sowie zur Analyse der Situation in den einzelnen Bereichen der Regierungspolitik dienen. Es sind Hilfs- und meinungsbildende Organe. Sie setzen sich aus den vom Vorsitzenden und nach der Abstimmung mit dem Vorsitzenden des Ausschusses designierten Mitgliedern des Ministerrates zusammen. Die Vorsitzenden dieser Ausschüsse werden vom Vorsitzenden des Ministerrates benannt und entlassen. Heute existieren vier solche Ausschüsse. Es sind:

- der Wirtschaftsausschuß,
- der Sozialausschuß,
- der Ausschuß für Verteidigungsfragen
- der Ausschuß für die Regionalpolitik und der gleichmäßigen Entwicklung.

Ihre Tätigkeit ist im Prozeß der Vorbereitung von Sachverhalten, die den Gegenstand der Entscheidungen des Ministerrates bilden, von grundlegender Bedeutung.

Der Premierminister kann aus eigener Initiative oder auf Initiative des Ministerrates Ausschüsse zur Untersuchung einzelner Sachverhalte sowie Beiräte und Teams als Hilfs, Beratungs- und Begutachtungsorgane bilden. Der Ministerrat kann in Vereinbarung mit einer interessierten Institution oder einer sozialen Gruppe gemeinsame Ausschüsse bilden, an denen sich die Regierungsvertreter und die Vertreter der Institution oder der sozialen Gruppe beteiligen. Das Ziel solcher Ausschüsse ist die Ausarbeitung gemeinsamer Positionen in Fragen, die für die Regierungspolitik und für die im Ausschuß vertretene Institution oder sozialen Gruppe wichtig sind. Beispiele dafür sind: Die Gemeinsame Kommission der Regierung und der Territorialen Selbstverwaltung sowie die Gemeinsame Kommission der Vertreter der Regierung und des Episkopats, die sich mit Fragen der Beziehungen zwischen der Regierung und der römisch-katholischen Kirche in Polen befaßt.

8. Die Arbeitsweise des Ministerrates

Die Hauptarbeitsform des Ministerrates bilden die Sitzungen. Dort werden diverse Fragen erörtert und Beschlüsse gefaßt. Die Sitzungen und ihr Programm werden vom Premierminister festgelegt. Auf seine Initiative kann die Regierung über einzelne Fragestellungen durch die Abstimmung der Positionen auf dem Korrespondenzweg entscheiden. Die Sitzungen des Ministerrates finden gewöhnlich einmal pro Woche statt. Die Sitzungsordnung beinhaltet gewöhnlich mehr als zehn Punkte. Über die einzelnen Sachverhalte wird nach ihrer Art und Gegenstand beraten. An erster Stelle werden die schon vollständig abgestimmten Dokumentprojekte beraten, da ihre Abstimmung keiner Diskussion bedarf. Es folgen Erörterungen jener Dokumente, zu denen es Unstimmigkeitsprotokolle gibt oder zu denen die Mitglieder des Ministerrates ihre Einwände geäußert haben. Schließlich stehen Informationen und Berichte, Parlamentsfragen, Problemanalysen und andere Sachverhalte, die grundlegende Probleme der Regierungspolitik betreffen, übrige Regierungsdokumente und laufende Geschäfte auf der Tagesordnung.

Diese Sitzungen dauern gewöhnlich einige Stunden. Sie haben vertraulichen Charakter. Der Ministerpräsident kann die ganze Sitzung oder ihre Teile für vertraulich erklären. Um einen Beschluß zu fassen, bedarf es der Anwesenheit der Mehrheit der Mitglieder des Ministerrates. Am häufigsten werden die Beschlüsse des Ministerrates in Folge einer Vereinbarung gefaßt. In den Fällen, in denen ein Kompromiß unmöglich erscheint, kann ein Projekt, auf Initiative des Vorsitzenden (Ministerpräsident oder seines Vertreters), einer Abstimmung unterzogen werden. Die Entscheidung wird mit der absoluten Mehrheit der Stimmen der anwesenden Mitglieder des Ministerrates getroffen. Ist die Anzahl der Stimmen für und gegen das Projekt gleich, so entscheidet die Stimme des Vorsitzenden der Sitzung. Ein Mitglied des Ministerrates kann seine gegenteilige Meinung zum Protokoll geben. Dies berechtigt ihn aber nicht sich öffentlich von der gefaßten Entscheidung zu distanzieren.

An den Sitzungen der Regierung nehmen neben den Mitgliedern des Ministerrates auch andere Personen, die jedoch über kein Stimmrecht verfügen, teil. Zu ihnen gehören: der Sekretär des Ministerrates, der die Sitzungen vorbereitet und betreut sowie Personen, die durch Gesetz dazu berechtigt sind (heute betrifft das auch den Vorsitzenden der Höchsten Kontrollkammer) und Personen, die vom Vorsitzenden des Ministerrates verpflichtet werden, wenn er ihre Teilnahme an der Sitzung für die Ausübung der ihnen übertragenen Pflichten auf dem Gebiet der Ausführung der Politik oder der Bedienung der Regierungsarbeit als unabdingbar hält. Es hat sich die Praxis herausgebildet, den Vorstandsvorsitzenden der Polnischen Nationalbank zu den Regierungssitzungen einzuladen.

Von jeder Sitzung wird eine Presseerklärung angefertigt. Sie informiert im Detail über den Gegenstand der Sitzung und über die getroffenen Entscheidungen. Die Presseerklärung wird vom Pressesprecher der Regierung und in Abstimmung mit dem

Sekretär des Ministerrates vorbereitet. Nach der Zustimmung des Leiters der Kanzlei des Vorsitzenden des Ministerrates wird die Presseerklärung vom Pressesprecher veröffentlicht. Die Mitglieder des Ministerrates und die anderen Personen, die an Regierungssitzungen teilnehmen, dürfen – ohne Zustimmung des Vorsitzenden des Ministerrates – keinerlei Informationen über den Verlauf und über die individuellen Meinungen, die auf der Sitzung durch die Teilnehmer geäußert wurden, erteilen.

9. Ministerien

Die Minister werden von den Ministerien unterstützt. Die Ministerien wurden 1999 auf der Grundlage von Beschlüssen des Ministerrates geschaffen. Es bedarf also keiner zusätzlichen gesetzlichen Regelungen. Ende 1999 umfaßte die Regierung 15 Ministerien und zwei Ausschüsse, dessen Vorsitzende auf Grund von Gesetzen in den Ministerrat einberufen wurden. Im Juni 2000 wurde neues Ministerium für regionale Entwicklung und Wohnungsbauwesen gegründet. Es waren folgende Ministerien:

1. Ministerium für nationale Bildung;
2. Ministerium für Finanzen;
3. Ministerium für Wirtschaft;
4. Ministerium für Kultur und nationales Erbe;
5. Ministerium für Telekommunikation;
6. Ministerium für nationale Verteidigung;
7. Ministerium für Umwelt;
8. Ministerium für Arbeit und Sozialpolitik;
9. Ministerium für Landwirtschaft;
10. Schatzministerium;
11. Justizministerium;
12. Ministerium für Inneres und Verwaltung;
13. Außenministerium;
14. Ministerium für Transportwesen und Meereswirtschaft;
15. Gesundheitsministerium;
16. Ministerium für regionale Entwicklung und Wohnungsbauwesen

sowie:

1. Komitee für wissenschaftliche Forschung;
2. Komitee der Europäischen Integration.

Um die Zusammenarbeit zwischen den Ministerien zu erleichtern und die horizontale Koordination der Regierungsarbeit zu sichern, wurde der interne Aufbau der Ministerien gesetzlich vereinheitlicht. Ein Ministerium setzt sich aus dem Kabinett des Ministers sowie aus den folgenden Abteilungen zusammen: Rechtsabteilung; Informationsabteilung; Haushalts- und Finanzabteilung; Personal-, Weiterbildungs- und Organisationsabteilung; Abteilung für europäische Integration und Zusammenarbeit mit dem Ausland;

EDV-Abteilung; Abteilung für öffentliche Aufträge; Verwaltungsabteilung; Abteilung für Verteidigungsfragen; Kontroll- und Beschwerdeabteilung sowie Abteilung für den Schutz der Geheiminformationen.

Es wurde auch festgelegt, daß die Funktion eines Verwaltungsdirektors im Sinne des Arbeitsgesetzes im Fall der Ministerien durch die Generaldirektoren ausgeübt werden soll, deren Position stabil und unabhängig von der politischen Konstellation sein soll.

10. Zentralämter der Regierungsverwaltung

Ein wichtiges Element der Ausführungsstruktur der Regierung bilden die Zentralämter der Regierungsverwaltung. Zum Teil befassen sie sich mit der Politikbildung. Ihre Hauptaufgabe liegt jedoch im Ausführungsbereich. Nach den Veränderungen von 1999 ist der Großteil der Leiter dieser Ämter einzelnen Ministern untergeordnet. Die Minister beaufsichtigen und kontrollieren die Arbeit der Leiter und tragen die Sachverhalte, die diese Ämter betreffen, auf den Sitzungen des Ministerrates vor. Dadurch wurde der Vorsitzende des Ministerrates von der Oberaufsicht über den Großteil dieser Ämter entlastet. Heutzutage sind ihm nur zehn solche Ämter unterstellt. Es handelt sich dabei um Ämter, die von besonderer Bedeutung für die Ausübung seiner Pflichten als Leiter der Verwaltung sind, oder um solche, die bedeutende Bereiche des Kapitalmarktes beaufsichtigen. Dazu gehören: 1) die Wertpapier- und Börsenkommission, 2) das Staatliche Amt für die Versicherungsaufsicht, 3) das Amt für Wettbewerbs- und Verbraucherschutz, 4) das Amt für den Staatsschutz, 5) das Aufsichtsamt für Pensionsfonds, 6) das Aufsichtsamt für Krankenversicherungen, 7) das Amt für den öffentlichen Dienst, 8) das Amt für öffentliche Aufträge, 9) das Statistische Hauptamt, 10) die Höhere Bergbaubehörde.

11. Territoriale Selbstverwaltung und lokale Organe der Regierungsverwaltung

Am 1. Januar 1999 ist in Polen anstelle der zweistufigen Landesgliederung das dreistufige System eingetreten. Es besteht aus Gemeinden, Landkreisen und Wojewodschaften. Ein Teil der Kompetenzen der Minister wurde im Rahmen der Dekonzentration den Wojewoden übertragen. Die Zahl der lokalen Sonderverwaltungen wurde verringert. Die Mehrheit von ihnen wurde den Wojewoden untergestellt. Im Rahmen der Machtdekonzentration wurde ein Teil der Kompetenzen der Minister und Wojewoden den Organen der territorialen Selbstverwaltung übertragen. Grundlegend verändert wurde der Mechanismus der Finanzierung von öffentlichen Aufgaben sowie die Nutzungsweise des Geldes aus Steuern und Gebühren von Bürgern und Institutionen.

Die Bewußtheit über die Notwendigkeit von grundlegenden Änderungen in der Tätigkeit der territorialen Selbstverwaltung sowie in der Funktionierung der lokalen Regierungsverwaltung ist seit Anfang der gesellschaftspolitischen Transformation in Polen aufgetreten. Das System der territorialen Organisation des Staates sowie die Gestalt der lokalen Regierungsverwaltung haben sich jedoch bis Ende 1998 in ihren grundlegenden Elementen auf Regulierungen gestützt, die vor der gesellschaftspolitischen Wende im Jahre 1989 angenommen wurden. Es betraf u.a. die Beibehaltung der im Jahre 1975 eingeführten Teilung in 49 Wojewodschaften. Neu dagegen waren die Lösungen für die territoriale Selbstverwaltung, die als gesetzliche Regulierungen 1990 eingeführt wurden, gemäß deren die Gemeinderäte wieder ausschließlich selbstverwaltenden Charakter bekamen und dadurch nicht mehr als lokale Organe der einheitlichen Staatsmacht betrachtet wurden. Im Endeffekt hat die Verwaltungsstruktur des Staates bis Ende 1998 aus selbstverwaltenden Gemeinden und regierungseigenen Wojewodschaften bestanden. Zwischen diesen Strukturelementen wirkten noch Zwischeneinheiten – Bezirksämter mit dem Status der Regierungsverwaltung.

Ein neues Element waren auch die im Jahre 1996 eingeführten gesetzlichen Lösungen über Großstädte, gemäß deren 46 größere Städte zusätzliche Rechte und damit verbundene Mittel erhalten haben. Im Jahre 1997 wurde, am Rande der Reform des verwaltungswirtschaftlichen Regierungszentrums, der Kompetenzbereich der Wojewoden im Ergebnis der Übertragung eines Teils der Kompetenzen der Regierung und der Minister an sie erweitert. In die allgemeine lokale Verwaltung wurde ein Teil der Sonderverwaltungen eingegliedert und der Einfluß der Wojewoden auf die Funktionierung der Organe der Sonderverwaltung wurde vergrößert. Die Wojewoden bekamen Kompetenzen die früher zu der Sonderverwaltung gehörten. Es ist dies das Recht staatliche Unternehmen zu gründen.

Die Verfassung legt fest, daß die Republik Polen ein einheitlicher Staat ist. Sie besagt auch, daß die Organe der Staatsmacht auf der Grundlage und in Grenzen des Gesetzes handeln. Die Staatsordnung sichert gemäß der Verfassung die Dezentralisierung der Staatsmacht, die grundlegende territoriale Teilung des Staates soll dagegen die gesellschaftlichen, wirtschaftlichen und kulturellen Bindungen berücksichtigen sowie den territorialen Einheiten die Fähigkeit der Erfüllung der öffentlichen Aufgaben sichern. Die Verfassung bestimmt auch, daß die Gesamtheit der Einwohner der Einheiten der grundlegenden territorialen Teilung Kraft des Gesetzes eine Selbstverwaltungsgemeinschaft bildet, sowie daß die territoriale Selbstverwaltung bei der Ausübung der Staatsmacht, im eigenen Namen und auf eigene Verantwortung einen wesentlichen Teil der ihm im gesetzlichen Rahmen zustehenden öffentlichen Aufgaben erfüllt.

Die Organe der territorialen Selbstverwaltung werden auf dem Weg von Wahlen gebildet. Auf der Grundlage und in den Grenzen von gesetzlichen Befugnissen, beschließen sie örtliche Rechtsakte, die auf dem Gebiet der Tätigkeit dieser Organe gelten. Die Aufsicht über die territoriale Selbstverwaltung übt der Ministerpräsident, der auch der Dienstvorgesetzte für die Mitarbeiter der Regierungsverwaltung ist, aus. Der

Wojewode vertritt den Ministerrat in der Wojewodschaft. Die grundlegende Einheit der territorialen Selbstverwaltung bildet die Gemeinde. Den Einheiten der territorialen Selbstverwaltung wird die Beteiligung an öffentlichen Einkünften gemäß den ihnen anfallenden Aufgaben zugesichert. Die Mitglieder der Selbstverwaltungsgemeinschaft dürfen auf dem Wege eines Referendums über die diese Gemeinschaft betreffende Angelegenheiten entscheiden. Die Tätigkeit der territorialen Selbstverwaltung dagegen untersteht einer Aufsicht aus der Sicht der Legalität und der Gerichtskontrolle.

Die neue Struktur der grundlegenden dreistufigen territorialen Landesteilung bilden: Selbstverwaltungsgemeinden, Selbstverwaltungskreise und Regierungs- und SelbstverwaltungsWojewodschaften. Die bisherigen Aufgaben und Kompetenzen der Gemeinden wurden durch die Übergabe eines Teils der Kompetenzen die früher den Wojewoden gehörten, erweitert. Infolge der Reform wurden die Landkreise als neue Strukturen mit dem Charakter der lokalen Selbstverwaltungsgemeinschaft und den Befugnissen eines Rechtssubjekts gestaltet, zu welchen die Ausübung der öffentlichen Aufgaben mit einem Charakter, der die Handlungsmöglichkeiten der Gemeinden überschreitet, gehört. Eine neue Situation wurde auch im Falle der Wojewodschaften geschaffen, deren Anzahl schließlich auf 16 festgelegt wurde. Neben dem bisherigen Regierungscharakter haben sie zusätzlich den Status der regionalen Selbstverwaltungsgemeinschaft erhalten. Es sollte dabei unterstrichen werden, daß die Landkreise und Wojewodschaften – als übergemeindliche Einheiten der territorialen Selbstverwaltung – keine übergeordneten und aufsichtlichen Befugnisse gegenüber den Gemeinden haben. Eine der Regeln des neuen Selbstverwaltungssystems ist nämlich die Unabhängigkeit der einzelnen Stufen der öffentlichen Selbstverwaltung.

Die grundlegenden Kompetenzen der Gemeinde umfassen folgende Angelegenheiten: Grundschulen, Kindergärten, Sozialfürsorge, städtische und lokale Straßenerhaltung, Kommunalwirtschaft, Raumwirtschaft, Wohnungsbau, Register der Wirtschaftstätigkeit, Geländewirtschaft und die Mehrheit der sog. bürgerlichen Angelegenheiten. Die regierenden Behörden in der Gemeinde sind: der Gemeinderat (gewählt für eine vierjährige Amtsperiode) sowie der durch den Rat gewählte Vorstand, der von einem Bürgermeister (in einer Dorfgemeinde), Bürgermeister (in einer Stadtgemeinde) oder Präsident (in Wojewodschaftsstädten und Stadtgemeinden über 100 Tsd. Einwohner) geleitet wird. Gegenwärtig existieren 2489 Gemeinden.

Zu den Kompetenzen der Landkreise gehören vor allem: Mittelschulen, Sozialhilfe und Familienpolitik, Kommunikation und Transport, Kreisstraßen, Kultur, Körperkultur und Touristik, Geodäsie und Geländewirtschaft, Raumbewirtschaftung und Bauaufsicht, Wasserwirtschaft und Umweltschutz, Landwirtschaft, Forstwirtschaft und Binnenfischerei, öffentliche Ordnung und Sicherheit der Bürger, Überschwemmungs- und Brandschutz, Bekämpfung der Arbeitslosigkeit und Aktivierung des lokalen Arbeitsmarktes sowie Schutz der Verbraucherrechte und auch Mitarbeit in den regierungsfremden Organisationen. Die Organe des Landkreises bilden: ein gewählter Kreisrat (mit dem Vorsitzenden) und der durch den Rat gewählte Vorstand, mit dem Starost an der Spitze. Der

Vorstand erfüllt seine Aufgaben mit Unterstützung der Starostei, den Leitern der Kreisdienste, -inspektionen und -wachdienste sowie den Organisationseinheiten des Landkreises, die gemeinsam die Landesverwaltung bilden. Es wurden 308 Landkreise und 65 kreisfreie Städte gebildet. Die Landesrechte haben Städte mit mehr als 100.000 Einwohnern sowie die Städte, die mit dem 31. Dezember 1998 aufgehört haben der Sitz des Wojewoden zu sein, erhalten.

Die Kompetenzen der Wojewodschaft als Selbstverwaltungsgemeinschaft sind mit der Führung der Regionalpolitik, Formulierung der Strategie für eine allseitige und ausgewogene Entwicklung der Region verbunden. Außerdem gehören dazu: Hochschulwesen, Fachstellen des Gesundheitswesens, Sozialhilfehäuser, Erhaltung der Wojewodschaftsstraßen, regionale Kulturinstitutionen, Wasserwirtschaft, Umweltschutz und Raumbewirtschaftung. Die Organe der Wojewodschaftsselbstverwaltung bilden: ein gewählter Wojewodschaftssejm sowie ein durch diesen Sejmik (Provinziallandtag) gewählter Vorstand mit dem Marschall an der Spitze. Die angenommenen gesetzlichen Lösungen haben den Grundsatz der engen Vereinung der Selbstverwaltung auf der Wojewodschaftsstufe in dem Amt des Marschalls errichtet.

Der Wojewode ist der Vertreter des Ministerrates in einer Wojewodschaft. Er wird in seiner Arbeit von zwei Stellvertretern unterstützt. Sie treten zurück bei einer Annahme des Regierungsrücktritts durch den Präsidenten. Der Wojewode ist ein Organ mit allgemeiner Kompetenz. Er leitet die gesamte Regierungsverwaltung in der Wojewodschaft, die im Wojewodschaftsamt konzentriert ist. Gleichzeitig ist er der Vorgesetzte der Organe der Regierungsverwaltung, die mit speziellen Aufgaben betraut wird und er arbeitet mit Hilfe der Organisationseinheiten dieser Organe (z.B. die Wojewodschaftskommandantur der Polizei).

Zu den Aufgaben eines Wojewoden gehört insbesondere die Durchsetzung des geltenden Rechts, die Gewährleistung der Sicherheit sowie der im Gesetz verankerten Standards der öffentlichen Dienstleistungen. Heute verfügt er hauptsächlich über allgemeine Kontroll- und Koordinationsbefugnisse, aber keine Ausführungsbefugnisse. Er beaufsichtigt die Legalität der Arbeit der Organe der lokalen Selbstverwaltung und vertritt den Staat im Bezug auf das ihm anvertraute Vermögen. In der Praxis wird mittels Vereinbarungen die Durchführung vieler Aufgaben vom Wojewoden auf die Organe der lokalen Selbstverwaltung im Gebiet der Wojewodschaft übertragen.

Im Fall eines Teils der Regierungsdienste (u.a. Zollämter, Finanzverwaltung, Bergbauämter, Forstämter, Meßämter, statistische Ämter, Grenzschutz, Schiffahrt- und Seeämter, Armeestrukturen) existieren lokale Organe der nicht-vereinigten Regierungsverwaltung (sog. Sonderverwaltung). Sie unterstehen direkt den einzelnen Ministern und Leitern der Zentralämter. Sie arbeiten mit Unterstützung der Dienste, Inspektionen und ihres eigenen Personals, die organisatorisch nicht in die Wojewodschaftsämter integriert und nicht dem Wojewoden unterstellt sind. Ein Teil dieser Organe hat eine zweistufige Aufbaustruktur. Infolge der Annahme des Grundsatzes des Primats der territorialen gegenüber der Branchenaufteilung, die den Interessen einzelner Sektoren und Ministern untergeordnet sind, herrscht heute eine dauerhafte Tendenz zur Reduzierung der Anzahl der lokalen Einheiten der Sonderverwaltung. Noch vor kurzem gab es über 40. Heute sind es nur 15.

12. Die normenbildende Tätigkeit der Regierungsverwaltung

Eine Form der Aktivität des Ministerrates und der Regierungsorgane, darunter auch der lokalen Organe der Regierungsverwaltung, ist die normenbildende Tätigkeit. Sie beinhaltet die Verordnungen des Ministerrates, seines Vorsitzenden, der Minister, die ein Ressort der Regierungsverwaltung leiten, der Vorsitzenden der Ausschüsse, die auf Grund von Gesetzen in den Ministerrat berufen wurden. Des weiteren handelt es sich um Beschlüsse und Anordnungen sowie die Akte des lokalen Rechts, die auf Grund und im Rahmen der Gesetze durch die lokalen Organe der Regierungsverwaltung beschlossen werden und in ihrem Kompetenzbereich gelten.

Die Verfassung von 1997 führte in diesem Bereich wesentliche Einschränkungen ein. Zur einzigen Quelle der Schaffung des allgemeingültigen Rechts durch die Regierung wurden die Ausführungsverordnungen. Diese dürfen nur durch die in der Verfassung genannte Organe und auf Grund einer expliziten Vollmacht, die einem Organ durch ein Gesetz erteilt wurde, und nur zur Ausführung dieses Gesetzes herausgegeben werden. Das Organ, das durch ein Gesetz zur Herausgabe einer Ausführungsvorschrift bevollmächtigt wurde, darf seine Kompetenzen diesbezüglich nicht auf ein anderes Organ übertragen. Es ist auch in den Sachverhalten, die durch diese Ausführungsverordnung geregelt werden können, eingeschränkt. Diese Sachverhalte zusammen mit den Hinweisen zum Inhalt der Verordnung werden im Gesetz geregelt.

Die Beschlüsse des Ministerrates sowie Anordnungen des Vorsitzenden des Ministerrates und der Minister haben heute nur internen Charakter und gelten nur für die Institutionen, die dem herausgebenden Organ unterstehen. Diese Anordnungen dürfen auch keine Grundlagen für Entscheidungen bilden, die gegenüber den Bürgern, juristischen Personen und anderen Subjekten getroffen werden. Die erwähnten Beschlüsse und Anordnungen werden auf ihre Übereinstimmung mit dem allgemeingeltenden Recht kontrolliert.

13. Die Personalfragen in der Regierungsverwaltung

Die Systemveränderungen schufen nach 1989 auch für das Personal der Regierungsverwaltung eine neue Situation. Grundlegende Bedeutung gewannen in diesem Kontext vor allem vier Fragestellungen. Die erste ist mit der Regelung der Kontinuität und der Änderungen in der Regierungsverwaltung bei einem Machtwechsel und mit der Notwendigkeit der Gestaltung der Personalpolitik der Regierungsverwaltung nach dem

Grundsatz der ,politischen Beute' verbunden. Die zweite betrifft die Beziehungen zwischen dem politischen und amtlichen Faktor in der Gestaltung der Personalfragen dieser Verwaltung, darunter auch Fragen des öffentlichen Dienstes. Die dritte umfaßt Fragen der Rekrutierung und der Aufstiegsmechanismen des Personals der Regierungsverwaltung. Die vierte folgt aus der Notwendigkeit der Lösung der Fragen der Interessenkonflikte, die unter neuen Marktbedingungen zu einer durchaus praktischen Frage wurden.

Die häufigen Änderungen der Regierungen und ihrer politischen Basis brachten in Polen in den 90er Jahren die Frage nach der Korrelation zwischen Veränderungen der Regierung und Änderungen im Personal der Regierungsverwaltung auf die Tagesordnung. Auf die Unzulänglichkeiten in diesem Bereich und auch auf die häufigen Wechsel des leitenden Personals während der Amtszeit einer Regierung wiesen auch ausländische Experten hin, die die Änderungen in Polen analysierten. Diese Meinung wurde unter anderem in einem Bericht über die Fortschritte Polens auf dem Weg zur Europäischen Union, der am 9.11.1998 in Brüssel durch die Europäische Kommission veröffentlicht wurde, bestätigt.

Die Regeln der Beschäftigung von Politikern in der Regierungsverwaltung unterlagen in den 90er Jahren in Polen einer Evolution. Ein Teil der Politiker war in der Regierungsverwaltung in leitenden Positionen tätig. In Positionen in der Regierungsverwaltung wurden auch andere Personen beschäftigt, deren Aufgabenbereich mit der Gestaltung der Regierungspolitik zusammenhing. Formell waren diese Personen als Beamte beschäftigt. Faktisch erfüllten sie Aufgaben, die vor allem mit der Beratungstätigkeit oder mit der Organisation der Beratung für den Premierminister und andere Mitglieder des Ministerrates verbunden waren. Die allgemeine Evolutionsrichtung rechtlicher und faktischer Lösungen wies eine Tendenz zur Trennung des Personals in Politiker und Fachleute, die in der Regierungsverwaltung tätig sind, auf.

Die Verfassung von 1997 führte ein Verbot ein, als Mandatsinhaber des Sejms oder des Senats in der Regierungsverwaltung tätig zu werden. Die einzigen Ausnahmen waren die Posten der Mitglieder des Ministerrates und der Staatssekretäre. Seit 1997 wurde auch die Regelung angenommen, daß die politischen Berater der Personen, die in der Regierungsverwaltung eine leitende Position haben, nur für die Amtszeit dieser Person beschäftigt werden. 1999, vor dem Hintergrund einer Diskussion über die Rolle und Arbeitsinstrumente des Premierministers, wurde die Bedeutung der politischen Berater des Vorsitzenden des Ministerrates verstärkt. Innerhalb dieser Gruppe unterscheidet man sechs Thementeams, die sich mit folgenden Fragestellungen befassen: Soziales, Wirtschaft, Medien, Sicherheit, Außenpolitik und Europäische Integration.

In Polen wird im Rahmen des Personals der Regierungsverwaltung das Korps des öffentlichen Dienstes gebildet. Die Idee eines solchen Korps knüpft an die polnische Tradition aus den Jahren 1922–1939 (Gesetz vom 17. Februar 1922 über den öffentlichen Dienst, in: Dziennik Ustaw, nr 21, poz. 164) sowie an die Lösungen an, die in vielen demokratischen Ländern gelten. Die gesetzlichen Regelungen bezüglich des öffentlichen Dienstes wurden 1996 durch den Sejm nach den seit 1990 durchgeführten Redaktionsarbeiten, Konsultationen und langwierigen Legislaturverfahren im Parlament beschlossen. Der öffentliche Dienst soll in den Ämtern der Regierungsverwaltung die sachliche, objektive und politisch neutrale Ausübung der Staatsaufgaben sichern. Der Vorsitzende des Ministerrates ist zugleich der Vorgesetzte des Korps des öffentlichen Dienstes.

In seinem Ansatz sollte das Gesetz vom Jahr 1996 das Problem der Relation zwischen der sachlichen Loyalität der Beamten der Regierung gegenüber und ihrer politischen Neutralität lösen. Im Jahr 1997 wurden in Folge eines Qualifizierungsverfahren gerade mal 115 Personen zum Beamten im öffentlichen Dienst berufen. Der Rekrutierungs- und Ernennungsprozeß lief mit den Parlamentswahlen und dem Wechsel der Regierung und der Regierungskoalition zusammen. Dies führte in einer Atmosphäre gegenseitiger Beschuldigungen dazu, daß die Nominierungen durch politische Interessen determiniert wurden. Daraufhin wurde das Verfahren gestoppt und ein neues Gesetz verabschiedet, das Mitte 1999 in Kraft trat.[6]

Dieses Gesetz schloß alle Mitarbeiter der Regierungsverwaltung in das Korps des öffentlichen Dienstes ein. Die Beschäftigung erfolgt auf der Grundlage eines Arbeitsvertrages. Erst nach dem erfolgreich bestandenen Qualifizierungsverfahren werden diese Mitarbeiter zu Beamten, die auf Ernennungsbasis beschäftigt werden, ernannt. Dadurch erhalten sie einen stabilen Berufsstatus. Zum grundlegenden Rekrutierungsmechanismus für höhere Ämter wurde in Übereinstimmung mit diesem Gesetz der Wettbewerb. Die Hauptelemente der neuen Lösungen sind: gemeinsame Rekrutierungsgrundsätze für die Einstellung in die Regierungsverwaltung für alle Ämter, klare Beurteilungs- und Beförderungskriterien, ein Organ, das die Rekrutierungsverfahren durchführt, der öffentliche und offene Charakter der Rekrutierung, die Möglichkeiten des finanziellen Aufstiegs, der mit der fachlichen Qualifikation und den Arbeitsergebnissen zusammenhängt. Über die tatsächliche Bedeutung dieser Regelungen wird die Praxis der nächsten Jahre entscheiden. Man sieht es aber bereits jetzt, daß der Prozeß der Bildung des Korps des öffentlichen Dienstes in Polen nicht zu den leichten und kurzfristigen Aufgaben gehören wird.

Kennzeichnend für die 90er Jahre in Polen ist die Zunahme von Situationen, in denen das Personal der Regierungsverwaltung vor dem Problem eines Konfliktes zwischen persönlichen und öffentlichen Interessen steht. Dies ist vor allem mit den grundlegenden Veränderungen in der Wirtschaft und den finanziellen Verhältnissen verbunden. Eine Reaktion auf diese Herausforderungen sind die gesetzlichen Regelungen. Sie betreffen unter anderem: erstens – die Grundsätze der Finanzierung und Rechnungslegung der politischen Parteien und Organisationen; zweitens – Einschränkungen in der politischen Tätigkeit der Beamten; drittens – Einschränkung bei der

[6] Gesetz vom 18. Dezember 1998 über den öffentlichen Dienst, in: Dz. U., nr 49/1999, poz. 483, nr 70/1999, poz. 778.

Aufnahme einer selbständigen Unternehmertätigkeit sowie jeder anderen Tätigkeit, die zum Interessenkonflikt oder zur Verletzung des Prinzips der Gleichbehandlung der Bürger und anderer Rechtssubjekte führen kann durch die Mitarbeiter der Regierungsverwaltung und die mit ihnen finanziell verbundenen Personen; viertens – Klarheit der Vermögenssituation der Mitarbeiter der Regierungsverwaltung, darunter auch die Überwachung und Kontrolle des finanziellen und anderen Nutzens, der mit der ausgeübten Tätigkeit gewonnen wird; und fünftens – Grundsätze der Erteilung der öffentlichen Aufträge, der Organisation von öffentlichen Ausschreibungen und Wettbewerben sowie der Subventionierung aus den öffentlichen Mitteln.

Die Problematik der Interessenkonflikte wurde schon im Jahre 1922 in einem Gesetz aufgegriffen. Sie wurden in einem 1997 verabschiedeten Gesetz über die Einschränkungen der unternehmerischen Tätigkeit durch die Personen in öffentlichen Ämtern und Positionen weiterentwickelt. Auch die Verfassung von 1997 beinhaltet eine Norm, die es einem Mitglied des Ministerrates verbietet, eine wirtschaftlichen Tätigkeit auszuüben, die mit seinen öffentlichen Pflichten im Widerspruch steht.

Für die Ausräumung des Verdachts der Parteilichkeit und Eigennützigkeit des Entscheidungssystems der Regierung sind zwei Regelungen von entscheidender Bedeutung: Erstens dürfen Personen, die in Entscheidungen zu Fragen on Wirtschaftssubjekten betreffend involviert waren, vor dem Ablauf einer Jahresfrist nach der Beendigung der Arbeit in der Regierungsverwaltung nicht in diesen Wirtschaftssubjekten arbeiten oder anderweitig für diese Wirtschaftssubjekte tätig werden. Die zweite Regelung beinhaltet die Pflicht, eine Erklärung über den Einkommens- und Vermögensstand des Ehegatten abzugeben. Sie verpflichtet auch zur Angabe des Nutzens, der durch die Personen in öffentlicher Funktion und ihre Ehegatten erlangt wurde.

Eine wesentliche Bedeutung für die Erlangung dieses Ziels wird auch die Verbreitung der Grundsätze für die Öffentlichkeit der Entscheidungsprozesse in der öffentlichen Verwaltung sowie die Regulierung der Problematik des Lobbyings haben. Im Jahre 2000 wurden legislative Arbeiten aufgenommen, die zur Vorbereitung von unentbehrlichen gesetzlichen Grundlagen für diese beiden Regelungen in Polen führen.

14. Die politischen Mechanismen in der Regierungsarbeit

Wie schon erwähnt, werden Inhalt und Stil der Regierungsarbeit maßgeblich durch die Situation in der Regierungskoalition beeinflußt. Über den Charakter der polnischen Regierungskoalitionen entscheidet die Tatsache, daß in diesem Fall die politische Praxis die Theorie überholte. Der Mangel an Erfahrungen, an die man anknüpfen konnte, bewirkte, daß in den 90er Jahren in Fragen der Bildung und Arbeitsweise der Regierungskoalition das Lernen aus eigenen Fehlern dominierte. Erst nach einigen Jahren bildeten sich Lösungen, die man als Systemlösungen bezeichnen kann.

In der politischen Praxis der 90er Jahre entschied in hohem Maße über die

Entstehung einer Regierungskoalition die Herkunft der einzelnen politischen Parteien, die im Parlament vertreten waren. Dies hing eng damit zusammen, daß in dieser Periode die politische Landschaft Polens auf Grund der Geschichte und nicht auf Grund von Programmen gestaltet wurde. Die Grenze zwischen den Formationen, die aus den Strukturen der Volksrepublik Polen entstanden und denen, die sich auf der Basis der Tradition der „Solidarność" entwickelten, schien in den 90er Jahren in der Phase der Bildung der Regierungskoalitionen unüberwindbar zu sein. Das schränkte auf gravierende Art und Weise die Möglichkeiten der Manöver zwischen den politischen Kräften im Parlament ein und minderte im Endeffekt auch die praktische Bedeutung eines Teils der theoretisch möglichen Varianten der Mehrheitskoalitionen.

Die Grundsätze der Tätigkeit der Regierungskoalitionen werden in Polen vor allem durch die politische Praxis geregelt. Weder die Verfassung noch irgendein anderes Gesetz regeln direkt diese Problematik. Das Problem des Charakters oder der Funktionsweise der Regierungskoalitionen, die nach den Parlamentswahlen entstehen, wird weder erörtert noch gelöst. Gleichermaßen können es Koalitionen sein, die auf der Basis eines Programms oder nach einem anderen Kriterium gebildet werden. Entscheidend ist, ob eine entstandene Regierungsmehrheit über eine zur Machtausübung notwendige Mehrheit im Parlament verfügt.

Die polnischen Erfahrungen bestätigten, daß die Effizienz einer Koalitionsregierung eng mit dem korrekten Funktionieren der internen Verfahrensmechanismen innerhalb der Koalition zusammenhängt. Diese Mechanismen entscheiden in hohem Maße über die Fähigkeit zur Ausarbeitung der Lösungen, die der Erfüllung der Anforderungen auf der axiomlogischen, sozialen, politischen und praxeologischen Ebene. Auf der Basis dieser Erfahrungen sind drei Elemente der Koalitionsmechanismen von entscheidender Bedeutung. Das erste Element ist der Koalitionsvertrag. Das zweite ist die Existenz eines regelmäßig funktionierenden Systems der Korrelationen zwischen dem gemeinsamen politischen Willen der Koalitionspartner und dem Ergebnis der Regierungsarbeit. Dieses System setzt sich aus einigen Ebenen der Zusammenarbeit der Koalitionsparteien und der Regierung zusammen. Das dritte Element ist ein gemeinsames Informationssystem, das notwendig ist, damit die Initiativen, die von der Regierung an das Parlament in Form von Projekten von Regelungen und Programmen gerichtet werden, nicht nur den Parteifraktionen der Koalitionspartner bekannt sind, sondern auch ihre Unterstützung haben.

Izabela Malinowska

Die Behörden des Rechtsschutzes in Polen

Einleitung

Die meisten Autoren verzichten auf die Bestimmung des Begriffes „der Rechtsschutz" mit der Begründung, dass der Rechtsschutz schlicht und einfach eben der Rechtsschutz ist. Ich vertrete jedoch die Ansicht, dass dieser Begriff breiter zu interpretieren ist. Zum einen sollte der Rechtsschutz sachlich die eigentliche Rechtsprechungsfähigkeit der Gerichtsbarkeit also die Gesamtheit der Vorschriften des polnischen Rechts umfassen, zum anderen erstreckt sich sein persönlicher Umfang auf die Rechte der Bürger und anderer Rechtssubjekte.

Die Organe der rechtsprechenden Gewalt in Polen haben die Aufgabe das Recht als solches sowie die Rechte der berechtigten Subjekte (der polnischen Bürger und anderer, im Gebiet der Republik Polen tätigen Subjekte) zu schützen.

Das gegenwärtige Behördensystem der Rechtssprechung funktioniert seit den 80er Jahren. Die endgültige Gestalt hat es jedoch erst in den 90er Jahren mit der Verfassung der Republik Polen im Jahre 1997, den neuen Gesetzen und zahlreichen Novellen vorhergehender Gesetze, erhalten.

Es sind die Organe der rechtsprechenden Gewalt selbst und entsprechende Vorschriften und Prozeduren, die die Tätigkeit dieser Organe regeln, sowie deren gegenseitige Relationen, die sie miteinander in der Rechtsprechung eingehen.

Diese Klassifizierung der Organe der rechtsprechenden Gewalt ist noch nicht entgültig. Indem man die Verfassung diesen zugrunde legt, kann die polnische Gerichtsbarkeit wie folgt aufgeteilt werden:

Die Gerichte (Behörden der Rechtsprechung):

1. das Oberste Gericht,
2. die ordentlichen Gerichte,
3. die Verwaltungsgerichte,
4. die Militärgerichte,
5. andere Organe, die mit der Gerichtsbarkeit verbunden sind,

Die Gerichtshöfe:

1. der Verfassungsgerichtshof,

2. der Staatsgerichtshof,
Die Organe der staatlichen Kontrolle und des Rechtsschutzes:
1. die Oberste Kontrollkammer,
2. Beauftragter für Bürgerrechte,
3. der Landesrat für Rundfunk und Fernsehen,
Andere Organe der Rechtsprechung:
1. die Rechtsanwaltschaft,
2. die Staatsanwaltschaft,
3. das Notariat,
4. der Rechtsbeirat,
5. Organe, die als Organe der rechtsprechenden Gewalt gelten können.

1. Die Gerichte (Die Behörden der Rechtssprechung)

Laut Verfassung sind die Gerichte eine eigene und von den anderen Gewalten unabhängige Gewalt[1]. Sie sprechen ihre Urteile im Namen der Republik Polen. Die Rechtsprechung in Polen wird von: dem Obersten Gericht, den ordentlichen Gerichten, den Verwaltungs- und Militärgerichten ausgeübt. Ein Ausnahmegericht oder ein Standrechtsverfahren dürfen lediglich während eines Kriegszustandes errichtet bzw. angewendet werden. Das gerichtliche Verfahren erfolgt in mindestens zwei Rechtszügen. Die Ordnung und die Zuständigkeit sowie das gerichtliche Verfahren regeln die Gesetze.

Ein Richter ist bei der Ausübung seines Amtes unabhängig und nur der Verfassung und den Gesetzen unterworfen. Er wird auf Antrag des Landesrates für Gerichtswesen vom Präsidenten der Republik Polen ernannt. Der Richter ist unabsetzbar und für eine unbestimmte Amtszeit angestellt. Er darf keiner politischen Partei, Gewerkschaft angehören und keine öffentliche Tätigkeit, die mit dem Grundsatz der Unabhängigkeit der Gerichte und der Richter unvereinbar ist, ausüben. Er darf auch weder strafrechtlich zur Verantwortung gezogen noch ist es ohne vorherige Zustimmung des im Gesetz bezeichneten Gerichtes ein Freiheitsentzug zulässig. Er darf auch nicht festgenommen oder verhaftet werden, außer den in der Verfassung festgelegten Fällen.

1.1. Das Oberste Gericht

Die Einrichtung des Obersten Gerichts regelt der Artikel 183, Kapitel VIII der Verfassung. Das Oberste Gericht übt die Aufsicht über die richterlichen Entscheidungen der ordentlichen Gerichte und der Militärgerichte aus. Es nimmt auch andere, in der Verfassung und den Gesetzen festgelegte Handlungen vor. Der Erste Präsident des Obersten Gerichts wird vom Präsidenten der Republik Polen berufen. Er wird von den

---

[1] Art. 173–187 des Kapitels VIII der Verfassung der Republik Polen vom 1997.

von der Generalversammlung der Richter des Obersten Gerichts vorgestellten Kandidaten vom Präsidenten der Republik Polen ausgewählt. Die Amtszeit beträgt sechs Jahre.

Das Gesetz vom 20. September 1984 über das Oberste Gericht[2] regelt im Einzelnen die Einrichtung des Obersten Gerichts. Es besagt, dass das Oberste Gericht eine rechtsprechende Gewalt und die oberste gerichtliche Behörde in der Republik Polen ist. Das Oberste Gericht mit Sitz in Warschau besteht aus *vier* Kammern.

Die *Verwaltungs-, Arbeits- und Sozialkammer* beaufsichtigt die Gerichtsbarkeit im Bereich des Arbeits-, Patent- und Sozialrechts sowie Beschwerden über administrative Entscheidungen und andere Streitigkeiten, die aufgrund besonderer Vorschriften eingereicht wurden.

Die *Zivilkammer* hat die Gerichtsbarkeit im Bereich der privatrechtlichen (Zivil-, Familien- und Sorgerecht) und wirtschaftliche Streitigkeiten.

Die *Strafkammer* ist für die Überprüfung der richterlichen Entscheidungen der ordentlichen Gerichte im Bereich des Strafrechts zuständig.

Die *Militärkammer* übt die Aufsicht über die Tätigkeit der Militärgerichte aus.

Das Oberste Gericht besteht aus: dem Ersten Präsident, den Präsidenten und Richtern des Obersten Gerichts. Das Oberste Gericht überprüft die berufungsrechtlichen Mittel und fasst Beschlüsse, die die in der praktischen Umsetzung richterlicher Entscheidungen entstehenden Zweifel bzw. Meinungsverschiedenheiten klären oder über diese entscheiden.

1.2. Die ordentlichen Gerichte

Gemäß Artikel 177 der Verfassung üben die ordentlichen Gerichte die rechtsprechende Gewalt in allen Streitfällen aus, ausgenommen dieser, die der Zuständigkeit wegen anderen Gerichten vorbehalten sind. Im Einzelnen regelt dies das Gesetz vom 20. Juni 1985 – Das Recht über die Ordnung der ordentlichen Gerichte[3]. Die ordentlichen Gerichte bilden *die Berufungs-, Bezirks- (früher Woiwodschafts-) und Kreisgerichte*. Diese Gerichte besitzen jeweils fünf Abteilungen.

Die *Zivilabteilungen* behandeln die bürgerlichen Rechtsstreitigkeiten, u.a. im Bereich des Sach,- Schuld- und Erbrechts.

Die *Strafabteilungen* beschäftigen sich mit den Rechtsstreitigkeiten im Bereich des Strafrechts; einige von ihnen (vor allem die Kreisgerichte) entscheiden auch über Ordnungswidrigkeiten.

Die *Arbeits- und Sozialabteilungen* (in den Kreisgerichten – die Arbeitsgerichte) entscheiden über die Streitigkeiten im Bereich des Arbeits- und des Arbeits- und Sozialrechts.

---

2 Dz.U., 1994, Nr. 13, Pos. 48 mit späteren Änderungen.
3 Dz.U., 1994, Nr. 7, Pos. 25 mit späteren Änderungen.

Die *Familien- und Minderjährigenabteilungen* (die Familiengerichte) behandeln Sachverhalte des Familien- und Sorgerechts und Verfahren in Streitfällen, die Minderjährige und alkoholabhängige Personen betreffen.

Die *Wirtschaftsgerichte* beschäftigen sich mit Streitigkeiten der an der Wirtschaft beteiligten Rechtssubjekte. Sie verfahren auch in der Abfindungs- und Konkursgerichtsbarkeit.

Im Rahmen der ordentlichen Gerichtsbarkeit gibt es auch das *Kartellgericht* und das *Lustrationsgericht*. Das Kartellgericht ist eine von den Abteilungen des Bezirksgerichtes in Warschau. Seine Aufgabe ist es, den marktbeherrschenden Praktiken der Unternehmen entgegenzuwirken. Das Lustrationsgericht wurde an dem Berufungsgericht in Warschau kraft des Gesetzes vom 11. April 1997 über die Offenlegung der Arbeit bzw. des Dienstes in den Organen der Staatssicherheit bzw. der Zusammenarbeit mit dieser in den Jahren 1944-1990 der Personen, die eine öffentliche Funktion ausüben, errichtet.

Bei der Prüfung der Rechtsstreitigkeiten durch die ordentlichen Gerichte nehmen Schöffen teil, mit Ausnahme der durch Gesetze bestimmten Fälle. Ein Schöffe kann derjenige sein, der die polnische Staatsangehörigkeit besitzt und voll die Zivil- und Bürgerrechte genießt, sich eines guten Rufes erfreut, das 26. Lebensjahr vollendet hat und am Bewerbungsort mindestens ein Jahr seinen Wohnsitz bzw. Arbeitsstelle hat.

1.3. Die Verwaltungsgerichte

Die Verwaltungsgerichte sind in den Artikeln 184–185 der Verfassung geregelt. Laut dieser üben das Oberste Verwaltungsgericht und andere Verwaltungsgerichte die Kontrolle über die Tätigkeit der öffentlichen Verwaltungsbehörden in dem vom Gesetz bestimmten Umfang aus. Diese Kontrolle erstreckt sich über die Entscheidungen hinsichtlich der Vereinbarkeit der Beschlüsse der örtlichen Selbstverwaltung und der Rechtsnorm der örtlichen Regierungsbehörden mit dem Gesetz. Der Vorsitzende des Obersten Verwaltungsgerichts wird auf Vorschlag der Generalversammlung der Richter des Obersten Verwaltungsgerichts vom Präsidenten der Republik Polen berufen. Die Amtszeit beträgt sechs Jahre.

Das gegenwärtig geltende Gesetz vom 11. Mai 1995 über das Oberste Verwaltungsgericht[4] besagt, dass dieses die Gerichtsbarkeit mittels gerichtlicher Kontrolle der Tätigkeit der öffentlichen Verwaltung auf Grund des Gesetzes ausübt. Das Oberste Verwaltungsgericht mit Sitz in Warschau ist mit Abteilungen landesweit vertreten.

Das Oberste Verwaltungsgericht entscheidet bei Rechtsstreitigkeiten hinsichtlich: administrativer Entscheidungen, der Bestimmungen infolge des Verwaltungsverfahrens, gegen die eine Klage oder ein Beschluss- bzw. Entscheidungsverfahren erhoben bzw. verlangt werden können, der Bestimmungen des Vollstreckungs- und Sicherungsverfahrens, die angefochten werden können, anderer Akte und Handlungen im Bereich

---

[4] Dz.U., 1995, Nr. 74, Pos. 368 mit späteren Änderungen.

der öffentlichen Verwaltung, die die Anerkennung, Zuerkennung bzw. Feststellung der Berechtigung oder Pflicht kraft Gesetzes betreffen, der Beschlüsse der Kommunen, die das örtliche Recht betreffen, anderer Beschlüsse der Kommunen und ihrer Verbände im Bereich der öffentlichen Verwaltung, der Aufsichtsakte über die Tätigkeit der territorialen Selbstverwaltung, sowie anderer Angelegenheiten, für die Sondervorschriften eine gerichtliche Kontrolle vorsehen.

Das Oberste Verwaltungsgericht prüft auch Beschwerden über die Untätigkeit der Verwaltungsbehörden. Sofern eine Begründung vorliegt, verpflichtet es die betreffende Behörde eine entsprechende Akte anzulegen oder eine Handlung vorzunehmen bzw. die Berechtigung oder Pflicht aufgrund des Gesetzes anzuerkennen, zuzuerkennen oder festzustellen. Das Oberste Verwaltungsgericht entscheidet auch in Streitigkeiten hinsichtlich der Zuständigkeit der kommunalen Selbstverwaltung und den Behörden der örtlichen Regierungsverwaltung. Dies erfolgt mittels einer Verfügung, in der das für die Entscheidung der Streitigkeit zuständige Organ bezeichnet wird. Das Oberste Verwaltungsgericht beantwortet auch Rechtsfragen, die von den berechtigten Organen zwecks Entscheidung gestellt werden.

Eine Beschwerde kann beim Obersten Verwaltungsgericht von jedermann mit der Behauptung der Verletzung seiner Rechte und nach vorheriger Erschöpfung des ihm zustehenden Berufungsweges eingelegt werden. Sie sollte binnen 30 Tage ab dem Datum des Bekanntwerdens über die Aufnahme der Tätigkeit, die die Beschwerde begründet, eingereicht werden. Die Staatsanwaltschaft und der Beauftragte für Bürgerrechte dürfen eine Beschwerde, ohne dass die Berufungsmittel erschöpft worden sind, binnen sechs Monaten ab Datum des Inkrafttretens der Entscheidung bzw. der Aufnahme einer anderen Tätigkeit, die die Beschwerde begründet, erheben.

1.4. Die Militärgerichte

Die Militärgerichte werden in der Verfassung nicht erwähnt. Eine diesbezügliche Regelung findet man im Gesetz vom 21. August 1997 – Das Recht über die Ordnung der Militärgerichte[5]. Das Gesetz besagt, dass die Militärgerichte die Strafgerichtsbarkeit in den Streitkräften der Republik Polen ausüben. Auch andere Streitfalle, die durch andere Gesetze der Zuständigkeit wegen diesen Gerichten zugewiesen sind, stellen den Gegenstand ihrer Entscheidung dar.

Die Militärgerichte setzen sich aus den Garnisons- und Militärbezirksgerichten zusammen. Die letzten stellen die höhere Instanz dar. Die Militärbezirksgerichte bestehen aus Richtern und die Garnisonsgerichte aus Richtern und Assessoren dieser Gerichte. Die Richter der Militärgerichte dürfen Berufsoffiziere sein, die die Befähigung zum Richteramt haben und die im Gesetz genannten Bedingungen erfüllen. Sie werden auf Antrag des Landesrates für Gerichtswesen vom Präsidenten der Republik Polen ernannt. Die

[5] Dz.U., 1997, Nr. 117, Pos. 753.

Kandidaten werden vom Justizminister im Einvernehmen mit dem Verteidigungsminister von der Versammlung der Richter der Militärgerichte vorgeschlagen. Verstöße oder disziplinäre Vergehen der Richter der Militärgerichte unterliegen der Disziplinargerichtsbarkeit. An militärgerichtlichen Verfahren nehmen Schöffen teil, die Soldaten im Wehrdienst sind. Sie müssen die im Gesetz bestimmten Voraussetzungen erfüllen.

1.5. Andere Organe, die mit der Gerichtsbarkeit im Zusammenhang stehen

Im Kapitel VIII der Verfassung über die Gerichte und Gerichtshöfe wird auch der *Landesrat für Gerichtswesen* behandelt. Dieser hat die Aufgabe, die Unabhängigkeit der Gerichte und der Richter zu schützen. Soweit Normativakte die Unabhängigkeit der Gerichte und der Richter antasten, kann der Landesrat für Gerichtswesen die Überprüfung der Vereinbarkeit derer mit der Verfassung beim Verfassungsgericht beantragen. Der Rat besteht aus: dem Ersten Präsidenten des Obersten Gerichts, dem Justizminister, dem Präsidenten des Obersten Verwaltungsgerichts, einer vom Präsidenten der Republik Polen berufenen Person, fünfzehn Mitgliedern, die aus den Richtern des Obersten Gerichts, der ordentlichen Gerichte, der Verwaltungs- und Militärgerichte ausgewählt worden sind, vier Abgeordneten und zwei Senatoren, die vom Sejm bzw. Senat gewählt worden sind. Der Landesrat für Gerichtswesen wählt aus seinen Mitgliedern den Vorsitzenden und zwei stellvertretende Vorsitzende. Die Amtszeit der gewählten Mitglieder für den Landesrat für Gerichtswesen dauert vier Jahre.

Über die Einrichtung des Landesrates für Gerichtswesen bestimmt das Gesetz vom 20. Dezember 1989 über den Landesrat für Gerichtswesen[6]. Der Landesrat für Gerichtswesen entscheidet über die Kandidaten für das Amt der Richter des Obersten Gerichts, des Obersten Verwaltungsgerichts, der ordentlichen Gerichte und der Militärgerichte. Auf dessen Antrag werden sie dann vom Präsidenten der Republik Polen für das Richteramt berufen.

Der Landesrat für Gerichtswesen:

- untersucht und entscheidet über Anträge hinsichtlich der Versetzung eines Richters in ein anderes Amt wegen Missachtung seines Amtes,
- bestimmt die Gesamtzahl der Mitglieder des Disziplinargerichts und des Oberen Disziplinargerichts sowie die Anzahl der Mitglieder der Disziplinargerichte überhaupt,
- äußert sich zu den Grundsätzen der Berufsethik der Richter,
- nimmt die Informationen des Ersten Präsidenten des Obersten Gerichts, des Justizministers, des Präsidenten des Obersten Verwaltungsgerichts und des Vorsitzenden des Oberen Disziplinargerichts über die Tätigkeit der Gerichte zur Kenntnis,
- nimmt Stellung zu den Vorschlägen hinsichtlich der Enderung der Ordnung der Gerichte sowie zu anderen Angelegenheiten, die die Arbeit dieser Gerichte betreffen,
- macht sich mit den Entwürfen von Normativakten im Gerichtswesen vertraut.

---

6 Dz.U., 1989, Nr. 73, Pos. 435 mit späteren Änderungen.

2. Die Gerichtshöfe

Ähnlich wie die Gerichte sind die Gerichtshöfe laut Verfassung auch eine eigene und von den anderen Gewalten unabhängige Gewalt und sie urteilen im Namen der Republik Polen.

2.1. Der Verfassungsgerichtshof

Der Verfassungsgerichtshof wird in den Artikeln 188–197 der Verfassung behandelt.

Der erste Aufgabenbereich des Verfassungsgerichtshofes betrifft Entscheidungen über:

1. die Vereinbarkeit der Gesetze und völkerrechtlicher Verträge mit der Verfassung,
2. der Vereinbarkeit der Gesetze mit den ratifizierten völkerrechtlichen Verträgen, deren Ratifizierung eine vorherige Zustimmung durch Gesetz erforderte,
3. der Vereinbarkeit der Rechtsvorschriften, die von zentralen Staatsorganen erlassen werden, mit der Verfassung, den ratifizierten völkerrechtlichen Verträgen und den Gesetzen,
4. die Vereinbarkeit der Ziele oder Tätigkeit der politischen Parteien mit der Verfassung,
5. die Verfassungsbeschwerde.

Ein Verfahren beim Verfassungsgerichtshof können beantragen:

der Präsident der Republik Polen, der Sejmmarschall, der Senatsmarschall, der Vorsitzende des Ministerrates, fünfzig Abgeordnete, dreißig Senatoren, der Erste Präsident des Obersten Gerichts, der Präsident des Obersten Verwaltungsgerichts, der Generalstaatsanwalt, der Präsident der Obersten Kontrollkammer und der Beauftragte für Bürgerrechte. Auch der Landesrat für Gerichtswesen kann einen Antrag auf die Prüfung der Vereinbarkeit der Normativakte mit der Verfassung, sofern diese die Autonomie der Gerichte und der Richter einreichen. Im verfassungsmäßig bezeichneten Umfang, d.h. wenn ein Normativakt ihren Tätigkeitsbereich betrifft, können auch ein Prüfverfahren beim Verfassungsgerichtshof Organe der örtlichen Selbstverwaltung, Landesorgane der Gewerkschaften, Arbeitgeberorganisationen und Berufsorganisationen sowie Kirchen und andere Religionsgemeinschaften beantragen. Schließlich kann jedermann eine Verfassungsbeschwerde erheben, sofern seine in der Verfassung enthaltenen Rechte und Freiheiten verletzt wurden und in Angelegenheiten der Vereinbarkeit des Gesetzes oder anderer Normativakte mit der Verfassung, wenn aufgrund dieser das Gericht oder das Organ der öffentlichen Verwaltung endgültig über seine verfassungsmäßig gesicherten Freiheiten, Rechte oder Pflichten entschieden hat. Ausländer können nicht gleichzeitig über Asylrecht und den Flüchtlingsstatus in Form einer Verfassungsbeschwerde verhandeln lassen.

Den zweite Aufgabenbereich betreffen Entscheidungen bei Kompetenzstreitigkeiten zwischen den zentralen verfassungsmäßigen Staatsorganen. Den Antrag auf Prüfung kann der Präsident der Republik Polen, der Sejmmarschall, der Senatsmarschall, der

Vorsitzende des Ministerrates, der Erste Präsident des Obersten Gerichts, der Präsident des Obersten Verwaltungsgerichts und der Präsident der Obersten Kontrollkammer stellen.

Der dritte Aufgabenbereich umfasst Antworten des Verfassungsgerichtshofes auf Rechtsfragen. Diese Fragen können von jedem Gericht gestellt werden, sofern sie die Vereinbarkeit der Normativakte mit der Verfassung, den ratifizierten völkerrechtlichen Verträgen oder dem Gesetz betreffen und von der Beantwortung dieser Rechtsfrage die Entscheidung einer bei dem Gericht anhängigen Sache abhängig ist.

Die Verfassung der Republik Polen bestimmt auch die Zusammensetzung des Verfassungsgerichtshofes, das Verfahren der Berufung der Richter und den Richterstatus. Der Verfassungsgerichtshof besteht aus fünfzehn Richtern, die rein persönlich vom Sejm gewählt werden. Die Amtszeit beträgt neun Jahre. Eine Wiederwahl ist nicht zulässig. Die Richter müssen die fachliche Eignung und die Befähigung zum Richteramt nachweisen. Der Präsident und der stellvertretende Präsident werden vom Präsidenten der Republik Polen auf Vorschlag der Generalversammlung der Richter des Verfassungsgerichtshofes berufen. Die Richter sind unabhängig und nur der Verfassung unterworfen. Während ihrer Amtszeit dürfen sie weder einer politischen Partei, Gewerkschaft angehören noch eine öffentliche Tätigkeit ausüben, die im Widerspruch zur Selbständigkeit und Unabhängigkeit der Gerichte und der Richter steht. Sie dürfen auch, ohne vorherige Zustimmung des Verfassungsgerichtshofes, weder zur strafrechtlichen Verantwortung gezogen werden noch ist ein Freiheitsentzug zulässig. Sie dürfen auch nicht festgenommen oder verhaftet werden, mit Ausnahme von den in der Verfassung vorgesehenen Fällen.

Die Einrichtung und die Verfahrensweise vor dem Verfassungsgerichtshof regelt das Gesetz vom 1. August 1997 über den Verfassungsgerichtshof[7]. Das Gesetz ist größtenteils eine Wiederholung der Bestimmungen der Verfassung.

Viele neue Rechtsnormen hinsichtlich der Verfahrensweise vor dem Verfassungsgerichtshof in verschiedenen Angelegenheiten enthält der zweite Abschnitt dieses Gesetzes. Das Verfahren ist unterschiedlich in Abhängigkeit vom Sachverhalt, d.h. im Falle der Prüfung der Vereinbarkeit der ratifizierten völkerrechtlichen Verträge und der Normativakte mit der Verfassung oder bei Rechtsfragen, Entscheidungen bei einer Verfassungsbeschwerde, bei Kompetenzstreitigkeiten bzw. Prüfung der Vereinbarkeit der Ziele oder Tätigkeit der politischen Parteien mit der Verfassung. Der Verfassungsgerichtshof nimmt an Verhandlungen (in den vom Gesetz vorgesehenen Fällen) und Sitzungen (in übrigen Fällen, wo das Gesetz keine gerichtliche Verhandlung verlangt) teil. Die Entscheidung ist entweder ein Urteil oder eine Bestimmung.

Ein Richter des Verfassungsgerichtshofes verantwortet disziplinär Gesetzesverstöße, Verstöße gegen die Würde seines Amtes oder ein anderes nicht ethisches Benehmen, das das Vertrauen in seine Person in Frage stellt. Das Disziplinarverfahren erfolgt in zwei Rechtszügen.

---

[7] Dz.U., 1997, Nr. 102, Pos. 643.

2.2. Der Staatsgerichtshof

Den Staatsgerichtshof regeln die Artikel 198–201 der Verfassung. Die verfassungsrechtliche Verantwortung vor dem Staatsgerichtshof wegen der Verletzung der Verfassung oder eines Gesetzes im Zusammenhang mit dem bekleideten Amt oder im Bereich der Amtsgeschäfte tragen: der Präsident der Republik Polen, der Vorsitzende und die Mitglieder des Ministerrates, der Präsident der Polnischen Nationalbank, der Präsident der Obersten Kontrollkammer, die Mitglieder des Landesrates für Rundfunk und Fernsehen, Personen, die der Vorsitzende des Ministerrates mit der Leitung eines Ministeriums beauftragt hat, der Oberste Befehlshaber der Streitkräfte und die Abgeordneten und Senatoren, falls sie gegen das Verbot der Ausübung einer wirtschaftlichen Betätigung, welche Vorteile aus dem Vermögen des Staates oder der territorialen Selbstverwaltung verschafft, und des Erwerbs dieses Vermögens (Art. 107 der Verfassung der Republik Polen) verstoßen haben.

Der Staatsgerichtshof besteht aus einem Vorsitzenden, zwei stellvertretenden Vorsitzenden und sechzehn Mitgliedern, die vom Sejm für die Legislaturperiode des Sejms gewählt wurden, wobei es weder Abgeordnete noch Senatoren sein dürfen. Die stellvertretenden Vorsitzenden und mindestens die Hälfte der Mitglieder des Staatsgerichtshofes sollen die Befähigung zum Richteramt haben. Der Erste Präsident des Obersten Gerichts ist zugleich der Vorsitzende des Staatsgerichtshofes. Die Mitglieder des Staatsgerichtshofes sind in der Ausübung ihres Amtes unabhängig und nur der Verfassung und den Gesetzen unterworfen. Sie dürfen weder zur strafrechtlichen Verantwortung gezogen werden noch ist ein Freiheitsentzug ohne vorherige Zustimmung des Staatsgerichtshofes zulässig. Sie dürfen weder festgenommen noch verhaftet werden, ausgenommen die in der Verfassung genannten Fälle.

Die Einrichtung und die Verfahrensweise vor dem Staatsgerichtshof regelt das Gesetz vom 26. März 1982[8]. Der Präsident der Republik Polen kann nur auf dem Wege der Präsidentenanklage vor dem Staatsgerichtshof zur Rechenschaft gezogen werden. Er trägt nicht nur eine Verantwortung gegenüber der Verfassung sondern auch eine strafrechtliche Verantwortung wegen einer Straftat. Ein Vorantrag auf die Versetzung des Präsidenten in den Anklagezustand kann dem Sejmmarschall von einem Viertel der Gesamtzahl der Mitglieder von Sejm und Senat gestellt werden. Das Recht der Versetzung des Präsidenten in den Anklagezustand obliegt ausschließlich der Nationalversammlung, die einen entsprechenden Beschluss durch mindestens Zweidrittelmehrheit fasst. Wenn der Beschluss nicht gefasst wird, ordnet der Vorsitzende der Nationalversammlung die Niederschlagung des Klageverfahrens an.

Das Recht der Versetzung in den Anklagezustand anderer Personen obliegt lediglich dem Sejm. Die Personen können nicht nur wegen Verfassungsverletzung, sondern auch bei Verstößen im Zusammenhang mit dem bekleideten Amt zur strafrechtlichen

---

[8] Dz.U., 1993, Nr. 38, Pos. 172 mit späteren Änderungen.

Verantwortung gezogen werden, wenn im Beschluss über die Verantwortung gegenüber der Verfassung die begangenen Taten als vorsätzlich erkannt wurden. Der Vorantrag kann dem Sejmmarschall vom Präsidenten, einem Sonderausschuss des Sejms mit Zweidrittel seiner Mitglieder, aber mindestens von 115 Abgeordneten gestellt werden. Der Sejmmarschall leitet den Antrag an den Ausschuss für Verfassungsmäßige Verantwortung weiter, der über zahlreiche gesetzliche Rechtsmittel für die Klärung des Falls verfügt. Den Beschluss über die verfassungsmäßige Verantwortung fasst der Sejm mit einer absoluten Stimmenmehrheit in Anwesenheit von mindestens der Hälfte aller Abgeordneten. Falls der Sejm einen derartigen Beschluss nicht fasst, stellt der Sejmmarschall die Niederschlagung des Verfahrens fest.

Für Taten, die keine Straftaten darstellen, kann der Staatsgerichtshof insgesamt oder getrennt folgende Strafen verhängen: den Entzug des aktiven und passiven Wahlrechts für das Präsidentenamt, Sejm, Senat, die Gemeinderäte (2 bis 10 Jahre), das Antrittsverbot in eine leitende Stellung oder das Verbot der Ausübung einer Funktion von besonderer Verantwortung in den Staatsorganen und gesellschaftlichen Organisationen (2 bis 10 Jahre oder lebenslang) sowie den Verlust aller oder einiger Orden, Auszeichnungen und Ehrentitel sowie der Fähigkeit diese zuerkannt zu erhalten. Der Staatsgerichtshof kann jedoch, aufgrund besonderer Umstände, von diesen Strafmitteln absehen und nur die Schuld des Angeklagten feststellen. Der Präsident wird seines Amtes enthoben und kraft eines besonderen Gesetzes kann der Staatsgerichtshof eine zusätzliche Strafe verhängen, die den Präsidenten die Besoldung und Versorgung sowie den persönlichen Schutz entzieht.

Straftaten werden vom Staatsgerichtshof gemäß dem Strafrecht behandelt. Das Verfahren vor dem Staatsgerichtshof erfolgt in zwei Rechtszügen.

3. Organe der staatlichen Kontrolle und des Rechtsschutzes

Das Kapitel IX der Verfassung der Republik Polen behandelt die Organe der staatlichen Kontrolle und des Rechtsschutzes (Artikel 202–207). Nachstehend werden drei Behörden im Einzelnen besprochen.

3.1. Die Oberste Kontrollkammer

Laut Verfassung der Republik Polen (Art. 202–207) ist die Oberste Kontrollkammer das höchste Organ der staatlichen Kontrolle. Sie untersteht dem Sejm und übt ihre Funktion nach dem Kollegialitätsprinzip aus.

Die Oberste Kontrollkammer überprüft die Tätigkeit der Organe der Regierungsverwaltung, der Polnischen Nationalbank, der staatlichen juristischen Personen und anderer staatlicher Organisationseinheiten. Die Kontrolle erfolgt nach den Kriterien der Legalität, der Wirtschaftlichkeit, der Zweckmäßigkeit und der Redlichkeit.

Außerdem kann sie die Tätigkeit der Selbstverwaltungsorgane, der kommunalen juristischen Personen und anderer kommunaler Organisationseinheiten unter den Gesichtspunkten der Legalität, der Wirtschaftlichkeit und der Redlichkeit kontrollieren.

Die Oberste Kontrollkammer kann auch unter Legalitäts- und Wirtschaftlichkeitsgesichtspunkten die Tätigkeit anderer Organisationseinheiten und Wirtschaftsteilnehmer insoweit überprüfen, als sie Mittel und Vermögen des Staates oder der Kommunen nutzen oder finanzielle Verpflichtungen zugunsten des Staates erfüllen.

Der Präsident der Obersten Kontrollkammer wird vom Sejm mit Zustimmung des Senats für sechs Jahre ernannt. Er kann nur einmal wieder berufen werden. Mit Ausnahme einer Hochschulprofessur darf der Präsident der Obersten Kontrollkammer weder ein anderes Amt innehaben noch eine andere Berufstätigkeit ausüben. Er darf weder einer politischen Partei oder einer Gewerkschaft angehören noch eine öffentliche Tätigkeit ausüben, die die sich mit der Würde seines Amtes nicht vereinbaren lässt. Ohne vorherige Zustimmung des Sejms darf er weder zur strafrechtlichen Verantwortung gezogen werden noch ist ein Freiheitsentzug zulässig. Er darf auch weder festgenommen noch verhaftet werden, mit Ausnahme von den in der Verfassung vorgesehenen Fällen.

Die Einrichtung und die Verfahrensweise der Obersten Kontrollkammer regelt das Gesetz vom 23. Dezember 1994[9]. Es bestimmt, dass die Amtszeit des Präsidenten der Obersten Kontrollkammer im Falle seines Todes endet. Seine Entlastung oder Abberufung bedarf eines Beschlusses des Staatsgerichtshofes. Die Abberufung kann kraft eines Beschlusses des Sejms erfolgen, falls der Präsident der Obersten Kontrollkammer auf sein Amt verzichtet hat oder für eine begangene Straftat rechtskräftig vom Gericht verurteilt wurde. Ferner auch dann, wenn der Sejm feststellt, dass sein gesundheitlicher Zustand dauerhaft die Ausübung des Amtes unmöglich macht oder wenn der Staatsgerichtshof gegen ihn ein Verbot der Ausübung einer leitenden Funktion oder einer Funktion, die von besonderer Verantwortung in den Staatsorganen ist, erlassen hat.

3.2. Beauftragter für Bürgerrechte (der Ombudsmann)

Laut Verfassung der Republik Polen (Art. 208–212) hütet der Beauftragte für Bürgerrechte die in der Verfassung und in anderen Normativakten festgelegten Rechte und Freiheiten der Menschen und Staatsbürger. Er wird vom Sejm mit Zustimmung des Senats für fünf Jahre berufen. Mit Ausnahme einer Hochschulprofessur darf er weder ein anderes Amt innehaben noch eine andere Berufstätigkeit ausüben. Er darf weder einer politischen Partei oder einer Gewerkschaft angehören noch eine öffentliche Tätigkeit ausüben, die sich mit der Würde seines Amtes nicht vereinbaren lässt. Der Beauftragte für Bürgerrechte ist in seiner Tätigkeit selbständig und unabhängig von anderen staatlichen Organen. Er ist allein dem Sejm verantwortlich. Alljährlich berichtet er dem Sejm und dem Senat über seine Tätigkeit sowie darüber, inwieweit die Rechte

---

[9] Dz.U., 1995, Nr. 13, Pos. 59 mit späteren Änderungen.

und Freiheiten der Menschen und Bürger eingehalten wurden. Ohne vorherige Zustimmung des Sejms darf er weder zur strafrechtlichen Verantwortung gezogen werden noch ist Freiheitsentzug zulässig. Er darf auch weder festgenommen noch verhaftet werden, mit Ausnahme von den in der Verfassung genannten Fällen.

Den Tätigkeitsbereich und die Art und Weise des Handelns des Ombudsmanns regelt das Gesetz vom 15. Juli 1987 über den Beauftragten für Bürgerrechte[10]. In Streitfällen hinsichtlich des Schutzes der Rechte und Freiheiten prüft der Ombudsmann, ob eine Handlung bzw. die Einstellung dieser Handlung durch Organe, Organisationen und Institutionen, die zur Wahrung und Durchsetzung dieser Rechte und Freiheiten verpflichtet sind, eine Verletzung des Rechts sowie der Grundsätze des gesellschaftlichen Zusammenlebens und der Gerechtigkeit verursacht hat.

Der Beauftragte für Bürgerrechte nimmt kraft Gesetzes eine Handlung vor, wenn er über die Verletzung der Rechte und Freiheiten erfährt. Er handelt aufgrund eines Antrages der Bürger oder ihrer Organisationen, der Organe der örtlichen Selbstverwaltung oder aus eigener Initiative. Nach Prüfung des Antrages hat er vier Möglichkeiten diesen zu erledigen.

Die erste Möglichkeit ist die Vornahme einer Handlung. Hierbei kann er selbstständig ermitteln. Er kann es veranlassen, daß die Angelegenheit ganz oder teilweise von den zuständigen Organen, insbesondere von den Aufsichtsorganen, der Staatsanwaltschaft, den staatlichen, beruflichen und sozialen Kontrollorganen geprüft wird. Er kann sich auch an den Sejm wenden, der die Oberste Kontrollkammer mit der Prüfung der Angelegenheit ganz oder teilweise beauftragt. Indem er selbstständig Ermittlungen durchführt, kann der Ombudsmann jeder Sache vor Ort nachgehen, Erklärungen verlangen, Unterlagen, die von den zuständigen Organen geführt werden, einsehen, Informationen über den Stand der Sache vor Gerichten, der Staatsanwaltschaft und anderen Verfolgungsorganen einholen sowie die Anfertigung von Berichten und Gutachten veranlassen.

Zum Zweiten kann er den Antragssteller auf die ihm zustehenden Rechtsmittel hinweisen.

Die dritte Möglichkeit ist die Weiterleitung des Streitfalls der Zuständigkeit wegen an die entsprechenden Organe und Institutionen.

Eine letzte Möglichkeit wäre das Zurückweisen des Antrages und die diesbezügliche Benachrichtigung des Antragsstellers und der betroffenen Person.

Wenn der Ombudsmann entschieden hat, den Streitfall zu prüfen, kann er nach Beendigung der Ermittlungsarbeiten:

- dem Antragssteller erklären, dass er doch keine Verletzung der Rechte und Freiheiten festgestellt hat,
- den Antrag an das Organ, die Organisation oder Institution weiterleiten, bei deren Tätigkeit er die Verletzung der Rechte und Freiheiten festgestellt hat, falls der Antrag die richterliche Unabhängigkeit nicht antastet,

[10] Dz.U., 1991, Nr. 109, Pos. 471.

- das übergeordnete Organ beauftragen, die Rechtsmittel anzuwenden,
- die Wiederaufnahme des Verfahrens im Bereich des Zivilrechts verlangen,
- an dem Verfahren – gleich der Stellung der Staatsanwaltschaft – teilnehmen,
- die Aufnahme eines Vorbereitungsverfahrens bei Verstößen, die von Amts wegen verfolgt werden, durch den dazu berechtigten Ankläger verlangen,
- das Verwaltungsverfahren beantragen,
- die Beschlüsse des Verwaltungsgerichts anfechten und an diesen Verfahren mit gleichen Rechten wie die der Staatsanwaltschaft teilnehmen,
- einen Antrag auf Bestrafung, auf die Aufhebung eines rechtskräftigen Urteils in einem Verfahren wegen Ordnungswidrigkeit stellen,
- außerordentliche Berufungsmittel bei rechtskräftigen Urteilen beantragen, die die anderen Vorschriften vorsehen.

Außerdem kann der Beauftragte für Bürgerrechte an die zuständigen Organe mit der Initiative herantreten, Gesetze hinsichtlich der Rechte und Freiheiten zu verabschieden oder Enderungen vorhandener Rechtsakte vorzunehmen. Er hat das Recht an den Verfassungsgerichtshof mit dem Antrag heranzutreten hinsichtlich der Feststellung der Vereinbarkeit der Gesetze und der völkerrechtlichen Verträge mit der Verfassung, der Gesetze mit den ratifizierten völkerrechtlichen Verträgen, deren Ratifizierung eine vorherige gesetzliche Zustimmung erforderte, der Vereinbarkeit der Rechtsvorschriften, die von den zentralen staatlichen Organen erlassen wurden, mit der Verfassung, den ratifizierten völkerrechtlichen Verträgen und Gesetzen, der Vereinbarkeit der Zweckmäßigkeit und der Tätigkeit der politischen Parteien mit der Verfassung sowie der Verfassungsbeschwerde, wenn der Beauftragte für Bürgerrechte an dem Verfahren aufgrund dieser Beschwerde teilnehmen darf.

3.3. Der Landesrat für Rundfunk und Fernsehen

Gemäß der Verfassung der Republik Polen (Art. 213–215) schützt der Landesrat für Rundfunk und Fernsehen die Meinungsäußerungs- und die Informationsfreiheit sowie das öffentliche Interesse an Rundfunk und Fernsehen. Der Landesrat für Rundfunk und Fernsehen erlässt Rechtsverordnungen und fasst bei individuellen Sachverhalten Beschlüsse. Seine Mitglieder werden vom Sejm, dem Senat und dem Präsidenten der Republik Polen berufen. Sie dürfen weder einer politischen Partei oder einer Gewerkschaft angehören noch eine öffentliche Tätigkeit ausüben, die sich mit der Würde ihres Amtes nicht vereinbaren lässt.

Die Grundsätze und Verfahren des Landesrates für Rundfunk und Fernsehen, die Einrichtung und ausführlichen Grundsätze der Berufung seiner Mitglieder regelt das Gesetz vom 29. Dezember 1992 über Rundfunk und Fernsehen[11]. Das Gesetz

---

[11] Dz.U., 1993, Nr. 7, Pos. 34 mit späteren Änderungen.

besagt, dass der Landesrat für Rundfunk und Fernsehen folgende Aufgaben zu erfüllen hat:

- Informationen zu beschaffen und zu verbreiten,
- Kultur- und Kunstschätze zugänglich zu machen,
- die Inanspruchnahme von bildenden und wissenschaftlichen Errungenschaften zu erleichtern,
- zivile Bildung zu verbreiten,
- zu unterhalten,
- das landeseigene audiovisuelle Schaffen zu fördern.

Das Recht auf die Verbreitung von Rundfunk- und Fernsehprogrammen haben die öffentlichen Rundfunk- und Fernsehanstalten sowie Personen, die eine diesbezügliche Lizenz erhalten haben.

Zum Aufgabenbereich des Landesrates für Rundfunk und Fernsehen gehören ferner:

- die Richtungen der Politik des Staates im Bereich des Rundfunks und Fernsehens zu projektieren,
- die Bedingungen der Tätigkeit der Sender zu bestimmen,
- über die Konzessionen für die Verbreitung und den Vertrieb von Programmen zu entscheiden,
- die Tätigkeit der Sender zu beaufsichtigen,
- die inhaltliche Seite der Rundfunk- und Fernsehprogramme sowie deren Empfang zu untersuchen,
- die Abonnementsgebühren zu bestimmen,
- die Gebühren für Konzessionszuteilungen und Registereintragungen zu bestimmen,
- die Gesetzesentwürfe und die völkerrechtlichen Verträge im Bereich des Rundfunks und des Fernsehens zu begutachten,
- den wissenschaftlich-technischen Fortschritt anzuregen,
- die Ausbildung der Fachkräfte auf dem Gebiet des Rundfunks und Fernsehens zu organisieren,
- die Zusammenarbeit mit ausländischen Rundfunk- und Fernsehanstalten und -organisationen zu organisieren und anzuknüpfen,
- mit den zuständigen Organisationen und Institutionen zum Schutze der Urheberrechte, der Rechte der Darsteller, Produzenten und der Sender zusammenzuarbeiten.

4. Andere Organe der Rechtsprechung

Diese Organe unterscheiden sich von den vorhergehenden, dadurch dass sie keine verfassungsmäßigen Organe sind. Sie werden weder in der Verfassung noch direkt von anderen Vorschriften behandelt. Einzelheiten darüber können entsprechenden Gesetzen entnommen werden.

4.1. Die Rechtsanwaltschaft

Die Rechtsanwaltschaft regelt das Gesetz vom 26. Mai 1982 – Das Recht über die Rechtsanwaltschaft[12]. Die Aufgabe der Rechtsanwaltschaft ist es: in allen Rechtsangelegenheiten Beratungshilfe zu leisten, im Prozess des Rechtsschutzes und der Freiheiten der Bürger sowie bei der Gestaltung und der Inanspruchnahme des Rechts mitzuwirken.

Der Rechtsanwalt leistet eine rechtliche, vor allem eine Beratungshilfe, fertigt rechtliche Gutachten an, bereitet Gesetzesentwürfe vor, tritt vor den Gerichten und Behörden auf. Die rechtliche Hilfe leistet er den natürlichen und juristischen Personen, den Wirtschaftseinheiten und Organisationseinheiten, wie z.B.: den staatlichen Organen oder den örtlichen Selbstverwaltungsorganen, den gesellschaftlichen oder politischen Organisationen und anderen Anstalten, die keine Rechtspersönlichkeit besitzen.

Der Rechtsanwalt übt seinen Beruf in seiner Kanzlei, in der Sozietät und der offenen Gesellschaft, der Gesellschaft des bürgerlichen Rechts oder der Kommanditgesellschaft aus. Die Rechtsanwaltschaft fungiert nach dem Grundsatz der beruflichen Selbstverwaltung.

Der Rechtsanwalt ist zur Verschwiegenheit verpflichtet. Während der Ausübung seiner Tätigkeit steht ihm, ähnlich wie dem Richter oder dem Staatsanwalt, Rechtsschutz zu. Er darf seine Meinung frei in Wort und Schrift in dem durch Vorschriften und Aufgaben der Rechtsanwaltschaft bestimmten Umfang äußern. Der Missbrauch dieser Freiheit wird lediglich im Disziplinarverfahren verfolgt.

4.2. Die Staatsanwaltschaft

Die Staatsanwaltschaft regelt das Gesetz vom 20. Juni 1985 über die Staatanwaltschaft[13]. Die Staatsanwaltschaft besteht aus dem Generalstaatsanwalt und den ihm untergeordneten Staatsanwälten der ordentlichen und der Militärstaatsanwaltschaft. Der Generalstaatsanwalt ist der Justizminister.

Die wichtigste Aufgabe der Staatsanwaltschaft ist die Bewahrung der Gesetzlichkeit sowie die Überwachung der Strafverfolgung. Die Staatsanwaltschaft bedient sich dabei einer Reihe von gesetzlichen Handlungen. Diese Handlungen sind im Strafprozess die Leitung und die Aufsicht über das Ermittlungsverfahren sowie das Auftreten vor den Gerichten als öffentlicher Ankläger. Im Einzelnen wird dies im Strafgesetzbuch geregelt, wonach der Staatsanwalt eine Ermittlung führt, die er ganz oder teilweise den dazu berechtigten Organen (z.B. der Polizei) überlassen kann und diese dann beaufsichtigt. Eine andere Form der Tätigkeit der Staatsanwaltschaft ist die Erhebung der Anklage im Straf- und Zivilprozess, das Beantragen und die Teilnahme an gerichtlichen Verfahren

---

12 Dz.U., 1982, Nr. 16, Pos. 124 mit späteren Änderungen.
13 Dz.U., 1994, Nr. 19, Pos. 70.

in Streitfällen des Privat-, Arbeits- und Sozialrechts, falls dies die Gesetzlichkeit, das gesellschaftliche Interesse, das gesellschaftliche Eigentum und die Rechte der Bürger erfordern.

Ferner wird die Staatsanwaltschaft aktiv, wenn es um eine richtige und einheitliche Anwendung des Rechts im gerichtlichen, Verwaltungsverfahren, in den Fällen, in denen das Recht verletzt wurde, u.ä. geht.

Die Staatsanwaltschaft übt auch die Aufsicht über Strafvollzug, die Beschlüsse über die vorläufige Verhaftung und andere Entscheidungen über den Freiheitsentzug aus.

Die Staatsanwaltschaft führt Untersuchungen über die Kriminalität, ihre Verhütung und Bekämpfung. Bemerkenswert ist die Möglichkeit der Staatsanwaltschaft, rechtswidrige Beschlüsse der Verwaltung gerichtlich anzufechten und an gerichtlichen Verfahren hinsichtlich der Vereinbarkeit dieser Beschlüsse mit dem geltenden Recht teilzunehmen.

In der ordentlichen Staatsanwaltschaft sind die Staatsanwälte der Landes-, Berufungs-, Woiwodschafts- (Bezirks-), und Kreisanwaltschaft tätig. In der Staatsanwaltschaft der Militäreinheiten sind Staatsanwälte der Obersten Militärstaatsanwaltschaft, der Militärbezirks- und Garnisonsanwaltschaften tätig.

4.3. Das Notariat

Das Notariat wird im Gesetz vom 14. Februar 1991 – Das Recht über das Notariat[14] geregelt. Ein Notar ist dazu berufen, notarielle Handlungen vorzunehmen, wenn die Parteien einer notariellen Form für das Rechtsgeschäft bedürfen oder wünschen. Diese notariellen Handlungen finden ihren Ausdruck in amtlichen Dokumenten. Dem Notar obliegt die notarielle Beurkundung, wenn das Recht danach verlangt oder wenn eine Willenserklärung der Beteiligten vorliegt. Der Notar bestätigt auch die eigenhändige Niederschrift, das Datum des Dokuments, die Übereinstimmung der Abschrift, des Auszuges oder der Kopie mit dem vorgezeigten Dokument. Auf Verlangen kann der Notar eine Erklärung der Gegenseite einreichen, die Rechtsfolgen haben kann. Der Notar erstellt auch Berichte der Generalversammlungen der gesellschaftlichen Organisationen, Vereinigungen, Genossenschaften, Gesellschaften usw. sowie andere Berichte.

Er fertigt die Wechsel- und Scheckproteste und wendet dabei die dafür entsprechende Rechtsvorschriften an. Er nimmt Dokumente, Geld und Wertpapiere in seine Obhut. Er stellt Abschriften, Auszüge von Dokumenten aus, auf Wunsch der Beteiligten – Entwürfe von Akten, Erklärungen und andere Dokumente.

Der Notar hat sich bei der Ausübung seiner Tätigkeit als eine öffentliche Vertrauensperson zu verhalten. Es steht ihm auch der Schutz einer öffentlichen Person zu. Er handelt selbständig und eigenverantwortlich. Handlungen, die der Achtung und der

[14] Dz.U., 1991, Nr. 22, Pos. 91.

Würde seines Amtes schaden, verantwortet er disziplinarisch. Für Disziplinarstreitsachen sind die Disziplinargerichte zuständig.

4.4. Der Rechtsbeirat

Die rechtliche Grundlage für die Tätigkeit der Rechtsberater stellt das Gesetz vom 6. Juli 1982 über die Rechtsberater[15] dar. Es bestimmt die Grundsätze für die Ausübung der Tätigkeit durch die Rechtsberater sowie die Einrichtung der Organisationen und der Selbstverwaltung der Rechtsberater.

Der Rechtsberater leistet einen rechtlichen Beistand, der die Interessen folgender Rechtssubjekte schützt: der Wirtschaftssubjekte, der natürlichen Personen (außer gesetzliche Einschränkungen), Organisationseinheiten, die als staatliche bzw. Selbstverwaltungsorgane verstanden werden, juristische Personen, gesellschaftliche und politische Organisationen und andere nicht rechtsfähige Einheiten. Der Rechtsberater berät und konsultiert in Rechtsfragen, fertigt rechtliche Gutachten, Entwürfe von Rechtsakten an, tritt vor Gerichten und Behörden auf und tritt stellvertretend im gerichtlichen Verfahren auf. Er ist zur Verschwiegenheit verpflichtet.

Der Rechtsberater übt seinen Beruf auf der Grundlage des Arbeitsverhältnisses, des zivilrechtlichen Vertrages in einer Kanzlei des Rechtsberaters bzw. in einer zivilen oder einer Kommanditgesellschaft aus. Er genießt dabei den gleichen Rechtsschutz wie der Richter oder der Staatsanwalt.

Der Rechtsberater unterliegt einer disziplinären Verantwortung für die von ihm verursachten Taten, ungehörige Ausübung des Berufes als Rechtsberater sowie für Handlungen, die entgegen dem Beraterschwur oder der beruflichen Ethik der Rechtsberater sind. Die Behörden, die über die disziplinäre Verantwortung entscheiden, sind: in erster Instanz – das Bezirksdisziplinargericht, in zweiter Instanz – das Obere Disziplinargericht.

4.5. Organe, die als Organe des Rechtsschutzes angesehen werden können

Von vielen Organen, die als die des Rechtsschutzes gelten können und Aufmerksamkeit verdienen, sind, meiner Meinung nach, die Gerichtsvollzieher und die Vormunde oder die Pfleger.

Die Rechtsstellung des *Gerichtsvollziehers* ist durch das Gesetz vom 29. August 1997 über die Gerichtsvollzieher und die Exekution[16] geregelt. Ein Gerichtsvollzieher ist ein Beamter, der am Kreisgericht tätig ist. Er hat exekutive Handlungen in privatrechtlichen Angelegenheiten sowie andere Handlungen aufgrund besonderer Vorschriften durchzuführen. Seine wichtigste Aufgabe ist die Vollstreckung gerichtlicher Entscheidungen und

---

15 Dz.U., 1982, Nr. 19, Pos. 145 mit späteren Änderungen.

16 Dz.U., 1997, Nr. 133, Pos. 882.

die Sicherung der Geldforderungen betreffs des beweglichen und unbeweglichen Vermögens, die Erfüllung anderer exekutiver Titel, die aufgrund gesonderter Vorschriften zugewiesen sind, die Erstellung von Protokollen über den Tatbestand vor der Einleitung des Gerichtsverfahrens oder vor der Bekanntgabe des Beschlusses infolge der Anordnung des Gerichts oder des Staatsanwalts. Der Gerichtsvollzieher ist ferner befugt, gerichtliche Anzeigen, Bekanntmachungen, Einsprüche, Beschwerden und andere Dokumente gegen Empfangsbestätigung und Eintragung des Datums zuzustellen und auf Antrag des Zwangsversteigerers eine amtliche Aufsicht über die freiwilligen öffentlichen Versteigerungen auszuüben, einschließlich des Zuschlages des Mindest- bzw. Höchstgebots.

Der Gerichtsvollzieher wird vom Justizminister auf seinen Antrag an den Vorsitzenden des Berufungsgerichts hin, vorausgesetzt die gesetzlichen Bedingungen sind erfüllt, ernannt. Das benannte Gesetz nennt auch die Gründe für die Abberufung des Gerichtsvollziehers.

Der Gerichtsvollzieher hat gemäß dem Gesetz, dem Amtseid und der beruflichen Ethik zu handeln und seine Fachkenntnisse ständig zu erweitern. Er ist zur Verschwiegenheit verpflichtet. Er wird zur disziplinar Verantwortung gezogen: beim Verstoß gegen die Achtung und Würde seines Amtes, bei einer auffallenden Missachtung des Rechts, bei der Nichterfüllung der nachbesichtigenden Anweisungen sowie der Ausgabe von finanziellen Mittel entgegen ihrem Zweck. Die Disziplinarstrafen können die Ermahnung, der Verweis, die Geldstrafe und die Entlassung sein, über die disziplinare Verantwortung entscheidet ein dreiköpfiger Disziplinarausschuss. Nach seiner Entscheidung kann man in die Berufung an das Bezirksgericht gehen.

Die Tätigkeit eines *Vormunds oder eines Pflegers* regelt die Verordnung des Justizministers vom 24. November 1986 über die gerichtlichen Vormunde[17]. Die Verordnung ist ein Ausführungsakt zum Gesetz vom 20. Juni 1985 – Das Recht über die Ordnung der ordentlichen Gerichte.

Der Amtsvormund oder der Amtspfleger übt eine Tätigkeit aus, die mit einer besonderen Verantwortung für den Schutz der öffentlichen Ordnung und Sicherheit und mit dem Ziel der Erziehung und Resozialisierung der Betreuten zusammenhängt. Er nimmt Handlungen bei den ordentlichen Gerichten vor, die die Erziehung, Resozialisierung und die Prävention bezwecken. Auch andere Tätigkeiten, die die Vorschriften vorsehen, machen seinen Aufgabenbereich aus.

Der Vormund, der in den Strafabteilungen der Kreisgerichte und den Strafanstalten tätig ist, ist der Vormund für die Erwachsenen. Die Familienvormunde sind diejenigen, die in den Abteilungen für Familien und Minderjährige ihre Tätigkeit ausüben.

Es kann zwischen den Berufs- und den ehrenamtlichen Vormunden unterschieden werden.

Die Ersten werden (nach Erfüllung gesetzlicher Voraussetzungen) vom Vorsitzenden des Bezirksgerichtes ernannt, suspendiert oder nach Einholung eines Gutachtens des

---

[17] Dz.U., 1986, Nr. 43, Pos. 212 mit späteren Änderungen.

Woiwodschaftsvormundes abberufen. Zum Aufgabenbereich des Vormundes gehören: Organisation und Kontrolle der Tätigkeit der gesellschaftlichen Pfleger, ihre Schulung und Hilfestellung, Berichtsanalyse, Mitarbeit in den Erziehungs- und medizinischen Anstalten, Untersuchung des Milieus, Mitarbeit mit den Strafanstalten usw. Um diese Aufgaben zu erfüllen kann der Vormund Personen, die im Zusammenhang mit der Angelegenheit stehen, aufsuchen, erforderliche Erklärungen und Informationen fordern, Einsicht in die gerichtlichen Unterlagen nehmen, von diesen Abschriften anfertigen und in der Angelegenheit notwendige Information einholen.

Die ehrenamtlichen Vormunde werden von den Vorsitzenden der Gerichte an den Kreis- und Bezirksgerichten berufen. Zu ihrem Aufgabenbereich gehören: die Aufsicht und Obhut der Betreuten, die Vornahme anderer, vom Gericht angeordneter, erzieherischen und resozialisierender Handlungen, die Befragung des Milieus im Auftrage des Gerichts, das Auftreten vor dem Gericht auf jede Vorladung, schriftliche Berichterstattungen, ständige berufliche Fortbildung, die Mitarbeit in Bildungs- und medizinischen Stellen usw. Der ehrenamtliche Vormund kann bei der Ausübung seiner Tätigkeit Personen, die vom Verfahren erfasst wurden, aufsuchen, von ihnen notwendige Erklärungen und Informationen verlangen, die gerichtlichen Akten einsehen und von diesen Abschriften erstellen (mit der Einwilligung des Vorsitzenden des Gerichts), notwendige Informationen von den Arbeitsstellen, Schulen, Verwaltungsorganen oder gesellschaftlichen Organisationen einholen.

5. Schlussbemerkungen

Die vorliegende Arbeit befasst sich mit den Organen des Rechtsschutzes in der Republik Polen. Diese Organen wurden in vier Gruppen aufgeteilt.

Die erste Gruppe stellen die Gerichte (Behörden der Rechtssprechung) dar, die sich aus dem Obersten Gericht, den ordentlichen Gerichten, Verwaltungsgerichten, Militärgerichten und anderen Gerichten und Organen, wie z.B. dem Landesrat für Gerichtswesen und den Kollegien für Ordnungswidrigkeiten zusammensetzen.

Die zweite Gruppe bilden die Gerichtshöfe, darunter der Verfassungsgerichtshof und der Staatsgerichtshof.

Der dritten Gruppe gehören die Behörden der staatlichen Kontrolle und des Rechtsschutzes an. Diese Bezeichnung ist der des Kapitels IX der Verfassung der Republik Polen gleich. Es sind folgende Behörden: die Oberste Kontrollkammer, Beauftragter für Bürgerrechte, der Landesrat für Rundfunk und Fernsehen.

Die vierte Gruppe stellen die übrigen Behörden des Rechtsschutzes dar. Sie werden nicht in der Verfassung, sondern in einzelnen Gesetzen geregelt. Dazu zählen: die Anwaltschaft, die Staatsanwaltschaft, das Notariat, der Rechtsbeirat und andere Behörden, die als rechtssprechende Organe angesehen werden können.

Konstanty Adam Wojtaszczyk

Das Parteiensystem in Polen

Im Jahre 1989 setzten qualitative Veränderungen der politischen Parteien und des Parteiensystems in Polen ein. Es begann der Prozess des Übergangs vom Einparteisystem der Epoche des Sozialismus zum modernen Mehrparteiensystem. Das Einparteisystem bedeutete die Hegemonie der kommunistischen Partei – der Polnischen Vereinigten Arbeiterpartei – und die Existenz der Bündnisparteien – der Vereinigten Bauernpartei und der Demokratischen Partei – mit ihrer eingeschränkten und unterschiedlich großen Autonomie zu verschiedenen Zeiten der Volksrepublik Polen. Die Einparteiherrschaft erforderte die Akzeptanz des sozialistischen Systems durch alle legalen politischen Institutionen[1]. Der Prozess der Herausbildung eines demokratischen Parteiensystems nach dem Umbruch ist Folge der sich vollziehenden sozioökonomischen und politischen Veränderungen und der neu formulierten rechtlichen Regelungen.

1. Der sozioökonomische und politische Kontext des Parteiensystems

Die politischen Parteien in Polen entwickelten sich seit 1989 unter den Bedingungen der Systemtransformation. Das Wesen der politischen Parteien und des Parteiensystems wird von den qualitativen Veränderungen in Gesellschaft, Wirtschaft und dem politischen System beeinflusst[2]. Nach dem Umbruch existierte noch keine *civil* society im Sinne eines breiten öffentlichen gesellschaftlichen Lebens, die kritisch und zugleich ergänzend die Handlungen des Staates erörtert und seine Politik mitgestalten könnte.

In der polnischen Tradition in Bezug auf die Staatsordnung überwog in den sozialen Verhaltensweisen eine historisch begründete nationale Kontinuität[3]. Am sozialen Widerstand, der sich seit Mitte der siebziger Jahre entwickelte und seinen Höhepunkt in der Zeit der „Solidarność" am Anfang der achtziger Jahre erreichte, nahm die Intelligenzschicht teil, für die die Unabhängigkeit eine moralische Pflicht darstellte, und die Arbeiterschaft des staatseigenen Sektors, für die die Verbesserung der Lebensbedingungen und die Realisierung der versprochenen sozialen Leistungen die Zielaufgaben

---

1 J. K. Hoensch, Geschichte Polens, Stuttgart 1990, S. 300–354.

2 K. A. Wojtaszczyk (Red.), Transformationsprozesse in Mittel- und Osteuropa, Warszawa 1993, S. 6–13.

3 K. Reiff, Polen. Als deutscher Diplomat an der Weichsel, Bonn 1990, S. 158–327.

waren. Dem sich im Jahre 1989 herausbildenden politischen System fehlte ein entsprechendes Fundament in Form gesellschaftlich-politischer Organisationen. In der schwach organisierten Gesellschaft mangelte es vor allem an Institutionen, die die Interessen verschiedener gesellschaftlichen Gruppen vertreten konnten. Im gesellschaftlichen Bewusstsein herrschten Werte, die dem Real-Sozialismus eigen waren, wie Egalitarismus, Neigung zur Passivität, doppelte Moral. Die Marktwirtschaft ermöglichte die Entwicklung des Bereiches der Dienstleistungen und die Entstehung des Mittelstandes. Es haben sich Institutionen etabliert, die die Interessen verschiedener gesellschaftlicher Gruppen vertraten. Die Einführung eines demokratischen politischen Systems eröffnete für die Politik neue Aufgabenfelder und Mechanismen, die für die Gesellschaft zugängig wurden.

Die sich vollziehende Systemtransformation verursacht soziale Kosten. Mit den Veränderungen in der Marktwirtschaft und dem demokratischen Parlamentarismus gingen die Veränderungen im Bewusstsein der Bevölkerung nicht einher. Viele gesellschaftlichen Gruppen erwarten immer noch, dass der Staat das Bruttosozialprodukt so verteilt, dass sie davon einen höheren Anteil bekommen. Die demokratisch gewählten politischen Eliten haben nicht immer die erwarteten Kompetenzen. In dem ganzen Jahrzehnt des Wandels bleibt die historische Aufteilung in die postkommunistischen und die postsolidarność- Aktivisten aufrechterhalten. In den Medien, die nach marktwirtschaftlichen Regeln vorgehen, werden vorwiegend Skandale in der Politik gezeigt. Die demokratische Legitimität für die reformorientierten politischen Akteure steht nicht im Einklang mit der gesellschaftlichen Akzeptanz für die Vorhaben, die sie durchführen. Die gesellschaftliche Zersplitterung wird von den Verarmungsprozessen und der Frustration von Teilen der Bevölkerung begleitet. Nach der Wende im Jahre 1989 hat sich die politische Szene neu etabliert. Die oben erwähnten Prozesse beeinflussen die Gestaltung und bestimmen das Wesen der politischen Parteien und des Parteiensystems.

2. Der rechtliche Rahmen für die politischen Parteien und das Parteiensystem

Der rechtliche Rahmen für politische Parteien ist in der Verfassung[4], im Gesetz über politische Parteien[5], in der Wahlordnung und in den parlamentarischen Ordnungen festgeschrieben. Die Folge und Ergänzung derer sind Beschlüsse in den Parteidokumenten, vor allem in den Satzungen. Das polnische Recht ist der Garant für die Entwicklung eines demokratischen Parteiensystems. Darin sind Pluralismus, Freiheit, Wettbewerb, Beachtung der demokratischen Verfassungsregeln und die Unterordnung unter die parlamentarischen Mechanismen verankert.

---

4 Verfassung der Republik Polen, Warszawa 1997.

5 Das Gesetz über die politischen Parteien vom 27.06.1997, Warszawa 1997.

Der rechtliche Status der politischen Parteien – einige Themenfelder

Problem	Wesen	Rechtliche Grundlage
Definition der politischen Partei	eine freiwillige Organisation, die unter einer bestimmten Norm auftritt und die das Ziel verfolgt, am gesellschaftlichen Leben teilzunehmen, indem sie mit demokratischen Mitteln die Politik des Staates beeinflusst oder die öffentliche Macht ausübt	Art. 1.1. des Parteiengesetzes
Ziel der Partei	Einflussnahme mit demokratischen Mitteln auf die Gestaltung der Politik des Staates	Art. 1 1.1 der Verfassung der Republik Polen
Mitgliedschaft	– Bürger der Republik Polen, die das 18. Lebensjahr vollendet haben – Parteilosigkeit; Es betrifft: Richter, Staatsanwälte, Polizisten, Funktionäre des Amtes für den Staatsschutz, Angestellte der Obersten Prüfkammer, Mitglieder des Staatlichen Zivildienstes, Leiter und Mitglieder des Landeswahlbüros; Die Mitgliedschaft der Personen, die im Landesrat für Rundfunk und Fernsehen tätig sind, wird eingestellt.	Art. 1 1.1 der Verfassung der Republik Polen Art. 2 des Parteiengesetzes
Vermögen, Finanzen der politischen Parteien	– Finanzierungsverbot vom Ausland – Dotierung der Ausgaben für die Wahlen (Sejm, Senat) sowie die satzungsgemäße Tätigkeit vom Staatshaushalt – die Ausübung der wirtschaftlichen Tätigkeit wird zugelassen	Kap. IV des Parteiengesetzes
Auflösung der politischen Partei	– im Falle der Auflösung aufgrund des Beschlusses der satzungsberechtigten Organs der Partei – im Falle des gerichtlichen Beschlusses über die Streichung der Eintragung der Partei aus dem Sachregister	Kap. VI des Parteiengesetzes

Die Gründung der politischen Parteien bedarf keinerlei Genehmigung staatlicher Behörden. In Polen dürfen sowohl die eingetragenen als auch die nichteingetragenen Parteien aktiv sein. Eine eingetragene Partei wird zu einer juristischen Person. Das Sachregister wird vom Wojewodschaftsgericht in Warschau geführt. Die Eintragung bedarf einer Befürwortung von mindestens 1000 polnischen Bürgern, die das 18. Lebensjahr vollendet haben und wahlberechtigt sind. Das Parteiensystem wird stark von den Wahlspielregeln beeinflusst. Das seit 1993 geltende Wahlrecht für die Sejmwahlen, das den Verhältnismodus mit der Fünf-Prozent-Sperrklausel für politische Parteien und der Acht-Prozent-Hürde für Wahlbündnisse verbindet, führt dazu, dass die Anzahl von Gruppierungen im Parlament kleiner wird und die Herausbildung größerer Wahlblöcke fördert. Bei den Sejmwahlen im Jahre 1997 konnten sich zwei Formationen – die Linke (SLD) und die Mitte-Rechts-Koalition (AWS) etablieren.

Laut Gesetz über politische Parteien bilden die Parteien ihre Strukturen und bestimmen ihre Handlungsregeln nach demokratischen Grundsätzen. Es geht hier vor allem um die Transparenz der Strukturen, die Bestimmung der Parteiorgane durch Wahlen und die Beschlussbestimmung durch Stimmenmehrheit.

Die sozioökonomischen und rechtliche Bedingungen haben folgendes Bild der politischen Parteien und des Parteiensystems in Polen geprägt:

- Es gibt mehrere politischen Parteien. In der polnischen politischen Szene sind einige hundert Gruppierungen aktiv, davon 80 eingetragen;
- Es gibt schwach entwickelte bzw. wenig aktive Parteistrukturen. Dies betrifft vor allem die außerparlamentarischen Parteien, aber auch im geringeren Ausmaß die postsolidarność-Gruppierungen. Auf relativ gut entwickelte Organisationsstrukturen können die Gruppierungen zurückgreifen, die an eine schon zur Zeit der Volksrepublik Polen bestehende Tätigkeit anknüpften. Ein bedeutender Teil der Gruppierungen stützt sich auf ihre Parteiführer (Personalisierung) und verfügt über eine geringe Mitgliederanzahl;
- Die Parteien haben eine geringe Mitgliederanzahl. Die größte Partei ist die Polnische Bauernpartei – PSL (ca. 190 Tsd.), Bündnis der Demokratischen Linken – SLD (ca. 80 Tsd.), Freiheitsunion – UW (über 20 Tsd.) und die Gruppierungen, die den Block AWS bilden.
- Die Programme sind inhaltlich vielseitig. Vor allem bei den außerparlamentarischen Gruppierungen (die keine parlamentarische Erfahrung haben) ist eine Programmschwäche festzustellen, wie z.B. fragmenthafte Programmvorschläge, populistischer Charakter dieser Programme, keine positiven Lösungsvorschläge;
- Die Koalitionen werden nicht aufgrund der Einigung über das Programm, sondern aufgrund der Abmachungen zwischen den Parteiführern gebildet bzw. historisch begründet.

3. Die Trennlinien in der politischen Szene Polens

Die politische Szene in Polen ist bunt. Die Trennlinien im Parteiensystem ergeben sich aus unterschiedlichen Herkunftsgeschichten der Gruppierungen, ihrem Verhältniss zur Systemtransformation und ihrem Rang im Parteienspektrum. Das Kriterium, das in der Transformationszeit zur Geltung kam, war die Herkunftsgeschichte der Gruppierungen. Dementsprechend kann zwischen den postkommunistischen und den Parteien, die sich aus der „Solidarność"-Bewegung herleiten, unterschieden werden. Die postkommunistischen Parteien sind Nachfolgeparteien aus der Zeit der Volksrepublik Polen. Jede von ihnen d.h. die Polnische Vereinigte Arbeiterpartei (Polska Zjednoczona Partia Robotnicza – PZPR), die Vereinigte Bauernpartei (Zjednoczone Stronnictwo Ludowe

– ZSL) und die Demokratische Partei (Stronnictwo Demokratyczne – SD) haben ihre Fortsetzung entsprechend in der Sozialdemokratie der Republik Polen (Socjaldemokracja Rzeczypospolitej Polskiej – SdRP), der Polnischen Bauernpartei (Polskie Stronnictwo Ludowe – PSL) und der Demokratischen Partei (Stronnictwo Demokratyczne – SD) gefunden. Im neuen System konnten sich die SdRP (SLD) und die PSL behaupten. Ihr neues Image konnten sie dadurch aufbauen, indem sie zum Einen ihre Programme und Handlungsformen qualitativ verändert haben und zum Anderen Fehler der Solidarność-Parteien und die Unzufriedenheit großer Teile der Bevölkerung wegen der hohen Transformationskosten ausnutzten.

Die Postsolidarność-Parteien wuchsen aus der pluralistischen Bewegung der Unabhängigen Gewerkschaft NSZZ „Solidarność" hevor. Nach 1989 hat sich diese Bewegung mehrmals gewandelt, so dass eine Vielfalt von Gruppierungen mit unterschiedlichen ideologischen Ansätzen entstand wie z.B.: linksorientiert – die Arbeitsunion (Unia Pracy – UP), die Polnische Sozialistische Partei (Polska Partia Socjalistyczna – PPS); bäuerliche Parteien – z.B. die PSL-Solidarność; liberal: die Freiheitsunion (Unia Wolności – UW); liberal-konservativ: die Konservative Partei (Partia Konserwatywna), „Bewegung 100" (Ruch 100), in der Tradition der nationalen Unabhängigkeitspartei – z.B. die Bewegung für den Wiederaufbau Polens (Ruch Odbudowy Polski – ROP); national-katholisch – z.B. die Christlich-Nationale Vereinigung (Zjednoczenie Chrześcijańsko-Narodowe – ZChN).

In der bisherigen Entwicklung der politischen Szene haben bisher die UP und UW sowie die Wahlaktion „Solidarność" (Akcja Wyborcza „Solidarność") und ROP an Bedeutung gewonnen.

Für die politischen Parteien in Polen ist ein unterschiedliches Programmprofil bezeichnend. Einig sind sie sich über die Notwendigkeit der Verwirklichung der parlamentarischen Demokratie, der Marktwirtschaft sowie hinsichtlich der Stellung Polens im internationalen Gefüge. Die Unterschiede betreffen Strategie und Taktik des Transformationsprozesses, die geforderte Regierungsform, das Wirtschaftsmodell und die sozial-ökonomische Politik des Staates und die Stellung der Katholischen Kirche in der politischen Szene.

Auch die Akzente in der Außenpolitik werden unterschiedlich gesetzt. Die Westorientierung wird im Allgemeinen akzeptiert, die Bedingungen der Integration mit den europäischen (Europäische Union, Westeuropäische Union) und euroatlantischen Strukturen (NATO) dagegen unterschiedlich formuliert.

In der Sprache der Wissenschaft und der politischen Praxis ist ein wichtiger Bezugsrahmen die Aufteilung der politischen Szene in die Linke, das Zentrum und die Rechte. Die Grundlage bilden hierbei die drei Ebenen: axiologische (wertbezogene), sozioökonomische und politische Dimension. Die Identifizierung der Linken und der Rechten ist unter den Bedingungen der Systemtransformation in Polen besonders schwierig. Die Linke wird mit den postkommunistischen Parteien, demgegenüber die Rechte und ein bedeutender Teil des Zentrums mit den Postsolidarność-Gruppierungen identifiziert.

Dies entspricht jedoch nicht ganz der politischen Realität. In den Programmen der meisten Parteien werden die Forderungen aus verschiedenen Ecken und Winkeln der politischen Szene vermischt.

Die linksorientierten Parteien sind vor allem die Polnische Sozialistische Partei (PPS), die Arbeitsunion (UP) und das Bündnis der Demokratischen Linken (SLD). Diese Gruppierungen vertreten eine laizistische Position, setzen sich für ein parlamentarisches Regierungssystem und für die Marktwirtschaft mit einem ausgebauten Staatsinterventionismus ein.

Radikal rechtsorientiert ist die Union der Realpolitik (Unia Polityki Realnej – UPR), die für eine starke Exekutive und eine Marktwirtschaft ohne Staatsinterventionismus plädiert. Rechtsorientierte Forderungen überwiegen auch in der Konservativen-Volkspartei (Stronnictwo Konserwatywno-Ludowe – SKL), der Bewegung für den Wiederaufbau Polens (ROP) und der Christlich-Nationalen Vereinigung (ZChN). Eine klassische Partei des Zentrums ist die Freiheitsunion (UW).

4. Hauptakteure der politischen Szene in Polen

In der politischen Szene in Polen konnten sich als wichtigste Formationen das Bündnis der Demokratischen Linken (SLD), die Wahlaktion „Solidarność" (Akcja Wyborcza „Solidarność"), die Freiheitsunion (UW) und die Polnische Bauernpartei (PSL) behaupten.

Das **Bündnis der Demokratischen Linken (SLD)** existiert als eine politische Partei seit 1999. Es erwuchs aus dem vor den Wahlen gebildeten Wahlblock der Sozialdemokratie der Republik Polen (SdRP) und 32 anderer linksorientierter Organisationen. Die Partei setzt sich für die Marktwirtschaft und ein parlamentarisches Regierungssystem ein. Sie ist für den Beitritt Polens zur Europäischen Union und der NATO. Sie vertritt die Position der Trennung von Kirche und Staat. Eine eher skeptisch-negative Haltung hat sie gegenüber der „Dekommunisierung" und der „Lustration" (d.h. der Prüfung auf die Zusammenarbeit bzw. Zugehörigkeit zu den Sicherheitsdiensten). Die SLD ist eine heterogene Partei. In ihr sind mindestens drei große Flügel erkennbar: der linksorientierte Liberalismus, die neue Linke und die Vertreter des alten Parteiapparats, die sich an linkspopulistischen und zurückfordernden Denkweisen festhalten. Die SLD als Bündnis verfügt über eine effektiv ausgebaute Organisationsstruktur. Die SLD bildete in den Jahren 1993-1997 die Regierungskoalition mit der Polnischen Bauernpartei (PSL). Einer ihrer Parteiführer – Aleksander Kwaśniewski – ist seit 1995 der Präsident. Den Meinungsumfragen nach rangiert die SLD im Jahre 2000 mit 35% auf dem ersten Platz.

Die **Wahlaktion „Solidarność" (Akcja Wyborcza „Solidarność")** entstand im Jahre 1996 zum Zwecke der Konsolidierung der Rechten um die Unabhängige Gewerkschaft „Solidarność" mit ihrem Vorsitzenden Marian Krzaklewski. Sie wurde zu einer Alternative zu den postkommunistischen Gruppierungen in den Parlamentswahlen im Jahre 1997.

Neben der Gewerkschaft „Solidarność" haben sich ihr einige Dutzend Parteien und politische Organisationen angeschlossen. Die einzelnen Gruppierungen haben sich im AWS-Lager abwechselnd zusammengeschlossen oder sie zerfielen. Es gab auch horizontale Zusammenschlüsse und verschiedene Konstellationen. Im AWS-Lager sind neben der Gewerkschaft die Konservative Volkspartei (SKL) und die christlich-nationalen Gruppierungen, darunter die Christlich-Nationale Vereinigung (ZchN), die stärksten Kräfte. Die AWS plädiert für die Dekommunisierung und die Lustration. Die AWS, die nach den Wahlen 1997 die stärkste Gruppierung war, hat mit der Freiheitsunion (UW) eine Regierungskoalition gebildet, die im Jahre 1999 vier wesentliche Reformen eingeleitet hat: die Selbstverwaltungs- und Gebietsreform, Reformen im Gesundheitswesen, in den Sozialversicherungen und die Bildungsreform. Die struktur- und programmatisch inhomogene AWS hat Disziplinprobleme bei Abstimmungen im Sejm. Die Unstimmigkeiten zwischen der liberal orientierten Freiheitsunion und den populistisch-zurückfordernden Flügeln in der AWS haben immer wieder zur Abschwächung einer gemeinsamen Basis geführt, so dass es im Mai 2000 zu einer Krise der Regierungskoalition kam. Infolgedessen entstand eine Minderheitsregierung der AWS.

Die **Freiheitsunion (Unia Wolności – UW)** entstand im Jahre 1994 als Zusammenschluss von zwei postsolidarność Parteien: des Liberaldemokratischen Kogresses (Kongres Liberalno-Demokratyczny – KLD) und der Demokratischen Union (UD). Die Partei erwuchs aus der damaligen gemäßigten antikommunistischen Opposition, die die Freiheitsidee, das private Eigentum und den gemeinschaftlichen Markt als Zielaufgaben vor Augen hatte. In der Freiheitsunion machen sich verschiedene Trennungslinien bemerkbar. Zwei Denkweisen hinsichtlich der Weltanschauung kommen zum Vorschein: christlich-konservative und sozioliberale Ansichten. Die UW ist für die säkulare Neutralität des Staates, gleichzeitig wird aber innerhalb der Partei der Neutralitätsgrundsatz unterschiedlich verstanden. Der ideologische Ansatz ist Markwirtschaft und parlamentarische Demokratie. Als eine der wichtigsten Zielaufgaben wird der Beitritt Polens zur NATO und zur Europäischen Union genannt.

Die **Polnische Bauernpartei (Polskie Stronnictwo Ludowe – PSL)** entstand im Jahre 1990 als die Vereinigte Bauernpartei (ZSL) ihren Namen in PSL geändert hatte, um damit an die Tradition der Bauernbewegung der Vorkriegszeit anzuknüpfen. Die PSL ist zahlenmäßig die stärkste politische Partei. Über die Stärke der PSL haben auch der von der ZSL vererbte Führungsapparat und die Organisationsstrukturen sowie die Zusammenarbeit mit gesellschaftlichen Organisationen auf dem Lande entschieden. Die PSL spricht vor allem die Menschen in den Dörfern und Kleinstädten an. In der Partei fehlt es an einem transparenten Selbstverständnis. Ein breites Spektrum von politischen Optionen ist hierbei zu beobachten. Es wird z.B. dafür plädiert, dass die PSL eine Organisation der Interessenvertretung der Bauern, eine gesamtnationale linksorientierte Partei, eine gesamtnationale Zentrumspartei oder eine neue christlich orientierte Partei werden sollte. Das Programm wird einerseits von den Interessen der Bauern geprägt, andererseits greift man auf die Ideen der Linken als auch der „Solidarność"-Bewegung zurück. Die PSL knüpft an die Idee des Agrarismus der Vorkriegszeit an. Sie ist für die parlamentarische Demokratie und den Staatsinterventionisums in der Wirtschaft. Sie vertritt eine skeptisch-gemäßigte Haltung gegenüber den Beitritt Polens zur EU. Sie macht auf die Gefahren des westeuropäischen Protektionismus sowie des Aufweichens der nationalen Identität aufmerksam. Die Furcht betrifft hierbei auch die Folgen nicht nur für die Landwirtschaft, sondern auch für die ganze Wirtschaft Polens.

5. Die Entwicklung des polnischen Parteiensystems: von der Zersplitterung des Mehrparteiensystems zum gemäßigten Pluralismus

Die Entwicklung des Parteiensystems in Polen nach 1989 weist qualitative Veränderungen auf. Die Veränderungen kamen jeweils durch jede Präsidentschafts- (1990, 1995, 2000) und Parlamentswahlen (1991, 1993, 1997) zustande. Die Präsidentschaftswahlen im Jahre 1990 haben zum Einen zur weiteren Pluralisierung des Systems, zum Anderen zu immer mehr sichtbaren Trennungslinien in den Programmen einzelner Parteien (Demokratische Union (UD), Allianz Zentrum (Porozumienie Centrum – PC) geführt. Gleichzeitig kam es zur Polarisierung, die endgültig die Parlamentswahlen (1991) bestätigt haben. Die Polarisierung hat jedoch – ähnlich wie in Italien Ende 1970/Anfang 1980 und in Finnland – keinerlei extreme Gruppierungen hervorgebracht. Die postkommunistische Linke hat die westorientierte Option der Sozialdemokratie gewählt und versucht, durch eine konstruktive Opposition sich dem Zentrum ohne Populismus zu öffnen. Die schwachen nationalistisch-kommunistischen Gruppierungen verloren an Bedeutung. Die extreme Rechte hatte keine Vertreter im Parlament. Die Parlamentswahlen 1993 haben die Epoche des polarisierten Pluralismus abgeschlossen, um in den gemäßigten Pluralismus überzugehen. Dies wurde durch die Parlamentswahlen im Jahre 1997 bestätigt. Das Parteiensystem ist mehr ausgeglichener geworden. Die wichtigsten Parteien konnten sich behaupten. Es sind die Wahlaktion „Solidarność" und das Bündnis der Demokratischen Linken (SLD). Die Rolle des Züngleins an der Waage kommt dabei der Freiheitsunion (UW) zu. Die PSL hat an Bedeutung verloren und die ROP ist marginalisiert worden. Während der Transformation bleibt die Trennung zwischen dem Postsolidarność- und dem postkommunistischen Lager aufrechterhalten.

Jan Garlicki

Die politische Kultur in der polnischen Gesellschaft

Die politische Kultur ist ein von den amerikanischen Politiksoziologen in den fünfziger und sechziger Jahren entwickelter und verbreiteter Begriff. Im Jahre 1956 verfasste Gabriel A. Almond den Aufsatz *Comparative Political System*[1], in dem er die erste, breit bekannte Definition des Begriffs der politischen Kultur vorgeschlagen hat. Zusammen mit Sidney Verba hat er dann den Begriff im Rahmen der Untersuchungen in „fünf Demokratien" verwendet[2].

Nach Almond ist die politische Kultur „die Gesamtheit der individuellen Einstellungen und Orientierungen der Teilnehmer des jeweiligen Systems. Es ist eine subjektive Sphäre, die den politischen Handlungen zugrunde liegt und diesen eine Bedeutung verleiht."[3]. Die individuellen Orientierungen der Bürger in Bezug auf die Politik enthalten – nach Aussagen der amerikanischen Autoren – folgende Elemente:

- die kognitive Orientierung – ein wahres oder ein falsches Wissen über die politischen Objekte und Ideen;
- die affektive Orientierung – das Gefühl der Bindung, des Engagements, des Protestes gegen die politischen Subjekte;
- die evaluative Orientierung – Urteile und Meinungen über die Objekte der Politik, Beurteilungen, die zu einem bestimmten Verhalten gegenüber den politischen Subjekten und Ereignissen führen und eine Anwendung von wertenden Kriterien auf diese erfordern.

1. Der Begriff der politischen Kultur in der polnischen Wissenschaft

Die Tradition der Anwendung des Begriffs „die politische Kultur" in Polen ist älter als die erwähnte Richtung in der amerikanischen Wissenschaft. Über die politische Kultur wurde unter den Akademikern in Polen bereits vor der Wiedergewinnung der Unabhängigkeit unseres Staates im Jahre 1918 gesprochen. Den Begriff der politischen

1 G. A.Almond, *Comparative Political System*, in: *Journal of Politics*, XVIII, 1956.
2 Vgl. G. A. Almond, S. Verba, *The Civic Culture*, New York 1963.
3 G. A. Almond, G. B. Powell, *Comparative Politics*: A Development Approach, Boston 1966, s. 50.

Kultur hat als einer der Ersten Józef Siemieński verwendet. Im Jahre 1916 hat er an der Warschauer Universität einen Vortrag über die politischen Orientierungen in der polnischen Gesellschaft in der Zeit des Vierjährigen Sejms gehalten. Der Vortrag und später der Aufsatz zu dieser Problematik hieß: *Die Verfassung vom 3. Mai 1791 als Ausdruck der polnischen politischen Kultur*[4]. J. Siemieński hat somit zwar den Begriff der politischen Kultur in der polnischen Wissenschaft eingeführt, jedoch diesen nicht definiert. Er versuchte, den Terminus im Jahre 1932 zu bestimmen. In seinem Buch *Die politische Kultur im 16. Jahrhundert* schrieb J. Siemieński: „Der höchste – um nicht zu sagen der endgültige – und der meist charakteristische Ausdruck für die politische Kultur einer Nation ist die Regierungsform, die die Nation zustande gebracht hat oder (...(die sie mit der Ergebung trägt"[5]. Er erörterte ferner die Entwicklung der politischen Ordnung der Republik Polen und die in der Geschichte Polens auftretenden Ausdrucksformen der öffentlichen Meinung. Die Beschreibung Siemieński"s der politischen Kultur in der polnischen Gesellschaft im Zusammenhang mit der im Jahre 1791 verabschiedeten Verfassung bekommt einen tiefen Sinn. Das von dem Vierjährigen Sejm verabschiedete Grundgesetz wurde von den Abgeordneten und Reformern, die sich um die patriotische Partei geschart haben, erarbeitet. Es war die erste Verfassung in Europa und die zweite – nach der Verfassung in den USA – in der Welt, die neue Lösungen mit sich brachte. Sie erkannte u.a. die politischen Rechte des Bürgertums, an schränkte die Willkür der Schlachta /polnischer Adel/ ein, indem sie den Grundsatz von *liberum veto*, mit dem die Sitzungen des Sejms abgebrochen wurden, aufgehoben hatte und schaffte die Grundlagen für einen starken und modernen Staat. Die Verfassung vom 3. Mai war zweifellos ein Ausdruck der Sorge um die Zukunft Polens und starken Willens zum Aufbau eines leistungsfähigen politischen Systems, wie es heute die moderne Sprache der Politiksoziologie nennen würde. Diese Bestrebungen wurden von einer starken politischen Bewegung von unten eingeleitet, die für ihre Ideen den damaligen Herrscher, den König Stanisław August Poniatowski, gewonnen hat. Nach J. Siemieński bedeutet diese Entwicklung, dass sich eine reife, demokratische und reformatorische politische Kultur der intelektuellen und politischen Eliten der polnischen **Adelsrepublik** herausgebildet hat. Das Modell der politischen Kultur und die damals erlassenen Rechtsvorschriften wurden zum Vorbild für die nächsten Generationen von Politikern in Polen. Sie wurden in der Zeit der Teilung Polens nicht vergessen und nach der Erlangung der Unabhängigkeit im Jahre 1918 stellten sie eine wesentliche Voraussetzung für den Aufbau eines souveränen polnischen Staates dar.

Die Herausbildung einer modernen politischen Kultur in Polen des 18. Jahrhunderts sowie die Analyse dieser Kultur am Anfang des 20. Jahrhunderts stellen die Frage nach der Kausalbeziehung zwischen dem politischen System und der poltischen Kultur. G.

---

4 Vgl. J. Siemieński, *Konstytucja 3 Maja 1791 jako wyraz polskiej kultury politycznej. Odczyt wygłoszony na uroczystym obchodzie rocznicy 3 Maja w UW*, Warszawa 1916.

5 J. Siemieński, *Kultura polityczna wieku XVI*, in: *Kultura Staropolska*, Kraków 1932, s. 121.

A. Almond mit seinen Mitarbeitern wies auf die Einflussnahme des Systems auf die Herausbildung von Mustern der politischen Kultur hin. Die politischen Orientierungen entstehen als eine Art Reaktion auf die institutionelle Struktur und das Funktionieren des Systems. Dann werden sie – nach amerikanischen Politologen – zur Voraussetzung der Verhaltensweisen und Handlungen der Teilnehmer des Systems. J. Siemieński schlug – wie es scheint – eine Interpretation der politischen Kultur vor, die sich von dem funktionalistischen Herangehen der amerikanischen Wissenschaftler unterschied. Die Gesellschaft, oder eigentlich ihre politischen Eliten, formen die Muster der politischen Kultur, die dann zur Rekonstruktion des politischen Systems führen. Die erwähnten Unterschiede im Herangehen stellen aber ein scheinbares Dilemma dar. Das politische System und die politische Kultur befinden sich nämlich in einem Wechselverhältnis. Das System nimmt Einfluss auf die Gestaltung der politischen Orientierungen, es können aber in der Gesellschaft neue Ideen und Muster entstehen, die in Folge zur Systemveränderung führen. In der neuzeitlichen Geschichte Polens gibt es dafür zahlreiche Beispiele. Die Analyse des erwähnten Aufsatzes von J. Siemieński und der Publikationen polnischer Historiker[6] erlaubt die Feststellung, dass die politische Kultur der Polen ihre Wurzeln in der Epoche der Aufklärung, vielleicht sogar in einer früheren Zeit der Schlachta-Demokratie hat. Diese Tradition und diese sicherlich bahnbrechenden europäischen Muster der politischen Kultur haben die politischen Orientierungen der Polen in unserem Jahrhundert beeinflusst.

Wenn wir die politische Kultur, und vor allem ihren Zustand im gegenwärtigen Polen, betrachten, müssen wir diesen Begriff und die Bestandteile, die für das von uns gewählte Verständnis von Bedeutung sind, genau definieren. Nach den Pionierarbeiten von J. Siemieński, wurde die Problematik der politischen Kultur in der polnischen soziologischen und politischen Literaur am Ende der sechziger und Anfang der siebziger Jahre neu aufgenommen. Das Interesse daran wurde durch die wissenschaftlichen Beiträge von G. A. Almond und anderen amerikanischen Wissenschaftlern geweckt. Die polnischen Autoren schlugen vor, von der psychologistischen Richtlinie der Amerikaner abzukommen. Gleichzeitig wiesen viele von ihnen auf den Gewinn hin, Forschungen über Politik um die subjektive Sphäre zu erweitern. Die Zielaufgaben der Untersuchungen der politischen Kultur sollten die Bestimmung des Verhältnisses der sozialen Gruppen und der Individuen zu Politik, sowie der Erscheinungen und politischen Institutionen sein. Die Indizien der subjektiven Sphäre der Politik sind die kollektiven und individuellen Verhaltensweisen. Es sollten „sowohl die konkreten Verhaltensweisen als auch die verbalen Äußerungen hinsichtlich der Verhaltensweisen"[7] analysiert werden. Władysław Markiewicz, der 1971 als einer der Ersten auf die Konzeption der politischen Kultur von G. A. Almond[8] aufmerksam gemacht hatte, wies auf die Notwendigkeit

6 Vgl. *Dzieje kultury politycznej w Polsce*, J. Gierowski (red.), Toruń 1974.

7 M. Marody, *Sens teoretyczny a sens empiryczny pojęcia postawy*, Warszawa 1976, s. 20.

8 Vgl. W. Marody, *Kultura polityczna społeczeństwa*, „Odra", nr 3/1971.

einer dynamischen und historischen Auffassung der politischen Kultur hin. Er war der Meinung, dass die politische Kultur keine dauerhafte, unveränderliche Erscheinung ist. Die Änderung des politischen Kräfteverhältnisses in der Gesellschaft über längere Zeit, aber auch dynamische Veränderungen in der Politk in einer kurzen Zeit, führen zu Veränderungen in der politischen Kultur. Sie können sowohl einige Aspekte, Elemente als auch die politische Kultur ganz verändern. Manchmal kommt es, zwar nicht im wörtlichen Sinne, zu Rückfällen einiger Modelle der politischen Kultur. Aufgrund der Vorschläge der amerikanischen Autoren und auf der Basis der polnischen Erfahrungen habe ich eine regulierend-projizierende Definition der politischen Kultur formuliert. Die politische Kultur ist eine zeitlich variable, grundsätzlich durch die historische Tradition und die Strukturen der politischen Institutionen und Grundsätze des Funktionieren eines Systems geprägte Gesamtheit der Orientierungen der Gesellschaft, der sozialens Gruppen, Individuen in Bezug auf die Politik. Es ist eine subjektive Sphäre der Politik (innere Überzeugungen), die ihren Ausdruck in konkreten und verbalen Verhalten findet. Dazu gehören:

1. das Interesse an Politik, Wissen über die Politik sowie Kentnisse über die politischen Fakten;
2. die anerkannten und gewünschten Werte in Bezug auf das politische System und die Funktionsmechanismen seiner Institutionen;
3. die Beurteilung der politischen Erscheinungen und wertende Urteile über die politischen Institutionen;
4. die anerkannten Verhaltensmuster im Bereich der Politik und die erprobten politischen Handlungsweisen[9].

Die in der Definition aufgeführten Bestandteile der politischen Kultur können auch als ihre Dimensionen – kognitive, axiologische (wertbezogene), evaluativ-affektive, behaviorale – betrachtet werden. Dieses Verständnis der politischen Kultur wurde zur Grundlage der Untersuchungen, die in den achtziger und neunziger Jahren durchgeführt wurden.

2. Die politische Kultur in der Volksrepublik Polen

Wenn man die politische Kultur der polnischen Gesellschaft in der Zeit der Volksrepublik Polen betrachten will, darf man die Tradition und Muster der früheren Epoche nicht außer Acht lassen. Auch in der Zeit 1944–1989 war die polnische Gesellschaft in ihren Überzeugungen und Aktivitäten nicht homogen. Die Tradition des Pluralismus in Polen hat ihre Wurzeln in der Epoche der Schlachta-Demokratie. Polen war damals ein in vielen Bereichen differenziertes Land. Vor allem gab es einen Pluralismus hinsichtlich der Nationalitäten, da Polen im 17. und 18. Jahrhundert eine

---

[9] J. Garlicki, *Kultura polityczna młodzieży studenckiej*, Warszawa 1991, s. 26.

Heimat vieler Völker war. Neben der ethnisch polnischen Bevölkerung, die weniger als die Hälfte aller Einwohner ausmachte, lebten hier Litauer, Ukrainer, Weißrussen, Deutsche und Juden. Auch der kulturelle Pluralismus war eine Tatsache. Die Bevölkerung war darüber hinaus konfessionell unterschiedlich. In der ethnisch polnischen Bevölkerung dominierte die römisch-katholische Konfession, es gab aber auch Lutheraner, Kalvinisten, Anabaptisten und sogar Moslems. Im Osten des Landes war die griechisch-katholische Religion verbreitet. Der Nationen-, Kultur- und Religionspluralismus wurde von einem politischen System begleitet, das viele polyzentrische Wesensmerkmale aufwies. Die Kontinuität der unabhängigen und pluralistischen Schlachta-Republik wurde endgültig durch die Dritte Teilung Polens im Jahre 1795 abgebrochen. Jedoch die Tradition der Unabhängigkeit und des Ungehorsams halfen den Polen die über 100-jährige Nichtexistenz eines unabhängigen und souveränen Staates zu überstehen. (Das Nationalbewusstsein der Polen in der Zeit der Teilungen stellte sich nicht nur als *die Bundeslade zwischen den alten und den neuen Zeiten*, wie Adam Mickiewicz es sagte, dar. Es war eine wichtige Waffe im Kampf um die Wiedererlangung der unabhängigen Staatlichkeit.

Nach der Erlangung der Unabhängigkeit nach dem Ersten Weltkrieg hat sich in Polen ein System der pluralistischen Demokratie etabliert. Sie existierte ungestört vom 1918 bis 1926. Die Tradition des Pluralismus und die polyzentrischen Muster der Staatsordnung waren in Polen reichlich vertreten.

In der zweiten Hälfte der vierziger Jahre, nach der Änderung der Grenzen und der Gründung eines neuen Staates, der in die Geschichte als Volksrepublik Polen einging, hat das System und die Gesellschaft eine monistische Gestalt angenommen. Der Monismus war aber in hohem Maße scheinbar. Das politische System ist unter dem kommunistischen Regime zweifellos zu einem monozentrischen System geworden[10]. Der nationale Pluralismus in der Gesellschaft verschwand, weil es nach der Änderung der Grenzen auf dem Territorium Polens größtenteils polnische Bevökerung lebte. Polen sollte zu einem Staat *einer Nation, einer Ideologie, einer Religion* und dazu zentralistisch regiert werden. Selbst diese Zusammenstellung zeigt, wie illusorisch diese Vereinheitlichung sein musste. Die Widersprüchlichkeit entstand in der ideellen Sphäre. Es hat sich herausgestellt, dass die kommunistische Ideologie mit der römisch-katholischen Religion nicht zu vereinbaren sei. Die nationalen Minderheiten blieben auch erhalten, obwohl sie einen geringen Anteil der Gesellschaft darstellten. Auch der kulturelle Pluralismus blieb erhalten. Im politischen Leben herrschte ununterbrochen eine relative Vielfalt an Organisationen und Orientierungen. Es kam sowohl zu Versuchen, neue Organisationen zu gründen als auch, vor allem nach den sozialen Protesten, einer zwar illegalen aber offenen Tätigkeit von oppositionellen Gruppierungen. Die wichtigsten Träger dieser Mannigfaltigkeit waren – neben der Kultur, insbesondere der Literatur, die

---

[10] Vgl. E. Wnuk-Lipiński, *Rozpad połowiczny. Szkice z socjologii transformacji ustrojowej*, Warszawa 1993.

sich den totalitären Tendenzen widersetzten – das gesellschaftliche Bewusstsein und die politische Kultur.

Die im Bewusstsein der Polen bewahrten demokratischen Werte und der Pluralismus der politischen Orienteirungen konnten in das monozentrische System übertragen werden. Die Muster der politischen Kultur aus der früheren Zeit bildeten die Grundlage für die Entstehung der Protestbewegungen und der Programme der politischen Opposition. Die Aufgabe der Aufbewahrung der Werte war ein wichtiger Bestandteil des Ethos der polnischen Intelligenzschicht. Die von diesen Kreisen generierten Muster und Ideen der Organisation des gesellschaftlichen Lebens haben oftmals zu Veränderungen, zu Reformen in Polen beigetragen.

Die politische Kultur der polnischen Gesellschaft in der Zeit der Volksrepublik Polen wurde durch zwei Faktoren geprägt. Zum Ersten waren es Muster aus der Vergangenheit, die – wie eben erwähnt – eine Reihe tief internalisierter pluralistischer Traditionen enthielten. Zum Anderen wurde die politische Kultur durch das politische Systems des *Real-Sozialismus*, das monozentrisch war, gestaltet und verändert. Das Wesen dieses Systems bestand in der Eliminierung oder zumindest der Einschränkung der Aktivitäten der institutionellen alternativen Strukturen. Das war eine Politik der Reglementierung der Existenzmöglichkeiten sämtlicher Organisationsstrukturen. Vor allem führte dies zur Reduzierung der Möglichkeiten der Gründung von Parteien und anderen politischen oder *quasi* politischen Organisationen, die zu dem dominierenden Modell alternative Programme erstellen würden. Die sozialen Verhaltensweisen wurden von einem politischen Entscheidungszentrum reguliert, das eigentlich keiner gesellschaftlichen Kontrolle unterlag. Die vorherrschende Rolle im System hatte die kommunische Partei – die Polnische Vereinigte Arbeiterpartei (Polska Zjednoczona Partia Robotnicza – PZPR). Sie wurde von zwei Satellitenparteien unterstützt: der Vereinigten Bauernpartei (Zjednoczone Stronnictwo Ludowe – ZSL), die die Wählerschaft auf dem Lande angesprochen hatte, und der Demokratischen Partei (Stronnictwo Demokratyczne), die das Gewerbe und die privaten Kleinunternehmer vertreten hatte. G. A. Almond analysierte die Voraussetzungen der Gestaltung der politischen Kultur in den Systemen des Real-Sozialismus in den Ländern Ostmitteleuropas und stellte fest, dass Regierungen, vor allem Führungen der kommunistischen Parteien *„die Bestimmung des Organisationsmonopols und des Monopols der Massenmedien anstrebten. Der ideologische Konformismus wurde belohnt und die Abweichung streng bestraft. Die örtlichen und nachbarschaftlichen Gemeinschaften wurden von Parteiaktivisten beaufsichtigt. Kinder und Jugendliche wurden in den parteitreuen Formationen organisiert und in den Schulprogrammen der Nachdruck auf linientreue ideologische Indoktrinierung gelegt"*[11]. Diese kurze Darstellung des Wesens der monozentrischen Systeme des Real-Sozialismus beschreibt zutreffend deren Auswirkung auf die Bevölkerung aus. Die Versuche der

[11] G. A. Almond, *Communism and Political Culture Theory*, in: „Comparative Politics", tom 15, nr 2, Januar 1983, s. 127.

Veränderung der politischen Kultur im Rahmen eines solchen Systems sind meistens nur zum Teil erfolgreich. Die historischen Erfahrungen sind nämlich für die politische Kultur von großer Bedeutung. Das ursprüngliche System der Orientierungen und der Verhaltensweisen, das über Jahre gestaltet wurde, bleibt erhalten, weil die relevanten Verhältnisse zum großen Maße und über längere Zeiträume aufrechterhalten werden. „... *Egal wie stark die Anstrengungen werden und wie repressiv die Struktur wird,* – wie G. A. Almond richtig schreibt – *egal wie die Massenmedien monopolistisch und überzeugend und das System der Anreize verlockend ist, wird die politische Kultur den Veränderungen der Strukturen und den Verhaltensweisen gewichtige Schranken setzen, weil das Schlüsselverhalten das Überleben im bedeutenden Maße und über einen bedeutenden Zeitraum anstreben werden*[12]. Ein Beleg für die Richtigkeit der Thesen von G. A. Almond ist der Prozess der Gestaltung der politischen Kultur verschiedener Gesellschaftsgruppen in Polen in Zeiten des *Real-Sozialismus*. Eins davon ist der Dimorphismus der politischen Kultur, d.h. die Aneignung jeweils unterschiedlicher Normen und Werte, die das öffentliche und das private Leben regeln. Die vom monozentrischen politischen System bestimmten Muster wurden in der äußeren, öffentlichen und auch in der deklarativen Sphäre des gesamtgesellschaftlichen Lebens angenommen. Demgegenüber haben in der privaten Sphäre, in der Familie und im sozialen Milieu ganz andere Regeln geherrscht. Diese haben oft die Muster der politischen Kultur aus der Vergangenheit aufbewahrt[13]. Die Diskrepanz zwischen dem, was man im öffentlichen Leben für wichtig hält und dies deklarativ unterstützt, und den praktischen Verhaltensmustern im Alltag, tritt nicht nur in den monozentrischen Systemen auf und wurde bereits von den Politiksoziologen reichlich erörtert. Aber der Dimorphisums, d.h. unterschiedliche Reaktionen derselben Personen in Abhängigkeit davon, ob sie sich in einer *schulähnlichen Situation* befinden oder ob sie sich ungehemmt zu einem konkreten Sachverhalt in der Familie oder Freundenkreis äußern können, wurde durch die Sitten und Bräuche des öffentlichen Lebens im *Real-Sozialismus* petrifiziert. Das gründete sich nämlich – wie das zutreffend u.a. George Kennan gesagt hat – auf *die Kultur der Anscheine*. Diese Situation in der Zeit vor dem Zusammenbruch des Ostblocks wurde ausführlich von Ralf Dahrendorf beschrieben. Er hat u.a. festgestellt, dass in den achtziger Jahren nicht viele Menschen an die staatliche Ideologie glaubten, aber *„sie wurde forthin in den Schulen unterrichtet und Millionen von Menschen standen Tag für Tag im Sauerregen der alt werdenden Neusprache"*[14]. Die wirklichen Mechanismen im Alltag waren eher prosaisch. Winicjusz Narojek führte dafür sehr treffend neue Begriffe ein: *Kleinkollektivismus und Kleinindividualismus*[15]. Er behauptete, dass hinter der ideologischen Fassade

---

12 G. A. Almond op cit. s. 127.

13 Vgl. Garlicki, *Społeczeństwo Przyszłości. Reformy systemowe i perspektywy kraju w świadomości młodego pokolenia Polaków*, Warszawa 1995.

14 R. Dahrendorf, *Rozważania nad rewolucją w Europie*, Niezależna Oficyna Wydawnicza, Warszawa 1991, s. 22.

15 Vgl. W. Narojek, Socjalistyczne „welfare state", Warszawa 1991.

des Großkollektivismus, die vom monozentrischen System in Polen errichtet wurde, sich der Kleinkollektivismus, das interpersonelle Konkretum entwickelte[16]. Die Verwirklichung des Kollektivismus, der von den offiziellen Strukturen der Partei und des Staates verbreitet wurde, stieß auf die Hindernisse der personellen Verbindungen, Konexionen und komplizierter Verquickungen informeller Wechselbeziehungen. Das Zustandekommen starker direkter Verbindungen und persönlicher Mikrostrukturen war sowohl in den repressionsgefährdeten Gruppen informeller politischer Opposition als auch in den politischen Eliten selbst zu beobachten. In den politisch unbeteiligten Milieus machte sich das Schwinden der Rivalität und das Sich-Zurückziehen aus dem politischen Leben und die Flucht ins Familienleben und in den Freundeskreis bemerkbar[17].

Die Einstellung vieler Bürger zu dem von den offiziellen Strukturen des Staates verbreiteten Sozialismus war mehrdimensional und zeichnete sich durch folgende Merkmale ab:

- die negative Beurteilung der Praxis des *Real-Sozialismus* in Polen,
- die pejorative Wahrnehmung des Begriffes *Sozialismus* und der Terminologie, die sloganartig den Begriff *sozialistisch* verwendet hat,
- die Überzeugung von der Notwendigkeit des Umbaus des Sozialismus oder geradezu tiefgreifender Systemreformen; gleichzeitig aber die Akzeptanz vieler Werte, die die sozialistische Doktrin mit sich brachte und die sozialistische Bewegung verbreitet hatte[18].

Während der Gestaltung des Systems der gesellschaftlichen Organisationen in der Volksrepublik Polen kam es praktisch zu einer gewissen Störung des monozentrischen Systems. Zu verschiedenen Zeiten entstanden Jugend- und gesellschaftliche Organisationen, die nicht im vollen Umfang die Grundsätze des monozentrischen Systems verwirklicht haben. Sie ermöglichten in gewisser Hinsicht die Beteiligung derjenigen, die sich mit dem sozialistischen System nicht identifizierten. In der ganzen Epoche des Real-Sozialismus waren die mit verschiedenen Organisationen, Klubs und Vereinen und der Katholischen Kirche verbunden. Die Kirche selbst hatte sich an der Lösung sozialer, oftmals auch politischer Probleme beteiligt.

Die Muster der politischen Kultur in Polen waren in der Zeit der Zugehörigkeit zum Ostblock nur oberflächlich durch die Handlungsgrundsätze und die Strukturen des monozentrischen Systems bestimmt. Die ganze Zeit war ein beträchtlicher Einfluss der Muster, die sich in der früheren Geschichte herausgebildet hatten, zu verzeichnen.

G. A. Almond und S. Verba haben die Typologie verschiedener Arten der politischen Kultur vorgenommen[19], die – im gewissen Umfang – für die Beschreibung der pragmatischen bzw. behavioristischen Dimension der politischen Orientierungen der

---

[16] Vgl. W. Narojek, op cit., s. 58
[17] Vgl. J. Garlicki, op. cit., Warszawa 1995.
[18] J. Garlicki, op. cit., Warszawa 1991, s. 272.
[19] Vgl. G. A. Almond, S. Verba, op. cit., New York 1963.

Polen in der Zeit des *Real-Sozialismus* verwendbar ist. Sie haben zwischen drei Grundtypen der politischen Orientierungen der Systemteilnehmer unterschieden:

- der politischen Kirchturmkultur,
- der untergeordneten politischen Kultur,
- der politischen Kultur der Beteiligung[20].

In Wirklichkeit treten diese Muster der politischen Kultur oft miteinander vermischt auf. Es wird u.a. ein Unterordnungs- und Teilnahme-Typ ausgesondert, der auch eine Unterordnungs- und Teilnahme-Orientierung genannt werden kann. Diese Art von politischer Kultur zeichnet sich dadurch aus, dass die politischen Mechanismen erkannt werden, eine aktive Teilnahme am politischen Leben oder zumindest die Einflussnahme auf die Politikgestaltung vorhanden ist, und zugleich Ansicht vertreten wird (die sich auf objektive und/oder subjektive Prämissen gründet), dass die Kanäle der Einflussnahme auf die politischen Entscheidungen für die jeweilige Gruppe, das Individuum, das soziale Milieu versperrt sind. Ein Bürger, der soeine Einstellung zur Politik hat, *„weiß* – wie G. A. Almond und G. B. Powell geschrieben haben – *dass er ein aktiver Teilnehmer sein sollte, aber das ihm die Partei und verschiedene Gruppen kaum Gelegenheit geben, sich am Entscheidungsprozess zu beteiligen"*[21].

In der Zeit des monozentrischen Systems in Polen in den Jahren 1945 – 89, vor allem in den siebziger und achtziger Jahren, repräsentierte ein deutlicher Teil der Bevölkerung eben den Unterordnungs- und Beteiligungstyp der politischen Kultur. Die Barrieren, die eine aktive Teilnahme am politischen Leben geradezu unmöglich machten, waren sowohl objektiver als auch subjektiver Art. Die objektiven Hindernisse waren die Unmöglichkeit einer legalen Tätigkeit der Opposition bzw. die reglementierte Möglichkeit der Organisationsgründung. Die Bürger waren auch manchmal nicht überzeugt, ob die aktive Tätigkeit im Rahmen vorhandener Systeminstitutionen einen Sinn hat. Ein Teil der Bevölkerung mied mit Absicht jegliche öffentliche Aktivität und blieb im geschlossenen Familien- bzw. Freundeskreis. Diese Art von Reaktion kann mit einem Terminus von Robert Merton als Reaktion des *Rückzugs*, bezeichnet werden. In Polen wurde diese Reaktion *„die innere Emigration"* genannt. Dieses Verhalten verstärkte sich nach der Verhängung des Kriegsrechts am 13. Dezember 1981. Dabei muss beachtet

---

20 G. A. Almond, G. B. Powell, *Comparative Politics: A Development Approach*, Boston 1966, s 53. Die Typologie war wie folgt:
– die politische Kirchturmkultur – die politschen Mechanismen werden nicht bewusst, kein Interesse an der Teilnahme am politischen Leben;
– die untergeordnete politische Kultur – die Einflussnahme des politischen Systems (und seiner outputs) auf das gesellschaftliche Leben wird den Bürgern bewusst, aber zugleich unterwerfen sie sich passiv den Entscheidungen der Machthaber und werden nicht motiviert, aktiv am politischen Leben teilzunehmen;
– die politische Kultur der Beteiligung – relativ hoher Bewusstseinsgrad der politischen Mechanismen und Neigung der Bürger zur aktiven Teilnahme an Politik und Machtausübung; an Input-Strukturen und -Prozessen orientiert.

21 G. A. Almond, G. B. Powell, op. cit., Boston 1966, s. 60.

werden, dass Teile der Bevölkerung – aus welchen Motiven auch immer – in den legalen Systemstrukturen aktiv waren. In diesem Sinne stellte diese Gruppe den Beteiligungstyp der politischen Kultur dar. G. A. Almond hat bei der Erstellung seiner Typologie die Systemteilnehmer *vergessen*, die im System aktiv wirken, obwohl sie *de facto* den Sturz des Systems oder mindestens seinen Wandel anstreben. Es ist eine Reaktionsart auf die Struktur, die vom R. Merton die *Rebell*-Haltung genannt wurde. Wenn man sich weiterhin der Terminologie der amerikanischen Politiksoziologen bedient, kann dieser Typ der politischen Kultur als teilnehmender Protestler oder die protestierende Teilnahme genannt werden. Dieser Typ trat selbstverständlich in Polen in Zeiten des *Real-Sozialismus* auf.

3. Die Transformation des politischen Systems und die politische Kultur der Polen

Der Umbruch und die Anfänge des Transformationsprozesses in Polen stellen einen interessanten Moment für die Veränderungen in der politischen Kultur dar. Die Protestwelle im August 1980 und die Entstehung der Gewerkschaft „Solidarność", die in Wirklichkeit eine soziale Bewegung war, haben zur Beschleunigung der Systemreformen geführt. Die Streiks der Arbeiterschaft, zu denen es am Anfang der achtziger Jahren kam, waren nicht die erste Protestwelle im Nachkriegspolen. Die wichtigsten Faktoren, die dabei eine Rolle spielten, steckten im Wesen des monozentrischen Systems selbst und hatten unmittelbaren – in diesem historischen Moment – Einfluss auf die Vertiefung sozialer Unzufriedenheit. Die Schwäche des monozentrischen Systems zeichnete sich durch den Vertrauensverlust gegen über der kommunistischen Machtführung und deren Funktionsfähigkeit ab, keine Glaubwürdigkeit sowie das Ermüden der Mehrheit der Bevölkerung am System, das sich auf Deklarationen über eine bessere Zukunft und die Gerechtigkeit für alle stützte, aber ökonomisch sich als nicht effizient erwiesen hat. Diese wirtschaftliche Schwäche machte sich besonders in der zweiten Hälfte der siebziger Jahre bemerkbar, als nach dem Konsumtionswachstum am Anfang der siebziger Jahre ein Wachstumsstopp spürbar geworden war und die Möglichkeiten der Befriedigung der wachsenden Bedürfnisse, auch infolge der Konjunkturschwäche in den westeuropäischen Ländern, geringer wurden. Die direkten Ursachen der Proteste waren zum Einen die Verschlechterung der Lebensbedingungen, zum Anderen – die immer mehr die Öffentlichkeit irritierenden Einschränkungen der Wort-, Meinungs- und Glaubensfreiheit. Die sozialen Proteste, an denen verschiedene Gruppen der Gesellschaft teilnahmen, stellten den Ausdruck der politischen Kultur dar. Die Muster aus der Vergangenheit lagen diesen Protesten zugrunde. Die vorhin von J. Siemieński zitierte Ansicht kann man wie folgt abändern: Dies war der Ausdruck der Einstellung eines großen Teils der Gesellschaft, die sich nicht mehr der Regierungsform unterwerfen wollte, da sie ihren Erwartungen, Bedürfnissen und den früher erworbenen Kulturmustern nicht entsprach.

Dabei soll bemerkt werden, dass die politische Kultur der regierenden Eliten auch nicht einheitlich war. Ein Teil der Eliten setzte sich eindeutig für die Reformen ein. Diese Diskrepanz innerhalb der Eliten fand ihren Ausdruck in unterschiedlicher Einstellung des Macht- und Parteiapparates zu den Protesten. Über die Ansichten und die politische Kultur der Gruppen, die mit der monozentrischen Machtführung verbunden waren, sagt die Tatsache aus, dass jedes dritte Mitglied der regierenden Partei zum Mitglied der Reformbewegung „Solidarność" wurde.

Die Systemreformen, die durch die Proteste im August 1980 in die Wege geleitet wurden, wurden Ende 1982 mit der Einführung des Kriegsrechts gestoppt. Es kam, sozusagen, zum *Einfrieren* der Umwandlungen, die nach einiger Zeit erneut aufgegriffen wurden, als die für diesen Prozess günstigen Veränderungen auch im internationalen Umfeld Polens, vor allem in Osteuropa und insbesondere in der Sowjetunion eingetreten sind. Zum Jahreswechsel vom 1988 zum 1989 entstand ein Konzept der Macht-Eliten in Polen über die Aufnahme der Verhandlungen mit den zwar illegalen, aber weiterhin aktiven Gruppierungen der politischen Opposition. Nach einleitenden Gesprächen am Anfang 1989 kam es zum Rund-Tisch-Dialog zwischen den Repräsentanten der Partei, Regierung und den oppositionellen Gruppierungen, insbesondere der „Solidarność". Hierbei ist die besondere Rolle der Katholischen Kirche in Polen nicht zu übersehen, die nicht nur an den Verhandlungen teilnahm, sondern diese auch moderiert hatten. Diese aktive Rolle der Kirche im öffentlichen Leben stellt auch ein Element der politischen Kultur in Polen dar. Die Rund-Tisch-Gespräche fruchteten mit der Wiederzulassung der „Solidarność", der zwar eingeschränkten, aber doch möglichen Teilnahme der bisher illegalen Opposition an den Parlamentswahlen sowie der Überwindung des monozentrischen Herrschaftssystems der Partei und des Staates in den Medien.

Diese Ereignisse stellten zweifellos einen Wendepunkt im Prozess der Systemreformen dar. Die Transformation wurde in Gang gebracht. Die für den Prozess der Transformation ausschlaggebenden Rund-Tisch-Gespräche, an denen die Vertreter der reformorientierten Teile der Machthaber und die der gemäßigten Milieus der Opposition teilnahmen, können – unter Anwendung der in Anlehnung an J. Siemieński vorgeschlagenen Konvention – mit der Situation der Verabschiedung der Verfassung des 3. Mai verglichen werden. Es kann behauptet werden, dass in beiden Fällen die Reformbemühungen zu Entscheidungen führten, die einen Wandel ermöglichten, was als Ausdruck der Reife der politischen Kultur der Eliten verstanden werden kann. Sie stellen einen Beweis dafür, dass das Gemeinwohl des Staates und des Volkes über dem Partikularismus dominierte, was jedoch nicht heißt, dass der letztere im weiteren Prozess der Transformation nicht zum Vorschein gekommen wäre.

Die Parlamentswahlen im Juni 1989 haben über die Richtung der weiteren Reformen in Polen entschieden. Sie haben zur Gründung der ersten nichtkommunistischen Regierung in Polen nach dem Zweiten Weltkrieg geführt. In der Zwischenzeit bildeten sich die Bürgerkomitees, wo sich die Gruppen politisch artikulieren konnten, denen bis jetzt diese Möglichkeit versagt blieb. Dann kam es zur Entstehung neuer Gruppierungen, die sich folglich in Parteien umwandelten. Als dann im Jahre 1991 die ersten freien Parlamentswahlen in Polen stattfanden, haben daran fast 60 Parteien und Gruppierungen teilgenommen. Insgesamt waren im Sejm 29 Parteien vertreten, die in der zweiten Parlamentskammer – dem Senat – 17 parlamentarische Klubs (Fraktionen) gebildet haben. Dies war ein Ausdruck des Pluralismus der polnischen Gesellschaft und zugleich ein charakteristisches Merkmal der politischen Kultur, für die seit Jahrhunderten in Polen die Zersplitterung der politischen Szene typisch ist.

4. Der Pluralismus der politischen Kultur und der Wandel der Verhaltensmuster und Typen der Bürgeraktivitäten in der Dritten Republik

Die Wiederherstellung des pluralistischen Modells der polnischen politischen Szene führte zur Belebung der öffentlichen Aktivitäten der Bürger. Es kam zur Herausbildung neuer Muster der Teilnahme am politischen Leben des demokratischen Staates. Breite Kreise der Gesellschaft waren dermaßen aktiv, so dass man dieses Segment als teilnehmende politische Kultur bezeichnen kann. Allmählich jedoch hat sich diese Aktivität der Polen auf die Wirtschaft konzentriert. Für die Einen wurde die berufliche Aktivität oder die unternehmerische Betätigung zum wichtigsten Ziel der Lebensaktivität, denn dadurch bot sich die Verbesserung des materiellen Status an. Die Anderen wurden durch die Reform des Wirtschaftssystems gezwungen, den bisherigen ökonomischen Status zu bewahren. Die Ziele der kollektiven Aktivität wurden ausschlaggebend von der Idee des wirtschaftlichen Wachstums bestimmt. Ein Teil der Bevölkerung hat sich diese Idee im gewissen Maße unbewusst angeeignet. Die Energie der Bürger konzentrierte sich nun mehr auf die Problematik des materiellen Lebensstandards und der Arbeit und folglich auf die damit verbundene Konsumtion. Dadurch kam es zur Einschränkung der öffentlichen Aktivitäten. Am Anfang der Neunziger Jahre haben die Bürger auch ihre Ansichten darüber, was wichtig und wertvoll im Leben ist, neu formuliert. Traditionsgemäß wird in Polen die Familie als ein wichtiger Faktor angesehen. Bei anderen Werten wurde jetzt mehr Bedeutung der beruflichen Karriere und dem materiellen Status als den gemein-gesellschaftlichen Fragen und der politischen Freiheit beigemessen[22].

Ein Bild über die Veränderungen der Meinung darüber, was wichtig ist, gibt die am Anfang der neunziger Jahre durchgeführte Umfrage über die Freiheiten und Bürgerrechte. Die Umfrage wurde unter jungen Menschen[23] im Jahre 1993 durchgeführt. Sie

---

[22] Vgl. J. Garlicki, op. cit., Warszawa 1995.

[23] Die Umfrage zu dieser Problematik wurde zweimal durchgeführt (1990 und 1993) und man hat ähnliche Ergebnisse erhalten. Im Jahre 1990 wurden 1267 Personen stichprobenweise und schichtenmäßig gefragt. Die Befragten waren repräsentativ für die Population der Studenten der zivilen Hochschulen. Im

geben jedoch Aufschluss über die Prozesse, die in der ganzen Gesellschaft von statten gegangen sind. Die wichtigste Frage betraf die Freiheiten und die Rechte. Die Befragten sollten sich dazu äußern, welche Freiheiten und Rechte für sie eine Bedeutung haben. Sie sollten sich zu 23 Arten der Freiheiten und Rechten der Bürger äußern (Tabelle 1).

Tabelle 1. Die Meinung der jungen Polen zum Thema Rechte und Freiheiten der Bürger, die in einem demokratischen System respektiert werden sollten (Angaben vom 1993, in Prozent)

RECHTE UND FREIHEITEN	unwichtig	weniger wichtig	sehr wichtig	am wichtigsten
Recht auf Gleichheit vor dem Gesetz	0,5	3,3	32,3	60,7
Recht auf Menschenwürde	0,2	2,8	37,3	57,3
Recht auf Leben in Sicherheit	0,4	4,0	40,0	53,1
Meinungsfreiheit	0,6	5,7	47,3	44,0
Recht auf Ausbildung	1,2	6,6	45,9	43,5
Glaubensfreiheit	1,1	8,7	45,6	40,9
Gewissensfreiheit	1,9	12,3	44,2	38,5
Redefreiheit	0,2	5,5	53,2	38,4
Recht auf Gehör vor unabhängigem Gericht	1,1	10,7	48,1	36,2
Recht auf Arbeit	3,2	15,9	44,7	33,5
Recht auf Gesundheitsschutz	1,6	11,8	52,8	30,4
Recht auf Meinungsäußerung	0,7	10,7	55,3	30,1
Eigentumsrecht	1,1	15,9	50,2	29,5
Recht auf Verteidigung der Interessen des Individuums	2,7	22,8	49,3	22,7
Wahlrecht	3,9	19,5	51,7	21,4
Recht auf Kontrolle der Behörden	3,6	18,5	53,4	21,2
Recht auf Durchsetzung der Pflichten der Behörden	3,7	21,3	50,5	20,5
Recht auf konfessionelle Feiertage und Praktiken	2,5	23,8	51,0	19,9
Recht auf Selbstverwaltung	3,3	23,1	52,2	17,8
Recht auf Sozialversicherung	4,2	27,2	50,3	15,2
Vereinigungsrecht	4,0	34,4	47,0	11,5
Versammlungsrecht	4,9	44,4	39,2	8,7
Recht auf Verteidigung der Gruppeninteressen	4,5	36,1	48,0	7,9

N=1267

Quelle: J. Garlicki, Społeczeństwo przyszłości, Warszawa 1995, S. 142

Jahre 1993 wurde die Frage erneut im Rahmen der Untersuchung der Arbeitsgruppe der Politischen Bildung des Instituts der Politischen Studien an der Akademie der Wissenschaften sowie der Forschungsgruppe des Fachbereichs für Journalistik und Politikwissenschaften der Warschauer Universität etwa 1000 Studenten gestellt.

Junge Polen haben als wichtigste Rechte und Pflichten meistens folgende genannt:

– Gleichheit vor dem Gesetz	60,7%
– Recht auf Menschenwürde und persönliche Untastbarkeit	57,3%
– Recht auf Leben in Sicherheit	53,1%
– Meinungsfreiheit	44,0%
– Recht auf Ausbildung	43,5%
– Religionsfreiheit	0,9%[24]

Über die Hälfte der Befragten fand die ersten drei Rechte als die allerwichtigsten Werte. Die junge Generation plädiert vorwiegend für Grundsätze, die in einem demokratischen System realisiert werden sollten, wie Bürgerfreiheiten und Rechte, die zu den Grundrechten einer guten Behandlung gerechnet werden können. Dazu gehören die vier von den sechs genannten: Gleichheit vor dem Gesetz, Menschenwürde, Meinungs- und Religionsfreiheit. Die zwei anderen Rechte sind das Recht auf Leben in Sicherheit und Recht auf Ausbildung. Beim ersten handelt es sich um eine Sicherheit, die als Schutz vor Gefährdung des Eigentums, der Gesundheit und des Lebens sowie als Schutz vor jeglicher Diskriminierung verstanden wird. Die Tatsache, dass so viele junge Polen dieses Recht als allerwichtigstes betrachteten, weist auf Befürchtungen hin, die mit der Destabilisierung der sozialen Ordnung während der Systemtransformation in Verbindung steht. Das zweite Recht gehört – nach dem englischen Wörterbuch für Politik[25] – zu den *substantiven* Rechten. Darunter wird die Sicherung des Mindeststandards für alle Bürger verstanden. Der hohe Prozentanteil in der Umfrage ist wiederum auf die Ängste vor der Einführung und Erweiterung des entgeltlichen Schulwesens zurückzuführen. Weniger wichtig erscheinen solche Rechte wie:

- Versammlungsrecht: 8,7% fanden dieses Recht am wichtigsten, 4,9% unwichtig
- Recht auf Verteidigung der Gruppeninteressen: 7,9% – am wichtigsten, 4,5% – unwichtig
- Recht auf freie Vereinigung – 11,5% – am wichtigsten, 4,0% – unwichtig.

Diese Rechte können als politische Rechte angesehen werden. Sie ermöglichen den Bürgern eine uneingeschränkte Gründung von Organisationen, Vereinen und Gewerkschaften. Kennzeichnend für die politische Kultur der Gesellschaft der demokratischen Dritten Republik ist die Tatsache, dass obwohl der Kampf um diese Rechte eine der wichtigsten Ursachen für die Konfrontation der sozialen Bewegungen und der Opposition mit dem monozentrischen System des Real-Sozialismus war, so wenige Polen am Anfang der neuziger Jahre diese für wichtig hielten.

Ein anderes interessantes Beispiel für den Wandel in der politischen Kultur der polnischen Gesellschaft sind sowohl die Veränderungen in den Sozialisationsprozessen als auch im Bereich der Nutzung verschiedener Informationsquellen über die Politik. Es sind Veränderungen in einer kognitiven Dimension der politischen Kultur (das

---

[24] J. Garlicki, op. cit., Warszawa 1995, s. 140.

[25] Vgl. D. Robertson, *The Penguin Dictionary of Politics*, Penguin Books, London 1985, s. 41–43.

Interesse und das Wissen über die Politik). Die Systemreformen führten u.a. zur Vertiefung der Diffusion der Muster der Massenkultur. Es ist auch ein Anstieg der Einflussnahme der elektronischen Medien zu verzeichnen. Auch das Ausbildungssystem wurde von diesen Veränderungen erfasst. Lehrprogramme wurden geändert, es entstanden private Schulen. Nicht alle Veränderungen hatten positive Auswirkungen und auch nicht alle ungünstigen Wesensmerkmale des bisherigen Schulssystems konnten aufgehoben werden. In vielen Schulen herrschen weiterhin autoritäre Lehrmethoden. Die Rolle der Schulen im Sozialisierungsprozess der Jugendlichen nahm grundsätzlich ab. Die in Polen traditionell starke Rolle der Familie ist auch geringer geworden, vor allem wenn es um die direkte Einflussnahme der Eltern geht. Eine bedeutende Rolle spielen die sozialen Kreise wie das lokale Milieu, breit verstandene Familien- und Freundes- oder Gleichaltrigenkreise. Über die Veränderung der Bedeutung und der Rolle einiger Aspekte der politischen Sozialisation sagt die vergleichende Analyse der Untersuchung zur gleichen Problematik, die mehrmals im Zeitraum 198–1989 durchgeführt wurde dus (Tabelle 2)[26]. Die Befragten antworteten, welcher Quellen sie sich bedienen (oft, manchmal oder überhaupt nicht), um die politischen Kenntnisse zu erwerben.

[26] Die Angaben stammen aus drei Umfragen; Die erste Umfrage hieß „Die politische Kultur der Studenten" und wurde Ende 1985/Anfang 1986 durchgeführt. Es wurden 1640 Personen nach dem Stichproben- und Schichtungsverfahren (random stratified) gefragt, die eine für Gesamtpolen repräsentative Population auf den zivilen Hochschulen darstellte. Die zweite Umfrage hieß „Das politische Bewusstsein der jungen Generation Polen in der Zeit der Systemtransformation" und wurde durch die Forschungsgruppe des Fachbereichs für Journalistik und Politische Wissenschaften der Warschauer Universität im Jahre 1990 durchgeführt. Es wurde eine repräsentative Studentengruppe von 1267 Personen nach dem Stichproben- und Schichtungsverfahren untersucht. Die dritte Umfrage wurde im März und April 1998 durchgeführt. Insgesamt wurden von der Umfrage 1439 Personen erfasst, darunter: eine Gruppe (quota) von 556 Personen stellten die Jugendlichen im Alter von 16 bis 25 Jahren dar und die zweite Gruppe (quota) von 883 Personen die „Erwachsenen" im Alter über 25 Jahre.

Tabelle 2. Der Umfang der Inanspruchnahme von jungen Polen verschiedener Informationsquellen über die Politik (vergleichende Analyse 1985–1998)

Informationsquelle	Junge Menschen, die eine öftere Inanspruchnahme deklarieren (%)			Erwachsene, die eine öftere Inanspruchname deklarieren (%)
	1985/86 N=1640	1990 N=1267	1998 N=556	1998 N=883
Polnisches Fernsehen	43,0	72,5	77,3	79,8
Rundfunk	32,2	47,8	50,0	53,1
Zentrale Tagespresse	43,3	64,2	41,4	48,8
„Gut informierte Freunde und Bekannte"	13,6	22,7	23,4	28,0
Gesellschaftlich-politische Objekte	18,9	16,5	21,6	2,3
Familie	42,7	45,2	19,1	24,7
Zentrale Wochenzeitschriften	27,1	35,0	18,3	17,6
Nachrichten der ausländischen Rundfunk- und Fernsehsender (in 1985 und 1990	11,9	6,6	14,7	13,0
in Polen herausgegebene Bücher (in 1985:im offiziellen Umlauf)	15,2	30,5	7,6	7,2
Kirche	21,5	12,0	4,3	4,9
Partei-, Jugendorganisationen-Gewerkschaftsversammlungen	2,6	2,3	2,9	2,2
Ausländische Bücher (1985: Bücher des „zweiten" Umlaufs)	9,8	18,8	2,5	1,0
Ausländische Presse	5,4	4,6	1,8	1,4
Zusammentreffen der Diskussionsklubs	3,2	3,2	1,4	1,9
Andere Quellen	-	-	1,1	0,9

In den vergangenen zehn Jahren kam es zu sehr deutlichen und bedeutsamen Veränderungen in der Inanspruchnahme verschiedener Informationsquellen über die Politik. Sehr stark nahm die Bedeutung der elektronischen Medien zu, vor allem des Fernsehens und des Rundfunks. Diese Veränderung wurde grundsätzlich durch den politischen Umbruch im Jahre 1989 verursacht. 1985/1986 haben sich 43,0% junger Polen über das polnische Fernsehen und 32,2 % über den polnischen Rundfunk über das politische Geschehen informiert. Im Jahre 1990 waren es entsprechend 72,5 % und 47,8%. Mit dem Transformationsprozess des politischen Systems stieg deutlich die Glaubwürdigkeit des Fernsehens als der Informationsquelle über das politische Geschehen an. Im Jahre 1998 nahm die Inanspruchnahme der elektronischen Medien erneut zu, was zum Einem mit der weiteren Festigung der Glaubwürdigkeit der Informations- und Publizistikbeiträge des öffentlichen Fernsehens und zum Anderen mit der Entstehung der privaten Sender zu begründen ist. Diese wetteifern mit dem staatlichen Sender um die Schnelligkeit und die Qualität der vermittelten Informationen.

In dieser Zeit nahm systematisch die Rolle der wissenschaftlichen Veröffentlichungen, Sachbücher und anderer publizistischer Beiträge zum Thema Politik ab. Auch die Bedetung der Kirche als einer Informationsquelle über die Politik ist kleiner geworden. Um das Zweifache verringerte sich im Vergleich zum Jahre 1985 die Rolle der Familie als einer Wissensquelle über das politische Geschehen. Die Popularität der einheimischen Presse, der gesellschaftsorientierten Schulfächer, der ausländischen Bücher und der Publikationen des sog. „zweiten" Umlaufs wechselte bedeutsam. Bei der einheimischen Presse und den ausländischen Publikationen sowie denen des „zweiten „ Umlaufs stieg ihre Rolle nach 1989 an, weil die Zensur abgeschafft wurde und die Einführung eines freien Büchermarktes den zweiten illegalen Bücherverkehr abgelöst hat. Die damaligen Jugendlichen haben diese Veränderungen genutzt, um Wissenslücken zu füllen. Nach über acht Jahren demokratischer Verhältnisse in Polen hat die Bedeutung der einheimischen Presse und der ausländischen Bücher zu politischer Problematik deutlich abgenommen und wurde sogar kleiner als dies im Jahre 1985 der Fall war. Umgekehrt wurde es in den in den Schulen unterrichteten Fächern über Gesellschaft und Politik. Im Jahre 1990 nahm ihre Bedeutung drastisch ab, als diese Fächer nicht mehr obligatorisch und frei vom direkten ideologischen Druck wurden. Nach acht Jahren wurden sie jedoch wieder zu einer Informationsquelle, vor allem über die Mechanismen der Politik und zwar in einem bisher unbekannten Ausmaß.

Am Ende der neunziger Jahre benutzen die Jugendlichen als glaubwürdige Informationsquelle über die Politik hauptsächlich die einheimischen Massenmedien, vor allem die elektronischen Medien. Auch die Rolle der sozialen Milieus als Quellen, vor allem der Kirche und der Familie hat abgenommen. Dies betrifft aber die informellen Infromationsträger wie die gut informierten Freunde und Bekannten nicht. Ihre Bedeutung nahm deutlich zu. Der Nutzungsgrad der Organisationen als einer Informationsquelle (vor allem der Parteiversammlungen, der politischen und Jugendorganisationen) ist zwar niedrig, aber stabil. Er beträgt von 2,3% bis 2,9%. Die Rolle der ausländischen Medien verringerte sich auch außer den Nachrichtensendungen der ausländischen Fernsehsender, die die ausländischen Rundfunksender verdrängt haben.

Dabei unterscheiden sich kaum die Art und der Umfang der Inanspruchnahme verschiedener Informationsquellen von den Jugendlichen und dem „erwachsenen" Teil der Gesellschaft. „Die Erwachsenen" benutzen ein bißchen mehr die einheimischen Medien. Die Jugendlichen benutzen im größeren Umfang das in den Schulen und den Universitäten vermittelte Wissen über Gesellschaft und Politik und lesen mehr ausländische Bücher.

Am Ende der neunziger Jahre dominiert also erneut in der politischen Kultur in Polen das Unterordnungs- und Beteiligungsmodell. Es bedeutet jedoch nicht, dass keinerlei Veränderungen im Vergleich zur Epoche des Real-Sozialismus eintraten. Es hat sich, was ich nachweisen wollte, sehr viel verändert. Heute stellt das monozentrische System kein Hinderniss mehr für eine aktive Teilnahme am politischen Leben dar. Das politische System ist demokratisch und pluralistisch. Eine Barriere hierbei stellt aber ein größeres

Interesse und Engagement an der materiellen Sphäre dar. Es kam auch zur Enttäuschung eines Teils der Gesellschaft über die Mechanismen der Demokratie. Das Gefühl der Einflussnahme auf die politischen Entscheidungen nahm nicht zu. Die große Anzahl der Parteien war ein Faktor, dass die mit dem Alltag beschäftigten Polen sich eher schwer mit ihren Programmen identifizieren und darüber eine Wahl treffen konnten.

Ein Bild über das Bewusstsein der Interessenvertretung der Polen und ihrer Einflussnahme auf das öffentliche Leben liefert die Umfrage des Forschungszentrums für öffentliche Meinung (CBOS) vom Ende 1999 für erwachsene Polen (Tabelle 3).

Tabelle 3. Das Gefühl der Einflussnahme auf das öffentliche Geschehen (%).

Ihrer Meinung nach haben Menschen wie Sie Einfluss auf die Probleme:	Ja	Nein	Schwer zu sagen
des Staates	16	82	2
der Wojewodschaft, in der sie wohnen	17	80	3
des Kreises und der Gemeinde, in der sie wohnen	31	67	2
der Kirchengemeinde, der sie angehören	36	56	8
der Ortschaft oder Siedlung, in der sie wohnen	43	54	3
des Betriebes, wo sie arbeiten	47	49	4

N = 1521
Quelle: CBOS 1999

Über achtzig Prozent der Polen sind der Meinung, dass sie keinerlei Einfluss auf das Geschehen im Lande haben. Vier von Fünf meinen auch, dass sie keinen Einfluss auf die Angelegenheiten in ihrer Wojewodschaft haben. Unabhängig davon, ob wir die Ansicht, dass man keinen Einfluss hat, als Ursache der ausbleibenden Aktivität betrachten oder wir es annehmen, dass dieses Fehlen der Aktivität die Einflussnahme behindert, belegen diese Befunde, dass das Unterordnungs- und Beteiligungsmodell der politischen Kultur vorherrscht.

Ein weiterer Beweis für die Distanzierung der Polen von der offizielen Politik sind ihre Meinungen über die Interessenvertretung durch das Machtapparat. (Tabelle 4).

Tabelle 4. Die Fürsorge der politischen Machtführung um die Interessen und Bedürfnisse der Bürger

Bitte denken Sie an unsere Gesellschaft und sagen Sie, ob Sie der Meinung sind, dass die Behörden sich um Ihre Angelegenheiten kümmern, dass irgendet was für Sie als Bürger – Mitglied dieser Gesellschaft – getan wird?	absolut nicht	nicht	schwer zu sagen	eher ja	entschieden ja
	23%	2%	38%	28%	9%

N = 1521
Quelle: CBOS 1999

Über die Hälfte der Polen (61 %) sind der Meinung, dass die Machtausübenden sich nicht um die Probleme der Bürger kümmern. In der evaluativ-affektiven Hinsicht der politischen Kultur, wonach die politischen Institutionen beurteilt werden, bedeutet dies, dass die Bürger sich durch ihre Vertreter in ihren Interessen nicht repräsentiert sehen. Empirische Untesuchungen ergaben, dass Ende der neunziger Jahre der Prozentsatz der negativen Urteile der Interessenvertretung des „normalen" Bürgers durch die politischen Institutionen größer wurde. Ein enger Zusammenhang zwischen dem materiellen Status der Befragten und ihrer Urteile über die Interessenvertretung durch die politischen Institutionen ist dabei deutlich sichtbar. Je kritischer sie die materielle Lage ihrer Haushalte sehen, desto öfter und nachdrücklicher behaupten sie, dass die politischen Institutionen für sie nicht viel tun.

Die dynamische Entwicklung des politischen Pluralismus am Anfang der neunziger Jahre, die durch Herausbildung von vielen Parteien mit kleiner Anzahl der Mitglieder und der Wählerschaft gekennzeichnet war, schwächte sich demnächst ab. Die Politiksoziologen fragten sich damals, ob wir eine pluralistische Parlamentsdemokratie oder eine Ochlokratie[27] anstreben. Paradoxerweise hat diese Vielzahl von Wahlmöglichkeiten verschiedener politischer Gruppierungen die Wichtigkeit der getroffenen Entscheidungen abgeschwächt und die Identifizierung mit den Parteien erschwert. Nach einiger Zeit kam es jedoch zur Kristallisierung der politischen Szene, als lediglich einige Gruppierungen zur Geltung kamen. Dies kam besondern in den Parlamentswahlen im Jahre 1993 zum Vorschein. Die meisten Parteien sind an der 5-%-Klausel gescheitert. Die Anzahl der Wahllisten war ohnehin kleiner als zuvor. Im Jahre 1997 haben sich die Wähler noch stärker für drei, vier Gruppierungen ausgesprochen. Die Gründung der Parteikoalition der Rechten und der *Solidarność* und dann die Gründung der Wahlaktion Solidarność führte sogar zur Polarisierung der politischen Szene. Kennzeichnend für die politische Kultur in der Dritten Republik ist die schwankende politische Unterstützung. Vereinfacht gesagt besteht sie darin, dass die Regierenden die Unterstützung der Wähler verlieren, die Kritiker dagegen gewinnen sie. Ein Teil der Wählerschaft trifft die Entscheidung mittels Negation, d.h. sie stimmen für die eine von zwei Gruppierungen nicht deshalb, weil sie diese aufgrund ihres Programmes bevorzugt, sondern damit die politischen Akteure des Gegenlagers nicht an die Macht kommen.

Einen klaren Beweis für eine schwankende Unterstützung der Parteien und Koalitionen (vor allem der zwei größten Gruppierungen) liefern dafür die Untersuchungen zu politischen Präferenzen der letzten drei Jahre (Tabelle 5).

---

[27] Vgl. J. Tarkowski, *Socjologia świata polityki. Władza i społeczeństwo w systemie autorytarnym*, tom 1, Warszawa 1994, s. 283–292.

Tabelle 5. Politische Präferenzen

Wenn die Parlamentswahlen jetzt stattfinden würden für wen würden Sie stimmen?	März 1998 Umfrage vom 14-15.03.1998	März 1999 Umfrage vom 13-14.03.1999	März 2000 Umfrage vom 11-12.03.2000
Wahlaktion Solidarność (Akcja Wyborcza Solidarność – AWS)	31,9%	26%	17,7%
Bündnis der Demokratischen Linken (Sojusz Lewicy Demokratycznej – SLD)	25,7%	35%	46,1%
Freiheitsunion (Unia Wolności – UW)	15,6%	12%	13,0%
Polnische Bauernpartei (Polskie Stronnictwo Ludowe – PSL)	7,6%	7%	8,1%
Arbeitsunion (Unia Pracy – UP)	7,7%	6%	5,6%
Landespartei der Pensionierten und Rentner (Krajowa Partia Emerytów i Rencistów – KPEiR)	3,9%	5%	3,8%
Bewegung für den Wiederaufbau Polens (Ruch Odbudowy Polski – ROP)	4,3%	3%	2,4%
Andere	3,3%	3%	2,2%

N = 1000
Quelle: Meinungsforschungszentrum in Sopot (PBS)

Infolge der Wahlen im Jahre 1997 hat die Koalition AWS und UW die Macht von der Koalition SLD – PSL übernommen. Im März 1998, wie die Umfrage zeigt, ist die AWS noch vor der SLD. 31,9% der Wähler würden für die AWS und 25,7% für die SLD stimmen. Im März 1999 ist es genau umgekehrt. Für die SLD würden 35% und für die AWS 26% der Wähler ihre Stimmen abgeben. Die Angaben vom März 2000 deuten auf eine Verfestigung dieser Tendenz hin. Die SLD würde zweieinhalb mehr Stimmen als die AWS erhalten. Zweifellos hatte einen gewissen Einfluss auf den Popularitätsschwund der AWS eine kritische Bewertung der Reformen durch einen Teil der Gesellschaft, die von der Koalition eingeführt wurden. Interessant erweist sich die Position der Freiheitsunion, die in der gleichen Zeit relativ gleiche Prozentanteile bekommen hat. Dies würde auf die Stabilität der Wählerschaft der UW hinweisen.

In der zweiten Hälfte der achtziger Jahre stieg die öffentliche Aktivität der Bürger nicht in den strikt politischen Organisationen, sondern in verschiedenen Vereinigungen, Klubs, lokalen Organisationen, Komitees und Selbstverwaltungseinheiten (Tabelle 6 und 7).

Tabelle 6. Die Aktivität der Polen in verschiedenen Bewegungen, Vereinigungen und gesellschaftlichen Organisationen

In Polen gibt es verschiedene Möglichkeiten gesellschaftlicher Aktivitäten. Sind Sie in Ihrer Freizeit in einer Organisation, einem Verein, einer Bewegung, einem Klub oder einer Stiftung aktiv? Es geht um die Teilnahme an den Arbeiten dieser Organisationen und nicht nur um die Mitgliedschaft.	Prozentanteil der bejahenden Antworten der Befragten (in %)	
	Februar 1998	Dezember 1999
Organisationen im Bildungs- und Schulwesen z.B. Elternausschuss, – rat, Schul-, Hochschulstiftung, Bildungsverein usw.	4,5	5,5
Gewerkschaften	3,2	4,8
Religions- und Kirchenorganisationen und -bewegungen, Gemeindegemeinschaften	3,6	4,8
Sportorganisationen (Verbände, Klubs und Vereine)	2,2	3,1
Vereine und Verbände der Schrebergärtner, Züchter, Angler, Jäger	2,4	3,1
Wohltätigkeitsorganisationen zum Nutze der hilfebedürftigen Kinder	1,2	2,9
Wohltätigkeitsorganisationen für hilfebedürftigen Menschen – Alte, Arme, Obdachlose, Kranke, Behinderte, Opfer der Naturkatastrophen, Kriegsopfer usw.	1,5	2,8
Jugendorganisationen z.B. Pfadfinder, Jugendklubs, Studentenverbände und – vereine	1,5	2,0
Touristische Organisationen und Vereine	1,6	2,0
Freiwillige Feuerwehr, Freiwilliger Bergrettungsdienst usw.	3,0	2,0
Künstlerorganisationen und -vereine z.B. Chor, Orchester, Tanz-, Theatergruppe usw.	0,9	1,8
Umweltschutzorganisationen	0,9	1,5
Frauenorganisationen, z.B. Landfrauenzirkel	1,0	1,5
Wissenschaftliche Vereine	0,6	1,4
Rentner- und Seniorenorganisationen	1,4	1,4
Kombattanten- und Veteranenorganisationen, Kriegsopferorganisationen	1,4	1,3
Gemeindeselbstverwaltungen	1,1	1,3
Bezirks-, Siedlungsselbstverwaltungen, z.B. Einwohnerräte, Hausbewohnerkomitees usw.	1,0	1,2
Organisationen, die die gesundheitlichen Stellen unterstützen	0,7	1,2
Komitees für eine bestimmte Angelegenheit (z.B. Beantragung des Parkplatzes), Protestgruppen	0,5	1,2
Tierschutzvereine	1,1	1,1
Selbsthilfe z.B. Behindertenvereine, der alleinstehenden Väter, der Anonymalkoholiker, der Arbeitslosen usw.	1,1	0,6
Parteien und politische Vereine	0,3	0,8
Berufsvereine und -Selbstverwaltungen	0,7	0,8
Fördervereine der Stadt, der Region, die sich mit dem Denkmalschutz, der Entwicklung der regionalen Kultur beschäftigen usw.	0,7	0,8
Freundschaftsgesellschaften mit anderen Ländern und Völkern	0,1	0,7
Sammler- und Hobbyvereine und – klubs	0,5	0,7
Wojewodschafts- und Kreisselbstverwaltungen	-	0,4

N (Dezember 1999) = 1522
Quelle: CBOS

Tabelle 7. Die gesellschaftliche Aktivität der Bürger.

In Polen gibt es verschiedene Möglichkeiten gesellschaftlicher Aktivitäten. Sind Sie in Ihrer Freizeit in einer Organisation, einem Verein, einer Bewegung, einem Klub oder einer Stiftung aktiv? Es geht um die Teilnahme an den Arbeiten dieser Organisationen und nicht nur um die Mitgliedschaft.

	Februar 1998		Dezember 1999	
	Aktive Personen	Passive Personen	Aktive Personen	Passive Personen
Insgesamt	23%	77%	24%	76%
Personen, die in einer Organisation aktiv sind	15%	-	13%	-
Personen, die in zwei Organisationen aktiv sind	4%	-	5%	-
Personen, die in drei und mehr Organisationen aktiv sind	4%	-	6%	-

N (Dezember 1999) = 1522
Quelle: CBOS

Aufgrund dieser Ergebnisse lässt sich feststellen, dass die öffentliche Aktivität noch nicht besonders groß ist, dennoch eine leicht wachsende Tendenz aufweist. Im Jahre 1999 hat jeder vierte erwachsene Pole (24 %) sich aktiv in irgendeiner Organisation betätigt. Der höchste Anstieg erfolgte in solchen gesellschaftlichen Bereichen wie das Schulwesen, die Gewerkschaften, Sportvereine, Wohlfahrtgesellschaften. Im Laufe des Jahres stieg auch die Anzahl von acht auf elf Personen, die sich an mehr als einer Organisation beteiligten. Wenn diese Tendenz anhalten wird, würde es auf die Entwicklung der zivilen Gesellschaft von unten, indem Bewegungen, Vereine und Organisationen gegründet werden, deuten. Dies wird auch von der Verbreitung des Teilnahme-Typus der politischen Kultur zeugen. Interessant erweist sich auch das steigende Interesse der Jugendlichen an der Beteiligung an den NGOs. Meistens sind diese Organisationen in solchen Bereichen des gesellschaftlichen Lebens aktiv wie z.B. die Ausbildung (ähnlich wie bei der Umfrage der erwachsenen Polen), soziale Hilfe, Gesundheits- und Umweltschutz. Dies ist ein weiteres Zeichen dafür, dass Veränderungen in der politischen Kultur der polnischen Gesellschaft eintreten.

Tadeusz Bodio

Die psychologischen Voraussetzungen der Transformation des politischen Systems

1. Auf dem Weg zum gemeinsamen Wohl

Im Jahre 1989 begann der schwierige Prozess der Transformation Polens in einen Staat der Demokratie und Marktwirtschaft. Eine kurze, aber doch reichhaltige Geschichte der polnischen Debatten über *das Gemeinwohl – die Republik*, aber auch die der konkreten Taten, führte zur Verabschiedung und Umsetzung einer neuen Verfassung, der Herausbildung einer politischen Szene, also zum allmählichen Heranreifen eines stabilen politischen Systems.

Das Ziel der systembezogenen Transformation ist der Aufbau eines effektiven, sicheren und eines sich im Einklang mit den Normen der Europäischen Union befindenden Staates. Die normative, prozedurale und organisatorische Seite dieses Prozesses wurde bereits ausführlich von den Autoren dieses Bandes erörtert. Ihre Überlegungen lassen erkennen, wie kompliziert der Aufbau des politischen Systems in Polen unter den Bedindungen der Demokratie und der Marktwirtschaft ist. Dies trifft umso mehr zu, wenn man die psychologischen Aspekte der Transformation berücksichtigt. Das belegen u.a. vergleichende Untersuchungen von K. Bogacka über die Wahrnehmung beider politischen Systeme (das der Volksrepublik Polen und dasjenige der Dritten Republik). Aus den Ergebnissen geht hervor, dass die psychologischen Komponenten (Emotionen, Lebensgefühle im jeweiligen politischen System) unter den Aspekten, eine Vorrangstellung einnehmen die über den Transformationsweg in der Republik Polen entscheiden.[1]

Gustav Le Bon schrieb, dass das politische System ein *Kostüm* darstelle, das den *Geist* des Volkes[2] kleide. Wichtig ist, dass es die Leute nicht reizt, sondern ihren Erwartungen, Aspirationen und Verhaltensweisen entspricht. Das politische System sollte also so reformiert werden, dass es nicht nur respektiert, sondern auch psychologisch akzeptiert

---

[1] K. Bogacka, System społeczno-polityczny w oczach zwykłych ludzi: opinie na temat PRL i nowych czasów (analiza jakościowa), in: J. Reykowski (red), *Potoczne wyobrażenia o demokracji*, Warszawa 1995, s. 101ff.

[2] G. Le Bon, *Psychologia socjalizmu*, Warszawa 1997, s. 92.

und unterstützt sowie durch Handlungen der Bevölkerung im Rahmen der Transformation mitgestaltet wird.

Die psychologische und moralische Akzeptanz des sich herausbildenden politischen Systems durch die polnische Bevölkerung entspricht dem Wesen einer demokratischen und marktwirtschaftlichen Rechtsordnung. Die gesellschaftliche Akzeptanz der sich vollziehenden Umwandlungen im politischen System ist dagegen während des Umbruchs besonders wichtig, denn die Menschen reagieren auf jegliche Abweichung von ethischen Regeln besonders empfindlich. Die historisch einzigartige psychologische und moralische Einwilligung der Reform des politischen Systems fand in Polen unmittelbar nach dem Umbruch im Jahre 1989 statt. Dieser Zustimmung lag der Protest gegen das weitere Leben in einem autoritären Staat mit einer linken Regierung bei einer begrenzten Souveränität seitens des östlichen Nachbarn zugrunde. Dieses stellte auch eine Chance der Multiplizierung des Transformationseffektes dar.

Ist dieser Vertrauenskredit ausreichend genutzt worden? Es ist zu bezweifeln, zumal wir am Ende des Jahrzehnts eine Anhäufung der psychologischen Probleme im Zusammenhang mit der Transformation des politischen Systems beobachten. Als Beispiel wäre hier die Verwaltungs- und Gebietsreform zu nennen, die enorme Emotionen in der Bevölkerung hervorrief. Zur psychologischen Unzufriedenheit führen Anzeichen der „Kommerzialisierung" der Staatsfunktionen, der „Verparteilichung des Staates", der Vorteilhaftigkeit einzelner Regionen oder Branchen in der Kostenverteilung des Transformationsprozesses.

Die Reformen des politischen Systems setzten sich unter schwierigen psychologischen Bedingungen durch. Bei der polnischen Transformation handelt es sich nicht nur um das *Kostüm*, sondern auch um den Geist – den „Bruch" der mentalen Strukturen der Gesellschaft, die über Generationen erschaffen und bewahrt wurden. Es lässt sich sagen, dass die systembezogene Transformation zugleich eine Psycho-Transformation der Gesellschaft und nicht selten eine Psychotherapie ist, eine Veränderung von vielen Gewohnheiten, die unter neuen Bedingungen das Leben erschweren.

Die Kompliziertheit der polnischen Transformation besteht folglich darin, dass der Wandel im politischen System mit einem mentalen Wandel der Gesellschaft einhergeht. Beide Prozesse sind miteinander verflochten und bedingen sich gegenseitig. Sic verlaufen in unterschiedlichen Rhythmen. Dabei weisen diese Prozesse eine Synchronisierung auf vielen Ebenen auf, jedoch ohne gleichzeitiger positiver Korrelation mit derartigen Faktoren wie soziale Gruppe, politischer oder wirtschaftlicher Kontext oder andere Bedingungen der systembezogenen Veränderungen.

Die Reformer befinden sich in einem Dilemma, denn sie sind sich dessen bewusst, dass die Reformen ohne psychologische Akzeptanz negative Folgen wie z.B. Bedrohungsgefühle, Entfremdung, ungenügende Effizienz der politischen und wirtschaftlichen Umwandlungen, für die Transformation haben können. Soll das aber heißen, dass das Reformieren des politischen Systems in einem demokratischen Rechtsstaat sich lediglich auf die Veränderungen, die die Gesellschaft einwilligt, beschränken soll?

Es ist zu bedenken, dass die Politik des Pragmatikers Leszek Balcerowicz wegen ihrer psychosozialen Kosten umstritten ist und Emotionen weckt. Viele Politiker unterstellen dem Co-Architekten der polnischen Transformation eine doktrinäre Haltung und Befürwortung einer auf die Demontage des politischen und ökonomischen Systems ausgerichteten Politik. Wenn wir aber seine Argumentation in der Bewertung der Transformation des letzten Jahrzehnts in Betracht ziehen, werden die Emotionen „kühler" und geben uns zu Reflexionen Anlass. Balcerowicz fragt die Opponenten nach dem Wesen des Patriotismus. Für ihn ist das am wenigsten das Deklinieren der romantischen Werte. Ein guter Patriot sollte bedenken, dass Polen in der Vergangenheit Niederlagen erlitt, weil es damals nicht in der Lage war, sich rechtzeitig und erfolgreich zu reformieren.[3] Damit die erneute Chance nicht verpasst wird, muss der Umbau des Staates und seiner politisch-institutionellen Strukturen fortgesetzt werden. Das gilt auch für den Fall, wenn man mit einer fehlenden gesellschaftlichen Akzeptanz rechnen muss und die Transformationskosten eine reservierte Haltung oder sogar einen psychologischen Widerstand der Bevölkerung hervorrufen.

Es sind Dilemmata, die die Politik zu einer Kunst des Denkens und Handelns unter den Risikobedingungen macht, zumal die psychologischen Aspekte in den letzten Jahren in den Vordergrund unter den Faktoren treten, die zum Erfolg der systembezogenen Transformation führen.

Die politischen Psychologen verfügen heutzutage über ein beachtliches empirisches Wissen in der Frage, ob und warum es eine Wechselwirkung zwischen den Reformen des politischen Systems der 90er Jahre und den Veränderungen im mentalen Bereich und den Verhaltensweisen der Menschen gibt. Viele von ihnen vertraten die Ansicht, dass die politische Transformation zwangsläufig zu mentalen Veränderungen der polnischen Gesellschaft führen und Demokratie und Markwirtschaft die psychologische Anpassung erzwingen werden. Die Realität sah aber so aus, dass man sich von der romantischen Vorstellung eines künftigen *Staates als Paradies* verabschieden musste. Die Transformationskosten wurden als schmerzlich empfundenen. Die langjährige Erfahrung der Allgegenwart eines autoritären Staates führt gelegentlich zur psychologischen Abwehr gegen über den Veränderungen des politischen Systems, die auf eine Einschränkung des Interventionismus und der Betreuungsfunktionen des Staates abzielen. Diese Zurückhaltung ist auch darauf zurückzuführen, dass man manchmal das Gefühl erhält, in einem *nur scheinbar eigenen, aber in Wirklichkeit in einem fremden politischen System zu leben*, was seinen Ausdruck in der niedrigen Wahlbeteiligung oder in der personalisierten Sicht der Politik und dem mangelnden Glauben in die Effizienz der politischen Strukturen findet. Es gibt auch Ursachen, die auf die Gewohnheiten, Bräuche und Stereotypen zurückzuführen sind und die die Reformer verändern müssen. Dabei müssen sie einen Popularitätsschwund und den Rückgang der gesellschaftlichen Unterstützung in Kauf nehmen. Dieser Prozess ist besonders schwierig, weil es unter

---

3 L. Balcerowicz, *Państwo w przebudowie*, Kraków 1999, s. 171 ff.

den Machthabern auch solche gibt, die mental von einer anderen Denktradition geprägt wurden.

In der polnischen wissenschaftlichen Literatur überwiegen fragmentarische Untersuchungen über die psychologischen Rahmenbedingungen des Funktionierens des politischen Systems. Gleichzeitig überraschen Defizite an synthetisierenden und komplexen Forschungen über die psychologischen Voraussetzungen der politischen Transformation. Es besteht ein offensichtlicher Bedarf an Studien, die das Erreichte im Transformationsjahrzehnt zusammenfassen würden. Solche Versuche werden derzeit unternommen. Sie zielen darauf ab, ein Paradigma des Denkens und Handelns der Polen unter den neuen Systembedingungen zu bestimmen. Diese Forschungsrichtung scheint hilfreich zu sein, um einige Veränderungen der Psyche der Polen im Zusammenhang mit dem Gesellschafts- und Systemwandel festzustellen.

2. Die Psychologie der „Übergangsphase"

Das zu Ende gehende Transformationsjahrzehnt lässt die Schlussfolgerung zu, dass wir es im Lande mit einer *Psychologie der Übergangsphase* zu tun hatten: vom autoritären Staat mit einer Zentralverwaltungswirtschaft zu einem demokratischen Staat mit einer freien Marktwirtschaft. Dieser Übergang lässt die psychologische Verfassung der polnischen Bevölkerung erkennen, die man etwa zwischen autoritären und demokratischen, kollektivistischen und individualistischen, linken und rechten Orientierungen im politischen Verhalten platzieren kann.

Wenn wir in die psychologische Verfassung der Polen in der Zeit der intensiven Veränderungen des politischen Systems eindringen wollen, so müssen wir Folgendes berücksichtigen:

- Die im Jahre 1989 von den reformbereiten Parteiakteuren am Runden Tisch initiierten Veränderungen des politischen Systems zielten nicht auf den Verzicht ihrer Macht ab, sondern auf die Schaffung eines stabilisierenden Antikrisen-Mechanismus[4] (Der Umwandlungsprozess im politischen System verlief also unter den Bedingungen einer „schleichenden Revolution", in der die psychologische Unterstützung der Bevölkerung in den kommenden Wahlen eine kolossale Bedeutung für den Systemwandel hatte.).
- Der Legitimierungsprozess des neuen politischen Systems wurde durch die Delegitimierung der alten politischen Strukturen begleitet (Der Aufbau eines neuen politischen und ökonomischen Systems erfolgte parallel zur Demontage der alten politischen und wirtschaftlichen Strukturen.).

---

4 J. Staniszkis, The Dynamics of Breakthrough in Eastern Europe. The Polish Experience, Berkeley – Los Angeles – Oxford 1991, s. 80-81.

- Die im Entstehen begriffene demokratische Ordnung rief einerseits Veränderungen in der Psyche der Bevölkerung hervor, andererseits vermochte diese durch ihre Vermittlungs-, Adaptions- und innovative Funktion[5] die schmerzliche Konfrontation der Mentalität der Entmündigungsepoche mit den Herausforderungen eines Rechtsstaates und der Marktwirtschaft zu mildern.
- Im Prozess der Systemtransformation ist der Aufbau des demokratischen Rechtsstaates und der Marktwirtschaft in umgekehrter Reihenfolge vorgenommen worden[6] (Der Aufbau des demokratischen politischen Systems ist der Einführung einzelner marktwirtschaftlicher Mechanismen vorausgeeilt, genauso wie die Veränderungen der politischen Attitüden dem Wirtschaftsbewusstsein der Bevölkerung zuvorkamen.).
- Die Legitimierung des politischen Systems ist also und bleibt nach wie vor nicht synchron mit der Legitimierung des ökonomischen Systems (Frustrationen und soziale Unruhen, die sich aus den Unzulänglichkeiten des wirtschaftlichen Systems ergeben, beeinflussen die gesellschaftliche Einschätzung der Veränderungen im politischen System).
- In einem politischen System werden die grundlegenden Veränderungen seitens des Staates eingeleitet. Auf den Staat richten sich daher menschliche Emotionen und Urteile über die Effizienz des gesamten Systems aus.
- Der politische Pluralismus fördert eine Vielzahl von neuen Orientierungen und Konzepten der Transformation des politischen Systems (Dies hat eine gewisse psychologische Verwirrung und die Abnahme der gesellschaftlichen Unterstützung des von der Machtführung gewählten Reformkurses zur Folge).
- In den Konzeptionen der Transformation des politischen Systems findet man widersprüchliche Tendenzen seiner Legitimierung (psychologische, die an die charismatische Führung anknüpfen; eine romantische Tradition, die den „Staat als Paradies" ansieht; Konzepte des Subjektseins, die im Extremfall zur Anarchisierung des Lebens führen; ethische, die in der romantischen Tradition nach mehr Moral in der Politik verlangen, was ihre Effizienz einschränkt; teleologische, die die Alltagspragmatik unter den neuen Systembedingungen in den Vordergrund stellen; außerdem noch liberale, bürgerliche, autoritäre Tendenzen u.a.).
- Die psychologische Legitimierung des entstehenden politischen Systems erschwert die Tendenz zur Überschreitung der erwünschten Verbindungen zwischen „all dem, was in der Transformation politisch, ökonomisch und ethisch" ist (Dies führt zum Verwischen der Grenzen zwischen Staat und Markt und bringt mentale Verwirrungen mit sich.).
- Die Ablösung des Staatszentralismus und die Schaffung der Subjektrolle der territorialen Selbstverwaltung stehen im Widerspruch mit der Psychologie der Kommunen, die an die Betreuerfunktion des autoritären Staates gewöhnt waren.

---

5 K.A. Wojtaszczyk, *Kompendium wiedzy o państwie współczesnym*, Warszawa 1999, s. 28.

6 W. Sokół, *Legitymizacja systemów politycznych*, Lublin 1997, s. 190 ff.

- Die Legitimierung des politischen Systems im Bewusstsein der polnischen Bürger ist eng mit der geopolitischen Legitimierung verbunden (Die langjährigen Defizite an Souveränität bzw. derer Begrenzung nähren das Bedürfnis nach Kompensation, was wiederum zu neuen Frustrationen und Befürchtungen führen kann, z.B. im Falle einer Einschränkung der eben wiedererlangten Souveränität zugunsten der europäischen Strukturen).

Der Katalog der psychologischen Voraussetzungen der politischen Transformation könnte fortgesetzt werden. Allgemein wird damit bestätigt, dass bei der Bestimmung der psychologischen Befindlichkeiten der polnischen Bevölkerung in der Zeit der Transformation der Begriff der „psychologischen Übergangsphase" hilfreich ist. Mit diesem Begriff wird ein Zeitraum in der politischen Geschichte bezeichnet, in dem es zu einem radikalen Zusammenstoß verschiedener mentaler Formen mit den Lebensanforderungen der neuen Ordnung kommt. Bei diesen schmerzhaften Zusammenstößen setzen sich bestimmte Denkmuster und Typen des politischen Handelns durch.

Die Effekte dieser Zusammenstöße beeinflussen das Tempo der Veränderungen. Diesbezüglich vertreten wir die Ansicht, dass *die Transformation in den letzten Jahren so dynamisch erfolgt, dass der mentale Wandel der Mehrheit der polnischen Gesellschaft ihr nicht nachkommen kann; dies trägt wesentlich zur Unzufriedenheit und schwankender Unterstützung bzw. zu einem psychologischen Widerstand gegen Veränderungen im politischen und ökonomischen System bei*. Unserer Ansicht nach wurden die herkömmlichen Zeitproportionen zwischen dem psychologischen Wandel der Gesellschaft und dem Wechsel im politischen und ökonomischen System gestört. Es kam zu einer Asymmetrie zwischen der unerlässlichen Zeit für die mentalen Veränderungen und den Anforderungen der sich wandelnden Ordnung. Bis eine Synchronisation erreicht wird, wird diese Ungleichzeitigkeit negative psychologische Folgen für die politische Transformation haben. Im letzten Jahrzehnt haben die reformwilligen Akteure mehrmals versucht, das für die weitere Transformation optimale Tempo zu bestimmen. Die Anhäufung transformatorischer Aufgaben und die Notwendigkeit, sich den europäischen Strukturen anzupassen, haben dem allerdings Schranken gesetzt, zumal die Modernisierungsrückstände deutlich hervortraten.

3. Die Mechanismen, die die Einstellungen der Menschen zum politischen System formen

Die Psychologie einer Gesellschaft im Wandel betrifft eine Phase der großen Neubewertung aller Werte, Korrekturen und der Bestimmung von Faktoren, die über die Identifizierung mit dem neuen politischen System entscheiden. Daraus ergeben sich Möglichkeiten, auf die Reformen hinsichtlich der Organisation des politischen Lebens Einfluss zu nehmen.

Das psychologische Bild von dem, wie das politische und wirtschaftliche Leben ausgesehen hat, heute aussieht bzw. es aussehen soll, entscheidet in großem Maße über den gesellschaftlichen Zustimmungsgrad für das politische System. An der Gestaltung dieses Bildes nehmen viele komplizierte Mechanismen teil, die sowohl den „oberflächlichen" Strukturen zu eigen sind als auch den Kern der menschlichen Psyche bestimmen. Wir können also zwischen zwei Grundreaktionen der Menschen auf das politische System unterscheiden:

1. Die Ebene einer konkreten Situation („hier und jetzt"). Die Psychologie des situationsgebundenen Denkens und Handelns bezieht sich meistens auf die gegenwärtigen Zustände des politischen Systems und deren subjektiven Definitionen. Auf dieser Ebene variieren die Reaktionen auf das politische System stark.
2. Die Ebene der Selbstbestimmung, die „tiefe" Strukturen der menschlichen Psyche freisetzt (von der nationalen Psycho-Geschichte, Kultur u.ä. geprägt). Die Strukturen bringen eine dauerhafte Einstellung zum politischen System zum Ausdruck und platzieren das Individuum in diesem System.

Den zahlreichen empirischen Untersuchungen kann entnommen werden, dass die polnische Bevölkerung mit der voranschreitenden Transformation immer stärker dazu tendiert, das entstehende System in den Kategorien stabiler identitätsbezogener Reaktionen (die sich auf die konstitutiven Eigenschaften der demokratischen Ordnung beziehen) wahrzunehmen. Gleichzeitig wird die Effizienz dieser Ordnung kritisch und situationsbedingt beurteilt.

In unsere Betrachtung der „Psychologie der Übergangsphase" ist die Konzeption von J. Reykowski über die systembezogenen und mentalen Veränderungen der Gesellschaft in der Transformationszeit eingeschlossen[7]. Der Autor hebt vier Mechanismen hervor, die eine grundlegende Rolle in den Einstellungen der Menschen zum politischen System spielen:

- Werte als Vorstellungen erwünschter Zustände (was richtig und gerecht sei), die eine „Filter"- bzw. eine verborgene oder nicht immer bewusste „Axiom"-Funktion erfüllen und aufgrund derer die politische Wirklichkeit wahrgenommen und beurteilt wird;
- eine Diagnose der vorhandenen sozial-politischen Realität (des Systems als Ganzes oder seiner Elemente),
- Einstellungen zum System in Abhängigkeit vom Vergleichsergebnis zwischen den sozial-politischen Werten und der Diagnose des vorhandenen Systems und seiner Elemente (das Ergebnis dieses Vergleichs ist entweder die Billigung oder die Missbilligung des politischen Systems),
- eine behavioristische Strategie in praktischer Form (Handlungen in Bezug auf das System: seine Bekämpfung, Aufrechterhaltung, Gestaltung usw.).

---

[7] J. Reykowski, Zmiany systemowe a mentalność społeczeństwa, in: *Wartości i postawy Polaków a zmiany systemowe. Szkice z psychologii polityki*, Warszawa 1993; von diesem Verfasser auch: Ukryte założenia normatywne jako osiowy składnik mentalności, in: *Orientacje społeczne jako element mentalności*, Poznań 1990.

Diese Mechanismen haben in der Psyche der polnischen Bürger zu verschiedenen Auffassungen des politischen Systems geführt. Das politische Denken wird von Prozessen der Selbstkategorisierung (Auto-Identifizierung: Selbstbeurteilung, Identifizierung mit anderen usw.) und der Kategorisierung (Definition der Außenwelt, Situation, Bedeutung dieser Situation usw.) begleitet. Diese Prozesse sind selbstverständlich um ein Vielfaches komplizierter und als Ganzes bilden sie „die Sprache und die Grammatik" des politischen Denkens.

Sowohl die Sprache als auch die Grammatik des politischen Denkens der Polen in der Transformationszeit sind stark polarisiert: Demokratie – Autoritarismus; Individualismus – Kollektivismus; die Rechte – die Linke. Davon hängen die gesellschaftliche Billigung, Missbilligung bzw. Abstandnahme in Bezug auf die Reformen des politischen Systems ab. Dabei können die verschiedenen Denkweisen über das politische System die Menschen trennen und bei ihnen selbst mit unterschiedlicher Intensität in Abhängigkeit von psychologischen Eigenschaften, internalisierten Werten bzw. und dem politischen und situativen Kontext auftreten. Das Ziel der Psychotransformation ist die Verbreitung des demokratischen Musters, das eine Kombination dieser entgegengesetzten psychologischen Orientierungen darstellt.

In jeder menschlichen Psyche ist ein „Mechanismus des temporalen Umschaltens im Denkprozess" eingefügt – von einer in die andere Denk- und Reaktionsweise auf das politische System.

Im Mechanismus der „Umschalter" spielen eine wichtige Rolle nicht nur feste sondern auch situationsbezogene Standards der Wahrnehmung des politischen Systems. Die Intensität dieser „Umschaltungen" im Denkprozess über das politische System hängt im Wesentlichen von der psychischen Veranlagung und der Verhaltensweise des Einzelnen ab, die im Sozialisierungsprozess oder infolge eigener politischer Erfahrungen gewonnen wurden[8] (z.B. ein „offener", „geschlossener" Mensch, „eine rigide bzw. flexible Persönlichkeit").

Beim Zusammenstoßen der polnischen Mentalität mit der sich herausbildenden politischen und wirtschaftlichen Ordnung werden die Bedingungen für das Überwinden der Neigung zum adaptiven Denken und Verhalten (homöostatisch, reaktiv) bei vielen Menschen im neuen System deutlich (die psychologische Reduzierung, der Zwiespalt zwischen eigenen Normen und der Realität des politischen Lebens, die die Fernhaltung von der Politik, den Wahlen usw. zu Folge hat) zugunsten des individuellen Denkens und Handelns (antihomöostatisch), was ein Ausdruck der Mitgestaltung am Systems darstellt. Dabei ist zu beachten, dass dies in der Anfangsphase der Transformation nicht immer der Fall war.

J. Reykowski kommt in seinen Überlegungen *über das Verhältnis zwischen den Veränderungen im politischen System und denjenigen im Bewusstsein der Menschen* zu der Schlussfolgerung, dass Überzeugungen und Einstellungen in einen Konflikt mit

---

8 Im einzelnen darüber in: T. Bodio, *Świadomość a zachowania polityczne*, Warszawa 1990.

der Struktur des sich herausbildenden politischen und ökonomischen Systems geraten. Darüber hinaus war die Richtung der Bewusstseinsveränderungen in den ersten Jahren der Transformation nicht mit der Richtung der Systemveränderungen gleichzusetzen.

Der Transformation lag in der Anfangsphase eine instabile psychologische Basis zugrunde. Unserer Ansicht nach hat *die gesellschaftliche Legitimierung des Systemwandels ihr Doppelgesicht gezeigt: Zum einen eine normative Unterstützung der Reformen, zum anderen eine schwankende Einwilligung ihrer Durchführung.* „Die schwankende Einwilligung" war die Folge der der Bevölkerung immer bewusster werdenden Transformationskosten. Die Euphorie einer schnellen Transformation und Integration mit den europäischen Strukturen wurde mit der polnischen politischen und wirtschaftlichen Realität konfrontiert. Bei diesem Zusammenstoß ist es klar geworden, dass die Umwandlung der ineffizienten Zentralverwaltungswirtschaft in eine sich entwickelnde Marktwirtschaft kein Plus-Summen-Spiel ist.[9] Eher es besser wird, muss es erst schlechter sein. Die polnische Bevölkerung muss daher das ökonomische „Tal der Tränen" durchschreiten, wie R. Dahrendorf metaphorisch diesen Zustand nennt. Dies nimmt einen Einfluss auf das Verhältnis zwischen den Veränderungen im Wirtschaftssystem und der psychologischen Unterstützung der Reformen im politischen System (z.B. Sehnsucht nach einem Allgegenwarts- und Betreuerstaat).

Die Situation besserte sich im zweiten Jahrfünft der Transformation. Den zahlreichen Untersuchungen dieser Zeitperiode kann man entnehmen, dass *die Bevölkerung sich entschieden für den Rechtsstaat ausspricht und das demokratische Instrumentarium zur Bestimmung der politischen Führung als eine dauerhafte Errungenschaft der Transformation des politischen Systems ansieht.* Erhebliche Zweifel erweckt dagegen – und am Ende des Transformationsjahrzehnts sind diese Einschätzungen stärker aufgetreten – die Effizienz der vorhandenen politischen Strukturen und der wirtschaftlichen Reformen.

Die angesprochenen Probleme zeigen zum Teil, wie verwickelt die Relationen zwischen den Veränderungen im politischen System und den Veränderungen in der Mentalität der polnischen Gesellschaft sind. Diese werden noch komplizierter, wenn man die historischen Wurzeln der polnischen Transformation in Betracht zieht. Die Studie hierüber weist eine Zurückhaltung und den psychologischen Widerstand der Bevölkerung gegen Veränderungen im politischen System nicht nur wegen der direkten Transformationskosten auf.

---

[9] J. Błuszkowski, *Zróżnicowania pokoleniowe postaw wobec transformacji ustrojowej w Polsce*, in: *Studia Psychologiczne*, 1998, tom 3, s. 186.

4. Die psychologischen Effekte des Zusammenstoßes zwischen Tradition und politischer Modernisierung

In die Psychologie der Übergangsphase ist der mentale Umbruch der polnischen Bevölkerung eingebettet. Es ist ein Umbruch, der den Anforderungen des Lebens in einem modernen, in die europäischen Strukturen integrierten Staat entspricht. Um das Wesen dieses Umbruchs verstehen zu können, muss man auf die Psycho-Geschichte der Polen zurückgreifen. Die Polen vertraten über zwei Jahrhunderte lang zwei entgegengesetzte Auffassungen über Politik, Nation, Staat und Staatsordnung – eine romantische und eine pragmatische. Nach A. Bromke war es eine Zeit der von den Polen wendig getriebenen Politik, eines geschickten Pendelns zwischen Idealismus und Realismus[10].

Das romantische Denken über den Staat dominierte über dem positivistischen. Es stellte eine Daseinsweise der Polen in der Epoche der Teilungen dar. Es generierte gemeinschaftliche Alternativen der staatlichen Existenz wie: die Nation als eine Gruppe der politischen und kulturellen Identität, die Römisch-Katholische Kirche als *quasi* Staatsform des kollektiven Lebens und letztendlich die Familie als eine politische Bildungsstätte und Vermittlerin der patriotischen Werte.

Die Romantik prägte eine Kultur, die den Protest der staatslosen Nation gegen die damaligen politischen Standards in Europa zum Ausdruck brachte[11]. In dieser Kultur gab es daher wenig Platz für das realistische Denken über die Regierungskunst, und wenn überhaupt, dann war es eine Politik, die die Mechanismen eines Untergrundstaates *par excellence* formulierte. Einer Politik der aufgezwungenen politischen Systeme haben die Romantiker einen obligatorischen Ungehorsam gegenübergestellt. Einen militärischen Kampf durfte man verlieren, nicht aber mit den Teilungsmächten paktieren. Das konspirative Handeln gegen die damaligen politischen Institutionen zählte zu den politischen Tugenden. Hier wurzeln eben die polnischen Teilungen in Gesellschaft und Macht, Nation und Staat.

Die Romantiker haben gegen drei politische Systemen der Teilungsmächte gekämpft und zugleich unterschiedliche Visionen einer vollkommenen politischen Ordnung im künftigen Polen entwickelt: von der Monarchie (Jan Paweł Woronicz), über die Republik der Gemeinden (Joachim Lelewel) bis hin zur republikanisch-demokratischen Staatsordnung (Jan Nepomucen Janowski). Lelewel äußerte sich sehr kritisch über die 3. Mai-Verfassung. A. Mickiewicz schätzte die institutionellen Vorteile nicht sehr hoch ein. Er wies darauf hin, dass einer künftigen Ordnung die christlichen Grundsätze

---

[10] J. Bromke, *Idealizm i realizm w Polsce w epoce rozbiorów*, in: *Społeczeństwo i socjologia*, red. J. Kulpińska, Wrocław-Warszawa-Gdańsk-Łódź 1985, s. 329.

[11] Zu diesem Thema u.a. bei: s. Filipowicz, *Model partycypacji euforycznej*, in: *Człowiek jako obywatel*, M. Szyszkowska (red)., Warszawa 1995; T. Filipiak, *Historia i tradycje jako kultura polityczna*, *„Studia Politologiczne"*, 1997, tom 2.

zugrunde liegen und die Gesellschaft eine aus freien Menschen sein sollte. Die von dem Dichter kritisierte demokratisch-patriotische Gesellschaft nahm unterdessen in Anlehnung an das Werk von Alexis de Tocqueville über die Demokratie in Amerika ein Programm an, dessen Leitidee die Demokratie war, verstanden als eine politische Gleichheit aller Bürger im unabhängigen Polen.

In den romantischen Szenarien des vergangenen politischen Systems Polens setzten sich die staatsorientierten Bestrebungen mit der komplizierten nationalen Situation auseinander. Dies war die Ursache des ununterbrochenen polnischen Streits zwischen der Anerkennung des Selbstbestimmungsrechts der Randnationen auf der einen Seite und dem Ethnozentrismus sowie dem ethischen Relativismus auf der anderen. Diese Auseinandersetzungen führten zur Formulierung unterschiedlicher Varianten der künftigen politischen Ordnung des Landes: von der Konföderation, über die Inkorporation und Föderation bis hin zu einem unitaristischen Staat.

Die Romantiker sahen die künftige Ordnung Polens im Zusammenhang mit der Freiheitsidee und der Vereinigung Europas. Nach dem Motto „Für eure und unsere Freiheit" versuchten sie die politische Praxis mitzugestalten. Sie wollten auf dem kürzesten Weg von den Idealen zur politischen Wirklichkeit kommen. Im Endeffekt missachteten sie die Organisationsformen sowie die Taktik beim Aufbau der künftigen Ordnungsformen. Die Völker besitzen nämlich eine *Seele*, deren Reichtum man auf keine rationale Organisation des politischen Lebens übertragen kann. Daher stellen sie den demokratischen, rechtlich begründeten Rekrutierungsmethoden die charismatische, ethisch begründete Legitimierung der Macht entgegen. Die Intuition des politischen Handelns dagegen schätzen sie mehr als das kalte und rationale Kalkül der Organisation des politischen Lebens. Die Improvisation wird mit der Zeit zu einem dauerhaften Charakteristikum der polnischen Organisationen und der laufenden Neugestaltung politischer Strukturen.

Es dominierte eine emotionale Variante der Politik. Dies ist insofern verständlich, als dass die Romantiker in ihrem Kampf gegen die Teilungsmächte weder über ein eigenes und politisch organisiertes Gebiet, noch über eine Wirtschaft oder eine starke Armee verfügten, sondern sich der Kultur und der psychischen Bindung des Volkes bedienten. Sie entwickelten also eine eigene Konzeption der Psychologie der Politik, deren Wertehierarchie das Wohl des Vaterlandes dem eigenen Glück vorzog. Im Mittelpunkt der Gedanken und Handlungen der Romantiker standen Wahrheit, Gerechtigkeit, Souveränität und nationale Solidarität. Man kann also sagen, dass die Romantik eine Formel des Kampfes gegen das politische Übel, das die Wahrheit vortäuschte, war. Daher lehnt sie auch das rationale Kalkül der politischen Kosten und Gewinne, bei welchem die moralischen Aspekte nicht beachtet werden, ab.

Die politische Romantik wird mit ihren Vor- und Nachteilen jahrhundertelang zu dem Bezugspunkt für das A und O des politischen Denkens und Handelns. Sie dringt in die Psyche der kommenden Generationen, die um die Unabhängigkeit kämpfen, ein. Sie stellt sich als ein leises, verborgenes, nicht immer bewusstes Wissen dar, das über die

Jahrhunderte mal schwach mal stark in der polnischen Wahrnehmung der Politikwelt zu Wort kommt. Sie hinterlässt also dauerhafte Spuren in den individuellen Biographien der Polen und der ganzen Generationen.

Die Entstehung der Dritten Republik hängt mit dem zu Ende gegangenen Generationenkampf um die Unabhängigkeit zusammen. Das freie Polen stellt neue Anforderungen an die Generationen. Letztendlich – so M. Janion – nehmen wir an einem dramatischen Prozess des Absterbens des romantischen Paradigmas teil, das entscheidend zur Wiedererlangung der Unabhängigkeit beigetragen hat. Es folgte eine Epoche der Nüchternheit und der Desillusion[12].

Die in der Psyche der Polen verwurzelte politische Romantik macht heutzutage die Anpassung an den sich wandelnden Staat nicht leicht. Nach Hegel *kommt der listige Verstand sowieso auf seine Kosten. Es entstand das Bedürfnis nach der Suche, der Enthüllung des neuen psychologischen Sinns der Transformation des politischen Systems*, umso mehr, da der Imperativ des Unabhängigkeitskampfes nicht mehr im Vordergrund des Generationendialoges über die Gestalt eines künftigen Polen steht. „Wir wissen, was wir nicht wollen", so A. Michnik, „aber was wir wollen, das weiß keiner von uns genau"[13]. Meistens war dies eine vage Vision eines politischen Systems, das lediglich eine Antithese des autoritären Staates darstellte.

Der Transformationsverlauf zwingt zur Feststellung, dass wir es im Lande mit einer Veränderung des Paradigmas des Denkens und Handelns zu tun haben, was wesentlich – abgesehen von den Errungenschaften bzw. Defiziten bei den Reformen des politischen Systems – die psychologische Verfassung der Bevölkerung beeinflusst.

Diese in der Geschichte einmalige Veränderung der Psychologie des politischen Denkens der polnischen Bürger ist eine Konsequenz der Erfüllung einer politischen Mission der Nationalromantik[14], des Lebens der Menschen in einem endlich freien und demokratischen Staat, der sich in die europäischen Strukturen integriert. Es ist eine eigenartige Psychotransformation, die die polnische Bevölkerung an der Schwelle zum 21. Jahrhundert erlebt.

Solange die herkömmlichen Verhaltensmuster nicht abgelöst sind, scheint sich die polnische Mentalität, vor allem ihre politische Seite, zwischen zwei Extremen zu bewegen: der Romantik und dem Pragmatismus. In Abhängigkeit von der politischen Situation pendelt sie zwischen diesen, um in der Zeit der ruhigen Veränderungen mit einer pragmatischen Dominante ihre schimärische Natur zu offenbaren, indem sie die Veränderungen des politischen Systems unterstützt bzw. von ihnen Abstand nimmt oder gar einen psychologischen Widerstand anstiftet.

---

[12] Vgl. M. Janion, *„Czy będziesz wiedział co przeżyłeś"*, Łódź 1996, s. 14.

[13] A. Michnik, Polskie pytania, *„Zeszyty Literackie"*, Paryż 1987, s. 42-43.

[14] Im Einzelnen dazu: T. Bodio, *Między romantyzmem i pragmatyzmem. Psychopolityczne aspekty transformacji w Polsce*, Warszawa 1999.

Es kann die Ansicht vertreten werden, dass die *Ethik der Überzeugungen der Ethik der Verantwortung* Platz lassen muss. Die letztere zieht die pragmatischen Folgen der politischen Reformen den romantischen Visionen des *Landes als Paradieses* vor. Es ist zu beachten, dass die Romantik die Treue der Ideen, Symbole und Mythen betont, der Pragmatismus dagegen die konkrete Fähigkeit, mit Dingen und Situationen umzugehen, hervorhebt.

Ein Pragmatiker (griech. pragmatikos; lat. pragmator) lehnt die romantischen Intentionen des „Tuns, was unmöglich ist" ab. Für ihn steht das praktische Handeln im Vordergrund. Pragmatisieren heißt vor allem praktisch und nicht romantisch denken, den Nutzen und Erfolg über die ethischen Aspekte stellen. Der Pragmatiker ist gegenüber dem romantischen Glauben an die absoluten Wahrheiten skeptisch, so wie die Wahrheit kein Eigentum von Idee, Vorstellung oder Überzeugungen ist. Die Wahrheit widerfährt ihnen sozusagen. Zum Maß menschlicher Überzeugungen wird dagegen ihre praktische Nützlichkeit.

Das Denken eines Pragmatikers ist auf praktische Ziele ausgerichtet. Es wird von einer Reihe der Begriffe, die die „Grammatik" der Organisation des politischen Lebens darstellen, wie Planung, Programmierung, Organisation, Kompetenz, Rationalität, Effizienz usw. geleitet.

Für den Pragmatiker sollte die „Verantwortungsethik" wichtig sein. Max Weber nannte sie den *Geist des Kapitalismus*, das erwünschte psychologische Verhaltensmuster im demokratischen Rechtsstaat und der freien Martkwirtschaft. Die praktische Verantwortungsethik ist für die Polen keinesfalls eine Neu-Entdeckung. Ihre Ansätze findet man im positivistischen Programm der organischen Arbeit oder in der Praxeologie bereits in der ersten Hälfte des 19. Jahrhunderts.

Der Positivismus war in Wirklichkeit eine Reaktion auf unsere psychologische Unvollkommenheit. Im Gegensatz zur Romantik lehrte er Rationalität, Ruhe, Geduld und Unternehmungsgeist. Indem er jedoch unter der Fremdherrschaft die Anpassung über die moralischen Prinzipien stellte, konnte er sich im nationalen Charakter der Polen nicht stark genug festsetzen.

Ein Vergleich von zwei Verhaltensmustern zeigt, wie schwierig der Prozess der psychologischen Veränderungen in der Transformationszeit für die Bevölkerung ist. Der gegenwärtige Konflikt zwischen den traditionellen mentalen Strukturen und den Anforderungen der pragmatischen Neuzeit beeinflusst im Wesentlichen die psychische Befindlichkeit der Gesellschaft. Dieser Konflikt verursacht Unsicherheits- und Fremdheitsgefühle in einem neuen politischen Umfeld sowie einen psychologischen Widerstand gegen Veränderungen im politischen System.

Der Pragmatismus setzt sich in der polnischen Mentalität nur langsam durch. Er wird unterschiedlich interpretiert und umgesetzt. Die Alltagserfahrung belegt, dass die denotative Dimension des Pragmatismus – je nach dem handelnden Subjekt – von seinen konnotativen Deutungen ergänzt wird. Manchmal geht es so weit, dass die Grenze zwischen dem, was pragmatisch bzw. pseudopragmatisch in der Organisation des politischen Lebens ist, verwischt wird. Für die Einen stellt der politische Pluralismus eine an die Anarchie grenzende Freiheit dar, für die Anderen eine Verpflichtung zur Verantwortung und ziviler Einstellungen. Auf der einen Seite offenbaren sich Veränderungen in wirtschaftlichen Verhaltensweisen (Unternehmungs- und Innovationsgeist), auf der anderen eine romantische Absage an Unterordnung und Geduld angesichts der harten Regeln des Wettbewerbs und des freien Marktes.

Die Ergebnisse der Transformation erlauben trotz euphorischer Einschätzungen von allen Regierungskoalitionen nicht die Feststellung, dass *der Geist des Kapitalismus bereits über Polen kreise*, es ist eher sein Substitut in vielen deformierten Erscheinungsformen. Die Ursachen dafür sind folgende:

1. Das mangelhafte Wissen über das Wesen der Demokratie und die Mechanismen der freien Marktwirtschaft. Das gängige Verständnis der Rahmenbegriffe der Transformation ist weit von ihren Modelldefinitionen, die den Reformern nahe liegen, entfernt und zwar zugunsten der konnotativen Bedeutungen der Demokratie und der Marktwirtschaft in Abhängigkeit von Erfahrungen und konkreten Situationen der Menschen. Demokratie und Marktwirtschaft sind Sammelbegriffe mit stark affektiver Aussagekraft, denen man alles „anhängen" kann, was mit den Reformen im Zusammenhang steht. Die denotative Bedeutung der Demokratie wird gewöhnlich nicht zum Bezugspunkt der Einschätzungen des gesellschaftlichen Demokratisierungsprozesses. In äußersten Fällen wird die konnotative Bedeutung der Demokratie auf die abweichenden politischen Ordnungen bezogen (autoritäre Lösungen). Die gebräuchliche Vorstellung der Polen über die Demokratie und Marktwirtschaft ist zwischen der Romantik und dem Pragmatismus platziert (Forderungs- und Wunsch-, kollektivistisch-autoritäre, individualistisch-freiheitliche usw. Orientierungen);
2. Die Verwirrung um das Gemeinschafts- und Bürgerethos zeigt die polnischen romantischen Verwicklungen im Konflikt zwischen der Treue, dem gemeinschaftlichen Ethos und der individuellen Wahlfreiheit sowie der Selbstverwirklichung, wobei die kollektivistische Demokratie überwiegt. Die jahrhundertelang gewidmete Aufmerksamkeit der Unabhängigkeitsidee hat dazu geführt, dass gegenwärtig die humanistischen Werte unabhängig erscheinen und die Korrelate der Demokratie stärker als ihre pragmatischen Bezugsebenen sind (Die Konzentration der Aufmerksamkeit auf die gespielten Rollen, Kompetenzen, Selbstdisziplin usw.). Die Polen müssen sich dessen bewusst sein, dass der Pragmatismus der *civic society* unter anderem nach Ablehnung des traditionellen national-staatlichen Bürgertums zugunsten des übergreifenden Denkens und lokalen Handelns[15] und Verschiebung der traditionellen Identifizierung mit dem Staat und seinen Organen zugunsten der regionalen und territorialen Identifizierungen verlangt;

---

[15] Vgl. M. Król, *Romantyzm. Piekło i niebo Polaków*, Warszawa 1998; B. Gołębiowski, *Edukacja i polityka*, Warszawa 1994.

3. Die gesellschaftliche Forderung nach mehr Moral in der modernistischen Politik der Reformer führt manchmal dazu, dass man in ein anderes Extremum fällt, das als eine Tendenz der ethischen „Überladung" der Politik erscheint. Die moralische Überempfindlichkeit schafft kein positives Klima für die Überwindung der Symptome des nationalen Fundamentalismus, für die Öffnung für andere ethische Systeme. Sie verursacht, dass die Reformen erst unter den moralischen und politischen, dann unter den pragmatischen Aspekten wahrgenommen werden. Die ethischen Einstellungen kompensieren manchmal die fehlenden pragmatischen Fähigkeiten und produzieren skeptische und kritische Einstellungen zu reformatorischen, die Bevölkerung disziplinierenden, Handlungen. Die Reformer werden intellektuell herausgefordert, die moralischen Grundsätze des politischen Systems unter Berücksichtigung der demokratischen Belange mit dem pragmatischen Markt sowie der nationalen Tradition und Kultur zu bestimmen.
4. Der Prozess der Einführung der Reformen erweckt manchmal den Anschein, als ob die Improvisation der vorherrschende Politikstil wäre, so wie der Lebensstil der Bevölkerung das andauernde Erwarten der Offenbarung eines nicht näher bestimmten Transformationseffektes ist. Wenn wir die einzelnen Regierungsmannschaften der 90er Jahre näher betrachten, so sehen wir, dass jede von ihnen mit der Behebung der Fehler der Vorgänger begonnen hat, um dann selbst in die Falle der sich immer schneller drehenden Spirale der transformativen Improvisationen, deren Höhepunkt die Regierungskrisen waren, zu gehen. Die Förderung pragmatischer Einstellungen in der Gesellschaft erfordert daher den Aufbau der Machtautorität, die Vervollkommnung des Staatsmanagements sowie Konsequenz im Reformieren. In dieser Hinsicht ist die polnische Nostalgie nach einer Organisation des gesellschaftlichen Lebens nach dem Muster des deutschen Pragmatismus zu spüren. Es ist zu bedenken, dass im Jahre 1999 die gesellschaftliche Einschätzung der Tätigkeiten der öffentlichen Institutionen die niedrigste Unterstützung in dem Transformationsjahrzehnt fand. Die Arbeit der Regierung wurde von 68% der Befragten negativ beurteilt und die der Wirtschaftspolitik von 61%; 62% der Befragten schätzten die Tätigkeit des Parlaments negativ ein; ebenfalls 61% äußerten sich kritisch über die Tätigkeit der Gewerkschaft „Solidarność"; nur 11% der Befragten waren der Meinung, dass sie auf das gesellschaftlich-politische Geschehen auf der Landesebene und 25% – auf der lokalen Ebene Einfluss nehmen können[16].

Allgemein wird der Pragmatismus in der Bevölkerung äußerst relativistisch verstanden. Es wäre daher angebracht, den polnischen Pragmatismus der Organisation des politischen Lebens zu erörtern, damit er auch in seinem Alltagsverständnis korrigiert werden konnte und zwar so, dass er eine Bezugsbasis für die Macht und Gesellschaft liefern kann.

---

[16] Siehe: Działalność instytucji publicznych w ocenie społeczeństwa, Komunikat CBOS, Warszawa, Oktober 1999; Stosunek do rządu i instytucji politycznych w lipcu, Komunikat CBOS, Warszawa, Juli 1999; Poczucie wpływu na sprawy publiczne, Komunikat CBOS, Warszawa, Juli 1999.

Der Pragmatismus wird mit der voranschreitenden Transformation unser politisches Denken und Handeln zweifellos schmerzlich korrigieren. Die Transformation ist vor allem eine Zeit pragmatischer Herausforderungen. Diese bringen mit sich die Notwendigkeit, all dies, was nicht mehr aktuell bzw. disfunktional in der menschlichen Psyche ist, zu eliminieren, was wiederum die Anpassung an die neuen Bedingungen erschwert.

Der Umgang mit dem Pragmatismus als einen Wert an sich oder einen Zielwert – vor allem vor dem Hintergrund der psycho-sozialen und kulturellen Tradition der Polen – wäre ein Missverständnis. Der Pragmatismus wird sich als sehr nützlich in der Sphäre der Werte und der instrumentellen Normen erweisen. Eine offene und zugleich die wichtigste Frage auf der gegenwärtigen Etappe der Transformation ist aber, welcher Philosophie und Axiologie der Pragmatismus dienen soll. Die anhaltende psychologische Unsicherheit bezüglich der Zukunft, das Transformationschaos und das Fehlen eines *finalen Sinnes*, für den man die Härten der Veränderungen in Kauf nimmt, führen zum destruktiven Verhältnis zur Transformation. Die Unsicherheit erzeugt antimodernistische Tendenzen, die ihren Ausdruck in wiederholten Appellen an die Romantik und an die Veredelung der polnischen Demokratie finden. Daher auch der Aufruf von A. Bielik-Robson zur Romantisierung der sich modernisierenden Gesellschaften, zur romantischen Aufklärung, die das Antidot gegen seelenlose Exzesse der Modernität darstellt[17].

Der Wandel der psychologischen Paradigmen vollzieht sich über mehrere Generationen. Bis der Prozess vollendet sein wird, wird das polnische politische Denken, was die Erfahrung des letzten Transformationsjahrzehnts belegt, mit verschiedenen Masken und Kostümen zwischen den romantischen und pragmatischen Projekten der Transformation des politischen Systems herumtappen. Zum einen bestimmt diese Situation das psychologische Integrationspotential der polnischen Gesellschaft, zum anderen beschleunigt der vorangeschrittene Integrationsprozess mit den gemeinschaftlichen Strukturen entschieden die mentalen Veränderungen in Richtung nicht nur der Akzeptanz, sondern auch einer weiteren gesellschaftlichen Mitgestaltung des polnischen politischen Systems, das den Anforderungen des 21. Jahrhunderts entspricht.

---

[17] Siehe: A. Bielik-Robson, *Romantyczne dopełnienie. Komentarz do epifanii nowoczesnej Charlesa Taylora*, in: „Nowa Res Publica", 1998, s. 7–8.

Stanisław Sulowski

Das internationale Umfeld des politischen Systems Polens

Jedes politische System funktioniert immer in enger Verbindung mit seinem Umfeld. David Easton, der Vater der Systemanalyse, hat sich eigentlich nicht für das Innere des politischen Systems, sondern für dessen Wechselwirkung mit dem Umfeld interessiert[1]. Es sind die Input- und Output-Leistungen des jeweiligen politischen Systems, die diese Beziehungen bilden. Nach Eastons Modell handelt es sich hier um ein Wechselverhältnis. Demzufolge richtet jedes politische System die Output-Leistungen an sein Umfeld, und umgekehrt, das Umfeld richtet an das System die Input-Leistungen. Ohne diesen Kreislauf kann ein politisches System nicht funktionieren. Das Umfeld des politischen Systems ist daher von grundlegender Bedeutung für seine Effizienz. Wenn wir die Funktionen und die Effizienz des Systems in Betracht ziehen, so bedeutet es – nach Gabriel Almond – dass wir der Frage nachgehen, wie sich das System in seinem Umfeld verhält und wie dieses Umfeld wiederum von ihm selbst gestaltet wird[2]. In der Fachliteratur findet diese Beschreibung des Umfelds wenig Platz. Das Umfeld ist also all das, was kein System darstellt, aber durch Input- und Output-Leistungen im engen Zusammenhang mit ihm steht.

Unsere Aufmerksamkeit richten wir nun auf das äußere (internationale) Umfeld des politischen Systems eines bestimmten Staates. Es sollen die Wechselwirkung zwischen dem Umfeld und dem politischen System sowie die Anpassungsfähigkeit des politischen Systems an die Anforderungen des internationalen Umfelds untersucht werden. Das politische System eines Staates reagiert auf das Umfeld auf zweierlei Weise. Zum Ersten wehrt es sich gegen die Einflüsse der Außenwelt, zum Anderen passt es seine Strukturen und Funktionen an die äußeren Anforderungen an. Hierbei müssen folgende wichtige Faktoren beachtet werden:

- die Größe und die Eigentümlichkeit des Hoheitsgebietes, in dem das untersuchte politische System funktioniert;
- das Ausmaß der Einflussnahme politischer Systeme benachbarter Hoheitsgebiete, u.a auch auf die Beziehungen des jeweiligen Systems zur internationalen Gemeinschaft;

---

1 D. Easton, *A Framework for Political Analysis*, New York 1963, S. 36–40.

2 G. A. Almond, J. B. Powell, *Comparative Politics. A Developmental Approach*, Boston 1966, S. 28–29.

- der historische Hintergrund der jeweiligen Gesellschaft als Ganzes und ihrer Subsysteme[3];
- der Offenheits- und Demokratisierungsgrad des jeweiligen Systems.

Politische Systeme der Staaten, die über ein großes Territorium verfügen und viele Nachbarn haben, befinden sich in einer ganz anderen Situation als politische Systeme kleinerer Staaten mit einer kleineren Anzahl von Nachbarländern. Gebietsgröße, geographische Lage und Anzahl der Nachbarstaaten bestimmen die Beziehungen des politischen Systems zu seiner Außenwelt. Sowohl politische Erdkunde als auch Geopolitik haben jedoch bis heute nicht eindeutig bestimmen können, welche Rolle das Territorium des jeweiligen Staates für die politischen Interaktionen des politischen Systems mit der Außenwelt spielt. Hermann Heller behauptete, dass das Territorium erst durch Aktivitäten der Menschen an politischer Bedeutung gewinnt und zum Faktor der politischen Einflussnahme auf das Funktionieren der politischen Systeme in den Nachbarstaaten werden kann[4].

Die totalitären Systeme streben immer an, Forderungen des internationalen Umfelds einzudämmen. Die demokratischen Systeme sind dagegen offen und gewinnen an Effektivität durch ihre Beziehungen mit dem Umfeld.

Jedes politische System des Staates ist jedoch vor allem um seine Stabilität im internationalen Umfeld bestrebt. Besonders wichtig ist hierbei die Stabilität im engsten Umfeld.

Die Geschichte liefert viele überzeugende Beispiele dafür, dass sowohl Großmächte als auch andere Staaten wegen ideologischer, politischer, militärischer bzw. wirtschaftlicher Gründe oft Revolutionen, Sabotagen, gar Terrorismus finanziert haben. Nicht selten kommt der Anstoß zum völligen Systemwechsel oder zur Modifizierung des Systems von außen her. Ein gutes Beispiel dafür ist die Demokratisierung bzw. die Sowjetisierung der politischen Systeme in Europa unter Aufsicht der Besatzungsmächte nach dem Zweiten Weltkrieg[5]. Es ging hierbei um die Anwendung des Status quo post bellum nicht nur im international-rechtlichen Sinne, sondern auch im Sinne der innenpolitischen Lösungsansätze. Die Relationen zwischen dem politischen System und dem internationalen Umfeld werden unter dem Aspekt der Zielsetzung betrachtet. Wichtig erweist sich, ob diese Relationen dem Fortbestand, der Entwicklung, dem Wohlstand oder aber der Expansion und dem Abhängigkeitsverhältnis dienen. Um das Verhältnis des politischen Systems zum internationalen Umfeld ergründen zu können, müssen historischer Hintergrund, Spezifika des internationalen Systems, Werte oder militärische Stärke betrachtet werden.

---

[3] J. Kowalski, W. Lamentowicz, P. Winczorek, *Teoria państwa i prawa*, Warszawa 1983, S. 278.

[4] H. Heller, *Staatslehre*, Leiden 1963, S. 142–143.

[5] H. Laufer, U. Munch, *Das Föderative System der Bundesrepublik Deutschland*, Bonn 1997, S. 54–56.

Das internationale Umfeld Polens im geschichtlichen Grundriss. Die Disharmonie und die erzwungene Disziplin im Ostblock

Aufgrund der Geopolitik und der historischen Erfahrungen waren die politischen Systeme in Polen auf besondere Art und Weise mit dem internationalen Umfeld verbunden. Die Art und Weise dieser Verbindungen hat die Voraussetzungen für das Funktionieren des ganzen Staates und der Gesellschaft bestimmt.

Heute gehört Polen zu den mittelgroßen Staaten: mit einer 312 000 km^2 großen Fläche nimmt es den 69. Platz und mit 39 Millionen Einwohnern – den 29. Platz ein. Das BIP pro Kopf betrug im Jahre 1999 etwa 8910 US Dollar und der Anteil am Weltaußenhandel erreichte 0,5%[6].

Der polnische Staat hat eine 1000 Jahre lange Geschichte. Im 17. Jahrhundert betrug die Staatsfläche Polens etwa 1 Million km^2.

Im Jahre 1791 wurde vom Vierjährigen Sejm die erste Verfassung Europas verabschiedet, die die Grundlagen des politischen Systems bestimmte[7]. Leider wurde dieser Versuch der Demokratisierung des politischen Systems von der damaligen internationalen Öffentlichkeit abgelehnt[8]. Diese negative Reaktion des nächsten internationalen Umfelds im 18. Jahrhundert war einer der Gründe des Zerfalls der Ersten Republik. Aufgrund der im 18. Jahrhundert von den Teilungsmächten durchgeführten drei Teilungen Polens sowie der im September 1939 erlittenen Niederlage lassen die These vom besonders disharmonischen Verhältnis der politischen Systeme Polens zum internationalen Umfeld erstellen. Auch die Rückkehr des polnischen Staates nach 123 Jahren Fremdherrschaft auf die politische Karte Europas war mit einem Krieg und revolutionären Veränderungen der nächsten Umgebung verbunden.

In der Fachliteratur wird betont, dass der Krieg ein wesentlicher Faktor der Einflussnahme auf das politische System, seine Struktur und Wirkungsweise ist[9].

Infolge des Ersten Weltkrieges und der europäischen Revolutionen verschwand das Österreichisch-Ungarische Kaiserreich, das Zarenreich wurde zum Sowjetrussland und das Deutsche Kaiserreich – zur Weimarer Republik. Obwohl das unabhängige Polen ein neues Umfeld bekam, blieb die Anerkennung von außen nach wie vor aus. Die ehemaligen Fremdherrscher, vor allem Deutschland und Sowjetrussland, waren mit dem Status quo nicht einverstanden. Die Wiedergeburt der polnischen Staatlichkeit betrachteten sie als eine vorübergehende Erscheinung. In der Sprache der Politik nannte man Polen „der Saisonstaat".

---

6 *Statistisches Jahrbuch* 1998, Warszawa 1998.

7 J.K. Hoensch, *Geschichte Polens*, 3. Aufl. Stuttgart 1998, S. 166.

8 Die dritte Teilung der Ersten Republik erfolgte aufgrund zweier Verträge – des russisch-preußischen Vertrages vom 3. Januar 1795 und des russisch-preußisch-österreichischen Vertrages vom 24. Oktober 1795.

9 Vgl. S.D. Tansey, *Nauki polityczne*, Poznań 1999, S. 251.

Die Zweite Republik musste mit den Folgen des Krieges fertig werden und den inneren, auf dem Boden nationaler Unterschiede gewachsenen, Konflikten standhalten (30% der Bevölkerung stellten nationale Minderheiten dar, u.a. Ukrainer, Juden und Deutsche). Polen grenzte in der Zwischenkriegszeit an sechs Staaten (Deutschland, die Tschechoslowakei, Rumänien, die UdSSR, Litauen und Lettland). Dieses engste Umfeld war Polen nicht besonders freundlich gesinnt. Jahrelang waren Polens Beziehungen zu Sowjetrussland, Litauen, Deutschland und der Tschechoslowakei nicht geregelt. Sie waren von vielen Problemen, die oft zu Konflikten führten, geprägt. Die Streitigkeiten mit Sowjetrussland und Deutschland betrafen das Grenzproblem, mit der Tschechoslowakei ging es um die Teilung des Teschener Schlesien. Der Streit um die Zugehörigkeit von Wilna war der Grund dafür, dass bis zum Kriegsausbruch die Beziehungen zu Litauen vertraglich nicht geregelt wurden. Aus der heutigen Perspektive kann man sagen, dass die in den 30er Jahren mit Sowjetrussland und Deutschland unterzeichneten Gewaltverzichtserklärungen nichts mit den Absichten der Unterzeichner gemein hatten und lediglich von taktischer Bedeutung waren[10]. Nach Ansicht des damaligen Außenministers Aleksander Skrzyński war die polnische Grenze in den 20er Jahren zu 75% bedroht, zu 20% unsicher und nur zu 5% sicher[11]. Aufgrund einer eher ablehnenden Haltung des internationalen Umfelds Polen gegenüber zu dieser Zeit, entwickelte man ein Konzept der „zwei Feinde" (d.h. Deutschland und Russland), das zur Voraussetzung der polnischen Außenpolitik wurde.

In der Zwischenkriegszeit war Polen Mitglied von 21 internationalen Organisationen (bei der Gesamtzahl von 48). Die Mitgliedschaft Polens im Völkerbund war eng mit dem Wiederaufbau der polnischen Staatlichkeit, der Gestaltung des politischen Systems und der Grenzbestimmung verbunden. Das wiedergeborene Polen fand seine Existenzlegitimierung auch im System der Mitgliedstaaten des Völkerbundes. Die Probleme der nationalen Minderheiten und der Sicherheit der Grenzen führten dazu, dass die Beziehungen Polens zu dieser ersten universellen internationalen Organisation unterschiedlich verliefen.

Im Jahre 1945 konnte Polen nicht frei über sein politisches System entscheiden. Norman Davies betont, dass die Sowjetunion infolge der Kriegseroberungen und der Politik des Terrors und der Gewalt ein sowjetisches Modell des politischen Systems in Polen und anderen Ländern Ost- und Südeuropas aufgezwungen hat[12]. Zbigniew Brzeziński behauptet, dass die Kontrolle über Polen immer wieder als Hauptgarantie der sowjetischen Sicherheit dargestellt wurde. Sie galt weiterhin als innere Angelegenheit von Sowjetrussland, die mit dem Westen nicht verhandelbar war[13].

---

10 Im Jahre 1932 wurde der Nichtangriffspakt zwischen der Republik Polen und der UdSSR und 1934 die Gewaltverzichtserklärung zwischen Polen und Deutschland unterzeichnet.

11 A. Skrzyński, *Polska a pokój*, Warszawa 1924, S. 80.

12 N. Davies, *Europa. Rozprawa historyka z historią*, Kraków 1999, S. 1162.

13 Z. Brzeziński, *Plan gry. USA-ZSRR*, Warszawa 1990, S. 45 und 75.

Die Sowjetisierung des politischen Systems in Polen war ein Prozess, in dem die eigene politische Kultur, Unabhängigkeitstraditionen, die Rolle der katholischen Kirche und ein Fremdheitsgefühl gegenüber dem aufgezwungenen System eine fragmentarische Bewahrung der Eigentümlichkeit erlaubten. Es steht außer Zweifel, dass das politische System in den Jahren 1945–1956 ein totalitäres System war und sich nach 1956, in Abhängigkeit vom internationalen Umfeld, zu einem autoritären System entwickelte[14].

Das politische System der Volksrepublik Polen (in der offiziellen Sprache wurde die so genannte Idee der Volksdemokratie in den Vordergrund gestellt) zeichnete sich durch folgende Aspekte aus:
- die führende Rolle der marxistisch-leninistischen Partei, die den ganzen Staatsapparat kontrollierte;
- Wahlen als bloße Bestätigung der vorbestimmten Kandidaten (Wahlen durch Akklamation);
- das Fehlen des politischen Pluralismus und politischer Freiheit;
- das staatliche Eigentum an den grundlegenden Produktionsmitteln und die zentrale Planwirtschaft;
- die begrenzte Souveränität[15].

Das engste Umfeld des politischen Systems der Volksrepublik Polen gehörte zu einer nach dem Zweiten Weltkrieg bestimmten sowjetischen Einflusssphäre in Europa. Die Einflussnahme des so verstandenen internationalen Umfelds auf die Wirkung des politischen Systems in Polen gründete sich formal auf ein System bilateraler und multilateraler Verträge[16]. In den Jahren 1943–1949, also in einem relativ kurzen Zeitraum, haben die Staaten der sowjetischen Einflusssphäre, die später volksdemokratische Staaten genannt wurden, 23 Bündnisverträge abgeschlossen. Bereits am 21. April 1945 hat Polen mit der UdSSR den Vertrag über Freundschaft, Zusammenarbeit und gegenseitige Hilfe unterzeichnet, der die Fortsetzung des gemeinsamen Kampfes gegen das Hitlerdeutschland beschloss und gleichzeitig die polnische Außenpolitik mit der sowjetischen Strategie verband. Ähnliche Verträge hat die UdSSR mit den übrigen Ländern Ost- und Südosteuropas unterzeichnet. Die Staaten schlossen auch untereinander entsprechende Verträge ab. Die Vertragspolitik fand keine Wiederspiegelung in den tatsächlichen Kontakten zwischen diesen Staaten. Sehr wichtig waren die Kontakte der kommunistischen Parteien untereinander. Es muss allerdings eingeräumt werden,

---

[14] Eine hervorragende Einschätzung der Entwicklung des politischen Systems vom Totalitarismus zum Autoritarismus findet man bei: J. Baszkiewicz, *Władza*, Wrocław 1999, S. 163–166.

[15] Darüber gibt es einen prinzipiellen wissenschaftlichen Streit. Ein Teil der Wissenschaftler ist der Meinung, dass die Volksrepublik Polen sogar keine begrenzte Souveränität besaß. Mehr darüber bei A. Magierska, *PRL – ograniczona suwerenność, zależność, podległość?* in: *Stosunki międzynarodowe i polityka. Wyzwania końca stulecia*, Warszawa 1995, S. 179–188.

[16] Vgl. H. Fiedler, *Das bilaterale Paktsystem*, in: *Osteuropa – Handbuch, Sowjetunion*, Bd. III: *Völkerrechtstheorie und Vertragspolitik*, Köln 1976.

dass es hier auch Meinungsverschiedenheiten, Streitigkeiten und gar scharfe ideologische Auseinandersetzungen gegeben hat.

Eine überragende Bedeutung kam der militärischen Stärke der Sowjetunion und der Präsenz ihrer militärischen Truppen in diesen Ländern zu, die das unmittelbare internationale Umfeld Polens bildeten.

Die sowjetischen Truppen waren in Polen bis zum Jahre 1956 ohne rechtliche Grundlage stationiert. Das politische Tauwetter im Jahre 1956 führte zu einem bilateralen Abkommen vom 17. Dezember 1956, das die Anwesenheit dieser Truppen regelte. Die Legitimierung der Präsenz der sowjetischen Truppen in Polen gab die Stationierung der Sowjetischen Militärgruppe auf dem Territorium der DDR[17]. Nach 1968 fand man auch eine Begründung für das Stationieren der sowjetischen Truppen in der Tschechoslowakei. Im entsprechneden Vertrag wurde auf die „Forderungen der westdeutschen militaristischen Kreise" hingewiesen.

Die Politik der Sowjetunion machte vielen Staaten bewusst, dass die sowjetische militärische Präsenz nicht nur die Gefahr der Gewaltanwendung, sondern auch ihre praktische Umsetzung darstellt (DDR: 1953, Ungarn: 1956, Tschechoslowakei: 1968). Politische Einmischung und militärische Interventionen wurden „brüderliche Hilfe" genannt.

Polen hatte im Vergleich mit anderen Ostblockstaaten ein politisches System, das von dem sowjetischen Modell abweichte. Zbigniew Brzeziński schrieb zwar, dass die Grenzen der polnischen Autonomie so deutlich markiert sind, dass kein Pole die Umwandlung dieser Autonomie in eine echte Souveränität für wahrscheinlich halten kann. Der Warschauer Pakt, der im Jahre 1955 als ein Instrument der politischen Beeinflussung abgeschlossen wurde, die geographische Isolation und die bis zum Jahre 1970 ungeklärte Frage der Westgrenze – all das stellten unüberwindbare Barrieren dar[18]. Auch der Rat für Gegenseitige Wirtschaftshilfe (RGW), der die wirtschaftliche Integration zum Ziel hatte, stellte nur ein Instrument der Einmischung in die wirtschaftliche Entwicklung Polens dar.

Die DDR und die Tschechoslowakei, also Staaten des unmittelbaren äußeren Umfelds Polens, waren zwar Polen gegenüber nicht feindlich gesinnt, sie förderten aber auch nicht die Erweiterung der Autonomie bis hin zur Erlangung der Unabhängigkeit Polens. Politische Krisen – Folgen der Versuche der Reformierung des politischen Systems – haben dazu geführt, dass Parteiführungen und Regierungschefs dieser Länder sich von diesen Handlungen distanzierten und oft den „polnischen Sonderweg" kritisierten. Zu einer deutlichen Distanzierung der DDR und der CSSR zu Polen und Ungarn kam es

---

[17] Vgl. A. Uschakow, D. Frenzke, *Der Warschauer Pakt und seine bilateralen Bündnisverträge. Analyse und Texte*, Berlin 1987, S. 76.

[18] Vgl. Z. Brzeziński, *Jedność czy konflikty*, Londyn 1964, S. 310. Im Jahre 1989 schrieb er aber, dass der Preis für die sowjetische Unterstützung der polnischen Oder-Neiße-Grenze eine unvermeidbare Abhängigkeit Polens von Sowjetrussland und somit die Bestimmung der sowjetischen Dominanz in ganz Osteuropa war. Vgl. Z. Brzeziński, *Myśl i działanie w polityce międzynarodowej*, Londyn 1989, S. 21.

nach 1956. Erneut war das der Fall nach der Krise im Jahre 1970 und selbstverständlich in der Zeit der „Solidarność"- Bewegung. Die Staatssicherheit der DDR führte damals breit angelegte Operationen auf dem Territorium Polens[19].

Trotz der begrenzten Souveränität war Polen bestrebt, aktiv auf einem breiteren internationalen Forum aufzutreten. In den Jahren 1945-1989 war Polen Mitglied von über 40 internationalen Organisationen. Polen hat sich besonders an den Aktivitäten der UNO und ihrer 15 Sonderorganisationen beteiligt. Im Umfeld des „Ostblocks" waren das vor allem Organisationen dieser Region – der Warschauer Pakt und der RGW. Es gab auch eigene Vorschläge für die Lösung der Probleme in Osteuropa (Entwurf einer atomwaffenfreien Zone[20]) und die Schaffung der Grundlagen für die Normalisierung der Beziehungen zur BRD Ende der 60er und Anfang der 70er Jahre. Im Allgemeinen lässt sich sagen, dass Polen eine begrenzte Handlungsfreiheit nach außen hin hatte aber noch weniger über die Veränderungen im politischen System entscheiden konnte.

Souveränes Polen im internationalen Umfeld. Bündnis- und Integrationsverbindungen ohne Einschränkung der Handlungsfreiheit

Aus der kurzen Darstellung des Umfelds vom 18. bis zum 20. Jahrhundert könnte man schliessen, dass Polen keine guten Traditionen und Erfahrungen hinsichtlich der Gestaltung der Beziehungen zum internationalen Umfeld hat. Die These der Disharmonie in den Relationen Polens mit dem nahen und weniger mit dem entfernten Umfeld scheint begründet zu sein. Zum Teil kann dies mit der geopolitischen Lage Polens und dem internationalen Kräfteverhältnis in Europa erklärt werden.

Nach 1989 wurde die Frage gestellt, ob man in Polen mit der Tradition der Disharmonie und der starken Abhängigkeit gebrochen hat? Hierbei muss betont werden, dass Polen sich zu dieser Zeit nicht nur in einem neuen internationalen Umfeld befand, sondern auch einen revolutionären Wandel des politischen Systems mit gewaltfreien Mitteln herbeizuführen schaffte. Es entstanden und entstehen immer noch Verbindungen zwischen dem neuen demokratischen System und dem neuen internationalen Umfeld. Roman Kuźniar ist der Auffassung, dass nach 1989 „das internationale Umfeld Polens besonders kompliziert ist und bleibt"[21]. Das neue Umfeld hat sich ohne Zweifel geopolitisch, militärisch, wirtschaftlich und kulturell verändert. Das gegenwärtige internationale Umfeld des politischen Systems der Dritten Republik bilden das unmittelbare Bezugsfeld, d.h. die Nachbarstaaten und das „Integrations-Umfeld", und

---

19 Vgl. *PRL w oczach STASI*. Wybór, opracowanie i tłumaczenie W. Borodziej i J. Kochanowski, Warszawa 1995.

20 Er wurde offiziell am 2. Oktober 1957 der Vollversammlung der UNO vom Außenminister Adam Rapacki eingereicht.

21 R. Kuźniar, *Zakończenie. polska strategia*, in: R. Kuźniar (Red.), *Krajobraz po transformacji. Środowisko międzynarodowe Polski w latach dziewięćdziesiątych*, Warszawa 1992, S. 240.

das weitere Umfeld internationaler Beziehungen und internationaler Organisationen, die lockere Verbindungen mit Polen haben. Wenn man aber die Relationen zwischen dem politischen System und der internationalen Umgebung analysiert, darf man die äußeren Einwirkungen, u.a. die der Auslandspolen, einer für Polen eigentümlichen Gruppe, nicht außer Acht lassen. Die Zweite Große Emigration war zwar politisch inhomogen, aber die realistische Strömung um die Pariser „Kultura" von Jerzy Giedroyć wurde zum einflussreichen politischen Faktor[22].

Es ist zu beachten, dass das Umfeld der Nachbarstaaten nicht dem Integrations-Umfeld gleich kommt. Der Prozess der demokratischen Veränderungen in Mittel- und Osteuropa hat zur Abschaffung der sowjetischen Einflusssphäre und des Blocksystems in dieser Region Europas geführt[23]. Der RGW wurde offziell am 28. Juni 1991 und der Warschauer Vertrag am 1. Juli 1991 aufgelöst[24].

So haben sich Anfang der 90er Jahre alle Nachbarn Polens geändert. Keiner der früheren Staaten, der vorher an Polen grenzte, exisiert mehr. Infolge, manchmal auch gewaltiger und revolutionärer Veränderungen, entstanden im engsten Umkreis Polens, neue Staaten mit neuen, meistens demokratischen, politischen Systemen. Polen ist heute von neuen Nachbarstaaten umgeben.

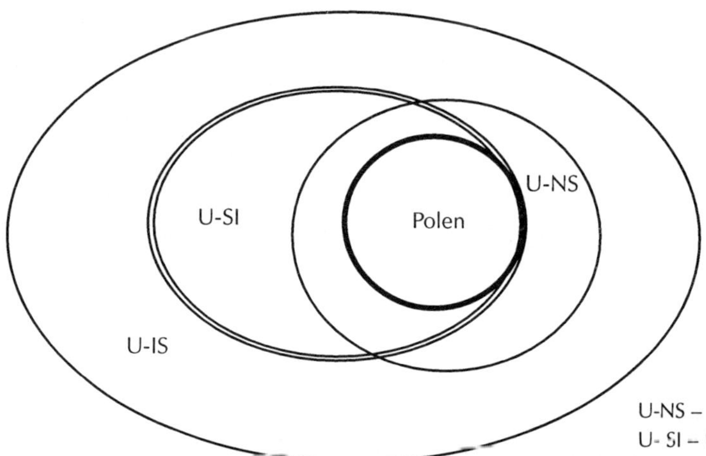

Bild 1: Die Struktur des internationalen Umfelds des politischen Systems Polens

22 Vgl. A. Friszke, *Życie polityczne emigracji*, Warszawa 1999, S. 494.

23 Vgl. J. Stańczyk, *Przeobrażenia międzynarodowego układu sił w Europie na przełomie lat 80-tych i 90-tych. Analiza uwarunkowań i mechanizmów w kontekście bezpieczeństwa międzynarodowego*, Warszawa 1999, S. 127.

24 Am 28. Juni fand in Budapest die letzte, 46-te Vollversammlung dieser Organisation statt, in der neun Mitgliedstaaten das Protokoll über die Auflösung unterzeichnet haben. Die Entscheidung über die Abschaffung des Warschauer Vertrages hat der Politische Beratende Ausschuss der Staaten – Beteiligten des Vertrages in der Sitzung in Prag am 1. Juli 1991 getroffen.

Polen grenzt heute an Deutschland, die Tschechische Republik, die Slowakei, die Ukraine, Weißrussland, Litauen und Russland (die Region Kaliningrad). Polen war an der schnellen Regelung der bilateralen Beziehungen zu den Nachbarstaaten interessiert. Deutschland war das erste Nachbarland, mit dem Polen die Beziehungen neu gestaltet hatte. Das Souveräne Polen und das vereinigte Deutschland haben zwei bedeutende Verträge unterzeichnet. Der Vertrag über die Bestätigung der bestehenden Grenze zwischen beiden Staaten wurde am 14. November 1990 unterzeichnet. Hierbei soll betont werden, dass dieser Vertrag die Grenze nicht festlegte, sondern die zuvor anerkannte Grenze unter Berufung auf alle bisherigen internationalen Verträge hinsichtlich dieser Grenze, bestätigte. Dieser Vertrag über die Bestätigung der Grenze resultierte unmittelbar aus dem Vertrag über die deutsche Einheit vom 12. September 1990, der als „Zwei-plus-Vier-Vertrag" bekannt wurde, und definitiv den polnisch-deutschen Konflikt über die international-rechtliche Bestimmung der Oder-Neiße-Grenze beendete. Der zweite Vertrag galt der komplexen Regelung der bilateralen Beziehungen im Geiste der Zusammenarbeit, guter Nachbarschaft und Versöhnung[25]. Dieser, in der Geschichte der bilateralen Beziehungen, beispiellose Vertrag stellt einen Stabilitätsanker in Europa dar. Die sich auf ihn gründende polnisch-deutsche Zusammenarbeit und Interessengemeinschaft sind ein wesentlicher Beitrag zur europäischen Sicherheit. Dieser Vertrag bekam mit der Verpflichtung der Bundesrepublik Deutschland, Polens Bemühungen um die Mitgliedschaft in der Europäischen Union zu unterstützen, eine europäische Dimension.

Nach der Vereinigung Deutschlands bekamen die bilateralen Beziehungen zu den osteuropäischen Staaten durch die Anwendung der zwischen den Mitgliedstaaten der Europäischen Union geltenden Regelungen einen europäischen Sinn.

Polen war an der neuen Regelung der Beziehungen mit der UdSSR und nach ihrem Zerfall[26] (infolge der Souveränitätserklärungen der Republiken, die eine Gemeinschaft gründeten) mit allen neu entstandenen Nachbarstaaten interessiert. Die Präsidenten Lech Wałęsa und Boris Jelzin haben am 22. Mai 1992 den Vertrag zwischen der Republik Polen und der Russischen Föderation über die freundschaftliche und gutnachbarschaftliche Zusammenarbeit unterzeichnet. Der Vertrag öffnete den Weg – wie Józef Kukułka betont – für eine breite Zusammenarbeit zwischen Polen und dem größten Nachbarn und stellte einen wesentlichen Beitrag zum Stabilisierungsprozess der friedlichen Koexistenz in Europa nach dem Zusammenbruch des Ostblocks[27] dar. Leider erwies sich dieser Vertrag in der neuen internationalen Situation und nach der Veränderung der politischen Systeme in beiden Staaten als eine unzureichende Grundlage für gute Beziehungen. Die Last der

---

[25] Es handelt sich hierbei um den Vertrag zwischen der Republik Polen und der Bundesrepublik Deutschland über die gute Nachbarschaft und freundschaftliche Zusammenarbeit vom 17. Juni 1991.

[26] Die definitive Auflösung der UdSSR wurde auf dem Treffen der Staatsoberhäupte der Mitgliedstaaten der neu entstandenen Gemeinschaft der Unabhängigen Staaten am 30. Dezember 1991 in Minsk bekanntgegeben.

[27] Vgl. J. Kukułka, *Traktaty sąsiedzkie Polski Odrodzonej*, Wrocław 1998, S. 83.

unbewältigten Vergangenheit, das Fehlen eines Konzeptes der Ostpolitik in Polen und gegenseitige Vorurteile machten diese Beziehungen kompliziert.

Neue Grundsätze wurden für die Beziehungen mit den Nachbarstaaten im Süden – der Tschechischen und Slowakischen Föderativen Republik geschaffen. In den Jahren 1990–1991 wurden viele bilaterale Verträge im Bereich der Wirtschaft, des visafreien Verkehrs und der kulturellen Zusammenarbeit abgeschlossen. Der Höhepunkt der neuen Regelungen war die Unterzeichnung des Vertrages zwischen der Republik Polen und der Tschechischslowakischen Föderativen Republik über gute Nachbarschaft, Solidarität und freundschaftlichen Zusammenarbeit vom 6. Oktober 1991 in Kraków. Dieser Vertrag ersetzte den Vertrag zwischen der Volksrepublik Polen und der CSSR über Freundschaft, Zusammenarbeit und gegenseitige Hilfe vom 1. März 1967. Nach dem Zerfall der tschechisch-slowakischen Föderation am 1. Januar 1993 haben Polen und die Slowakei Vereinbarungen über die Rechtsnachfolge der abgeschlossenen Verträge getroffen.

Die Bestrebungen nach der Unabhängigkeit der Ukraine und Weißrusslands wurden von Polen begrüßt. Polen war der erste Staat, der die am 1. Dezember 1991 proklamierte Unabhängigkeit der Ukraine anerkannt hatte. Am 18. Mai 1992 wurde in Warschau der Vertrag über gute Nachbarschaft, freundschaftliche Beziehungen und Zusammenarbeit unterzeichnet. Die nächsten Jahren fruchteten mit vielen Verträgen, die gute Voraussetzungen für die Entwicklung intensiver bilateraler Zusammenarbeit geschaffen haben.

Am 23. Juni 1992 hat Polen einen ähnlichen Vertrag mit Weißrussland unterzeichnet. Zahlreiche Vereinbarungen sind diesem Vertrag vorausgegangen. Nach der Machtübernahme von Alexander Lukaschenko haben sich diese Beziehungen verschlechtert. Die Absicht enge Verbindungen zwischen Weißrussland und Russland herzustellen werden für die Beziehungen zu Polen nicht förderlich sein.

Mit dem souveränen Litauen dagegen wurde der Vertrag über freundschaftliche Beziehungen und gutnachbarschaftliche Zusammenarbeit erst am 24. April 1994 unterzeichnet. Diese Verzögerung wurde durch den Streit hinsichtlich der Einschätzung der Beziehungen in der Zwischenkriegszeit und der Regelung des Problems der nationalen Minderheiten in beiden Ländern verursacht.

Neben dem Umfeld der benachbarten Staaten sind die Integrationsstrukturen von besonderer Bedeutung für das politische System in Polen. Es handelt sich hierbei um Organisationen und internationale Initiativen, die für die nationale Sicherheit und die Entwicklung des polnischen Staates wichtig sind. Die wachsende Rolle der internationalen Organisationen und deren Einflussnahme auf die nationalen politischen Systeme wurden bereits oft in der Fachliteratur erörtert[28]. Im Integrationssystem geht es haupt-

[28] T. Ellwein setzt voraus, dass die Mitgliedschaft in den internationalen Organisationen einen bedeutenden Einfluss auf das politische System, vor allem die Regierungsorgane nimmt. Vgl. T. Ellwein, *Das Regierungssystem in der Bundesrepublik Deutschland*, Berlin 1972, S. 89; vgl. auch K. von Beyme, *Niedergang der Parlamente. Internationale Politik und nationale Entscheidungshoheit*, „Internationale Politik", Nr. 4, S. 21–30.

sächlich um die NATO und die Europäische Union. Für ein Land, das sich auf dem Wege der Systemtransformation demokratisiert hat, bedeutet die Mitgliedschaft in der NATO[29] das politische System, vor allem im Bereich der Verteidigungs- und Sicherheitspolitik, an die geltenden Normen dieser Organisation anzupassen. Dieses Umfeld stellt also für Polen eine für die weitere politische und wirtschaftliche Entwicklung unabdingbare Unterstützung dar. Nicht zu übersehen ist hierbei die Frontstellung Polens im Nordatlantikpakt. Dies wird Störungen in den Beziehungen zu den Nachbarsstaaten, die dem Integrationsumfeld nicht angehören, hervorrufen. Russland ist es schwer gefallen, Polens NATO-Beitritt zu akzeptieren. Die russischen politischen Eliten wollten auf die Einflussnahme auf die polnische Politik nicht verzichten. Die künftige Mitgliedschaft Polens in der Europäischen Union ist in ökonomischer, zivilisations-kultureller und politischer Dimension zu sehen. In politischer Hinsicht wird sie den internationalen Rang unseres Landes in Europa erhöhen, die demokratischen Veränderungen festigen, die politische Stabilität und die äußere Sicherheit garantieren. Durch gezielte und komplexe gegenseitige Abhängigkeit von den europäischen Strukturen wird Polen an Ansehen gewinnen. Es wird auch größere Möglichkeiten „einer geschickten Harmonisierung und Abstimmung der nationalen Interessen mit denen der Nachbarn und anderer internationaler Gruppierungen" bekommen[30]. Für das politische System bedeutet es die Schaffung neuer Institutionen und neuer Mechanismen für dessen Funktionieren. Polen ist bereit, das *acquis communautaire* vollständig zu übernehmen. Die Unterzeichnung des Europäischen Vertrages[31] am 16. Dezember 1991 und die Einleitung des Beitrittsprozesses am 31. März 1998 haben zur Gründung einer neuen Institution im Rahmen der Regierung – des Komitees für Europäische Integration – geführt, das zur Aufgabe die Planung und Koordinierung der Politik hat, sofern diese die Integration Polens in die EU betrifft. Von einer besonderen Bedeutung für das Verhältnis zwischen dem Integrationsumfeld und dem politischen System ist das Problem der Selbstbegrenzung der Souveränität in einigen Aspekten zugunsten der Europäischen Union. Die neue polnische Verfassung vom 2. April 1997 sieht eine solche Möglichkeit vor. Im Punkt 1 des Artikels 90 heißt es: „Aufgrund eines völkerrechtlichen Vertrages kann die Republik Polen einer internationalen Organisation oder einem internationalen Organ die Kompetenz von Organen der staatlichen Gewalt in bestimmten Angelegenheiten übertragen"[32].

Das Integrationsumfeld bedeutet nicht nur die Mitgliedschaft in den internationalen Organisationen, es enthält aber auch eine zivilisatorische Komponente. Für jedes

---

29 Polen ist der NATO am 12. März 1999 beigetreten.

30 Vgl. K. Łastawski, *Racja stanu Rzeczypospolitej Polskiej*, Warszawa 2000, S. 204.

31 Das sogenannte Europa-Abkommen ist ein Assoziierungsvertrag zwischen der Republik Polen und der Europäischen Gemeinschaft sowie deren Mitgliedstaaten. Der Vertragsteil über den Handel wird das Interimsabkommen genannt. Es gilt seit dem 1. März 1992. Das Europa-Abkommen ist am 1. Februar 1994 in Kraft getreten.

32 Verfassung der Republik Polen, Warschau 1997.

politische System ist die Identifizierung mit einem bestimmten Zivilisationskreis von wesentlicher Bedeutung. Nach 1989 können wir von einer Interessenübereinstimmung zwischen Polen und dem Integrationsumfeld hinsichtlich der Zivilisationsaspekte (historischer, gesellschaftlich-kultureller, ökonomischer, technologischer, ökologischer und entwicklungsfördernder Aspekte) sprechen. Diese Übereinstimmung stellt die Grundbedingung für ein konfliktfreies Verhältnis zwischen dem Umfeld und dem politischen System Polens dar, obwohl hier eine Ungleichzeitigkeit der Erfahrungen Polens mit denen der westeuropäischen Staaten auftritt. Diese Ungleichzeitigkeit wird oft von unseren westlichen Partnern übersehen. Im Integrationsumfeld scheinen auch die regionalen Initiativen für die Stellung Polens in den internationalen Beziehungen wichtig zu sein. Es seien hier solche Initiativen zu erwähnen wie: die Visegrader Gruppe, die zum Ziel hat, die Integrationsprozesse zu beschleunigen, die Mitteleuropäische Initiative und der Ostseerat. Die Mitgliedschaft Polens in der OSZE ermöglicht es Polen am Aufbau der so genannten *soft security* teilzunehmen, die polnischen Angelegenheiten auf dem internationalen Forum vorzutragen und sich den GUS-Ländern anzunähern[33].

Im breitesten Umfeld, also im internationalen System, unterhält Polen zahlreiche Verbindungen zu vielen internationalen Organisationen. Polen ist gegenwärtig Mitglied von 50 internationalen Organisationen. Im Jahre 1996 wurde Polen in die OECD und 1995 in die WTO aufgenommen. Seit 1991 ist Polen Mitglied des Europarates und seit 1994 – assoziiertes Mitglied der WEU.

Der Aufbau harmonischer Beziehungen

Im 20. Jahrhundert haben die politischen Systeme der Nationalstaaten überraschende Veränderungen erlebt, um am Ende des Jahrhunderts zu einem System globaler internationaler Verbindungen zu gelangen, in dem die Rolle des Staates und das demokratisch funktionierende politische System immer mehr vom internationalen Umfeld abhängig werden. Es sind die Globalisierungsprozesse, die die Probleme eines demokratischen Funktionierens der politischen Systeme offenbaren. An der Schwelle zum 21. Jahrhundert kommt es daher zu einem Dissens zwischen Demokratie und Globalisierung. Die Politikwissenschaften sollten die Frage beantworten, wie die Auswirkungen der globalen Erscheinungen mit den Prozessen der demokratischen Entscheidungsfindung im politischen System eines Nationalstaates zu vereinbaren bzw. miteinander zu verbinden sind?

Die Dritte Republik hat kurz vor dem Ende des 20. Jahrhunderts ihre volle Souveränität wiedergewonnen, um sofort mit den Herausforderungen der Integration und Globalisierung konfrontiert zu werden. Ihre Rolle in Europa und in den internatio-

---

33 R. Zięba, *Polska w nowym systemie bezpieczeństwa europejskiego*, „Stosunki Międzynarodowe" 1999, Nr. 20, S. 28.

nalen Beziehungen ist ohne Zweifel anders und viel wichtiger, als es in den Zeiten der Volksrepublik Polen mit ihrer begrenzten Souveränität der Fall war. Der Beitritt zur NATO und die künftige Mitgliedschaft in der Europäischen Union, die Mitgliedschaft in vielen wichtigen internationalen Organisationen des europäischen und internationalen Ranges verpflichtet Polen zu mehr Verantwortung. Ein Mitglied des westeuropäischen und euroatlantischen Systems zu sein, bedeutet die Garantie, dass das politische System nach demokratischen Mustern und Grundsätzen wie Gewaltenteilung, Rechtsstaat und Gewährleistung der Menschenrechte funktionieren kann.

Das politische System in Polen hat sich weitgehend stabilisiert. Bei den Parlamentswahlen im Jahre 1991 hat die stärkste politische Partei 12% der Stimmen bekommen, 1997 waren es bereits 33%. Auch die neue Verfassung vom 2. April 1997, indem sie das Modell einer starken Präsidialgewalt ablehnte und das Modell des Parlamentarismus/Kabinetts billigte, wirkt sich stabilisierend auf das politische System aus[34]. Wir hoffen, dass die nächsten Wahlen die Tendenzen der Stabilisierung des politischen Systems bestätigen werden.

Historisch gesehen lässt sich feststellen, dass die internationalen Bedingungen für das politische System der Dritten Republik viel günstiger als dies in der Vergangenheit war, erscheinen. Trotz einiger Spannungen in den Beziehungen zu Russland hat Polen zu Beginn des dritten Jahrtausends eine besonders große Chance für die Festigung harmonischer Relationen mit dem internationalen Umfeld. Diese Überzeugung teilen sowohl die politischen Eliten als auch die wichtigsten politischen Parteien im Sejm, obwohl sie auch einen unterschiedlichen Standpunkt hinsichtlich der Gestaltung dieser Relationen vertreten[35]. Das Fehlen einer überdachten Konzeption der Ostpolitik schafft ernsthafte Probleme in den Beziehungen zu Russland. Zur sichtbaren Störung in den Beziehungen kam es am Anfang 2000[36].

Interessant erscheint auch die Einstellung der Wählerschaft, also die öffentliche Meinung. Das Verhältnis zwischen dem politischen System und dem internationalen Umfeld wird meistens von der öffentlichen Meinung nicht bewertet, weil darüber kaum Wissen und Interesse besteht.

Empirische Befunde in Polen geben darüber Aufschluss. Es wurde untersucht, wie die polnische öffentliche Meinung das Verhältnis zwischen dem politischen System und dem internationalen Umfeld bewertet, ob Polen eine souveräne Außenpolitik verfolgt, ob seine Aktivitäten auf internationalem Forum wirksam sind und welche Auswirkungen diese Handlungen für die Zukunft Polens haben? Im Jahre 1999 waren 56% der Befragten (1995 – 57%) der Ansicht, dass die Außenpolitik Polens keinen

---

34 Vgl. J. J. Wiatr, *Socjologia polityki*, Warszawa 1999, S. 339.

35 Vgl. K. A. Wojtaszczyk, *A moderate party system in Poland: its genesis, development and present characteristics*, in: K. A. Wojtaszczyk (ed.), *Poland in transition*, Warsaw 1999, S. 84.

36 Es handelt sich hierbei um die Abschiebung der Diplomaten, Proteste vor den diplomatischen Vertretungen und die Annullierung des Besuches des Außenministers.

besonderen Einfluss hat, weil für das Geschehen das existierende Kräfteverhältnis in der Welt entscheidend ist. Lediglich 27% der Befragten (1995 – 29%) waren der Meinung, dass die Zukunft Polens vor allem von der Außenpolitik unseres Staates abhängt. Die Frage nach dem „Interesse für die Politik" wurde auch so beantwortet, dass die Zukunft Polens „vom Kräfteverhältnis in der Welt" beeinflusst wird. Auch diejenigen, die sich für die Politik interessieren und darüber ein Fachwissen besitzen, sind geneigt zu glauben, dass das internationale Kräfteverhältnis über das Schicksal des polnischen Staates entscheidet[37].

Die Überzeugung der öffentlichen Meinung, dass die Zukunft Polens in großem Maße vom internationalen Umfeld abhängt, lässt sich auf verschiedene Weise begründen. Zum Einen sollte man auf die historischen Erfahrungen, das Fehlen einer günstigen und neutralen internationalen Umgebung zurückgreifen. Die Erinnerung an die Teilungen Polens und die Politik der Einflusssphären nach dem Zweiten Weltkrieg stellen eine wichtige Prämisse für die Erklärung dieser Standpunkte dar. Es ist nicht verwunderlich, dass sich im 20. Jahrhundert die Geopolitik stärker als Tradition und Kultur erwiesen hat. Zum Zweiten gibt es die öffentliche Meinung, dass unbeliebte Maßnahmen einseitig nur den Anforderungen der EU an Polen zu Lasten gelegt werden. Schuld daran sind meistens die politischen Akteure selbst, weil sie viele unpopuläre, aber ohnehin notwendige Entscheidungen mit den Anforderungen der Europäischen Union oder der der NATO zu begründen versuchen. Dies wirkt sich ungünstig auf die Ratio der Ansichten einer breiten Wählerschaft aus, die sowieso der Meinung ist, unzureichend über die bevorstehende Integration Polens mit der EU informiert zu sein[38]. Nach Ansicht der polnischen Bevölkerung sind wir lediglich ein Bewerber, der dieser Organisation beitreten möchte. Die politischen Akteure in Polen haben es bislang nicht erreichen können, offen und einfach dem Wähler zu erklären, warum der Beitritt in die Europäische Union notwendig sei. Unter diesen Bedingungen entstand eine Gruppe von Euroskeptikern, die jedoch nicht begründen können, warum der Beitritt in die EU nicht gut sei. Sie bieten auch keine alternative Lösung hierfür an.

Wichtig erscheint jedoch die Feststellung, dass die Situation Polens im internationalen Gefüge am Ende des 20. Jahrhunderts als die beste im ganzen Jahrhundert beurteilt wird. Das wirkt sich nicht nur auf die gesellschaftliche Perzeption des Verhältnisses zwischen dem politischen System und dem internationalen Umfeld aus, sondern schafft auch die Voraussetzung für eine weniger skeptische Einstellung hierzu.

Die zu Anfang gestellten Fragen können so beantwortet werden, dass das heutige Polen bessere Beziehungen zu der internationalen Umgebung als in der Vergangenheit hat. Die internationale Stellung Polens ist stärker geworden, vor allem in Europa. Es

---

[37] Vgl. *Opinie o sytuacji kraju na arenie międzynarodowej.* Komunikat z badań, Warszawa, czerwiec 1999, COBS.

[38] Bereits 68% der Gefragten behaupten, unzureichend über dieses Thema informiert zu sein. *Polacy o integracji z EU,* Warszawa październik 1999, OBOP.

wurden Beziehungen mit den Nachbarn vertraglich geregelt. Es bestehen keine scharfen Konflikte. Dies bedeutet aber nicht, dass alle Streitigkeiten beseitigt wurden.

Das Umfeld der Nachbarstaaten Polens wirkt sich besonders intensiv auf unseren Staat aus. Die Präsenz in diesem Umfeld des vereinigten Deutschlands, einer europäischer Großmacht, und des mit vielen Problemen beladenen Russlands, stellt für uns eine wichtige Herausforderung dar. Die Beziehungen zu Russland stellen für uns nicht nur eine Herausforderung, sie bringen auch ernsthafte Gefahren mit sich.

Polen mit seinem Potential und der geopolitischen Lage ist nicht im Stande, allein die äußere Sicherheit zu gewährleisten und günstige äußere Bedingungen für die eigene Entwicklung zu schaffen. Heute wird dies mittels Bündnis- und Integrationspolitik möglich. Daher ist es wichtig, dass Polen dauerhafte Verbindungen mit seinem internationalen Umfeld hat und die Handlungen hinsichtlich des EU-Beitritts intensiver wurden. Polen hat diesbezüglich einen grundsätzlichen Umbruch erreicht, es hat sich von der aufgezwungenen Disziplin des Ostblocks befreit und souverän das Abhängigkeitsverhältnis der euroatlantischen Strukturen gewählt, die zwar ihre Standards auflegen, jedoch die innere und äußere Handlungsfreiheiten nicht einschränken.

Polen ist ein souveränes Mitglied der internationalen Gemeinschaft, was von überragender Bedeutung für die Gestaltung der außenpolitischen Identität der Polen und Polens ist.

Es kann daher behauptet werden, dass mit der bisherigen Tradition der unharmonischen Relationen mit dem internationalen Umfeld sowie mit der Tradition der Beeinflussung des politischen Systems Polens mittels Einmischung, Intervention und Abhängigkeit gebrochen wurde.

Barbara Rysz-Kowalczyk

Die Sozialpolitik in Polen

Die Sozialpolitik in Polen hat sich in den 90er Jahren als unmittelbare Folge des Übergangs zur Marktwirtschaft grundlegend verändert. Die Privatisierung der Unternehmen hat das Arbeitgeber-Arbeitnehmer-Verhältnis verändert, das Wettbewerbsprinzip erforderte eine Aufhebung der Zuwendungen und die Freigabe der Preise für Waren und Dienstleistungen; das Streben nach einer ökonomischen Effizienz führte dazu, dass auch der öffentliche Sektor sich allen nicht produktionsabhängigen Kosten, mithin auch Kosten im sozialen Bereich, entledigen wollte. Die Schaffung der Grundlagen für die Entwicklung eines privaten Unternehmertums führte zur Herausbildung eines Marktes privater sozialer Dienstleistungen, vor allem im Gesundheits-, Bildungs-, Freizeit- und Kulturbereich.

Eine wesentliche Ursache für die Veränderungen der Sozialpolitik des Staates, besonders zu Anfang des Jahrzehnts, war die Notwendigkeit, die sozialen Kosten der Systemtransformation und die Kosten des damaligen Zusammenbruchs der Produktion aufgrund des Verlustes der bisherigen Absatzmärkte in den Ostblockstaaten und des Rückganges der Binnennachfrage im Zusammenhang mit der Öffnung der Grenzen für die Importe aus dem Westen für die Bevölkerung abzumildern. Infolgedessen stieg die Arbeitslosigkeit rapide an und es verbreitete sich eine Verelendung der Bevölkerung. Unabdingbar erwies sich die Einführung neuer institutioneller Lösungen und Förderungsmaßnahmen auch für die Bürger, die bis jetzt keine Hilfeempfänger waren. Es stiegen somit die öffentlichen Ausgaben des Staates und es veränderte sich ihre Struktur. Die Anhäufung sozialer Probleme beschleunigte die Entwicklung des Non-Profit-Bereichs, für den auch die rechtlichen Rahmenbedingungen geschaffen werden mussten.

Die zweite Hälfte der 90er Jahre war auch von intensiven Veränderungen in der Sozialpolitik des Staates gekennzeichnet. In dieser Zeit wurden vier große Reformen im Bereich des Rentensystems, der Krankenversicherung, des Gebiets- und Verwaltungssystems und des Bildungswesens eingeführt.

Während der gesamten Transformationszeit haben auch Aktivitäten hinsichtlich der Anpassung des Arbeitsrechts und der sozialen Sicherheit an die Normen der Europäischen Union wesentlich zur Veränderung der Sozialpolitik des polnischen Staates beigetragen.[1]

---

1 Polen ist verpflichtet, derartigen Anpassungen aufgrund des Assoziierungsabkommens mit den Europäischen Gemeinschaften und deren Mitgliedsstaaten vom 1991 in Brüssel nachzugehen. Das Abkommen trat am 1. Februar 1994 in Kraft.

1. Die gegenwärtige Gestalt der Sozialpolitik in Polen

Die gegenwärtige Gestalt der Sozialpolitik in Polen ist also in gleichem Maße das Ergebnis sofortiger, sogar auch spontaner Handlungen, um diesen gesellschaftlichen Lebensbereich an die Marktmechanismen und deren Folgen anzupassen, als auch der gezielten Reformbestrebungen. Leider kann auch im Falle der genannten Reformen von einer gezielten Einführung eines deutlich definierten Modells der Sozialpolitik des Staates nicht die Rede sein. Ein solches Model müsste nämlich eine genaue Antwort auf zwei grundlegende Fragen geben:

- Wie ist das Verhältnis zwischen der notwendigen wirtschaftlichen Effizienz und der internationalen Wettbewerbsfähigkeit einerseits und der erwünschten Lebensqualität und der gesellschaftlichen Integrität andererseits?
- Wie verteilt sich die Verantwortung im Bereich der sozialen Politik zwischen der öffentlichen Gewalt (Verwaltungs- und Selbstverwaltungsorgane) und dem Individuum und den Gemeinschaften (wie viel staatliche Verpflichtungen, wie viel Gruppensolidarität, wie viel Umsicht und Eigenverantwortung)?

Bislang gibt es diesbezüglich in Polen keinerlei Einstimmigkeit und in der gegenwärtigen politischen Situation ist auch keine konstruktive Debatte darüber zu erwarten. Trotz der Verankerung des Grundsatzes über eine soziale Marktwirtschaft (Art. 20)[2] in der Verfassung, fand dieses Konzept nie eine praktische Umsetzung in Polen. Dabei ist zu beachten, dass sowohl die soziale Marktwirtschaft als auch andere Modelle, die in den Industrieländern realisiert werden, einer Veränderung bedürfen, die sich aus der demographischen Situation und der Globalisierung ergeben. Sie suchen auch nach einem neuen Charakter und Umfang der sozialen Politik und der Verantwortung ihrer Subjekte.[3] Eine ehrliche öffentliche Debatte zu diesem Thema ist also in Polen dringend erforderlich.

Welche sind die Tendenzen und Charakteristika der sozialen Politik, die sowohl von den sofortigen und spontanen Handlungen als auch von den Zielaufgaben geprägt werden.

Als Erstes sollte man auf eine sich deutlich abzeichnende Tendenz hinweisen, die soziale Politik in der gesamten Politik des Staates ins Abseits zu schieben und diese hauptsächlich als eine Sphäre von Schutz- und Fürsorgehandlungen zu definieren. Die Sozialpolitik wird eher als eine „Kostenkategorie" statt ein Bereich, dessen Werte und Ziele die gesellschaftliche Ordnung gleichermaßen wie die wirtschaftliche und politische Ordnung mitbestimmen, betrachtet. Hierbei ist zu erwähnen, dass die Wissenschaftler, die sich mit der Lehre der Sozialpolitik beschäftigen, überwiegend die zweite Interpretation favorisieren. Diese Richtung gründet sich auf eine Tradition der Verbindung der

---

2 Die Verfassung der Republik Polen vom 2. April 1997.

3 M. Księżopolski, Modele polityki społecznej, in: *Polityka społeczna*, (Red.) A. Rajkiewicz, J. Supińska, M. Księżopolski, Katowice, 1998.

Sozialpolitik mit den Problemen der Gestaltung der gesellschaftlichen Entwicklung, der gesellschaftlichen Verhältnisse und der Veränderungen in der gesellschaftlichen Struktur.[4]

Zum Zweiten beobachtet man, dass der Staat sich von der Organisierung und Finanzierung vieler sozialer Leistungen zugunsten ihrer Kommerzialisierung zurückzieht. Der private Markt der sozialen Dienstleistungen ist gegenwärtig nicht in der Lage den öffentlichen Sektor zu ersetzen, und zwar aufgrund hoher Kosten, die von vielen armen Gruppen nicht tragbar sind, und aufgrund regionaler Unterschiede in der Entwicklung dieser Dienstleistungen. Hinzu kommt noch, dass die Verringerung öffentlicher Gelder für die öffentlichen Institutionen diese degradieren. Das Vermögen wird dekapitalisiert, es fehlt an Investitionen, die Qualität des Fachpersonals und seiner Leistungen lässt nach. Dies ist um so wichtiger als es die Leistungen vor allem im Bereich Bildung, Wissenschaft, medizinische Fürsorge und Freizeitgestaltung betrifft. Das alles macht das biologische und kulturelle Potential der Gesellschaft aus.

Die in den letzten Jahren eingeführten neuen rechtlichen und institutionellen Lösungen in der Sozialpolitik stützen sich dabei eher auf eine individuelle Betriebsamkeit und Vorsorge als auf eine gesellschaftliche Solidarität und Selbsthilfe. Dies betrifft vor allem die Rentenreform (Kapitalsystem) und die Reform des Krankenversicherungssystems, die die Schaffung kommerzieller Krankenversicherungen im Jahre 2002 vorsieht.

Die Rolle der gesellschaftlichen Solidarität, Selbsthilfe und Selbstorganisierung soll durch die Übertragung der Rechte und der Verantwortung für die Sozialpolitik von den zentralen staatlichen auf die örtlichen Institutionen verstärkt werden. Die Dezentralisierung ist nämlich die nächste markante Veränderung in der Sozialpolitik. Es wird erwartet, dass die Dezentralisierung zur „Annäherung" des Staates an den Bürger führt (Das ermöglicht, die tatsächlichen Bedürfnisse zu erkennen, die vorhandenen Mittel optimaler einzusetzen, die Prozeduren zu vereinfachen, die Formalitäten zu beschleunigen, schneller und effizienter auf Veränderungen und gesellschaftliche Bedürfnisse zu reagieren). Vor allem jedoch rechnet man mit der Erhöhung der Aktivitäten der örtlichen Gemeinschaften zum gemeinsamen Wohl. Die Verwirklichung dieser Erwartungen bedarf jedoch der Erfüllung vieler Bedingungen, die leider nicht garantiert werden. Es fehlt vor allem an der Kohäsion zwischen den der örtlichen Behörden übertragenen Aufgaben und Rechten und den zur Verfügung gestellten organisatorischen und finanziellen Mitteln. Es mangelt an effizienten Mechanismen, die die Unterschiede in der Entwicklung der Gemeinden landesweit ausgleichen würden. Es fehlt an der Tradition von Bürgergemeinschaften. Es mangelt an qualifizierten Personal auf der untersten Ebene der Staatsverwaltung.[5]

---

4 J. Supińska, *Dylematy polityki społecznej*, Warszawa 1991; J. Auleytner, *Polityka społeczna. Teoria i praktyka*, Warszawa 1997.

5 A. Piekara, *Samorządność – Samorząd – Rozwój*, Warszawa, 2000.

2. Instrumente der Sozialpolitik

Die wichtigsten Instrumentarien für die Verwirklichung der Ziele und Aufgaben der Sozialpolitik des Staates stellen das Sozialrecht und die sozialen Leistungen dar.

Das Sozialrecht in Polen umfasst sachlich ausgesonderte Rechtsnormen, die von grundlegender Bedeutung für die soziale Sicherung des Bürgers sind.[6] Folgende Themenbereiche werden davon erfasst: das Arbeitsrecht, das Funktionieren des Arbeitsmarktes, der Arbeitslosenschutz und die Formen der Förderung, die sozialen Arbeitnehmerversicherungen, die Versicherungen der individuellen Landwirte, die Sozialhilfe, der Gesundheitsschutz und Grundsätze der Inanspruchnahme der gesundheitlichen Leistungen, Wohnungsrechtsschutz. Im letzten Jahrzehnt wurden die Bereiche der Gesetzgebung im sozialen Bereich mehrmals modifiziert und korrigiert. Die wichtigsten Veränderungen wurden im Rentensystem, im System der Entscheidung über die Arbeitsunfähigkeit, in der sozialen Hilfe und bei den Krankenversicherungen vorgenommen. Ein umfangreicher und neuer Bereich wurde im Zusammenhang mit den Veränderungen auf dem Arbeitsmarkt geschaffen. Es betrifft öffentliche Arbeitsämter und private Arbeitsvermittlung, Maßnahmen zur Einschränkung der Arbeitslosigkeit, Rechte und Pflichten der Arbeitslosen, Beschäftigung polnischer Staatsbürger im Ausland und der Ausländer in Polen, Beschäftigung und Rehabilitierung Behinderter. Dieser Bereich der sozialen Gesetzgebung weist besondere „Instabilität" aus. Verschiedene Novellierungen wurden hier mehrmals eingeführt (Das Gesetz über die Beschäftigung und die Arbeitslosigkeit, das im Jahre 1989 zum ersten Mal in Kraft getreten ist, wurde inzwischen mehrmals und wesentlich verändert.)

Die sozialen Leistungen stellen einen Teil der öffentlichen Staatsausgaben für die Absicherung der Bedürfnisse der Bürger dar. Sie werden aus den Steuern und Sozialbeiträgen der gesetzlichen Pflichtversicherungen und zum Teil aus den von den Bürgern getragenen Leistungen finanziert. Die Anschaffung der finanziellen Mittel trägt also einen öffentlichen Charakter und erfolgt mit Teilnahme und unter Aufsicht der staatlichen Institutionen. Die Mittel werden für die Befriedigung der Bedürfnisse des einzelnen Bürgers ausgegeben. Die privaten Haushalte erhalten diese als:

- Geldauszahlungen (Altersrente, Krankenrente, Unterstützungsgeld, Zuschüsse, Befreiungen),
- Sachleistungen (stationäre Behandlung im Krankenhaus, Pflegeheim, Aufenthalt im Erziehungsheim, unentgeltliche orthopädische Geräte, Nahrungsmittel und Bekleidung von den Fürsorgeanstalten),
- Dienstleistungen (Ausbildung im unentgeltlichen Bildungssystem, ärztliche Beratung, Rehabilitation, Arbeitsvermittlung und Berufsberatung, soziale Arbeit).

Die Ausgaben für soziale Leistungen schließen selbstverständlich die Unterhaltungskosten und die Kosten für den Ausbau der sozialen Infrastruktur, d.h. der Institutionen,

---

6 W. Muszalski, *Prawo socjalne*, Warszawa, 1999.

die eine materielle Basis für die Vermittlung der sozialen Leistungen darstellen, mit sich ein.

Die Kosten der sozialen Leistungen in Polen betragen derzeit ein Drittel des Bruttosozialproduktes und finanzieren Sozialversicherungen, Sozialhilfe, Gesundheitsschutz und Rehabilitation der Behinderten, einige Leistungen im Bereich der Bildung, Kultur und Freizeitgestaltung, Folgen der Arbeitslosigkeit, Resozialisierung der Sträflinge und einige Wohnungsbedürfnisse. Die Proportionen zwischen diesen Formen der sozialen Unterstützung haben sich bereits in den ersten Jahren der Transformation im Vergleich zur Vergangenheit radikal verändert.[7] Die sozialen Leistungen blieben in dieser Zeit vor allem unter dem Druck eines starken Anstiegs der Anzahl der Rentner (die Reduzierung der Arbeitsplätze hatte es zur Folge, dass viele Arbeitnehmer sich damals für eine vorgezogene Altersrente oder Berufsunfähigkeitsrente entschieden haben), unter dem Druck der Milderung der Folgen der Arbeitslosigkeit (der Ausbau öffentlicher Arbeitsämter, Ausgaben für die Arbeitslosenförderung und – geld), unter dem Druck der Ausgaben für die soziale Hilfe. Die Ausgaben für die übrigen Bereiche, vor allem Bildung, Wissenschaft, Gesundheitsschutz, Kultur und Freizeit, haben sich dagegen verringert. Der Staat hat sich vor allem von den Verpflichtungen zurückgezogen, wo die Gefahr eines öffentlichen Protestes am geringsten war.

Den größten Teil der sozialen Leistungen stellt die soziale Sicherung dar, also die Geldausgaben für Renten (Mitte der 90er Jahre betrugen sie etwa 50% aller Ausgaben für soziale Leistungen). Den Begriff der sozialen Sicherung verbindet man in Polen mit dem Begriff der sozialen Risiken wie Krankheitsfall, Unfall, Invalidität, Alter, plötzliche Verschlechterung des Lebensunterhalts, Mutterschaft, Todesfall des Alleinernährers oder des Betreuers. Die soziale Sicherung umfasst eine auf gesetzlicher Grundlage beruhende öffentlich-rechtliche beitragsmäßige Pflichtversicherung, eine gesetzliche soziale beitragslose Pflichtversorgung für bestimmte Gruppen (z.B. Mutterschaft) und die Sozialhilfe.

Die Sozialversicherung in Polen gliedert sich in vier Versicherungszweige der Renten-, Berufsunfähigkeits- bzw. Erwerbsunfähigkeits-, Kranken- und Unfallversicherung. Nach der neuesten Reform der Sozialversicherungen im Jahre 1999 sind die Beiträge für die einzelnen Versicherungen von Arbeitnehmern und Arbeitgebern in unterschiedlicher Höhe abzuführen. In der Krankenversicherung zahlt der Versicherte den Beitrag in voller Höhe, in der Renten- und Berufs- bzw. Erwerbsunfähigkeitsversicherung – die Hälfte, in der Unfallversicherung zahlt nur der Arbeitgeber. Ein getrenntes Versicherungssystem gilt für die Privaten in der Landwirtschaft. Im Rentensystem für Arbeiter und Angestellte in übrigen Wirtschaftszweigen gelten auch getrennte Grundsätze für diejenigen, die beim Inkrafttreten der Reform das 50. Lebensjahr bzw. das 30. Lebensjahr überschritten haben und keinem neuen Kapitalrentenfonds beigetreten sind.

Die Sozialhilfe ist die älteste Form sozialer Sicherung. Sie ist der Entstehung des

---

[7] S. Golinowska (Red.), *Polityka społeczna w latach 1994–1996*, Warszawa 1996.

Systems der Sozialversicherung und der Sozialversorgung weit vorausgeeilt. In der Zeit der Transformation nahm ihre Bedeutung enorm zu. Im Jahre 1990 wurde vom Sejm das Gesetz über die Sozialhilfe gebilligt, das das Gesetz vom Jahre 1923 aufhob. Die Sozialhilfe ist öffentliche Fürsorge für einzelne in Not geratene Personen und Familien, die sich selbst nicht mehr helfen können. Aufgabe der Sozialhilfe ist es, dem Hilfeempfänger ein menschenwürdiges Leben zu ermöglichen und seine gleichzeitige Verselbständigung anzustreben. Die Hilfeempfänger sind ihrerseits verpflichtet, bei der Überwindung ihrer schwierigen Lebenslage selbst mitzuwirken. Die Sozialhilfe wird vor allem in solchen Fällen geleistet wie: Armut, Obdachlosigkeit, Verwaisung, Mutterschutz, Arbeitslosigkeit, körperliche oder geistige Behinderung, langwierige Krankheit, Hilflosigkeit in Erziehungsfragen, Alkoholismus, Drogensüchtigkeit, Anpassungsschwierigkeiten von Vorbestraften nach der Entlassung aus der Strafanstalt sowie bei Naturkatastrophen. In den letzten Jahren wurde der Aufgabenkatalog der Sozialhilfe immer wieder erweitert. Die Sozialhilfe hat einige Bereiche der Familienpolitik übernommen. Sie muss nun Probleme in der Erziehung und Sozialfragen lösen, die früher von den Schulen getragen wurden. Auch zu ihren Lasten gehen jetzt Probleme, die aus einer schlecht funktionierenden medizinischen Betreuung oder schwierigen Wohnungsbedingungen resultieren.

Die Sozialhilfe wird von den Gemeinden gewährt und von den örtlichen Trägern – Zentren der Sozialhilfe – realisiert. Die vom Staat organisierte Sozialhilfe wird im großen Umfang von den Trägern der freien Wohlfahrtspflege – der Selbsthilfe, Stiftungen, Religionsgemeinschaften – ergänzt. Diese leisten Hilfestellung Armen, Behinderten, alleinstehenden Müttern und Obdachlosen.

3. Probleme der gegenwärtigen Sozialpolitik

Die gegenwärtige Gestalt der Sozialpolitik und das Fehlen einer kohärenten und von der Gesellschaft akzeptierten Vision dieser Politik tragen nicht gerade dazu bei, *die derzeit wichtigsten Probleme* zu lösen.

Die demographische Lage, vor allem der geänderte Altersaufbau der Bevölkerung wird nicht genug beachtet. Der Anteil der älteren Menschen an der Gesamtbevölkerung steigt. Die Anzahl der Menschen mit einem Alter von über 60 Jahre pro 100 Personen im Alter von 15-59 Jahren beträgt 26, im Jahre 2005 sollen es 28 und im Jahre 2020 – 41 Personen sein. Für die Sozialpolitik sind auch folgende Vorgänge von Bedeutung: die abnehmende Anzahl der Eheschließungen, die steigende Anzahl der eheähnlichen Gemeinschaften und der getrennten Ehen, das immer jüngere Alter der geschiedenen Ehepartner und eine bedeutende Anzahl von Kleinkindern in unvollständigen Familien und eine hohe Anzahl nichtehelicher Geburten. Seit 1993 übersteigt die Anzahl der Ehescheidungen die der Eheschließungen. Trotz der zunehmenden Lebenserwartung ist nach wie vor eine hohe Sterblichkeit der Männer im mittleren Alter zu verzeichnen.

Im Vergleich zu den westeuropäischen Staaten erzielen wir schlechtere Indizien beim Gesundheitszustand der Bevölkerung und eine höhere Sterblichkeit infolge von Unfällen. Eine dramatische Barriere für die Entwicklung der jungen Familien stellt nicht nur die Arbeitslosigkeit sondern auch der Mangel an Wohnungen dar. Im letzten Jahrzehnt wurden 2200 Tausend Ehen geschlossen und 1010 Tausend Wohnungen übergeben. Das Defizit an Wohnungen beläuft sich schätzungsweise auf 1,5 Mio. Wohnungen.

Die Sozialpolitik soll auch die tiefen regionalen Unterschiede und Ungleichheiten aufheben. Die Einwohner der Großstädte und der Ballungsgebiete und die im westlichen Teil des Landes haben größere Lebenschancen als die im östlichen Teil Polens sowie die Kleinstadt- und Landbevölkerung.

Die beobachteten Änderungen der Gesellschaftsstruktur weisen auf die zunehmenden ökonomischen Ungleichheiten und eine gesellschaftliche Desintegration hin. Die wichtigste und makrostrukturelle Ursache der beachtlichen Verarmung und der sozialen Ungleichheit liegt in den sich verändernden Arbeitsbedingungen. Das Elend wird zu einem kollektiven Schicksal derer,

- die von der neuen Wirtschaft nicht mehr gebraucht werden. Die abnehmende Nachfrage nach Arbeit führt zur Entstehung verschiedener Gruppen von „Entbehrlichen". Man findet sie in den Hauptgruppen der registrierten Arbeitslosigkeit, der verschleierten Arbeitslosigkeit in der Landwirtschaft, unter den vorgezogenen Pensionären und unter denen, die chancenlos auf dem Arbeitsmarkt eine Arbeit suchten (vor allem Frauen);
- die nur eine wenig bezahlte Arbeit erhalten können. Diese Art von Arbeit überwiegt in Polen. Im Jahre 1997 haben 70,6% der Beschäftigten im privaten Sektor und 6,2% im öffentlichen Sektor unter dem Durchschnittsgehalt verdient. Unter den 400 Tausend Beschäftigten, die annähernd das Mindestgehalt erhalten, ist die Mehrheit im privaten Sektor angestellt (10% der Beschäftigten, 1,2% – im öffentlichen Sektor). Es betrifft vor allem die Angestellten und Beamten, also den staatlichen Sektor[8] und die kleinen privaten Unternehmen. Die letzteren machen außerdem folgendes: Sie beschäftigen die Arbeitnehmer ohne Arbeitsvertrag, wenden verschiede Formen der verkürzten Arbeitszeit an, meiden die Zahlung der Sozialversicherungsbeiträge, minimalisieren die sozialen Ausgaben am Arbeitsplatz; die Beschäftigung wird unsicher;
- die regional ungünstig wohnen, also außerhalb von großen Ballungsgebieten, in der schwächer entwickelten Region, in einem Gebiet, in dem eine monokulturelle Entwicklung überwiegt usw.;
- die ihr Schicksal mit der Zugehörigkeit zu ihrem landwirtschaftlichen Betrieb verbunden haben. Diese Gruppe der Bevölkerung hat neben den Kosten der Transfor-

---

[8] Dies betrifft nicht die Fachkräfte mit einem Hochschulabschluss, da sie gegenwärtig bedeutsame Möglichkeiten haben, ihre Gehälter zu ergänzen. Ihre Qualifikationen besitzen zur Zeit einen hohen Marktwert.

mation in der Landwirtschaft auch die Kosten der Transformation in anderen Wirtschaftsbereichen übernommen. Aufgrund der Arbeitslosigkeit hat sich nämlich die Migration der landwirtschaftlichen Bevölkerung in andere Wirtschaftsbereiche verringert und die verdeckte Arbeitslosigkeit in der Landwirtschaft wird auf 800 Tausend Menschen geschätzt. Die landwirtschaftliche Bevölkerung ist in Polen die soziale Gruppe, die am meisten von sozialen Problemen und Ungleichheiten betroffen ist.

Die gesellschaftliche Desintegration, die eine Herausforderung für die Sozialpolitik darstellt, findet ihren Ausdruck in der wachsenden Exklusion der Gesellschaft. Dies bedeutet den Ausschluss des Einzelnen und der Familien von der Teilnahme an Institutionen des gesellschaftlichen Lebens. Es steigt die Anzahl der Menschen, die aus der Arbeits- und der Konsumtionswelt, dem Sozialversicherungssystem ausgeschlossen wurden, die einen beschränkten Zugang zur Bildung und Ausbildung und der medizinischen Betreuung haben, die obdachlos geworden sind.

Allem Anschein nach sollte der Gestaltung der Sozialpolitik in Zukunft, neben der Notwendigkeit einer öffentlichen Debatte über die Werte und Ziele, mehr als es bisher der Fall war eine solide Diagnose zugrundegelegt werden. Diese Untersuchung sollte sowohl die Bedürfnisse der Gesellschaft als auch die Folgen der Systemtransformation sowie die Einschätzung der Richtigkeit und der Wirksamkeit der eingesetzten Lösungen beinhalten.

Leszek Graniszewski

Die Sozialpartner in Polen

Die Entstehung und die Entwicklung der Organisationen der Sozialpartner in Polen ist mit der Systemtransformation nach 1989, insbesondere mit der Aufhebung des Organisationsmonopols der kommunistischen Partei, verbunden. Die Einführung des politischen Pluralismus führte zur Herausbildung zahlreicher Organisationen der Arbeitnehmer und der Arbeitgeber.

Die gesellschaftlichen Voraussetzungen und die Realität des politischen Systems in Polen haben es bewirkt, dass es zu einer recht frühen Herausbildung einflussreicher Gewerkschaften kam. Die Gewerkschaften haben in Zeiten des Kommunismus die Arbeitnehmer „repräsentiert". Zugleich haben sie auch eine Funktion der sozialpolitischen Bewegung, wie die „Solidarność" in den 80er Jahren, ausgeübt. Dank ihrer Organisationskraft, der politischen Bedeutung in der Zeit des Kampfes gegen das kommunistische Regime und dann in der Zeit des demokratischen Wandels in den 90er Jahren, konnten die Gewerkschaften viele Rechte und Privilegien gesetzlich, z.B. im Bereich des Arbeitsrechts, der Privatisierung, des Mitbestimmungsrechts, erwerben. Nach 1989 haben die Gewerkschaften nicht nur ihre gewerkschaftliche Arbeit getan. Ihre Aktivität hat sich auch auf den Bereich der Politik erstreckt. Die „Solidarność" hat z.B. Schutz und Schirm für die Reformen in den Jahren 1989-1993 gewährt und sich an den Wahlen beteiligt. Die Unterstützung abwechselnder Regierungen brachte auch einen messbaren politischen Nutzen mit sich. Von Anfang an machte sich bemerkbar und es besteht weiterhin ein Ungleichgewicht zwischen den starken, fordernden Gewerkschaften und den wenigen Gewerkschaften des sich erst etablierenden polnischen privaten Wirtschaftssektors.

Im kommunistischen System mit dem dominanten Arbeitgeber – dem Staat, gab es wenig Platz und kaum Möglichkeiten für die Herausbildung der Arbeitgeberverbände. Die Organisationen der Arbeitgeber entstanden erst nach 1989 als die Umgestaltung der Wirtschaft in eine freie Marktwirtschaft und die Privatisierung begonnen hat.

Den institutionellen Rahmen für die Vereinigungen der Sozialpartner und die natürlichen Beziehungen zwischen ihnen ermöglichten die im Jahre 1991 verabschiedeten Gesetze über die Gewerkschaften, die Organisationen der Arbeitgeber und die Beilegung der Betriebskollektivstreitigkeiten. Die Gesetze sind u.a. deshalb verabschiedet worden, weil die Realisierung des Programms der radikalen wirtschaftlichen Reformen bereits Mitte 1990 zu sozialen Spannungen führte. Die Einführung der Marktwirtschaft bedeutete den Umbau und die Auflösung unrentabler Betriebe und sogar ganzer Industriezweige. Dies führte zur massiven Arbeitslosigkeit und Verarmung der Gesellschaft. Um diesen Erscheinungen entgegenwirken zu können, musste ein Modell für die Industrie entwickelt werden, das die negativen Folgen eines offenen sozialen Konfliktes mildern würde. Es war notwendig, sowohl den institutionellen Rahmen als auch die informellen Mechanismen der sozialen Partnerschaft zu schaffen, die den Spannungen im Bereich der Arbeitsbeziehungen entgegenwirken würden. Infolgedessen sind von der Regierung und dem Parlament diese drei Gesetze, insbesondere das Gesetz über die Schlichtung der Kollektivstreitigkeiten verabschiedet worden. Gemäß diesen Gesetzen sollten die sozialen Konflikte und die Gestaltung der Arbeitsbeziehungen mittels Verhandlungen und Vereinbarungen zwischen den Gewerkschaften und den Organisationen der Arbeitgeber geschehen. Der Staat sollte hierbei nicht als direkte Partei des Arbeitsverhältnisses sein, obwohl er tatsächlich weiterhin der größte Arbeitgeber war. Dies geschah daher, weil sich die Privatisierung erst in der Anfangsphase befand. Der Staat blieb weiterhin der Adressat der Forderungen der Arbeitnehmer und ihrer Gewerkschaften. Eine weitere Ursache stellte die Schwäche der Organisationen der Arbeitgeber dar. Die Gewerkschaften haben die Arbeitgeberverbände missachtet. Ihre sozialen und tariflichen Probleme wollten sie direkt mit der Regierung verhandeln[1]. Die Regierung wurde infolge der sich verschlechternden sozialen Lage und des politischen Drucks direkt in den Konflikt der Arbeiterschaft hineingezogen.

Die abnehmende Unterstützung der Bevölkerung für das Programm der marktwirtschaftlichen Reformen sowie die Massenproteste und Streiks im Jahre 1992 hat die Regierung gezwungen, eine Reihe von Vereinbarungen vorzuschlagen. Die wichtigste war hierbei die Vereinbarung über den Staatsbetrieb, seinen Status, die Möglichkeiten des Umbaues und der Tilgung der Schulden. Diese Vereinbarung stellte eine Sofortmaßnahme für die Beilegung der Streiks dar. Gleichzeitig wollte die Regierung die Gewerkschaften, die nach wie vor die Mehrheit der Arbeitnehmerschaft repräsentierten, und die immer stärker werdenden wirtschaftlichen Interessengruppen für das Programm gewinnen und in die Realisierung der Reformen sowie in den Entscheidungs- und Ausführungsprozess einbeziehen[2]. Trotz des Misstrauens der Gewerkschaften gegen die Vorschläge der Regierung, wurde die Vereinbarung im Febraur 1993 unterzeichnet. Die „Solidarność" wollte mit der OPZZ nicht verhandeln, was zu einer tripartiten Vereinbarung, d.h. mit der „Solidarność, der OPZZ und den übrigen sieben Branchenföderationen führte.

Die wichtigsten Bestimmungen dieser Vereinbarung betrafen folgende Bereiche: Privatisierung, Schuldentilgung der Unternehmen, Steuer, Gehälter und soziale Leistungen, u.a.:

---

[1] J. Hausner, Formowanie się systemu stosunków pracy i reprezentacji interesów w Polsce w warunkach transformacji ustrojowej, in: T. Kowalak (Red.), *Negocjacje. Droga do paktu społecznego*, Warszawa 1995, s. 291.

[2] J. Hausner, op. cit., s. 294–95.

- die Arbeitnehmer sollten kostenlos 10% der Aktien der privatisierten Betriebe erhalten;
- die Arbeitnehmer sollten sich maßgeblich an der Unternehmensmitbestimmung über ihre Vertreter in Aufsichtsräten und Vorständen der privatisierten Betriebe beteiligen;
- die Arbeitsbedingungen und die Höhe des Arbeitsentgelts sollten mittels betrieblicher und überbetrieblicher Gesamtvereinbarungen geregelt werden.

Die Bestimmungen der Vereinbarung stellten die Voraussetzung für Gesetzesveränderungen hinsichtlich:
- der Gründung des Fonds der garantierten Leistungen für die Arbeitnehmer im Falle der Insolvenz des Arbeitgebers;
- der Gründung sozialer Fonds in den Betrieben;
- der Gesamtvereinbarungen;
- der Grundsätze der Umstrukturierung der Unternehmen, vor allem ihrer Umwandlung in die Gesellschaften der Belegschaft.

Die Vereinbarung sah vor, einen Trilateralen Ausschuss für Sozial-ökonomische Angelegenheiten (*Trójstronna Komisja do Spraw Społeczno-Gospodarczych*) als ein Forum des gesellschaftlichen Dialoges und der Verständigung zwischen der Regierung und den Arbeitnehmer- und Arbeitgeberverbänden hinsichtlich der Ziele und der Umsetzung der sozial-ökonomischen Politik des Staates zu berufen.

Der Ausschuss wurde aufgrund des Beschlusses des Ministerrates im Februar 1994 berufen und somit zu einer institutionellen Grundlage des Zusammenwirkens der Sozialpartner geworden[3].

Die Regierung wird von den Ministern für Finanzen, für Arbeit und Sozialpolitik, der Wirtschaft und vom Regierungszentrum für Strategische Studien vertreten.

Die Arbeiterschaft vertreten die Gewerkschaften: „Solidarność", OPZZ und sieben Branchenverbände.

Die Arbeitgeber werden von der Konföderation der Polnischen Arbeitgeber vertreten.

Die Leitung hat der Minister für Arbeit und Sozialpolitik.

Zu den Aufgaben des Ausschusses zählen:
1. die Überwachung der wirtschaftlichen Prozesse und der makroökonomischen Proportionen,
2. die Beurteilung der Mechanismen und der Instrumente der Wirtschafts- und Sozialpolitik,
3. die Beurteilung und Vorschläge der wichtigsten Zielaufgaben der Wirtschafts- und Sozialpolitik, insbesondere:
   a) der Lohnpolitik und der Instrumente ihrer Realisierung;
   b) der Beschäftigungspolitik;
   c) der Politik der sozialen Leistungen;

---

[3] R. Jurkowski, *Negocjacje zbiorowe*, Warszawa 2000, S. 44–45.

d) der Gestaltung der Proportionen von Konsumtion und Investitionen sowie der Konsumtionsstruktur;

4. die Ausführung anderer Aufgaben aufgrund gesonderter Vorschriften.

Der tatsächliche Einfluss des trilateralen Ausschusses auf die sozial-ökonomische Politik des Staates ist gering und eher auf Deklarationen begrenzt. Der Ausschuss spielt lediglich eine gewisse Rolle, wenn es um tarifliche Verhandlungen hinsichtlich der Lohnerhöhungen der Arbeitnehmer der staatseigenen Betriebe und der Angestellten angeht.

1. Der rechtliche Status der Sozialpartner

Die Sozialpartner werden in der Verfassung erörtert und gesetzlich geregelt. Im Katalog der neuen Verfassung vom Jahre 1997 werden die Solidarität, der Dialog und die Zusammenarbeit der Sozialpartner als oberste Grundsätze und Grundlage der wirtschaftlichen Ordnung des Staates definiert.

Die Verfassung gewährleistet die Freiheit der Gewerkschaften, der gesellschaftlich-beruflichen Bauernorganisationen und der Arbeitgeberorganisationen. Die Verfassung setzt voraus, dass die Beziehungen zwischen den Sozialpartnern mittels Verhandlungen bei Kollektivstreitigkeiten, Gesamtvereinbarungen und andere Verträge gestaltet werden. Die Gewerkschaften haben verfassungsgemäß Recht auf Streik. Die Arbeitgeber haben das Recht auf die Lockout nicht erworben, da die Verfassung den Grundsatz des Schutzes der Arbeitnehmer als der schwächeren Gruppe im Verhältnis zu den Arbeitgebern vorsieht. Die verfassungsgemäße Freiheit der Gründung der Vereine ist nicht von der Einwilligung staatlicher Autoritäten abhängig.

Die allgemeine verfassungsmäßige Regelung hinsichtlich der Sozialpartner wird im Weiteren in den Gesetzen erörtert. Es sind: das Gesetz über die Gewerkschaften und das Gesetz über die Arbeitgeberorganisationen, beides vom 23. Mai 1991. Die Gesetze legen die Grundsätze der gewerkschaftlichen Freiheit fest und passen diese den Standards der Konventionen der Internationalen Arbeitsorganisation an. Das Gesetz über die Arbeitgeberorganisationen hat die juristische Lücke gefüllt, da das vorherige System diese Organisationsform nicht vorsah.

Das Gesetz über die Gewerkschaften besagt, dass die Gewerkschaften eine freiwillige und selbstverwaltende Organisation sind, die die Arbeitnehmer vertreten und ihre Rechte und soziale und berufliche Interessen in Schutz nehmen. Eine Gewerkschaft ist von Arbeitgebern, staatlichen Autoritäten und örtlicher Selbstverwaltung unabhängig. Nach dem Grundsatz der Organisationsautonomie bestimmen die Gewerkschaften in der Satzung ihre Struktur, die Grundsätze der Mitgliedschaft und die Ausübung gewerkschaftlicher Funktionen.

Das Recht auf Bildung und Mitgliedschaft in der Gewerkschaft haben alle Arbeitnehmer mit Ausnahme derer, die in einer leitenden Funktion sind, mit der Staatspolitik zu tun oder den Zugang zu den Staatsgeheimnissen haben.

Rentner, Arbeitslose und Hausgewerbebetreibende dürfen den bereits vorhandenen Gewerkschaften beitreten. Sie sind aber nicht berechtigt, selbst Gewerkschaften zu gründen. Das Gesetz verbietet, die Arbeitnehmer wegen ihrer gewerkschaftlichen Mitgliedschaft bzw. keiner Mitgliedschaft zu diskriminieren.

Eine Gewerkschaft wird gegründet, wenn 10 berechtigte Personen einen Beschluss darüber fassen. Diese Personen bestimmen auch die Satzung und bestellen das Gründungskomitee, das innerhalb 30 Tage die Eintragung der Gewerkschaft beim Amtsgericht beantragen muss. Die Satzung muss die bestimmte in der Verfassung bezeichnete Mindesterfordernisse aufweisen. Nach der Eintragung wird die Gewerkschaft zu einer juristischen Person und erwirbt somit die gesetzlichen Rechte und Pflichten.

Das Gesetz bestimmt die öffentlich-rechtlichen Befugnisse der repräsentativen Gewerkschaften, u.a.:

- die Begutachtung der Gesetzesentwürfe und der Ausführungsvorschriften zu den Gesetzen im Umfang der für die Gewerkschaften bestimmten Aufgaben;
- die Beantragung des Gesetzeserlasses bzw. -änderung oder anderer Vorschriften, die für die Gewerkschaften von Interesse sind;
- die Beantragung der Ungültigkeitserklärung der Urteile im Bereich des Arbeitsrechts und der Sozialversicherungen;
- Die Beantragung der Erklärung strittiger Rechtsvorschriften beim Obersten Gerichtshof.

Das Gesetz über die Arbeitgeber bestimmt, ähnlich wie das Gesetz über die Gewerkschaften, die Grundsätze der Bildung und der Tätigkeit der Organisationen der Arbeitgeber. Das Gesetz unterscheidet nicht zwischen den privaten und den staatlichen Arbeitgebern. Es berechtigt sie zur Bildung und zum Beitritt zu den Arbeitgeberverbänden, die selbstständig und unabhängig von den staatlichen Organen, der örtlichen Selbstverwaltung und anderen Organisationen sind[4]. Das Gesetz bestimmt, dass Arbeitgeberorganisationen von jeder natürlichen Person bzw. einer Wirtschaftseinheit gegründet werden kann, die die Arbeitnehmer beschäftigt und eine wirtschaftliche Tätigkeit führt. Das Gesetz bestimmt ferner die berechtigten Arbeitgeber, die die überbetrieblichen Gesamtvereinbarungen abschliessen dürfen.

Die Arbeitgeberorganisationen dürfen keinerlei Aktivitäten entwickeln, die die Rechte der Beschäftigten einschränken können oder über die Gewerkschaften der Belegschaft Kontrolle ausüben sollten.

Die grundlegende Aufgabe der Arbeitgeberverbände sind Rechtsschutz und Vertretung der Interessen ihrer Mitglieder gegenüber den Gewerkschaften, der staatlichen Verwaltung und der örtlichen Selbstverwaltung. Das Gesetz sieht die Vertretung der Interessen und den Rechtsschutz der Arbeitgeber, die nicht den Arbeitgeberverbänden angehören, nicht vor. Das bedeutet eine Einschränkung der Zuständigkeiten dieser Organisationen im Vergleich mit denen der Gewerkschaften.

---

[4] R. Jurkowski, op. cit., s. 51.

Das Gesetz sieht änliche wie im Gewerkschaftsgesetz Grundsätze der Bildung der Organisationen der Arbeitgeber vor. Die gleiche Anzahl von 10 zur Grundüng berechtigten Arbeitgebern stellt eine unvergleichbar schwierigere Forderung als dies bei einer Gründung der Gewerkschaft mit 10 Personen der Fall ist.

Es wird auch die gerichtliche Eintragung verlangt, um eine juristische Rechtsfähigkeit erwerben zu können.

Das Gesetz berechtigt die Arbeitgeberverbände:
- eigene Satzungen und eigene Ordnungen zu bestellen;
- Gesetzesentwürfe und Ausführungsvorschriften zu den Gesetzen im Umfang der für die Arbeitgeber bestimmten Aufgaben zu begutachten – über dieses Recht verfügen Föderationen und Konföderationen der Arbeitgeberverbände;
- an den Verhandlungen über Gesamtvereinbarungen teilzunehmen, Gesamtvereinbarungen und andere Verträge abzuschließen.

2. Organisationsformen der Sozialpartner

1. territoriale Verbände
   - Beschäftigte verschiedener Branchen und Berufe, die landesweit, regional, örtlich vereinigt sind, z.B. die „Solidarność", der Arbeitgeberverband des Elbinger Raumes;
2. Branchenverbände
   - Beschäftigte einer bestimmten Branche, wie z.B. Gewerkschaften der Chemischen Industrie, der Arbeitgeberverband des Steinkohlebergbaus;
3. Verbände einer Berufsgruppe
   - z.B. Gewerkschaften der Verkehrskontrolleure.

3. Die gesetzlichen Formen der Integration der Sozialpartner nach ihrem Organisationsaufbau

1. Konföderationen (der Gewerkschaften und Vereinigungen) – landesweite Organisationen der Gewerkschaften untereinander;
2. Föderationen (Gewerkschaften) – landesweite Vereinigungen der Gewerkschaften;
3. internationale Organisationen der Gewerkschaften und der Arbeitgeber[5].

---

[5] K.W. Baran, Zbiorowe prawo pracy, Gdańsk – Kraków 1998, s. 63–65.

4. Die wichtigsten Gewerkschaften

Unabhängige Selbstständige Gewerkschaft „Solidarność" *(Niezależny Samorządny Związek Zawodowy „Solidarność")*

Die Gewerkschaft „Solidarność" entstand infolge des gesellschaftlichen Massenprotestes gegen Handlungsmethoden und sozial-ökonomische Folgen des kommunistischen Regimes. Sie wurde nach Verhängung des Kriegsrechts am 13. Dezember 1981 verboten. Erneut wurde sie aufgrund des „Runden Tisches" im April 1989 ins Leben gerufen. Im Jahre 1989 zählt die „Solidarność" 2 Millionen Mitglieder im Vergleich mit 10 Millionen im Jahre 1980. Im Jahre 1980 hat die „Solidarność" zwangsläufig die Organisationsform einer Gewerkschaft angenommen, weil dies einzig durch die damalige kommunistische Macht akzeptiert wurde. Im Jahre 1989 bleibt sie nach eigener Wahl eine gesellschaftliche Bewegung, die über den Rahmen einer Gewerkschaft hinauslief.

Die „Solidarność" spielte in den Jahren 1989-1999 folgende Rolle:

- Sie war eine reformorientierte Gewerkschaft, die die Ausbrüche gesellschaftlicher Unzufriedenheit kanalisieren konnte;
- Sie stellte ein Potential der Führungskräfte für die sich etablierende Demokratie – Regierungsvertreter, Abgeordnete, Senatoren, Aktivisten der politischen Parteien, der NGO"s dar;
- Sie übte eine Lock-out-Funktion einer Gewerkschaft aus;
- Sie war die gesellschaftliche Kraft mit eigenem Reformkonzept – eigener Entwurf der Verfassung und Entwürfe zahlreicher Gesetze.

Da die „Solidarność" die Form einer gesellschaftlichen Bewegung beibehalten hat, war der Weg zur Herausbildung starker politischer Parteien mit „Solidarność"-Wurzeln erschwert. Die „Solidarność" ist in zweifacher Hinsicht aktiv:

- als eine Gewerkschaft vertritt sie die Gruppeninteressen
- als eine gesellschaftliche Bewegung förderte sie die Reformen.

In beiden Fällen tritt sie als ein politisches Subjekt im Kampf um die Macht auf.

Nach der Niederlage der Mitte-Rechts-Koalition in den Parlamentswahlen im Jahre 1993 und den Präsidentschaftswahlen im Jahre 1995 hat sich die „Solidarność" für die Bildung der Wahlaktion Solidarność *(Akcja Wyborcza Solidarność – AWS)* eingesetzt. Diese hat dann die Parlamentswahlen 1997 gewonnen. Die „Solidarność" spielt eine dominierende und stabilisierende Rolle bei den Bemühungen um die Einheit der rechten Parteien in der AWS unter der unumstrittenen Führung Marian Krzaklewski's, der seit 1991 der Vorsitzende von „Solidarność" ist[6].

Viele Aktivisten der „Solidarność" gehören nach den Wahlen nun der Regierung von Jerzy Buzek an. Die Elite der „Solidarność" hat die Gesellschaftliche Bewegung der AWS *(Ruch Społeczny AWS)* gegründet – eine politische Partei der „Solidarność" – Herkunft, die die Gewerkschaft von der Ausübung politischer Funktion befreien soll.

---

[6] I. Pańków, Związki zawodowe a polityka, in: J. Wasilewski (Red.), *Elita polityczna*, 1998, s. 145 ff. 220.

Die Mitgliederzahl beträgt derzeit 1,2 Millionen in 13 Tausend Betriebsausschüssen, 38 Regionen und 16 Brancheneinheiten (sog. Sekretariate). Der Mitgliederschwund ist auf die Abnahme der Popularität aller Gewerkschaften, das Engagement der „Solidarność" in der Politik und die Privatisierung großer staatseigener Betriebe, die das Bollwerk der Gewerkschaften ist, zurückzuführen. In den privaten Unternehmen sind die Gewerkschaften kaum vertreten.

Gesamtpolnische Gewerkschaftsverständigung *(Ogólnopolskie Porozumienie Związków Zawodowych – OPZZ)*

Die Konföderation der Gewerkschaften mit ihren postkommunistischen Wurzeln entstand im Jahre 1984. Im Jahre 1991 hat sie zusammen mit der Sozialdemokratie der Republik Polen *(Socjaldemokracja RP – SdRP)* das Bündnis der Demokratischen Linken *(Sojusz Lewicy Demokratycznej – SLD)* mitgegründet und stellte nach der SLD die zweitgrößte politische Kraft dar. In Zeiten der Solidarność-Regierung in den Jahren 1989–1993 blieb die OPZZ im Hintergrund. Wegen der kommunistischen Vergangenheit war sie sich ihrer fraglichen gesellschaftlichen Akzeptanz und Legitimität bewußt. Die OPZZ hat sich damals auf die gewerkschaftlichen Aktivitäten konzentriert und angesichts des politischen Engagements der „Solidarność" versucht, das Vertrauen der Arbeiterschaft zu gewinnen.

Nach dem parlamentarischen Wahlsieg der SLD im Jahre 1993 hat die OPZZ einige Dutzend Stimmen im Parlament bekommen und ihre Vertreter bildeten die Regierung der Koalition von SLD und PSL (Polnische Bauernpartei – *Polskie Stronnictwo Ludowe*). Die OPZZ spielte eine ähnliche Rolle wie die Solidarność in der abgelösten Regierung, obwohl nicht im gleichen Ausmaß. Gleichzeitig hat die OPZZ als eine Gewerkschaft gegen die Regierungsmaßnahmen protestiert, die im Widerspruch mit den Interessen der Arbeiterschaft standen. Die OPZZ spielte jedoch in der SLD und der Regierung eine zu geringe Rolle, um mit ihrer Politik erfolgreich zu sein.

Nach der Umgestaltung der SLD in eine politische Partei haben sich viele ihre Aktivisten für die Bildung neuer Partei eingesetzt.

Die OPZZ zählt derzeit 2,5 Millionen Mitglieder und 500 Tausend Pensionierte in 14,5 Tausend Betriebsausschüssen, in 109 Föderationen und einheitlichen Gewerkschaften.

5. Die wichtigsten Arbeitgeberverbände und Business-Organisationen

Konföderation der Polnischen Arbeitgeber *(Konfederacja Pracodawców Polskich – KPP)*

Die Konföderation wurde im Jahre 1989 gegründet und handelt aufgrund des Gesetzes über die Arbeitgeber vom 1991. Sie vereinigt die staatlichen und privaten Arbeitgeber. Es sind gesamtpolnische und regionale Organisationen der Arbeitgeber, die einen territorialen und Branchencharakter tragen.

Die KPP ist der einzige Vertreter der Arbeitgeber im Trilateralen Ausschuss und in den internationalen Arbeitgeberorganisationen.

Polnische Konföderation der Privaten Arbeitgeber *(Polska Konfederacja Pracodawców Prywatnych – PKPP)*

Sie wurde im Jahre 1999 ins Leben gerufen und ist eine landesweite Organisation der privaten Arbeitgeber. Rechtliche Grundlage für ihre Tätigkeit stellt das Gesetz über die Arbeitgeberverbände dar. Als eine relativ junge Organisation, bemüht sie sich derzeit um die Mitgliedschaft im Trilateralen Ausschuss.

Business Center Club

Diese Organisation übt ihre Tätigkeit kraft Gesetzes über die Vereinigungen aus. Sie vereinigt Unternehmer, Business und Managament. BCC fungiert als eine *pressuregroup*. Sie unterstützt das sich konsolidierende polnische Kapital. Sie trägt einen Klubcharakter.

Polnischer Businessrat *(Polska Rada Biznesu)*

Es ist eine elitäre Organisation, die etwa 50 führende polnische Unternehmer vereinigt (Geschäftsführer von Unternehmen, deren Gründungskapital ab 2 Millionen Złoty beträgt und die Einnahmen 10 Millionen Złoty übersteigen und mindestens 100 Personen beschäftigen).

6. Zusammenfassung

Der gesellschaftliche Dialog in Polen stößt auf Hindernisse. Obwohl ein gewisser institutioneller Rahmen für die Zusammenarbeit der Sozialpartner geschaffen wurde (Gesetze über Gewerkschaften, Arbeitgeberverbände, über die Lösung der Betriebskollektivstreitigkeiten oder die Berufung des Trilateralen Ausschusses), sind die Arbeitsbeziehungen überwiegend konfliktträchtig. Vor allem ist dies auf die aktuelle Kondition der Sozialpartner zurückzuführen. Bei den Gewerkschaften ist eine Abschwächung ihrer Rolle in den Betrieben durch den Mitgliederschwund und den Verlust der Autorität bei den Werktätigen zu verzeichnen. Das Bollwerk der Gewerkschaften sind die großen Staatsbetriebe, die jedoch sukzessiv privatisiert werden. Die Gewerkschaften können sich in den privaten Betrieben nicht behaupten. Der Transformationsprozess hat also zur Einschrumpfung der Sozialbasis und der finanziellen Mittel (kleinere Beitragssumme) der Gewerkschaften geführt. Die Politisierung der Gewerkschaften erwecken nicht nur bei den Werktätigen, sondern auch bei den Mitgliedern der Gewerkschaften die Überzeugung, dass die Gewerkschaften ihre erstrangige Aufgabe des Rechts- und Interessenschutzes der Beschäftigten ungenügend wahrnehmen.

Die Gewerkschaften versuchen nun das Vertrauen der Beschäftigten wiederzuerlangen, indem sie zu spektakulären Mitteln wie Streiks, Demonstrationen, Straßensperren greifen, was wiederum zu einem Rückschlag in den Partnerbeziehungen mit den Arbeitgebern führt.

Die Arbeitgeber sind auch abgeneigt und misstrauisch gegen die Zusammenarbeit mit den Gewerkschaften. In den privaten Kleinbetrieben werden die Gründungen der Gewerkschaften sogar gehindert. Den Arbeitgeberverbänden gehören nach wie vor wenige Arbeitgeber an.

Auch der Dialog im Rahmen des Trilateralen Ausschusses hinkt, weil die rechtliche Verankerung zu schwach ist und Kompetenzen eher einen deklarativen Charakter haben. Die Parteien sind nicht gewillt, an Arbeiten des Ausschusses teilzunehmen. Die OPZZ und die „Solidarność" sind auch gegeneinander unwillig gesinnt. Das führt dazu, dass der Ausschuss gelegentlich tagt. Eine Veränderung hierbei kann das vorbereitete Gesetz über den Trilateralen Ausschuss geben, das einen höheren Rang dem Dialog zwischen den Sozialpartnern verleihen wird. Vielleicht wird sich dadurch ein stabiles System der Sozialpartnerschaft etablieren können.

Anhang

Ausgewählte Ereignisse bis 2000

Erste Republik (966–1795)

966	Mieszko I. nimmt aus Böhmen das römische Christemtum an
960–1370	Piasten-Dynastie (Patrimonialmonarchie)
1000	Gnesener Treffen des polnischen Fürsten Bolesław Chrobry (des Tapferen) mit dem deutschen Kaiser Otto III.
1385–1572	Jagiellonen-Dynastie
1410	Schlacht bei – Tannenberg, Sieg über den Deutschen Orden
1525	Huldigungseid der Preußen gegenüber dem polnischen König.
1573–1795	Epoche des Wahlkönigtums.
1683	König Jan III. Sobieski besiegt die Türken in der Schlacht auf dem Kahlenberg.
1772	Erste Teilung Polens durch Rußland, Preußen und Österreich
1791	Verfassung vom 3. Mai.
1793	Zweite Teilung Polens
1794	Kościuszko-Nationalaufstand
1795	Dritte Teilung Polens – Polen verschwindet von der Karte Europas.
1795–1918	Epoche des geteilten Polens.
1807–1815	Bildung des Herzogtums Warschau durch Napoleon
1815	Wiener Kongreß: Schaffung eines „Königsreichs Polen in Personalunion mit Rußland.
1830–1831	„Novemberaufstand"
1863	„Januaraufstand"

Zweite Republik (1918–1945)

11. November 1918	Wiedergeburt Polens
1919–1921	Russisch-polnischer Krieg (Festlegung der Ostgrenze Polens im Frieden von Riga)
Mai 1926	„Staatsstreich" von Józef Piłsudski
23. August 1939	Ribbentrop-Molotow-Pakt
1. September 1939	Überfall des Dritten Reichs auf Polen
17. September 1939	Überfall der Sowjetunion auf Polen
1. August – 2 Oktober 1944	Warschauer Aufstand

Volksrepublik Polen (1944–1989)

28. Juni 1945	Gründung einer Regierung der nationalen Einheit mit Vertretern des Exils
22. Juli 1952	Verabschiedung der Verfassung der Volksrepublik Polen
1956	„Polnischer Oktober" – Arbeiterproteste
März 1968	Studentenunruhen und antisemitische Kampagne.
Dezember 1970	Arbeiterproteste in Gdansk und Szczecin
Juni 1976	Streikwelle und Repressalien gegen die Arbeiter
16. Oktober 1978	Karol Wojtyła wird zum Papst gewählt.
Juni 1979	Erste Pilgerfahrt des Papstes nach Polen.
Juli – August 1980	Streikwelle im ganzen Land
31. August 1980	Abkommen zwischen der Regierung und Streikenden auf der Danziger Werft
10. November 1980	Registrierung der ersten unabhängigen Gewerkschaft in Ostblock, der NSZZ „Solidarność"
13. Dezember 1981	Verhängung des Kriegsrechts in Polen
22. Juli 1983	Aufhebung des Kriegsrechts
6. Februar – 5. April 1989	Verhandlungen „am Runden Tisch"

Dritte Republik 1989–

7. April 1989	Verabschiedung der Gesetze durch den Sejm, mit denen die Elemente der parlamentarischen Demokratie eingeführt werden können
17. April 1989	Erneute Registrierung der NSZZ „Solidarność"
4. Juni 1989	erste „freie" Wahlen.
24. August 1989	Tadeusz Mazowiecki wird erster nichtkommunistischer Ministerpräsident
1. Januar 1990	Der Staatsnamen wird mit einem Gesetz in Republik Polen geändert.
November 1990	Letzter Parteitag der PVAP und ihre Auflösung
1. Juli 1991	Auflösung des Warschauer Vertrages
26. November 1991	Polen wird Mitglied des Europarates
16. Dezember 1991	Polen unterzeichnet den Assoziierungsvertrag mit der EG
8. April 1994	Antrag Polens auf den Beitritt zur EU
22. November 1996	Polen wird zum Mitglied der OECD
2. April 1997	Verabschiedung einer neuen Verfassung der Republik Polen
31. März 1998	Aufnahme der Verhandlungen über den Beitritt Polens in die EU
12. März 1999	Polen wird zum Mitglied der NATO

VERFASSUNG DER REPUBLIK POLEN

vom 2. April 1997

Kapitel I
DIE REPUBLIK

Artikel 1

Die Republik Polen ist das gemeinsame Gut aller Staatsbürger.

Artikel 2

Die Republik Polen ist ein demokratischer Rechtsstaat, der die Grundsätze gesellschaftlicher Gerechtigkeit verwirklicht.

Artikel 3

Die Republik Polen ist ein einheitlicher Staat.

Artikel 4

1. Die oberste Gewalt in der Republik Polen steht dem Volk zu.
2. Das Volk übt die Gewalt durch seine Vertreter oder unmittelbar aus.

Artikel 5

Die Republik Polen schützt die Unabhängigkeit und Integrität ihres Territoriums, gewährleistet Freiheiten und Rechte der Menschen und der Bürger sowie die Sicherheit der Staatsbürger, schützt das nationale Erbe und gewährleistet den Umweltschutz, wobei sie sich von dem Prinzip der gleichmäßigen Entwicklung leiten läßt.

Artikel 6

1. Die Republik Polen schafft die Voraussetzungen für die Verbreitung und den gleichen Zugang zu der Kultur, die die Quelle der Identität des polnischen Volkes, seines Bestandes und seiner Entwicklung ist.
2. Die Republik Polen leistet den außerhalb ihrer Grenzen wohnhaften Polen Hilfe, ihre Verbindung mit dem nationalen kulturellen Erbe aufrechtzuerhalten.

Artikel 7

Die Organe der öffentlichen Gewalt handeln auf der Grundlage und in den Grenzen des Rechtes.

Artikel 8

1. Die Verfassung ist das oberste Recht der Republik Polen.
2. Die Vorschriften der Verfassung sind unmittelbar anzuwenden, es sei denn die Verfassung bestimmt es anders.

Artikel 9

Die Republik Polen befolgt das Völkerrecht, das für sie verbindlich ist.

Artikel 10

1. Die Ordnung der Republik Polen stützt sich auf die Trennung und das Gleichgewicht der gesetzgebenden, der vollziehenden und der rechtsprechenden Gewalt.
2. Die gesetzgebende Gewalt üben Sejm und Senat, die vollziehende Gewalt der Präsident der Republik Polen und der Ministerrat, die rechtsprechende Gewalt Gerichte und Gerichtshöfe aus.

Artikel 11

1. Die Republik Polen gewährleistet die Freiheit der Bildung und Tätigkeit der politischen Parteien. Politische Parteien vereinigen polnische Staatsangehörigen auf der Grundlage der Freiwilligkeit und Gleichheit mit dem Zweck, auf die Gestaltung der Staatspolitik mit demokratischen Methoden einzuwirken.
2. Die politischen Parteien dürfen ihre Finanzierung nicht verheimlichen.

Artikel 12

Die Republik Polen gewährleistet die Freiheit der Bildung und Tätigkeit der Gewerkschaften, der gesellschaftlich-beruflichen Bauernorganisationen, der Vereine, der Bürgerbewegungen, anderer freiwilliger Zusammenschlüsse sowie von Stiftungen.

Artikel 13

Verboten ist das Bestehen politischer Parteien und anderer Organisationen, die sich in ihren Programmen auf die totalitären Methoden und Praktiken des Nazismus, Faschismus und Kommunismus berufen. Verboten ist auch das Bestehen solcher Parteien, deren Programm oder Tätigkeit Rassen- und Nationalitätenhaß, Gewalt zum Zweck der Machtübernahme oder Einflußausübung auf die Staatspolitik voraussetzt oder zuläßt oder das Verheimlichen von Strukturen oder Mitgliedschaften vorsieht.

Artikel 14

Die Republik Polen gewährleistet die Freiheit der Presse und anderer Mittel der gesellschaftlichen Kommunikation.

Artikel 15

1. Die Gliederung des Staatsgebietes der Republik Polen gewährleistet die Dezentralisierung der öffentlichen Gewalt.
2. Die grundlegende territoriale Gliederung des Staates, die bestehende gesellschaftliche, wirtschaftliche oder kulturelle Bande berücksichtigt und die gewährleistet, daß die territorialen Einheiten fähig sind, die öffentlichen Aufgaben zu lösen, wird vom Gesetz geregelt.

Artikel 16

1. Die Einwohnergesamtheit einer Einheit der örtlichen Grundeinteilung bildet kraft des Rechtes eine Selbstverwaltungseinheit.
2. Die örtliche Selbstverwaltung nimmt an der Ausübung der öffentlichen Gewalt teil. Den ihr im Rahmen der Gesetze zufallenden wesentlichen Teil der öffentlichen Aufgaben realisiert die Selbstverwaltung im eigenen Namen und in eigener Verantwortung.

Artikel 17

1. Auf dem Gesetzesweg können auch berufliche Selbstverwaltungen gebildet werden, welche die Personen vertreten, die Berufe des öffentlichen Vertrauens ausüben und denen in den Grenzen des öffentlichen Interesses und zu dessen Schutz die Sorge für die gebührende Berufsausübung obliegt.
2. Auf dem Gesetzesweg können auch andere Selbstverwaltungen gebildet werden. Diese Selbstverwaltungen dürfen weder die Freiheit der Berufsausübung verletzen noch die Freiheit, eine wirtschaftliche Tätigkeit aufzunehmen, einschränken.

Artikel 18

Die Ehe als Verbindung von Frau und Mann, Familie, Mutterschaft und das Elternrecht stehen unter Schutz und in Obhut der Republik Polen.

Artikel 19

Die Republik Polen nimmt Veteranen der Unabhängigkeitskämpfe, insbesondere die Kriegsgeschädigten, in besondere Obhut.

Artikel 20

Die soziale Marktwirtschaft, gestützt auf die Freiheit der wirtschaftlichen Tätigkeit, Privateigentum und Solidarität, Dialog und Zusammenarbeit der sozialen Partner, bildet die Grundlage der wirtschaftlichen Ordnung der Republik Polen.

Artikel 21

1. Die Republik Polen schützt das Eigentum und das Erbrecht.
2. Eine Enteignung ist nur dann zulässig, wenn sie zu öffentlichen Zwecken und gegen gerechte Entschädigung durchgeführt wird.

Artikel 22

Eine Einschränkung der Freiheit der wirtschaftlichen Tätigkeit ist zulässig nur auf dem Gesetzesweg und nur wegen eines wichtigen gesellschaftlichen Interesses.

Artikel 23

Grundlage der landwirtschaftlichen Ordnung des Staates ist der Familienbetrieb. Diese Regel berührt die Bestimmungen der Art. 21 und 22 nicht.

Artikel 24

Die Arbeit steht unter dem Schutz der Republik Polen. Der Staat überwacht die Arbeitsbedingungen.

Artikel 25

1. Kirchen und andere Religionsgemeinschaften sind gleichberechtigt.
2. Die öffentliche Gewalt in der Republik Polen wahrt die Unparteilichkeit in Angelegenheiten der religiösen, weltanschaulichen und philosophischen Anschauungen und gewährleistet die Freiheit, diese im öffentlichen Leben zu äußern.
3. Die Beziehungen zwischen dem Staat und den Kirchen sowie anderen Religionsgemeinschaften werden unter Achtung ihres Selbstbestimmungsrechtes sowie gegenseitiger Unabhängigkeit eines jeden in seinem Gebiet, sowie des Zusammenwirkens zum Wohle des Menschen und der Gesellschaft gestaltet.
4. Die Beziehungen zwischen der Republik Polen und der Katholischen Kirche werden von einem völkerrechtlichen Abkommen, das mit dem Heiligen Stuhl abgeschlossen worden ist, und von Gesetzen bestimmt.
5. Die Beziehungen zwischen der Republik Polen und anderen Kirchen sowie Religionsgemeinschaften werden durch Gesetze geregelt, die aufgrund von Abkommen verabschiedet werden, welche vom Ministerrat mit ihren zuständigen Vertretern abgeschlossen worden sind.

Artikel 26

1. Die Streitkräfte der Republik Polen dienen dem Schutz der Unabhängigkeit des Staates und der Integrität seines Territoriums sowie der Gewährleistung der Sicherheit und der Unversehrtheit der Grenzen.
2. Die Streitkräfte wahren in politischen Angelegenheiten ihre Neutralität und unterstehen ziviler demokratischer Kontrolle.

Artikel 27

In der Republik Polen ist die polnische Sprache die Amtssprache. Diese Vorschrift verletzt nicht Rechte der nationalen Minderheiten, die sich aus ratifizierten völkerrechtlichen Verträgen ergeben.

Artikel 28

1. Das Wappen der Republik Polen ist das Bild eines weißen Adlers mit Krone auf rotem Feld.
2. Die Farben der Republik Polen sind weiß und rot.
3. Die Nationalhymne der Republik Polen ist der Mazurek Dąbrowskiego.
4. Wappen, Farben und Hymne der Republik Polen unterstehen rechtlichem Schutz.
5. Das Nähere über Wappen, Farben und Nationalhymne regelt das Gesetz.

Artikel 29

Die Hauptstadt der Republik Polen ist Warschau.

Kapitel II

FREIHEITEN, RECHTE UND PFLICHTEN DES MENSCHEN UND DES STAATSBÜRGERS ALLGEMEINE GRUNDSÄTZE

Artikel 30

Die Würde des Menschen ist ihm angeboren und unveräußerlich. Sie bildet die Quelle der Freiheiten und Rechte des Menschen und des Staatsbürgers. Sie ist unverletzlich, ihre Beachtung und ihr Schutz ist Verpflichtung der öffentlichen Gewalt.

Artikel 31

1. Die Freiheit des Menschen steht unter dem Schutz des Rechtes.
2. Jedermann ist verpflichtet, die Freiheiten und Rechte der anderen zu beachten. Niemand darf zu etwas gezwungen werden, was ihm nicht durch das Recht geboten ist.
3. Einschränkungen, verfassungsrechtliche Freiheiten und Rechte zu genießen, dürfen nur in einem Gesetz beschlossen werden und nur dann, wenn sie in einem demokratischen Staat wegen seiner Sicherheit oder öffentlicher Ordnung oder zum Schutz der Umwelt, Gesundheit, der öffentlichen Moral oder der Freiheiten und Rechte anderer Personen notwendig sind. Diese Einschränkungen dürfen das Wesen der Freiheiten und Rechte nicht verletzen.

Artikel 32

1. Alle sind vor dem Gesetz gleich. Alle haben das Recht, von der öffentlichen Gewalt gleich behandelt zu werden.
2. Niemand darf aus welchem Grund auch immer im politischen, gesellschaftlichen oder wirtschaftlichen Leben diskriminiert werden.

Artikel 33

1. Frau und Mann haben in der Republik Polen gleiche Rechte in der Familie und im politischen, gesellschaftlichen und wirtschaftlichen Leben.
2. Frau und Mann haben insbesondere das gleiche Recht auf Ausbildung, Beschäftigung und beruflichen Aufstieg, auf gleiche Entlohnung für gleichwertige Arbeit, auf soziale Sicherung sowie auf Ausübung der Ämter, Erfüllung von Funktionen und Erhalt öffentlicher Würden und Auszeichnungen.

Artikel 34

1. Die polnische Staatsangehörigkeit erwirbt man durch Geburt von Eltern polnischer Staatsangehörigkeit. Andere Erwerbsfälle der polnischen Staatsangehörigkeit regelt das Gesetz.
2. Ein polnischer Staatsbürger darf die polnische Staatsangehörigkeit nicht verlieren, es sei denn er verzichtet selbst darauf.

Artikel 35

1. Die Republik Polen gewährleistet den polnischen Staatsangehörigen, die nationalen und ethnischen Minderheiten angehören, die Freiheit der Erhaltung und der Entwicklung der

eigenen Sprache, der Erhaltung von Bräuchen und Traditionen sowie der Entwicklung der eigenen Kultur.

2. Nationale und ethnische Minderheiten haben das Recht auf Bildung eigener Ausbildungs- und Kultureinrichtungen sowie der Einrichtungen, die dem Schutz der religiösen Identität dienen. Sie haben auch das Recht an Entscheidungen an solchen Angelegenheiten beteiligt zu werden, die ihre kulturelle Identität betreffen.

Artikel 36

Während des Aufenthalts im Ausland hat der polnische Staatsbürger das Recht auf Schutz seitens der Republik Polen.

Artikel 37

1. Wer unter der Gewalt der Republik Polen steht, genießt die in der Verfassung gewährleisteten Freiheiten und Rechte.
2. Ausnahmen von diesem Grundsatz in Bezug auf Ausländer werden vom Gesetz geregelt.

PERSÖNLICHE FREIHEITEN UND RECHTE

Artikel 38

Die Republik Polen gewährleistet jedem Menschen rechtlichen Schutz des Lebens.

Artikel 39

Ohne freiwillig geäußerte Zustimmung darf niemand wissenschaftlichen einschließlich medizinischen Experimenten unterzogen werden.

Artikel 40

Niemand darf der Folter oder einer grausamen, unmenschlichen oder demütigenden Behandlung oder Bestrafung unterworfen werden. Die Anwendung von Leibesstrafen ist verboten.

Artikel 41

1. Die Unverletzlichkeit und die Freiheit der Person werden jedermann gewährleistet. Eine Entziehung oder Einschränkung der Freiheit ist nur aufgrund und gemäß dem im Gesetz bestimmten Verfahren zulässig.
2. Jede Person, der die Freiheit nicht aufgrund eines gerichtlichen Urteils entzogen worden ist, hat das Recht auf Berufung bei Gericht, um die Legalität der Entziehung unverzüglich feststellen zu lassen. Über die Freiheitsentziehung ist die Familie oder die vom Festgehaltenen genannte Person unverzüglich zu benachrichtigen.
3. Jeder Festgenommene soll unverzüglich und in einer für ihn klaren Form von der Ursache der Festhaltung unterrichtet werden. Innerhalb von achtundvierzig Stunden nach der Festnahme soll er dem Gericht zur Verfügung überwiesen werden. Der Festgenommene ist freizulassen, wenn ihm nicht innerhalb von vierundzwanzig Stunden nach seiner Überstellung an die Entscheidungsgewalt des Gerichts ein Gerichtsbeschluß über die vorläufige Inhaftierung gleichzeitig mit der Darstellung der Beschuldigung zugestellt worden ist.

4. Jede Person, der die Freiheit entzogen worden ist, soll menschenwürdig behandelt werden.
5. Jede Person, der die Freiheit widergesetzlich entzogen worden ist, hat ein Recht auf Entschädigung.

Artikel 42

1. Strafrechtlich verantwortlich gemacht werden kann nur, wer eine Tat begeht, die durch ein während deren Begehung geltendes Gesetz mit Strafe bedroht ist. Dieser Grundsatz hindert nicht daran, eine Tat zu bestrafen, die während der Begehung eine Straftat im Sinne des Völkerrechts war.
2. Jedermann, gegen den ein Strafverfahren geführt wird, hat das Recht auf Verteidigung in allen Abschnitten des Verfahrens. Insbesonders kann er einen Verteidiger wählen oder gemäß den im Gesetz festgelegten Grundsätzen einen Pflichtverteidiger in Anspruch nehmen.
3. Jedermann gilt als unschuldig, solange seine Schuld nicht durch ein rechtskräftiges Gerichtsurteil festgestellt worden ist.

Artikel 43

Kriegsverbrechen und Verbrechen gegen die Menschlichkeit unterliegen nicht der Verjährung.

Artikel 44

Die Verjährung von Straftaten, die von Trägern öffentlicher Ämter oder in deren Auftrag begangen und aus politischen Gründen nicht verfolgt worden sind, ruht solange diese Gründe andauern.

Artikel 45

1. Jedermann hat das Recht auf gerechte und öffentliche Verhandlung der Sache ohne unbegründete Verzögerung vor dem zuständigen, unabhängigen, unparteiischen Gericht.
2. Die Öffentlichkeit kann ausgeschlossen werden aus Gründen der Moral, der Sicherheit des Staates und der öffentlichen Ordnung sowie zum Schutzes des Privatlebens der Parteien oder eines anderen wichtigen privaten Interesses. Das Urteil ist öffentlich bekanntzugeben.

Artikel 46

Die Einziehung oder der Verfall von Sachen darf nur in den im Gesetz bestimmten Fällen und nur aufgrund einer rechtskräftigen Gerichtsentscheidung erfolgen.

Artikel 47

Jedermann hat das Recht auf rechtlichen Schutz des Privat- und Familienlebens, der Ehre und des guten Rufes sowie das Recht, über sein persönliches Leben zu entscheiden.

Artikel 48

1. Die Eltern haben das Recht, ihre Kinder gemäß den eigenen Anschauungen zu erziehen. Die Erziehung soll die Reife des Kindes, seine Gewissens- und Bekenntnisfreiheit sowie seine Anschauungen berücksichtigen.
2. Die Einschränkung oder Entziehung der elterlichen Gewalt ist nur in den im Gesetz bestimmten Fällen und nur aufgrund einer rechtskräftigen Gerichtsentscheidung zulässig.

Artikel 49

Die Freiheit und der Schutz des Komunikationsgeheimnisses werden gewährleistet. Sie dürfen nur in den vom Gesetz bestimmten Fällen und in einer gesetzlich bestimmten Form eingeschränkt werden.

Artikel 50

Die Unverletzlichkeit der Wohnung wird gewährleistet. Die Durchsuchung einer Wohnung, anderer Räume oder eines Fahrzeugs darf nur in den im Gesetz bestimmten Fällen und in der gesetzlich bestimmten Weise erfolgen.

Artikel 51

1. Eine Verpflichtung, Informationen über die eigene Person zu offenbaren, besteht nur auf Grundlage eines Gesetzes.
2. Die öffentliche Gewalt darf nur solche Informationen über Staatsbürger beschaffen, sammeln oder zugänglich machen, deren Erhebung in einem demokratischen Rechtsstaat unentbehrlich ist.
3. Jedermann hat das Recht auf Zugang zu den ihn betreffenden amtlichen Dokumenten und Datensammlungen. Eine Einschränkung dieses Rechtes darf nur vom Gesetz bestimmt werden.
4. Jedermann hat einen Anspruch auf Berichtigung oder Löschung falscher, unvollständiger oder in widerrechtlicher Weise beschaffter Informationen.
5. Grundsätze und Verfahrensweise des Erhebens und Zugänglichmachens von Informationen regelt das Gesetz.

Artikel 52

1. Jedermann wird auf dem Territorium der Republik Polen Freizügigkeit sowie die freie Wahl von Wohn- und Aufenthaltsort gewährleistet.
2. Jedermann darf das Gebiet der Republik Polen frei verlassen.
3. Die in Abs. 1 und 2 genannten Freiheiten dürfen nur gesetzlich bestimmten Einschränkungen unterworfen werden.
4. Ein polnischer Staatsbürger darf nicht des Landes verwiesen werden. Die Rückkehr ins Staatsgebiet darf ihm nicht untersagt werden.
5. Eine Person, deren polnische Herkunft dem Gesetz gemäß festgestellt worden ist, darf sich im Gebiet der Republik Polen auf Dauer niederlassen.

Artikel 53

1. Gewissens- und Religionsfreiheit wird jedem gewährleistet.
2. Die Religionsfreiheit umfaßt die Freiheit, die Religion eigener Wahl anzunehmen oder zu bekennen sowie die Freiheit, die eigene Religion individuell oder mit anderen Personen, öffentlich oder privat durch das Bezeigen von Verehrung, Gebet, die Teilnahme an religiösen Handlungen, Praktizieren und Lehren auszudrücken. Die Religionsfreiheit umfaßt auch den Besitz von Tempeln und anderen den Bedürfnissen der Gläubigen entsprechenden Orten sowie das Recht der Gläubigen, religiöse Hilfe am Aufenthaltsort in Anspruch zu nehmen.
3. Die Eltern haben das Recht, die moralische und religiöse Erziehung und Unterrichtung ihrer

Kindern gemäß ihren Anschauungen sicherzustellen. Die Vorschrift des Art. 48 findet entsprechende Anwendung.

4. Die Religion einer Kirche oder einer anderen rechtlich anerkannten Glaubensgemeinschaft darf in der Schule unterrichtet werden, wobei die Gewissens- und Religionsfreiheit anderer Personen nicht verletzt werden darf.
5. Die Freiheit, die Religion auszudrücken, kann nur auf dem Gesetzeswege eingeschränkt werden, wenn die Einschränkung zum Schutz der Sicherheit des Staates, der öffentlichen Ordnung, der Gesundheit, der Moral oder der Freiheiten und Rechte eines anderen notwendig ist.
6. Niemand darf gezwungen werden, an religiösen Praktiken teilzunehmen. Niemand darf an der Teilnahme gehindert werden.
7. Niemand darf durch die öffentliche Gewalt verpflichtet werden, seine Weltanschauung, seine religiösen Anschauungen oder seine Konfession zu offenbaren.

Artikel 54

1. Die Freiheit, die Anschauungen zu äußern sowie Informationen zu beschaffen oder zu verbreiten, wird jedermann gewährleistet.
2. Vorbeugende Zensur der Medien gesellschaftlicher Kommunikation ist verboten. Die Presse ist nicht erlaubnispflichtig. Durch das Gesetz kann das Betreiben einer Radio- oder Fernsehanstalt von der vorherigen Erlangung einer Erlaubnis abhängig gemacht werden.

Artikel 55

1. Die Auslieferung eines polnischen Staatsbürgers ist verboten.
2. Verboten ist die Auslieferung einer Person, die verdächtig ist, aus politischen Gründen eine Straftat ohne Gewaltanwendung begangen zu haben.
3. Über die Zulässigkeit einer Auslieferung entscheidet das Gericht.

Artikel 56

1. Ausländer genießen in Polen gemäß den im Gesetz bestimmten Grundsätzen das Asylrecht.
2. Einem Ausländer, der in der Republik Polen Schutz gegen Verfolgung sucht, kann gemäß den für die Republik Polen verbindlichen völkerrechtlichen Verträgen der Flüchtlingsstatus zuerkannt werden.

POLITISCHE FREIHEITEN UND RECHTE

Artikel 57

Jedermann wird die Freiheit, friedliche Versammlungen zu veranstalten und daran teilzunehmen, gewährleistet. Eine Einschränkung dieser Freiheit kann vom Gesetz bestimmt werden.

Artikel 58

1. Jedermann wird die Vereinigungsfreiheit gewährleistet.
2. Verboten sind Vereine, deren Ziel oder Tätigkeit verfassungs- oder gesetzwidrig ist. Über die

Ablehnung der Eintragung oder ein Tätigkeitsverbot für einen solchen Verein entscheidet das Gericht.

3. Das Gesetz bestimmt, welche Vereine einer gerichtlichen Eintragung bedürfen, das Verfahren der Eintragung sowie Formen der Überwachung solcher Vereine.

Artikel 59

1. Die Koalitionsfreiheit, die Freiheit der Bildung von gesellschaftlich-beruflichen Bauernorganisationen sowie in Arbeitgeberorganisationen wird gewährleistet.
2. Gewerkschaften und Arbeitgeber sowie deren Organisationen haben das Recht zu verhandeln insbesonders um Tarifstreitigkeiten zu lösen oder Tarifverträge und andere Verträge abzuschließen.
3. Den Gewerkschaften steht das Recht zu, einen Streik der Arbeitnehmer und andere Protestaktionen in den vom Gesetz bestimmten Grenzen zu veranstalten. Im Hinblick auf das Gemeinwohl kann das Gesetz die Durchführung eines Streiks einschränken oder in Bezug auf bestimmte Gruppen von Arbeitnehmern oder in bestimmten Bereichen verbieten.
4. Die Reichweite der Koalitionsfreiheit sowie der Umfang anderer gewerkschaftlicher Freiheiten darf nur solchen gesetzlichen Einschränkungen unterstehen, welche von den für die Republik Polen verbindlichen völkerrechtlichen Verträgen zugelassen werden.

Artikel 60

Polnische Staatsangehörige, die die vollen bürgerlichen Rechte genießen, haben das Recht auf gleichen Zugang zum öffentlichen Dienst.

Artikel 61

1. Der Staatsbürger hat das Recht, Informationen über die Tätigkeit der Organe der öffentlichen Gewalt sowie über die öffentliche Ämter bekleidenden Personen einzuholen. Dieses Recht umfaßt auch das Einholen von Informationen über die Tätigkeit der wirtschaftlichen und beruflichen Selbstverwaltungorgane sowie anderer Personen und Organisationen, soweit sie Aufgaben der öffentlichen Gewalt ausüben und Vermögen einer Gemeinde oder des Staates verwalten.
2. Das Recht, Informationen einzuholen, umfaßt auch den Zugang zu Unterlagen und Zutritt zu Sitzungen der in allgemeinen Wahlen gewählten Kollegialorgane der öffentlichen Gewalt sowie die Möglichkeit, von solchen Sitzungen Ton- oder Bildaufnahmen zu machen.
3. Eine Einschränkung des in den Absätzen 1 und 2 genannten Rechtes ist nur durch Gesetz und nur zum Schutz der Freiheiten und Rechte anderer Personen und Wirtschaftsteilnehmer, der öffentlichen Ordnung oder Sicherheit oder eines wesentlichen wirtschaftlichen Interesses des Staates zulässig.
4. Die Verfahrensweise bei der Erhebung der in den Abs. 1 und 2 genannten Informationen regeln Gesetze, in Bezug auf Sejm und Senat deren Geschäftsordnung.

Artikel 62

1. Der polnische Staatsbürger hat das Recht an einer Volksabstimmung teilzunehmen sowie den Präsidenten der Republik Polen, Abgeordnete, Senatoren und Vertreter der Organe der

örtlichen Selbstverwaltung zu wählen, wenn er spätestens am Abstimmungstag das achtzehnte Lebensjahr vollendet hat.

2. Das Recht, an der Volksabstimmung teilzunehmen sowie das Wahlrecht steht solchen Personen nicht zu, die durch eine rechtskräftige Gerichtsentscheidung entmündigt worden sind oder denen die bürgerlichen Rechte oder das Wahlrecht entzogen worden sind.

Artikel 63

Jedermann hat das Recht, Petitionen, Anträge und Klagen im öffentlichen oder eigenen Interesse sowie im Interesse einer anderen Person mit deren Zustimmung an Organe der öffentlichen Gewalt und an gesellschaftliche Organisationen und Institutionen zu richten, soweit sie im Zusammenhang mit den von diesen auf dem Gebiet der öffentlichen Verwaltung erfüllten Aufgaben stehen. Das Verfahren zur Untersuchung der Petitionen, Anträge und Klagen wird durch Gesetz bestimmt.

ÖKONOMISCHE, SOZIALE UND KULTURELLE FREIHEITEN UND RECHTE

Artikel 64

1. Jedermann hat Recht auf Eigentum und andere Vermögensrechte sowie das Erbrecht.
2. Das Eigentum, andere Vermögensrechte und das Erbrecht unterstehen dem für alle gleichen rechtlichen Schutz.
3. Das Eigentum darf nur auf dem Gesetzesweg und nur soweit eingeschränkt werden, daß das Wesen des Eigentumsrechts nicht verletzt wird.

Artikel 65

1. Jedermann hat das Recht auf freie Wahl und Ausübung des Berufes sowie auf freie Wahl des Arbeitsplatzes. Die Ausnahmen regelt das Gesetz.
2. Eine Arbeitspflicht darf nur durch Gesetz auferlegt werden.
3. Ständige Beschäftigung von Kindern unter 16 Jahren ist verboten. Formen und Charakter der zugelassenen Beschäftigung regelt das Gesetz.
4. Die Mindestlöhne oder Verfahren zur Bestimmung von Mindestlöhnen regelt das Gesetz.
5. Die öffentliche Gewalt verfolgt eine Politik, die auf volle und produktive Beschäftigung zielt, indem sie Programme zur Bekämpfung der Arbeitslosigkeit ausführt, Berufsberatung und -schulung, Beschäftigung bei der öffentlichen Hand und Beschäftigungsmaßnahmen organisiert und fördert.

Artikel 66

1. Jedermann hat das Recht auf sichere und hygienische Arbeitsbedingungen. Wie dieses Recht zu verwirklichen ist sowie Pflichten des Arbeitgebers regelt das Gesetz.
2. Der Arbeitnehmer hat Recht auf die im Gesetz bestimmten arbeitsfreien Tage und jährlich einen bezahlten Urlaub. Das Gesetz bestimmt eine Höchstarbeitszeit.

Artikel 67

1. Der Staatsbürger hat das Recht auf soziale Sicherung im Fall der Arbeitsunfähigkeit wegen Krankheit oder Invalidität sowie nach Erreichung des Ruhealters. Umfang und Formen der sozialen Sicherung regelt das Gesetz.
2. Ein Staatsbürger, der ohne eigene Schuld keine Beschäftigung findet und keine anderen Mittel zum Unterhalt besitzt, hat ein Recht auf soziale Sicherung, deren Umfang und Form das Gesetz regelt.

Artikel 68

1. Jedermann hat das Recht auf Schutz der Gesundheit.
2. Den Staatsangehörigen, unabhängig von deren materiellen Lage, sichert die öffentliche Gewalt gleichen Zutritt zur Gesundheitsfürsorge, die aus den öffentlichen Mitteln finanziert wird. Bedingungen und Umfang der Leistungen regelt das Gesetz.
3. Die öffentliche Gewalt ist verpflichtet, den besonderen Schutz der Kinder, Schwangeren, Behinderten und Älteren zu sichern.
4. Die öffentliche Gewalt ist verpflichtet, ansteckende Krankheiten zu bekämpfen und den negativen Auswirkungen der Umweltverschmutzung auf die Gesundheit vorzubeugen.
5. Die öffentliche Gewalt unterstützt die Entwicklung der sportlichen Betätigung, insbesondere im Fall von Kindern und Jugend.

Artikel 69

Gemäß dem Gesetz leistet die öffentliche Gewalt behinderten Personen Hilfe bei der Sicherung des Daseins, der Vorbereitung auf Arbeit und der gesellschaftlichen Kommunikation.

Artikel 70

1. Jedermann hat das Recht auf Schulunterricht. Bis zum achtzehnten Lebensjahr besteht eine Schulpflicht. Wie die Schulpflicht durchzuführen ist, bestimmt das Gesetz.
2. Der Unterricht in den öffentlichen Schulen ist unentgeltlich. Das Gesetz darf zulassen, daß einige Bildungsangebote öffentlicher Hochschulen entgeltlich sind.
3. Eltern haben das Recht, für ihre Kinder andere als öffentliche Schulen zu wählen. Staatsbürger und Institute haben das Recht, Grund-, Ober- und Hochschulen sowie Erziehungsanstalten zu gründen. Gründungs- und Tätigkeitsbedingungen der nichtöffentlichen Schulen sowie Teilnahme der öffentlichen Gewalt an deren Finanzierung und Regeln zur pädagogischen Aufsicht über die Schulen und Erziehungsanstalten werden vom Gesetz geregelt.
4. Die öffentliche Gewalt gewährleistet den Staatsbürgern den allgemeinen und gleichen Zugang zur Bildung. Zu diesem Zweck werden Systeme der individuellen finanziellen und organisatorischen Hilfe für Schüler und Studenten gebildet und gefördert. Die Bedingungen der Hilfeleistung bestimmt das Gesetz.
5. Das Selbstbestimmungsrecht der Hochschulen wird auf den im Gesetz bestimmten Grundlagen gewährleistet.

Artikel 71

1. Bei seiner Sozial- und Wirtschaftspolitik berücksichtigt der Staat das Wohl der Familie.

Familien, die sich in einer schwierigen materiellen und sozialen Lage befinden, insbesondere kinderreiche Familien und solche mit allein erziehenden Elternteilen, haben das Recht auf besondere öffentliche Hilfe.

2. Vor und nach Geburt eines Kindes hat die Mutter ein Recht auf besondere öffentliche Hilfe, deren Umfang vom Gesetz bestimmt wird.

Artikel 72

1. Die Republik Polen gewährleistet den Schutz der Recht der Kinder. Jedermann hat das Recht, von den Organen der öffentlichen Gewalt den Schutz des Kindes gegen Gewalt, Grausamkeit, Ausbeutung und Unsittlichkeit zu fordern.
2. Ein Kind, das der elterlichen Pflege entbehrt, hat das Recht auf Pflege und Hilfe der öffentlichen Gewalt.
3. Organe der öffentlichen Gewalt sowie die für das Kind verantwortlichen Personen sind bei der Feststellung der Kinderrechte verpflichtet, die Meinung des Kindes anzuhören und diese möglichst zu berücksichtigen.
4. Das Gesetz bestimmt die Zuständigkeit und Berufungsweise des Beauftragten für die Rechte des Kindes.

Artikel 73

Die Freiheit der künstlerischen Beschäftigung, der wissenschaftlichen Forschung und der Veröffentlichung deren Ergebnisse, Lehrfreiheit sowie die Freiheit, an der Kultur teilzunehmen, wird jedermann gewährleistet.

Artikel 74

1. Die öffentliche Gewalt verfolgt eine Politik, die der gegenwärtigen und den kommenden Generationen ökologische Sicherheit gewährleistet.
2. Der Umweltschutz ist die Pflicht der öffentlichen Gewalt.
3. Jedermann hat das Recht auf Information über Zustand und Schutz der Umwelt.
4. Die öffentliche Gewalt unterstützt die Tätigkeit der Staatsangehörigen zum Schutz und zur Verbesserung der Umwelt.

Artikel 75

1. Die öffentliche Gewalt verfolgt eine Politik, die den Wohnbedürfnissen der Staatsbürgern entgegenkommt, und insbesonders der Obdachlosigkeit entgegenwirkt, die Entwicklung des sozialen Wohnungsbaus fördert sowie die Bestrebungen der Staatsangehörigen, eigene Wohnung zu erlangen, unterstützt.
2. Den Schutz der Rechte der Mieter regelt das Gesetz.

Artikel 76

Die öffentliche Gewalt schützt Verbraucher und Mieter vor Handlungen, die ihre Gesundheit, ihre Privatsphäre und Sicherheit bedrohen sowie vor unlauteren Geschäftspraktiken. Der Umfang des Schutzes wird vom Gesetz geregelt.

MITTEL ZUM SCHUTZ DER FREIHEITEN UND RECHTE

Artikel 77

1. Jedermann hat das Recht auf Entschädigung des Schadens, der ihm durch unrechtmäßige Maßnahmen eines Organs der öffentlichen Gewalt entstanden ist.
2. Das Gesetz darf es niemandem unmöglich machen, verletzte Freiheiten oder Rechte auf dem Gerichtsweg geltend zu machen.

Artikel 78

Beide Seiten haben das Recht, Entscheidungen und Beschlüsse anzufechten, die im ersten Rechtzug getroffen worden sind. Ausnahmen von dieser Regel sowie die Verfahrensweise regelt das Gesetz.

Artikel 79

1. Gemäß den durch Gesetz geregelten Grundsätzen hat jedermann, dessen verfassungsmäßige Freiheiten oder Rechte verletzt worden sind, das Recht, Beschwerde beim Verfassungsgerichtshof einzulegen und die Verfassungsmäßigkeit eines Gesetzes oder eines anderen normativen Aktes prüfen zu lassen, auf dessen Grundlage ein Gericht oder ein Organ der öffentlichen Verwaltung endgültig über seine in der Verfassung bestimmten Freiheiten, Rechte oder Pflichten entschieden hat.
2. Die Vorschrift des Abs. 1 gilt nicht für die im Art. 56 bestimmten Rechte.

Artikel 80

Jedermann hat das Recht, sich gemäß den im Gesetz bestimmten Grundsätzen an den Beauftragten für Bürgerrechte zu wenden, um ihn um Hilfe beim Schutz seiner Freiheiten oder Rechte, die von einem Organ der öffentlichen Gewalt verletzt worden sind, zu ersuchen.

Artikel 81

Die in Art. 65 Abs. 4 und 5, Art. 66, Art. 69, Art. 71 und Art. 74 bis 76 bestimmten Rechte können in den im Gesetz bestimmten Grenzen geltend gemacht werden.

PFLICHTEN

Artikel 82

Die Pflicht jedes polnischen Staatsbürgers ist die Treue zur Republik Polen und die Sorge um das gemeinsame Wohl.

Artikel 83

Jedermann hat die Pflicht, das Recht der Republik Polen zu beachten.

Artikel 84

Jedermann ist verpflichtet, den im Gesetz bestimmten öffentlichen Lasten und Pflichten, insbesonders seiner Steuerpflicht, nachzukommen.

Artikel 85

1. Die Verteidigung des Vaterlandes ist Pflicht des polnischen Staatsangehörigen.
2. Den Umfang der Wehrpflicht regelt das Gesetz.
3. Ein Staatsangehöriger, dessen religiöse Anschauungen oder moralische Überzeugungen die Ableistung des Wehrdienstes nicht zulassen, kann zu einem Ersatzdienst gemäß den im Gesetz bestimmten Grundsätzen verpflichtet werden.

Artikel 86

Jedermann ist zu sorgfältigem Umgang mit der Umwelt verpflichtet und trägt die Verantwortung für von ihm verursachte Verschlechterung ihres Zustandes.

Kapitel III
RECHTSQUELLEN

Artikel 87

1. Die Verfassung, Gesetze, ratifizierte völkerrechtliche Verträge und Rechtsverordnungen sind Quellen des allgemein geltenden Rechtes der Republik Polen.
2. Akte des lokalen Rechtes sind die Quellen des allgemein geltenden Rechtes der Republik Polen auf dem Tätigkeitsgebiet der Organe, die sie beschlossen haben.

Artikel 88

1. Bedingung für das Inkrafttreten der Gesetze, Rechtsverordnungen sowie der Akte des lokalen Rechtes ist ihre Veröffentlichung.
2. Die Grundsätze und das Verfahren der Veröffentlichung von normativen Akten werden vom Gesetz geregelt.
3. Völkerrechtliche Verträge, deren Ratifizierung ein Zustimmungsgesetz vorausgegangen ist, werden gemäß dem für Gesetze bestimmten Verfahren veröffentlicht. Grundsätze der Veröffentlichung anderer völkerrechtlicher Verträge werden vom Gesetz geregelt.

Artikel 89

1. Die Ratifizierung eines völkerrechtlichen Vertrages durch die Republik Polen sowie dessen Kündigung bedürfen einer vertraglichen Zustimmung durch Gesetz, falls der Vertrag folgende Gegenstände betrifft:
   1) Frieden, Bündnisse, politische oder militärische Abkommen,
   2) Freiheiten, Rechte oder Pflichten der Staatsbürger, die in der Verfassung bestimmt worden sind,
   3) die Mitgliedschaft der Republik Polen in einer internationalen Organisation,
   4) erhebliche finanzielle Belastung des Staates,
   5) Angelegenheiten, die im Gesetz geregelt worden sind oder für die die Verfassung ein Gesetz voraussetzt.
2. Der Vorsitzende des Ministerrates hat den Sejm von der Absicht zu unterrichten, dem Präsidenten der Republik Polen einen völkerrechtlichen Vertrag zur Ratifizierung vorzulegen, der der durch Gesetz geäußerten Zustimmung nicht bedarf.

3. Grundsätze und Verfahrensweise des Abschlusses, der Ratifizierung und der Kündigung von völkerrechtlichen Verträgen regelt das Gesetz.

Artikel 90

1. Aufgrund eines völkerrechtlichen Vertrages kann die Republik Polen einer internationalen Organisation oder einem internationalen Organ die Kompetenz von Organen der staatlichen Gewalt in bestimmten Angelegenheiten übertragen.
2. Das Zustimmungsgesetz zu einem völkerrechtlichen Vertrag im Sinne des Abs. 1 wird vom Sejm mit einer Mehrheit von zwei Dritteln der Stimmen in Anwesenheit von mindestens der Hälfte der gesetzlichen Abgeordnetenzahl und vom Senat mit der Mehrheit von zwei Dritteln der Stimmen in Anwesenheit von mindestens der Hälfte der gesetzlichen Zahl der Senatoren angenommen.
3. Die Zustimmung zur Ratifizierung eines solchen Vertrages kann auch in einer Volksabstimmung gemäß Art. 125 beschlossen werden.
4. Ein Beschluß über die Weise, in welcher der Ratifizierung zugestimmt werden soll, wird vom Sejm mit absoluter Mehrheit der Stimmen in Anwesenheit von mindestens der Hälfte der gesetzlichen Abgeordnetenzahl angenommen.

Artikel 91

1. Nachdem ein ratifizierter völkerrechtlicher Vertrag im Gesetzblatt der Republik Polen veröffentlicht worden ist, bildet er einen Teil der innerstaatlichen Rechtsordnung und wird unmittelbar angewandt, es sei denn seine Anwendung setzt die Verabschiedung eines Gesetzes voraus.
2. Der völkerrechtliche Vertrag, dessen Ratifizierung ein Zustimmungsgesetz vorausgegangen ist, hat den Vorrang einem Gesetz gegenüber, falls das Gesetz mit dem Vertrag unvereinbar ist.
3. Das von einer internationalen Organisation hervorgebrachte Recht wird unmittelbar angewandt und hat im Fall der Unvereinbarkeit mit dem Gesetz den Vorrang, wenn es sich so aus einem von der Republik Polen ratifizierten Vertrag, durch den eine internationale Organisation gebildet wird, ergibt.

Artikel 92

1. Rechtsverordnungen werden durch die in der Verfassung angegebenen Organe auf der Grundlage einer ausführlichen durch Gesetz erteilten Ermächtigung und zum Zweck seiner Durchführung erlassen. Die Ermächtigung soll das für den Erlaß der Rechtsverordnung zuständige Organ und den übertragenen Gegenstandsbereich bezeichnen, sowie den Inhalt des Rechtsaktes betreffende Richtlinien enthalten.
2. Das zum Erlaß von Rechtsverordnung ermächtigte Organ darf die in Abs. 1 bezeichneten Kompetenzen nicht auf andere Organe übertragen.

Artikel 93

1. Beschlüsse des Ministerrates sowie Anordnungen des Vorsitzenden des Ministerrates und der Minister sind innere Akte und verpflichten nur die organisatorischen Einheiten, die dem Organ unterstellt sind, das diese Akte erlassen hat.

2. Anordnungen können nur aufgrund eines Gesetzes erlassen werden. Sie können keine Entscheidungsgrundlage gegenüber den Staatsbürgern, juristischen Personen und anderen Rechtsträgern bilden.
3. Beschlüsse und Anordnungen unterliegen der Kontrolle bezüglich ihrer Vereinbarkeit mit dem allgemein geltenden Recht.

Artikel 94

Die Organe der örtlichen Selbstverwaltung sowie lokale Organe der Selbstverwaltung können auf der Grundlage und in den Grenzen einer durch Gesetz übertragenen Ermächtigung Akte lokalen Rechts erlassen, die auf dem Tätigkeitsgebiet dieser Organe geltend sind.

Kapitel IV
DER SEJM UND DER SENAT

Artikel 95

1. Die gesetzgebende Gewalt in der Republik Polen üben der Sejm und der Senat aus.
2. Der Sejm übt die Kontrolle über die Tätigkeit des Ministerrates in dem von Verfassungs- und Gesetzesvorschriften bestimmten Umfang aus.

WAHLEN UND AMTSZEIT

Artikel 96

1. Der Sejm besteht aus 460 Abgeordneten.
2. Die Wahl zum Sejm ist eine allgemeine, gleiche, unmittelbare und geheime Verhältniswahl.

Artikel 97

1. Der Senat besteht aus 100 Senatoren.
2. Die Wahl zum Senat ist allgemein, unmittelbar und geheim.

Artikel 98

1. Der Sejm und der Senat werden für eine Amtszeit von vier Jahren gewählt. Die Amtszeit des Sejm und des Senats beginnt an dem Tag, an welchem sich der neugewählte Sejm zu seiner ersten Sitzung versammelt und dauert bis zum Tag vor der Versammlung des Sejm der nächsten Wahlperiode.
2. Wahlen in den Sejm und Senat ordnet der Präsident der Republik Polen nicht später als 90 Tage vor Ablauf von vier Jahren nach Beginn der Amtszeit von Sejm und Senat an. Als Wahltag setzt er einen arbeitsfreien Tag fest, der innerhalb einer Frist von dreißig Tagen vor dem Ablauf von vier Jahren nach dem Beginn der Amtszeit des Sejm und des Senats liegt.
3. Der Sejm kann mit einer Mehrheit von mindestens zwei Dritteln der gesetzlichen Abgeordnetenzahl eine Verkürzung seiner Amtszeit beschließen. Die Verkürzung der Amtszeit des Sejm bedeutet zugleich die Verkürzung der Amtszeit des Senats. Die Vorschrift des Abs. 5 findet entsprechende Anwendung.

4. In den von der Verfassung bestimmten Fällen kann der Präsident der Republik nach Anhörung der Marschälle des Sejm und des Senats die Verkürzung der Amtszeit des Sejm anordnen. Zugleich mit der Amtszeit des Sejm wird die Amtszeit des Senats verkürzt.
5. Ordnet der Präsident der Republik die Verkürzung der Amtszeit des Sejm an, so bestimmt er zugleich Wahlen zu Sejm und Senat und setzt als Wahltag einen Tag nicht später als 45 Tage nach der Anordnung der Verkürzung der Sejmamtszeit fest. Der Präsident der Republik beruft die erste Sitzung des neugewählten Sejm nicht später als für den 15. Tag nach dem Wahltag ein.
6. Die Vorschrift des Abs. 1 findet entsprechende Anwendung, falls die Amtszeit des Sejm verkürzt wird.

Artikel 99

1. In den Sejm kann ein polnischer Staatsbürger gewählt werden, der wahlberechtigt ist und spätestens am Wahltag das einundzwanzigste Lebensjahr vollendet hat.
2. In den Senat kann ein polnischer Staatsbürger gewählt werden, der wahlberechtigt ist und spätestens am Wahltag das dreißigste Lebensjahr vollendet hat.

Artikel 100

1. Kandidaten für das Amt eines Abgeordneten oder Senators können von politischen Parteien oder Wählern aufgestellt werden.
2. Eine gleichzeitige Kandidatur für Sejm und Senat ist nicht zulässig.
3. Grundsätze und Verfahrensweise der Aufstellung der Kandidaten und der Durchführung der Wahlen sowie die Bedingungen ihrer Gültigkeit regelt das Gesetz.

Artikel 101

1. Die Gültigkeit der Sejm- und Senatswahlen stellt das Oberste Gericht fest.
2. Dem Wähler steht gemäß den im Gesetz bestimmten Grundsätzen das Recht zu, gegen die Gültigkeit der Wahlen einen Einspruch an das Oberste Gericht einzulegen.

ABGEORDNETE UND SENATOREN

Artikel 102

Man darf nicht gleichzeitig Abgeordneter und Senator sein.

Artikel 103

1. Das Abgeordnetenmandat ist unvereinbar mit dem Amt des Präsidenten der Polnischen Nationalbank, des Präsidenten der Obersten Kontrollkammer, des Beauftragten für Bürgerrechte, des Beauftragten für Kinderrechte und deren Stellvertreter, der Mitgliedschaft im Rat für Geldpolitik oder im Landesrat für Rundfunk und Fernsehen, dem Amt eines Botschafters sowie mit der Beschäftigung in der Sejm- oder Senatskanzlei, der Kanzlei des Präsidenten der Republik Polen sowie mit einer Beschäftigung in der Regierungsverwaltung. Dieses Verbot betrifft nicht die Mitglieder des Ministerrates und Staatssekretäre in der Regierungsverwaltung.

2. Richter, Staatsanwälte, Beamte, Soldaten während des aktiven Militärdienstes, Polizisten, Angehörige der Staatsschutzdienste dürfen das Abgeordnetenmandat nicht ausüben.
3. Andere Unvereinbarkeiten zwischen Abgeordnetenmandat und der Ausübung öffentlicher Ämter und das Verbot, das Mandat auszuüben, können im Gesetz bestimmt werden.

Artikel 104

1. Die Abgeordneten sind Vertreter des Volkes. Sie sind nicht an Weisungen der Wähler gebunden.
2. Vor Beginn der Mandatsausübung leisten die Abgeordneten folgenden Eid vor dem Sejm: „Ich schwöre feierlich, meine Pflichten dem Volke gegenüber redlich und gewissenhaft zu erfüllen, Souveränität und Interessen des Staates zu schützen, alles für das Wohl des Vaterlandes und der Staatsbürger zu tun und die Verfassung und andere Gesetze der Republik Polen zu wahren."
   Der Eid kann unter Hinzufügung des Satzes: „So wahr mir Gott helfe" geleistet werden.
3. Eine Weigerung, den Eid abzulegen, bedeutet den Verzicht auf das Mandat.

Artikel 105

1. Der Abgeordnete darf für seine Tätigkeit, die in den Bereich der Mandatsausübung fällt, weder während der Mandatsausübung noch nach dem Erlöschen des Mandats zur Verantwortung gezogen werden. Wegen solch einer Tätigkeit ist der Abgeordnete ausschließlich vor dem Sejm verantwortlich. Hat der Abgeordnete Rechte Dritter verletzt, darf er nur mit Zustimmung des Sejm zur gesetzlichen Verantwortung gezogen werden.
2. Von dem Tag, an dem die Wahlergebnisse bekanntgegeben werden bis zum Tag, an dem das Mandat erlischt, darf der Abgeordnete ohne Zustimmung des Sejm nicht strafrechtlich belangt werden.
3. Ein Strafverfahren, das gegen eine Person vor dem Tag ihrer Wahl zum Abgeordneten eingeleitet worden ist, wird auf Verlangen des Sejm bis zum Zeitpunkt des Erlöschen des Mandats eingestellt. In einem solchen Fall ruht die Verjährung bis zu diesem Zeitpunkt.
4. Der Abgeordnete kann der strafrechtlichen Verfolgung zustimmen. In diesem Fall finden die Vorschriften der Abs. 2 und 3 keine Anwendung.
5. Der Abgeordnete darf ohne Zustimmung des Sejm weder festgenommen noch verhaftet werden, es sei denn er wird auf frischer Tat getroffen und seine Festnahme ist für die Gewährleistung des ordnungsgemäßen Verfahrenablaufes unentbehrlich. Von der Festnahme wird unverzüglich der Sejmmarschall benachrichtigt, der eine sofortige Entlassung des Festgenommenen anordnen kann.
6. Ausführliche Grundsätze der strafrechtlichen Verfolgung von Abgeordneten sowie die Verfahrensweise regelt das Gesetz.

Artikel 106

Die zur erfolgreichen Erfüllung der Abgeordnetenpflichten notwendigen Bedingungen, sowie den Schutz der aus der Mandatsausübung resultierenden Rechte regelt das Gesetz.

Artikel 107

1. In dem vom Gesetz bestimmten Umfang darf der Abgeordnete keine wirtschaftliche Betätigung ausüben, die ihm Vorteile aus dem Vermögen des Staates oder der territorialen Selbstverwaltung verschafft. Er darf solches Vermögen auch nicht erwerben.
2. Verletzt der Abgeordnete die in Abs. 1 genannten Verbote, kann er aufgrund eines vom Sejmmarschall beantragten Beschlusses des Sejm vor das Staatsgerichtshof zur Verantwortung gezogen werden. Der Staatsgerichthof entscheidet, ob dem Abgeordneten das Mandat zu entziehen ist.

Artikel 108

Die Vorschriften der Art. 103-107 werden auf Senatoren entsprechend angewandt.

ORGANISATION UND ARBEITSWEISE

Artikel 109

1. Der Sejm und der Senat beraten in Sitzungen.
2. Mit Ausnahme der in Art. 58 Ab. 2 und 5 genannten Fälle wird die erste Sitzung des Sejm und des Senats vom Präsidenten der Republik Polen auf einen Tag nicht später als 30 Tage nach dem Wahltag einberufen.

Artikel 110

1. Der Sejm wählt aus seiner Mitte den Sejmmarschall und dessen Stellvertreter.
2. Der Sejmmarschall führt den Vorsitz in den Beratungen des Sejm, wacht über Rechte des Sejm und vertritt den Sejm nach außen.
3. Der Sejm beruft ständige Ausschüsse. Er kann auch außerordentliche Kommissionen berufen.

Artikel 111

1. Der Sejm kann zur Untersuchung eines bestimmten Sachverhaltes einen Untersuchungsausschuß einsetzen.
2. Die Verfahrensweise des Untersuchungsausschusses wird vom Gesetz geregelt.

Artikel 112

Die innere Struktur des Sejm, seine Arbeitsweise, das Verfahren bei der Berufung und Geschäftsführung seiner Organe, deren Arbeitsweise sowie die Weise, in der die durch Verfassung oder Gesetz bestimmten Pflichten der staatlichen Organe dem Sejm gegenüber wahrzunehmen sind, regelt die vom Sejm beschlossene Geschäftsordnung des Sejm.

Artikel 113

Die Sitzungen des Sejm sind öffentlich. Falls das Wohl des Staates es verlangt, kann der Sejm mit absoluter Stimmenmehrheit in Anwesenheit von mindestens der Hälfte der gesetzlichen Abgeordnetenzahl beschließen, geheim zu beraten.

Artikel 114

1. In den von der Verfassung bestimmten Fällen bilden der Sejm und der Senat die Nationalversammlung, indem sie unter Leitung des Sejmmarschalls oder – in dessen Vertretung – des Senatsmarschalls gemeinsam beraten.
2. Die Nationalversammlung beschließt ihre Geschäftsordnung.

Artikel 115

1. Der Vorsitzende des Ministerrates und andere Mitglieder des Ministerrates sind verpflichtet innerhalb von 21 Tagen Interpellationen und Anfragen der Abgeordneten zu beantworten.
2. Der Vorsitzende des Ministerrates und andere Mitglieder des Ministerrates sind verpflichtet, Fragen über laufende Angelegenheiten in jeder Sejmsitzung zu beantworten.

Artikel 116

1. Der Sejm entscheidet im Namen der Republik Polen über den Kriegszustand und den Abschluß eines Friedens.
2. Der Sejm kann einen Beschluß über den Kriegszustand nur dann annehmen, wenn das Gebiet der Republik Polen mit Waffen angegriffen wird oder wenn aus internationalen Verträgen eine Verpflichtung zur gemeinsamen Verteidigung gegen einen Angriff resultiert. Kann der Sejm sich nicht zu einer Sitzung versammeln, entscheidet der Präsident der Republik Polen über den Kriegszustand.

Artikel 117

Die Grundsätze in bezug auf den Einsatz der Streitkräfte außerhalb der Republik Polen bestimmt ein ratifizierter völkerrechtlicher Vertrag oder ein Gesetz. Grundsätze in Bezug auf den Aufenthalt und die Verlegung fremder Streitkräfte auf und durch das Gebiet der Republik Polen bestimmen ratifizierte völkerrechtliche Verträge oder Gesetze.

Artikel 118

1. Das Recht, einen Gesetzesvorschlag einzubringen, steht den Abgeordneten, dem Senat, dem Präsidenten der Republik Polen und dem Ministerrat zu.
2. Dieses Recht steht auch einer Gruppe von mindestens 100.000 Staatsbürgern zu, die das Wahlrecht zum Sejm haben. Die diesbezügliche Verfahrensweise wird vom Gesetz geregelt.
3. Wer einen Gesetzesvorschlag beim Sejm einbringt, hat die finanziellen Folgen der Durchführung dieses Vorhabens darzustellen.

Artikel 119

1. Der Sejm erörtert eine Gesetzesvorlage in drei Lesungen.
2. Das Recht, während der Erörterung Änderungen in die Vorlage einzuführen, steht demjenigen, der die Gesetzesvorlage eingebracht hat, den Abgeordneten und dem Ministerrat zu.
3. Der Sejmmarschall kann verweigern, über eine Änderung abzustimmen, die nicht vorher dem Ausschuß vorgelegt worden ist.
4. Derjenige, der die Gesetzesvorlage eingebracht hat, kann sie während des Gesetzgebungsverfahrens vor Beendigung der zweiten Lesung zurücknehmen.

Artikel 120

Der Sejm beschließt Gesetze mit einfacher Stimmenmehrheit in Anwesenheit von mindestens der Hälfte der gesetzlichen Abgeordnetenzahl, es sei denn die Verfassung bestimmt eine andere Mehrheit. Entsprechend diesem Verfahren verabschiedet der Sejm auch Beschlüsse, es sei denn ein Gesetz oder ein Beschluß des Sejm bestimmt es anders.

Artikel 121

1. Das vom Sejm beschlossene Gesetz wird vom Sejmmarschall an den Senat weitergeleitet.
2. Innerhalb von dreißig Tagen seit der Weiterleitung des Gesetzes kann der Senat es entweder ohne Änderungen annehmen, Änderungen beschließen oder es insgesamt ablehnen. Faßt der Senat innerhalb von dreißig Tagen nach der Weiterleitung des Gesetzes keinen Beschluß, gilt das Gesetz als in der vom Sejm beschlossenen Fassung angenommen.
3. Der Senatsbeschluß, durch den das Gesetz abgelehnt oder eine Änderung eingeführt wird, gilt als angenommen, wenn nicht der Sejm ihn mit absoluter Stimmenmehrheit in Anwesenheit von mindestens der Hälfte der gesetzlichen Abgeordnetenzahl ablehnt.

Artikel 122

1. Nach der Beendigung der im Art. 121 bestimmten Verfahrensweise legt der Sejmmarschall das verabschiedete Gesetz dem Präsidenten der Republik Polen zur Unterzeichnung vor.
2. Der Präsident der Republik Polen unterzeichnet das Gesetz innerhalb von einundzwanzig Tagen nach dem Tage der Vorlage und ordnet dessen Veröffentlichung im Gesetzblatt der Republik Polen an.
3. Vor der Unterzeichnung des Gesetzes kann der Präsident einen Antrag beim Verfassungsgerichtshof einbringen, die Vereinbarkeit des Gesetzes mit der Verfassung zu prüfen. Der Präsident der Republik Polen darf die Unterzeichnung eines Gesetzes, das vom Verfassungsgerichtshof für verfassungsmäßig erklärt worden ist, nicht verweigern.
4. Der Präsident der Republik Polen verweigert die Unterzeichnung eines Gesetzes, das vom Verfassungsgerichtshof für verfassungswidrig erklärt wird. Betrifft die Unvereinbarkeit mit der Verfassung nur einige Vorschriften des Gesetzes und stellt der Verfassungsgerichtshof nicht fest, daß diese mit dem Gesetz untrennbar verbunden sind, unterzeichnet der Präsident, nach Anhörung der Meinung des Sejmmarschalls, das Gesetz mit Ausnahme der vom Verfassungsgerichtshof als verfassungswidrig erklärten Vorschriften oder weist das Gesetz an den Sejm zurück, damit dieser die Unvereinbarkeit mit der Verfassung behebt.
5. Ruft der Präsident der Republik Polen den Verfassungsgerichtshof mit dem Antrag gemäß Abs. 3 nicht an, kann er das Gesetz mit einem begründeten Antrag an den Sejm zur erneuten Beratung zurückverweisen. Nachdem der Sejm das Gesetz mit der Mehrheit von drei Fünfteln der Stimmen in Anwesenheit von mindestens der Hälfte der gesetzlichen Abgeordnetenzahl erneut verabschiedet hat, unterzeichnet der Präsident das Gesetz innerhalb von sieben Tagen und ordnet dessen Verkündung im Gesetzblatt der Republik Polen an. Wird das Gesetz vom Sejm erneut verabschiedet, steht dem Präsidenten das Recht, den Verfassungsgerichtshof gemäß Abs. 3 anzurufen, nicht zu.
6. Ruft der Präsident den Verfassungsgerichthof mit dem Antrag bezüglich der Vereinbarkeit eines Gesetzes mit der Verfassung an oder beantragt er beim Sejm die erneute Beratung des

Gesetzes, hemmt das den Lauf der im Abs. 2 zur Unterzeichnung des Gesetzes bestimmten Frist.

Artikel 123

1. Der Ministerrat kann eine von ihm beschlossene Gesetzesvorlage als dringend bezeichnen. Dieses Recht besteht nicht bei der Vorlage des Steuergesetzes, der Gesetze über die Wahl des Präsidenten der Republik Polen, des Sejm, des Senats und der Organe der örtlichen Selbstverwaltung, eines Gesetzes über die Struktur und Zuständigkeit der öffentlichen Gewalt oder von Gesetzbüchern.
2. Die Geschäftsordnungen des Sejm und des Senats regeln Besonderheiten des Gesetzgebungsverfahrens im Fall einer dringenden Gesetzesvorlage.
3. Wird ein Gesetz als dringend bezeichnet, beträgt die Frist zur Beratung durch den Senat vierzehn Tage, die Frist zur Unterzeichnung des Gesetzes durch den Präsidenten der Republik Polen sieben Tage.

Artikel 124

Die Vorschriften der Art. 110, 112, 113 und 120 finden entsprechende Anwendung auf den Senat.

VOLKSABSTIMMUNG

Artikel 125

1. In Fällen von besonderer Bedeutung für den Staat kann eine landesweite Volksabstimmung durchgeführt werden.
2. Das Recht, eine landesweite Volksabstimmung anzuordnen, hat der Sejm mit absoluter Stimmenmehrheit in Anwesenheit von mindestens der Hälfte der gesetzlichen Abgeordnetenzahl und der Präsident der Republik Polen mit Zustimmung des Senats, die mit der absoluten Mehrheit der Stimmen in Anwesenheit von mindestens der Hälfte der gesetzlichen Senatorenzahl erteilt werden muß.
3. Das Ergebnis der Volksabstimmung ist bindend, wenn sich an der landesweiten Volksabstimmung mehr als die Hälfte der Stimmberechtigten beteiligt.
4. Die Gültigkeit einer landesweiten Volksabstimmung sowie einer Volksabstimmung gemäß Art. 235 Abs. 6 stellt das Oberste Gericht fest.
5. Grundsätze und Verfahrensweise der Durchführung einer Volksabstimmung regelt das Gesetz.

Kapitel V
DER PRÄSIDENT DER REPUBLIK POLEN

Artikel 126

1. Der Präsident der Republik Polen ist der oberste Vertreter der Republik Polen und der Gewährsmann der Fortdauer der Staatsgewalt.

2. Der Präsident der Republik Polen wacht über die Einhaltung der Verfassung, hütet die Souveränität und die Sicherheit des Staates sowie die Integrität und Unteilbarkeit dessen Staatsgebiets.
3. Der Präsident der Republik Polen übt seine Aufgaben im Umfang und gemäß den in der Verfassung und Gesetzen bestimmten Grundsätzen aus.

Artikel 127

1. Der Präsident der Republik Polen wird vom Volk in allgemeiner, gleicher, unmittelbarer und geheimer Wahl gewählt.
2. Der Präsident der Republik Polen wird für eine Amtszeit von fünf Jahren gewählt. Die Wiederwahl ist nur einmal zulässig.
3. Zum Präsidenten der Republik Polen kann jeder polnischer Staatsangehöriger gewählt werden, der spätestens am Wahltag das 35. Lebensjahr vollendet hat und bei den Sejmwahlen das volle Wahlrecht genießt. Der Kandidat wird von mindestens 100.000 Staatsbürgern, die das Wahlrecht zum Sejm haben, aufgestellt.
4. Als Präsident der Republik Polen ist der Kandidat gewählt, der mehr als die Hälfte der abgegebenen gültigen Stimmen erhalten hat. Erhält keiner der Kandidaten die erforderliche Mehrheit, wird am vierzehnten Tag nach der ersten Wahl eine erneute Wahl durchgeführt.
5. In der erneuten Wahl wird zwischen den beiden Kandidaten gewählt, die in der ersten Abstimmung die meisten Stimmen erhalten haben. Zieht einer der Kandidaten seine Zustimmung zum Kandidieren zurück, oder er verliert das Wahlrecht, oder wenn er stirbt wird an seiner Stelle dieser der Kandidaten zugelassen, welcher in der ersten Wahl die nachfolgend höchste Stimmenzahl erhalten hat. In diesem Fall verschiebt sich das Datum der erneuten Wahl um weitere vierzehn Tage.
6. Als Präsident der Republik Polen ist der Kandidat gewählt, der in der erneuten Wahl die meisten Stimmen erhalten hat.
7. Grundsätze und Verfahrensweise der Aufstellung von Kandidaten zur Präsidentschaftswahl, ihre Durchführung sowie die Bedingungen ihrer Gültigkeit regelt das Gesetz.

Artikel 128

1. Die Amtszeit des Präsidenten beginnt mit dem Tag der Amtsübernahme.
2. Den Tag der Präsidentschaftswahlen setzt der Marschall des Sejm auf einen Tag nicht früher als hundert Tage und nicht später als fünfundsiebzig Tage vor dem Ablauf der Amtszeit des amtierenden Präsidenten fest. Endet die Amtszeit des Präsidenten der Republik Polen vorzeitig, setzt der Marschall des Sejm innerhalb von vierzehn Tage nach Amtserledigung den Wahltag fest. Der Wahltag ist auf einen arbeitsfreien Tag festzusetzen der innerhalb eines Zeitraums von sechzig Tagen nach dem Tag der Wahlanordnung liegt.

Artikel 129

1. Die Gültigkeit der Präsidentschaftswahl wird vom Obersten Gericht festgestellt.
2. Dem Wähler steht das Recht zu, beim Obersten Gericht Einspruch gegen die Gültigkeit der Wahl zum Präsidenten der Republik Polen gemäß den im Gesetz bestimmten Grundsätzen einzulegen.

3. Falls die Wahl des Präsidenten der Republik Polen für ungültig erklärt wird, ist eine neue Wahl gemäß den in Art. 128 Abs. 2 festgesetzten Grundsätzen bei der vorzeitigen Erledigung des Präsidentenamtes durchzuführen.

Artikel 130

Der Präsident der Republik Polen tritt das Amt an, nachdem er vor der Nationalversammlung den folgenden Eid geleistet hat:

<192>Gemäß dem Willen des Volkes trete ich das Amt des Präsidenten der Republik Polen an und schwöre feierlich, daß ich den Bestimmungen der Verfassung treu bleiben, die Würde des Volkes, die Unabhängigkeit und die Sicherheit des Staates unbeugsam wahren werde und daß das Wohl des Vaterlandes und das Wohlergehen der Staatsbürger mir immer die höchste Pflicht sein werden.<169>

Der Eid kann auch unter Hinzufügung des Satzes: „so wahr mir Gott helfe" geleistet werden.

Artikel 131

1. Kann der Präsident der Republik Polen sein Amt vorübergehend nicht ausüben, teilt er das dem Sejmmarschall mit, der vorübergehend die Pflichten des Präsidenten der Republik Polen übernimmt. Ist der Präsident der Republik Polen nicht imstande, dem Sejmmarschall mitzuteilen, daß er zur Amtsausübung unvermögend ist, stellt der Verfassungsgerichtshof auf Antrag des Sejmmarschalls die Hinderung an der Amtsausübung fest. Erklärt er den Präsidenten der Republik Polen für vorübergehend unvermögend, das Präsidentenamt auszuüben, überträgt der Verfassungsgerichtshof die vorübergehende Erfüllung der Pflichten des Präsidenten der Republik Polen dem Marschall des Sejm.
2. Der Sejmmarschall übt bis zur Wahl des neuen Präsidenten der Republik die Pflichten des Präsidenten in folgenden Fällen vorübergehend aus:
   1) Tod des Präsidenten der Republik,
   2) Verzicht auf das Amt des Präsidenten der Republik,
   3) Feststellung der Ungültigkeit der Präsidentschaftswahl oder andere Gründe wegen deren der Präsident das Amt nicht antritt,
   4) Erklärung durch die Nationalversammlung, daß der Präsident der Republik aus gesundheitlichen Gründen dauerhaft zur Amtsausübung unvermögend ist. Diese Erklärung muß mit einer Mehrheit von mindestens zwei Dritteln der gesetzlichen Mitgliederzahl der Nationalversammlung beschlossen werden.
   5) Amtsenthebung durch ein Urteil des Staatsgerichtshofes.
3. Kann der Sejmmarschall die Pflichten des Präsidenten nicht erfüllen, werden sie vom Senatsmarschall übernommen.
4. Die Person, die die Pflichten des Präsidenten erfüllt, darf Keinen Beschluß über die Verkürzung der Amtszeit des Sejm fassen.

Artikel 132

Der Präsident der Republik Polen darf weder anderes Amt ausüben noch eine andere öffentliche Funktion erfüllen mit Ausnahme derer, die mit dem Präsidentenamt verbunden sind.

Artikel 133

1. Der Präsident der Republik Polen als Vertreter des Staates in äußeren Beziehungen
   1) ratifiziert und kündigt völkerrechtliche Verträge, wovon er dem Sejm und dem Senat Mitteilungen macht,
   2) ernennt bevollmächtigte Vertreter der Republik Polen in anderen Staaten und bei internationalen Organisationen und beruft sie ab,
   3) akzeptiert Beglaubigungs- und Abberufungsschreiben der bei ihm akkreditierten diplomatischen Vertreter anderer Staaten und internationaler Organisationen.
2. Der Präsident der Republik Polen kann sich vor Ratifizierung eines völkerrechtlichen Vertrages an den Verfassungsgerichthof mit einem Antrag wenden bezüglich der Vereinbarkeit des Vertrages mit der Verfassung.
3. Der Präsident der Republik Polen arbeitet im Bereich der Außenpolitik mit dem Vorsitzenden des Ministerrates und dem zuständigen Minister zusammen.

Artikel 134

1. Der Präsident der Republik Polen ist der oberste Vorgesetzte der Streitkräfte der Republik Polen.
2. In der Friedenszeit übt der Präsident seine Vorgesetztengewalt über die Streitkräfte mittelbar durch den Minister für Nationale Verteidigung aus.
3. Der Präsident der Republik Polen ernennt den Chef des Generalstabs und die Befehlshaber der Teilstreikräfte auf bestimmte Zeit. Amtszeit, Verfahrensweise und Bedingungen der vorzeitigen Abberufung regelt das Gesetz.
4. Für die Kriegszeit ernennt der Präsident der Republik Polen auf Vorschlag des Vorsitzenden des Ministerrates den Obersten Befehlshaber der Streitkräfte. Gemäß derselben Verfahrensweise kann er den Obersten Befehlshaber abberufen. Die Zuständigkeiten des Obersten Befehlshabers und Grundsätze seiner Unterstellung unter die verfassungsmäßigen Organe der Republik Polen regelt das Gesetz.
5. Der Präsident der Republik Polen verleiht auf Vorschlag des Ministers für Nationale Verteidigung die im Gesetz bestimmten Militärdienstgrade.
6. Zuständigkeiten des Präsidenten der Republik Polen, die mit der Vorgesetztengewalt über die Streitkräfte verbunden sind, werden ausführlich vom Gesetz geregelt.

Artikel 135

Der Rat für Nationale Sicherheit ist ein Organ zur Beratung des Präsidenten der Republik im Bereich der inneren und äußeren Sicherheit.

Artikel 136

Im Fall einer unmittelbaren äußeren Bedrohung des Staates ordnet der Präsident der Republik Polen auf Antrag des Vorsitzenden des Ministerrates die volle oder teilweise Mobilmachung der Streitkräfte und deren Einsatz bei der Verteidigung der Republik Polen an.

Artikel 137

Der Präsident der Republik Polen erkennt die polnische Staatsangehörigkeit zu und gibt die Zustimmung zum Verzicht auf die polnische Staatsangehörigkeit.

Artikel 138

Der Präsident der Republik Polen verleiht Orden und Auszeichnungen.

Artikel 139

Der Präsident der Republik Polen übt das Begnadigungsrecht aus. Das Begnadigungsrecht findet im Fall der vom Staatsgerichtshof verurteilten Personen keine Anwendung.

Artikel 140

Der Präsident der Republik Polen kann sich an den Sejm, an den Senat oder an die Nationalversammlung mit einer Botschaft wenden. Die Botschaft ist nicht Gegenstand einer Debatte.

Artikel 141

1. In den Angelegenheiten von besonderer Bedeutung kann der Präsident den Kabinettsrat einberufen. Den Kabinettsrat bildet der Ministerrat, der unter der Leitung des Präsidenten der Republik Polen berät.
2. Dem Kabinettsrat stehen die Zuständigkeiten des Ministerrates nicht zu.

Artikel 142

1. Der Präsident der Republik Polen erläßt Rechtsverordnungen und Anordnungen gemäß den in dem Art. 92 und 93 bestimmten Grundsätzen.
2. Der Präsident der Republik Polen erläßt Bestimmungen bezüglich der Durchführung seiner übrigen Zuständigkeiten.

Artikel 143

Das Hilfsorgan des Präsidenten der Republik Polen ist die Kanzlei des Präsidenten der Republik Polen. Der Präsident der Republik erläßt die Satzung sowie beruft und entläßt den Chef der Kanzlei des Präsidenten der Republik Polen.

Artikel 144

1. In Ausübung seiner verfassungsmäßigen und gesetzlichen Zuständigkeiten erläßt der Präsident der Republik Polen Amtsakte.
2. Amtsakte des Präsidenten der Republik bedürfen zu ihrer Gültigkeit der Gegenzeichnung des Vorsitzenden des Ministerrates, der infolge der Unterzeichnung die Verantwortung vor dem Sem trägt.
3. Die Vorschrift des Abs. 2 gilt nicht für:
   1) die Anordnung von Wahlen in den Sem und in den Senat,
   2) die Einberufung der ersten Sitzung des neugewählten Sejm und des Senats,
   3) die Verkürzung der Amtszeit des Sejm in den von der Verfassung bestimmten Fällen,
   4) Gesetzesvorschläge,
   5) die Anordnung einer landesweiten Volksabstimmung,
   6) die Unterzeichnung eines Gesetzes oder die Verweigerung der Unterzeichnung,
   7) die Anordnung über die Veröffentlichung eines Gesetzes oder eines völkerrechtlichen Vertrags in Gesetzesblatt der Republik Polen,
   8) eine Botschaft an den Sejm, den Senat oder die Nationalversammlung,

9) die Anrufung des Verfassungsgerichtshof,
10) den Untersuchungsantrag an die Oberste Kontrollkammer,
11) die Bestimmung und Berufung des Vorsitzenden des Ministerrates,
12) die Entgegennahme des Rücktritts vom Ministerrat sowie dessen Betrauung mit der vorübergehenden Fortführung der Amtsgeschäfte,
13) den Antrag an den Sejm, einen Mitglied des Ministerrates vor dem Staatsgerichtshof zur Verantwortung zu ziehen,
14) die Abberufung eines Ministers, dem der Sejm das Mißtrauen ausgesprochen hat,
15) die Einberufung des Kabinettsrates,
16) die Verleihung von Orden und Auszeichnungen,
17) die Berufung von Richtern,
18) die Ausübung des Begnadigungsrechts,
19) die Zuerkennung der polnischen Staatsangehörigkeit und Zustimmung zu dem Verzicht auf diese,
20) die Berufung des Ersten Präsidenten des Obersten Gerichts,
21) die Berufung des Präsidenten und des stellvertretenden Präsidenten des Verfassungsgerichtshofes,
22) die Berufung des Präsidenten des Obersten Verwaltungsgerichts,
23) die Berufung der Präsidenten des Obersten Gerichts und der stellvertretenden Präsidenten des Obersten Verwaltungsgerichts,
24) den Antrag an den Sejm, den Präsidenten der Polnischen Nationalbank zu berufen,
25) die Berufung der Mitglieder des Rates für Geldpolitik,
26) die Berufung und die Abberufung der Mitglieder des Rates für Nationale Sicherheit,
27) die Berufung der Mitglieder des Landesrates für Rundfunk und Fernsehen,
28) den Erlaß der Satzung der Präsidialkanzlei sowie Berufung oder Entlassung des Chefs der Präsidialkanzlei,
29) der Erlaß von Anordnungen gemäß den im Art. 93 bestimmten Grundsätzen,
30) den Verzicht auf das Amt des Präsidenten der Republik.

Artikel 145

1. Wegen Verletzung der Verfassung, des Gesetzes oder wegen Begehung einer Straftat kann der Präsident der Republik Polen vor dem Staatsgerichthof zur Verantwortung gezogen werden.
2. Die Anklage gegen den Präsidenten wird durch Beschluß der Nationalversammlung erhoben. Der Beschluß erfordert eine Mehrheit von mindestens zwei Dritteln der Stimmen der gesetzlichen Mitgliederzahl der Nationalversammlung und wird auf Antrag von mindestens 140 Mitgliedern der Nationalversammlung gefaßt.
3. Ab dem Tag, an dem der Beschluß, den Präsidenten der Republik vor dem Staatsgerichtshof anzuklagen, gefaßt worden ist, wird der Präsident der Republik von der Ausübung seines Amtes suspendiert. Die Vorschrift des Art. 131 findet entsprechende Anwendung.

Kapitel VI
DER MINISTERRAT UND REGIERUNGSVERWALTUNG

Artikel 146

1. Der Ministerrat leitet die Innen- und Außenpolitik der Republik Polen.
2. In die Zuständigkeit des Ministerrates fallen die Angelegenheiten der Staatspolitik, die nicht anderen staatlichen Organen oder der örtlichen Selbstverwaltung vorbehalten sind.
3. Der Ministerrat leitet die Regierungsverwaltung.
4. In dem durch die Verfassung und die Gesetze bestimmten Umfang und entsprechend den dort geregelten Grundsätzen hat der Ministerrat insbesondere folgende Aufgaben:
   1) er gewährleistet die Ausführung der Gesetze,
   2) er erläßt Rechtsverordnungen,
   3) er koordiniert und kontrolliert die Arbeit der Organe der Regierungsverwaltung,
   4) er schützt die Interessen des Staatsvermögens,
   5) er beschließt die Vorlage des Staatshaushaltsgesetzes,
   6) er leitet die Ausführung des Staatshaushalts und beschließt den staatlichen Rechnungsabschluß und den Bericht zur Haushaltsdurchführung,
   7) er gewährleistet die innere Sicherheit des Staates und die öffentliche Ordnung,
   8) er gewährleistet die äußere Sicherheit des Staates,
   9) er übt die allgemeine Leitung bezüglich der Beziehungen zu anderen Staaten und den völkerrechtlichen Organisationen aus,
   10) er schließt völkerrechtliche Verträge ab, die der Ratifizierung bedürfen sowie bestätigt und kündigt andere völkerrechtliche Verträge,
   11) er übt die allgemeine Leitung im Bereich der Verteidigungsbereitschaft des Staates und bestimmt jährlich die Anzahl der zum Militärdienst einzuberufenden Staatsbürger,
   12) er regelt die Organisation und das Verfahren seiner Arbeit.

Artikel 147

1. Der Ministerrat besteht aus dem Vorsitzenden des Ministerrates und den Ministern.
2. In den Ministerrat können stellvertretende Vorsitzende des Ministerrates berufen worden.
3. Der Vorsitzende des Ministerrates und seine Stellvertreter können auch die Funktion eines Ministers ausüben.
4. In den Ministerrat können darüber hinaus auch Vorsitzende der durch Gesetz bestimmten Komitees berufen werden.

Artikel 148

Der Vorsitzende des Ministerrates:
1) vertritt den Ministerrat,
2) leitet die Arbeit des Ministerrates,
3) erläßt Rechtsverordnungen,
4) gewährleistet die Durchführung der Politik des Ministerrates und bestimmt die Weise ihrer Durchführung,

5) koordiniert und kontrolliert die Arbeit der Mitglieder des Ministerrates,
6) übt die Aufsicht über die örtliche Selbstverwaltung in den von der Verfassung und von den Gesetzen bestimmten Grenzen und Formen aus,
7) ist Dienstvorgesetzter aller Beamten der Regierungsverwaltung.

Artikel 149

1. Die Minister leiten bestimmte Bereiche der Regierungsverwaltung oder erfüllen die ihnen vom Vorsitzenden des Ministerrates übertragenen Aufgaben. Den Geschäftsbereich der Minister innerhalb der Regierungsverwaltung bestimmt das Gesetz.
2. Der Minister, der einen Bereich der Regierungsverwaltung leitet, erläßt Rechtsverordnungen. Der Ministerrat kann auf Antrag des Vorsitzenden des Ministerrates eine Rechtsverordnung oder eine Anordnung des Ministers aufheben.
3. Auf die in Art. 147 Abs. 4 genannten Komiteesvorsitzenden finden die für einen Minister, der einen Bereich der Regierungsverwaltung leitet, geltenden Vorschriften entsprechende Anwendung.

Artikel 150

Ein Mitglied des Ministerrates darf keine Tätigkeit ausüben, die im Widerspruch zu seinen öffentlichen Pflichten steht.

Artikel 151

Der Vorsitzende des Ministerrates, seine Stellvertreter und die Minister leisten vor dem Präsidenten der Republik Polen folgenden Eid:
„Ich trete das Amt des Vorsitzenden des Ministerrates (des stellvertretenden Vorsitzenden des Ministerrates, des Ministers) an und schwöre feierlich, daß ich den Bestimmungen der Verfassung und dem Recht der Republik Polen treu bleiben werde und daß das Wohl des Vaterlandes und das Wohlergehen der Staatsbürger mir immer die höchste Pflicht sein werden."
Der Eid kann unter Hinzufügung des Satzes: „so wahr mir Gott helfe geleistet werden."

Artikel 152

1. Ein Wojewode ist ein Vertreter des Ministerrates in der Wojewodschaft.
2. Das Verfahren der Berufung und Abberufung der Wojewoden sowie deren Geschäftsbereich werden durch Gesetz geregelt.

Artikel 153

1. Die Beamtenschaft in den Behörden der Regierungsverwaltung gewährleistet die berufsmäßige, redliche, unparteiische und politisch neutrale Erfüllung der Staatsaufgaben.
2. Der Vorsitzende des Ministerrates ist Vorgesetzter der Beamtenschaft.

Artikel 154

1. Der Präsident der Republik Polen bestimmt den Vorsitzenden des Ministerrates, der die Mitglieder des Ministerrates vorschlägt. Der Präsident der Republik Polen beruft den Vorsitzenden des Ministerrates zusammen mit den übrigen Mitgliedern des Ministerrates innerhalb von vierzehn Tagen nach der ersten Sitzung des Sejm oder nach der Annahme

des Rücktritts des vorigen Ministerrates und nimmt den Mitgliedern des neuberufenen Ministerrates den Eid ab.

2. Innerhalb von vierzehn Tagen nach der Berufung durch den Präsidenten der Republik Polen stellt der Vorsitzende des Ministerrates dem Sejm das Arbeitprogramm des Ministerrates vor und beantragt, ihm das Vertrauen auszusprechen. Das Vertrauen wird vom Sejm mit absoluter Stimmenmehrheit in Anwesenheit von mindestens der Hälfte der gesetzlichen Abgeordnetenzahl ausgesprochen.
3. Wird der Ministerrat nicht gemäß dem im Abs. 1 festgestellten Verfahren berufen oder erhält er nicht gemäß Abs. 2 das Vertrauen ausgesprochen, wählt der Sejm innerhalb von vierzehn Tagen nach Ablauf der im Abs. 1 oder in Abs. 2 bestimmten Fristen den Vorsitzenden des Ministerrates und die von ihm vorgeschlagenen Mitglieder des Ministerrates mit absoluter Stimmenmehrheit in Anwesenheit von mindestens der Hälfte der gesetzlichen Abgeordnetenzahl. Der Präsident der Republik beruft den auf diese Weise gewählten Ministerrat und nimmt dessen Mitgliedern den Eid ab.

Artikel 155

1. Wird der Ministerrat nicht gemäß dem in Art. 154 Abs. 3 bestimmten Verfahren berufen, beruft der Präsident der Republik innerhalb von vierzehn Tagen den Vorsitzenden des Ministerrates und auf dessen Vorschlag die übrigen Mitglieder des Ministerrates und nimmt ihnen den Eid ab. Innerhalb von vierzehn Tagen nach der Berufung des Ministerrates vom Präsidenten der Republik spricht ihm der Sejm das Vertrauen mit der Mehrheit der Stimmen in Anwesenheit von mindestens der Hälfte der gesetzlichen Abgeordnetenzahl aus.
2. Wird dem Ministerrat das Vertrauen nicht gemäß Abs. 1 ausgesprochen, verkürzt der Präsident der Republik die Amtszeit des Sejm und ordnet Wahlen an.

Artikel 156

1. Die Mitglieder des Ministerrates tragen vor dem Staatsgerichtshof die Verantwortung für die Verletzung der Verfassung oder der Gesetze, sowie für im Zusammenhang mit dem bekleideten Amt begangene Straftaten.
2. Den Beschluß, ein Mitglied des Ministerrates vor dem Staatsgerichtshof zur Verantwortung zu ziehen, faßt der Sejm auf Antrag des Präsidenten der Republik Polen oder von mindestens 115 Abgeordneten mit einer Mehrheit von drei Fünfteln der gesetzlichen Abgeordnetenzahl.

Artikel 157

1. Die Mitglieder des Ministerrates sind vor dem Sejm für die Tätigkeit des Ministerrates gemeinsam verantwortlich.
2. Die Mitglieder des Ministerrates sind zugleich vor dem Sejm individuell verantwortlich für Angelegenheiten, die in ihren Zuständigkeitsbereich gehören oder mit denen sie vom Vorsitzenden des Ministerrates beauftragt worden sind.

Artikel 158

1. Der Sejm spricht dem Ministerrat das Mißtrauen mit der Mehrheit der gesetzlichen Abgeordnetenzahl aus. Ein diesbezüglicher Antrag muß von mindestens 46 Abgeordneten

gestellt werden und den Kandidaten für das Amt des Vorsitzenden des Ministerrates benennen. Wird der Beschluß vom Sejm angenommen, nimmt der Präsident der Republik Polen den Rücktritt des Ministerrates entgegen und beruft den neuen vom Sejm gewählten Vorsitzenden des Ministerrates und die übrigen Mitglieder des Ministerrates auf dessen Vorschlag und nimmt ihnen den Eid ab.

2. Ein Antrag gemäß Abs. 1 kann nicht früher als sieben Tage nach seiner Einbringung zur Abstimmung gebracht werden. Ein erneuter Antrag kann nicht früher als drei Monate nach Vorlage des vorigen Antrags gestellt werden. Der erneute Antrag darf vor Ablauf von drei Monaten gestellt werden, wenn er von mindestens 115 Abgeordneten eingebracht wird.

Artikel 159

1. Der Sejm kann einem Minister das Mißtrauen aussprechen. Der Mißtrauensantrag kann von mindestens 69 Abgeordneten gestellt werden. Die Vorschrift des Art. 158 Abs. 2 findet entsprechende Anwendung.
2. Der Präsident der Republik beruft den Minister ab, dem der Sejm das Mißtrauen mit der Stimmenmehrheit der gesetzlichen Abgeordnetenzahl ausgesprochen hat.

Artikel 160

Der Vorsitzende des Ministerrates kann im Sejm beantragen, dem Ministerrat das Vertauen auszusprechen. Das Vertrauen wird dem Ministerrat mit der Mehrheit der Stimmen in Anwesenheit von mindestens der Hälfte der gesetzlichen Abgeordnetenzahl ausgesprochen.

Artikel 161

Auf Vorschlag des Vorsitzenden des Ministerrates nimmt der Präsident der Republik Änderungen in der Besetzung des Ministerrates vor.

Artikel 162

1. In der ersten Sitzung des neugewählten Sejm bietet der Vorsitzende des Ministerrates den Rücktritt des Ministerrates an.
2. Der Vorsitzende des Ministerrates bietet den Rücktritt des Ministerrates auch dann an, wenn:
   1) der Sejm dem Ministerrat nicht das Vertrauen ausspricht,
   2) dem Ministerrat das Mißtrauen ausgesprochen wird,
   3) der Vorsitzende des Ministerrates seinen Rücktritt anbietet.
3. Der Präsident der Republik nimmt den Rücktritt des Ministerrates entgegen und verpflichtet ihn, die Amtsgeschäfte bis zur Berufung des neuen Ministerrates weiterzuführen.
4. Der Präsident der Republik kann in dem im Abs. 2 Nr. 3 bestimmten Fall die Annahme des Rücktritts des Ministerrates verweigern.

Kapitel VII
DIE ÖRTLICHE SELBSTVERWALTUNG

Artikel 163

Die örtliche Selbstverwaltung erfüllt die öffentlichen Aufgaben, die nicht durch die Verfassung oder die Gesetze anderen Organen der öffentlichen Gewalt vorbehalten sind.

Artikel 164

1. Die grundlegende Einheit der örtlichen Selbstverwaltung ist die Gemeinde.
2. Andere Einheiten der regionalen oder der lokalen und regionalen Selbstverwaltung bestimmt das Gesetz.
3. Die Gemeinde erfüllt alle Aufgaben der örtlichen Selbstverwaltung, die nicht anderen Einheiten der örtlichen Selbstverwaltung vorbehalten sind.

Artikel 165

1. Einheiten der örtlichen Selbstverwaltung sind juristische Personen. Ihnen stehen das Eigentumsrecht und andere Vermögensrechte zu.
2. Die Selbständigkeit der Einheiten der örtlichen Selbstverwaltung steht unter gerichtlichem Schutz.

Artikel 166

1. Öffentliche Aufgaben, die der Befriedigung der Bedürfnisse einer Selbstverwaltungsgemeischaft dienen, werden durch die Einheit der örtlichen Selbstverwaltung als Eigenaufgabe erfüllt.
2. Wenn es sich aus begründeten Bedürfnissen des Staates ergibt, kann durch Gesetz den Einheiten der örtlichen Selbstverwaltung die Erfüllung anderer öffentlicher Aufgaben übertragen werden. Das Verfahren der Übertragung und die Art und Weise der Ausführung der übertragenen Aufgaben regelt das Gesetz.
3. Zuständigkeitsstreitigkeiten zwischen den Organen der örtlichen Selbstverwaltung und der Regierungsverwaltung entscheiden die Verwaltungsgerichte.

Artikel 167

1. Den Einheiten der örtlichen Selbstverwaltung wird ein den ihnen zufallenden Aufgaben entsprechender Anteil an den öffentlichen Einnahmen gewährleistet.
2. Die Einnahmen der Einheiten der örtlichen Selbstverwaltung bestehen aus eigenen Einnahmen sowie allgemeinen und zweckgebundenen Zuwendungen aus dem Staatshaushalt.
3. Die Einnahmequellen der Einheiten der örtlichen Selbstverwaltung werden durch Gesetz geregelt.
4. Änderungen der Aufgaben- und Zuständigkeitsbereiche der Einheiten der örtlichen Selbstverwaltung sind mit entsprechenden Änderungen bei der Verteilung der öffentlichen Einkommen verbunden.

Artikel 168

In dem im Gesetz bestimmten Umfang haben die Einheiten der örtlichen Selbstverwaltung das Recht, die Höhe der lokalen Abgaben und Gebühren festzusetzen.

Artikel 169

1. Die Einheiten der örtlichen Selbstverwaltung führen ihre Aufgaben mittels bestimmender und vollziehender Organe aus.
2. Die Wahlen zu den Entscheidungsorganen sind allgemein, gleich, unmittelbar und geheim. Grundsätze und Verfahrensweise der Aufstellung der Kandidaten und der Wahldurchführung sowie Bedingungen der Wahlgültigkeit regelt das Gesetz.
3. Grundsätze und Verfahrensweise bei Wahlen oder Abberufung der ausführenden Organe der örtlichen Selbstverwaltungeinheiten werden vom Gesetz geregelt.
4. Die innere Ordnung der Einheiten der örtlichen Selbstverwaltung regeln im Rahmen der Gesetze deren bestimmende Organe.

Artikel 170

Die Mitglieder einer Selbstverwaltungsgemeinschaft können mittels einer Volksabstimmung über diese Gemeinschaft betreffende Angelegenheiten entscheiden, insbesonders über die Abberufung eines in unmittelbarer Wahl gewählten Organs der örtlichen Selbstverwaltung. Grundsätze und Verfahrensweise der Durchführung einer lokalen Volksabstimmung regelt das Gesetz.

Artikel 171

1. Die Gesetzmäßigkeit der Tätigkeit der örtlichen Selbstverwaltung unterliegt der Rechtsaufsicht.
2. Aufsichtsorgane über die Tätigkeit der Einheiten der örtlichen Selbstverwaltung sind der Vorsitzende des Ministerrates und die Wojewoden, im Bereich der finanziellen Angelegenheiten regionale Rechnungshöfe.
3. Auf Antrag des Vorsitzenden des Ministerrates kann der Sejm ein Entscheidungsorgan der örtlichen Selbstverwaltung auflösen, falls dieses die Verfassung oder die Gesetze grob verletzt.

Artikel 172

1. Die Einheiten der örtlichen Selbstverwaltung haben das Recht, sich zusammen zu schließen.
2. Eine Einheit der örtlichen Selbstverwaltung hat das Recht, sich internationalen Vereinigungen lokaler und regionaler Gemeinschaften anzuschließen. Sie ist berechtigt, mit den lokalen und regionalen Gemeinschaften anderer Staaten zusammenzuarbeiten.
3. Die Grundsätze, gemäß denen die Einheiten der örtlichen Selbstverwaltung Rechte gemäß den Abs. 1 und 2 in Anspruch nehmen können, regelt das Gesetz.

Kapitel VIII
GERICHTE UND GERICHTSHÖFE

Artikel 173

Gerichte und Gerichtshöfe sind eine eigene und von den anderen Gewalten unabhängige Gewalt.

Artikel 174

Gerichte und Gerichtshöfe sprechen ihre Urteile im Namen der Republik Polen.

GERICHTE

Artikel 175

1. Die Rechtsprechung in der Republik Polen üben das Oberste Gericht, ordentliche Gerichte, Verwaltungs- und Militärgerichte aus.
2. Sondergerichte und Schnellverfahren dürfen nur für Kriegszeiten eingeführt werden.

Artikel 176

1. Das Gerichtsverfahren umfaßt mindestens zwei Instanzen.
2. Den Aufbau und die Zuständigkeiten der Gerichte sowie das Gerichtsverfahren regeln Gesetze.

Artikel 177

Die ordentliche Gerichte üben die Rechtsprechung in allen Angelegenheiten mit Ausnahme derer aus, die gesetzlich der Zuständigkeit anderer Gerichte vorbehalten sind.

Artikel 178

1. Bei der Ausübung ihres Amtes sind die Richter unabhängig und nur der Verfassung und den Gesetzen unterworfen.
2. Den Richtern werden Arbeitsbedingungen und eine Vergütung gewährleistet, die der Würde ihres Amtes und dem Umfang ihrer Pflichten entsprechen.
3. Ein Richter darf weder einer politischen Partei oder einer Gewerkschaft angehören noch eine öffentliche Tätigkeit ausüben, die mit den Grundsätzen der Unabhängigkeit der Gerichte und der Richter nicht vereinbar ist.

Artikel 179

Die Richter werden vom Präsidenten der Republik Polen auf Vorschlag des Landesrates für Gerichtswesen auf unbestimmte Zeit berufen.

Artikel 180

1. Die Richter sind unabsetzbar.
2. Gegen seinen Willen darf ein Richter nur durch eine gerichtliche Entscheidung und nur in den gesetzlich bestimmten Fällen seines Amtes enthoben werden, von der Amtsausübung suspendiert oder an einen anderen Ort oder auf eine andere Stelle versetzt werden.
3. Der Richter kann in den Ruhestand versetzt werden, wenn Krankheit oder Verlust der Kräfte ihm die Amtsausübung unmöglich macht. Das Verfahren sowie die Weise, in der gegen eine solche Entscheidung Berufung bei Gericht eingelegt werden kann, regelt das Gesetz.
4. Das Gesetz bestimmt die Altersgrenze, bei deren Erreichung die Richter in den Ruhestand treten.
5. Werden der Aufbau der Gerichte oder die Gerichtsbezirke verändert, kann ein Richter unter Beibehaltung der vollen Bezüge an ein anderes Gericht oder in den Ruhestand versetzt werden.

Artikel 181

Ohne vorherige Zustimmung eines gesetzlich bestimmten Gerichtes darf ein Richter weder strafrechtlich zur Verantwortung gezogen werden noch ist ein Freiheitsentzug zulässig. Ein Richter darf weder festgenommen noch verhaftet werden, es sei denn er wird auf frischer Tat angetroffen und die Festnahme ist zur Gewährleistung des ordnungsgemäßen Verfahrensablaufes unentbehrlich. Von der Festnahme ist sofort der Präsident des örtlich zuständigen Gerichts zu unterrichten, der die sofortige Freilassung des Festgenommenen anordnen kann.

Artikel 182

Die Teilnahme der Staatsbürger an der Ausübung der Rechtsprechung wird im Gesetz geregelt.

Artikel 183

1. Das Oberste Gericht führt die Aufsicht über die Tätigkeit der ordentlichen und Militärgerichte im Bereich richterlicher Entscheidungen.
2. Das Oberste Gericht übt auch andere in der Verfassung und in Gesetzen bestimmte Tätigkeiten aus.
3. Der Erste Präsident des Obersten Gericht wird vom Präsidenten der Republik Polen für eine 6-jährige Amtszeit aus der Mitte der Kandidaten berufen, die von der Generalversammlung der Richter des Obersten Gerichtes vorgeschlagen worden sind.

Artikel 184

In dem durch Gesetz bestimmten Umfang kontrollieren das Oberste Verwaltungsgericht und die anderen Verwaltungsgerichte die Tätigkeit der öffentlichen Verwaltung. Diese Kontrolle umfaßt auch Entscheidungen über die Gesetzlickeit der Beschlüsse der örtlichen Selbstverwaltungsorgane und der Normativakte der lokalen Organe der Regierungsverwaltung.

Artikel 185

Den Präsidenten des Obersten Verwaltungsgerichts beruft der Präsident der Republik für eine 6-jährige Amtszeit aus der Mitte der Kandidaten, die von der Generalversammlung der Richter des Obersten Verwaltungsgerichtes vorgeschlagen worden sind.

Artikel 186

1. Der Landesrat für Gerichtswesen schützt die Unabhängigkeit der Gerichte und der Richter.
2. Soweit Normativakte die Unabhängigkeit der Gerichte und der Richter berühren, kann der Landesrat für Gerichtswesen beim Verfassungsgerichtshof die Überprüfung ihrer Verfassungsmäßigkeit beantragen.

Artikel 187

1. Der Landesrat für Gerichtswesen besteht aus:
   1) dem Ersten Präsidenten des Obersten Gerichtes, dem Justizminister, dem Präsidenten des Obersten Verwaltungsgerichts und einer vom Präsidenten der Republik berufenen Person,
   2) fünfzehn Mitgliedern, die aus der Mitte der Richter des Obersten Gerichts, der ordentlichen Gerichte, der Verwaltungs- und Militärgerichte gewählt worden sind,
   3) vier Mitgliedern, die vom Sejm aus der Mitte der Abgeordneten und zwei Mitgliedern, die vom Senat aus der Mitte der Senatoren gewählt worden sind.
2. Der Landesrat für Gerichtswesen wählt aus seiner Mitte einen Vorsitzenden und zwei stellvertretende Vorsitzende.

3. Die Amtszeit der gewählten Mitglieder des Landesrates für Gerichtswesen dauert vier Jahre.
4. Die Ordnung, den Umfang der Tätigkeit und die Arbeitsweise des Landesrates für Gerichtswesen sowie die Wahl seiner Mitglieder regelt ein Gesetz.

VERFASSUNGSGERICHTSHOF

Artikel 188

Der Verfassungsgerichtshof entscheidet über
1) die Vereinbarkeit der Gesetze und der völkerrechtlichen Verträgen mit der Verfassung,
2) die Vereinbarkeit der Gesetze mit den ratifizierten völkerrechtlichen Verträgen, deren Ratifizierung eine vorherige Zustimmung durch Gesetz voraussetzt,
3) die Vereinbarkeit der Rechtsvorschriften, die von zentralen Staatsorganen erlassen werden, mit der Verfassung, den ratifizierten völkerrechtlichen Verträgen und den Gesetzen,
4) die Vereinbarkeit der Ziele oder Tätigkeit der politischen Parteien mit der Verfassung,
5) die Verfassungsbeschwerde gemäß Art. 79 Abs. 1.

Artikel 189

Der Verfassungsgerichtshof bescheidet Kompetenzstreitigkeiten zwischen den zentralen verfassungsmäßigen Staatsorganen.

Artikel 190

1. Die Entscheidungen des Verfassungsgerichtshofes sind allgemein bindend und endgültig.
2. Die Entscheidungen des Verfassungsgerichtshofes gemäß Art. 188 werden unverzüglich in der amtlichen Veröffentlichung bekannt gemacht, in der der Normativakt veröffentlicht worden ist. Ist der Akt nicht veröffentlicht worden, ist die Entscheidung im Amtsblatt der Republik Polen „Monitor Polski" bekanntzumachen.
3. Die Entscheidung des Verfassungsgerichtshofes tritt am Tag der Verkündung in Kraft. Der Verfassungsgerichtshof kann jedoch eine andere Frist bestimmen, nach deren Ablauf der Normativakt seine bindende Kraft verliert. Ist ein Gesetz betroffen, darf diese Frist achtzehn Monate nicht überschreiten. Bei anderen Normativakten darf die Frist nicht länger als 12 Monate betragen. Im Falle eines Urteiles, das finanzielle Aufwendungen zur Folge hat, die im Haushaltsgesetz nicht vorgesehenen sind, setzt der Verfassungsgerichtshof die Frist für das Außerkrafttreten des Gesetzes nach Anhörung des Ministerrates fest.
4. Stellt der Verfassungsgerichtshof die Unvereinbarkeit eines Normativaktes mit der Verfassung, einem völkerrechtlichen Vertrag oder einem Gesetz fest und ist auf der Grundlage dieses Normativaktes eine rechtskräftige Gerichtsentscheidung, endgültige Verwaltungsentscheidung oder Entscheidung in anderen Angelegenheiten ergangen, bildet die Entscheidung des Verfassungsgerichtshofes die Grundlage für die Wiederaufnahme des Verfahrens beziehungsweise für die Aufhebung der Entscheidung nach den Grundsätzen und gemäß der Verfahrensweise, die in den auf diese Verfahren anwendbaren Vorschriften geregelt sind.
5. Der Verfassungsgerichtshof trifft seine Entscheidungen mit Stimmenmehrheit.

Artikel 191

1. Ein Verfahren beim Verfassungsgerichtshof gemäß Art. 188 können beantragen:
   1) der Präsident der Republik, der Sejmmarschall, der Senatsmarschall, der Vorsitzende des Ministerrates, fünfzig Abgeordnete, dreißig Senatoren, der Erste Präsident des Obersten Gerichts, der Präsident des Obersten Verwaltungsgerichts, der Generalstaatsanwalt, der Präsident der Obersten Kontrollkammer, der Beauftragte für Bürgerrechte,
   2) der Landesrat für Gerichtswesen in dem in Art. 186 Abs. 2 bezeichneten Umfang,
   3) die Entscheidungsorgane der Einheiten der örtlichen Selbstverwaltung,
   4) Landesorgane der Gewerkschaften und landesweite Führungsorgane der Arbeitgeberorganisationen und der Berufsorganisationen,
   5) Kirchen und andere Religionsgemeinschaften,
   6) die in Art. 79 bezeichneten Rechtsträger, in dem dort bezeichneten Umfang.
2. Die in Abs. 1 Nr. 3 bis 5 bezeichneten Rechtsträger können nur dann ein Verfahren beantragen, wenn der Normativakt ihren Tätigkeitsbereich betrifft.

Artikel 192

Ein Verfahren beim Verfassungsgerichtshof gemäß Art. 189 können beantragen: der Präsident der Republik, der Sejmmarschall, der Senatsmarschall, der Vorsitzende des Ministerrates, der Erste Präsident des Obersten Gerichts, der Präsident des Obersten Verwaltungsgerichts und der Präsident der Obersten Kontrollkammer.

Artikel 193

Jedes Gericht kann dem Verfassungsgerichtshof eine Rechtsfrage bezüglich der Vereinbarkeit eines Normativaktes mit der Verfassung, den ratifizierten völkerrechtlichen Verträgen oder dem Gesetz vorlegen, wenn von der Beantwortung der Rechtsfrage die Entscheidung einer bei dem Gericht anhängigen Sache abhängig ist.

Artikel 194

1. Der Verfassungsgerichtshof besteht aus fünfzehn Richtern, die individuell vom Sejm gewählt werden. Die gewählten Personen müssen sich durch Rechtskenntnisse auszeichnen. Eine Wiederwahl ist nicht zulässig.
2. Der Präsident des Verfassungsgerichtshofes und seine Stellvertreter werden vom Präsidenten der Republik aus der Mitte der Kandidaten berufen, die von der Generalversammlung der Richter des Verfassungsgerichtshofes vorgeschlagen werden.

Artikel 195

1. Die Richter des Verfassungsgerichtshofes sind in der Ausübung ihres Amtes unabhängig und nur der Verfassung unterworfen.
2. Den Richtern des Verfassungsgerichtshofes werden Arbeitsbedingungen und eine Vergütung gewährleistet, die der Würde ihres Amtes und dem Umfang ihrer Pflichten entsprechen.
3. Die Richter des Verfassungsgerichtshofes dürfen, solange sie ihr Amt innehaben, weder einer politischen Partei oder einer Gewerkschaft angehören noch eine Tätigkeit ausüben, die sich mit den Grundsätzen der Unabhängigkeit der Gerichte und der Richter nicht vereinbaren läßt.

Artikel 196

Ohne vorherige Zustimmung des Verfassungsgerichtshofes darf ein Richter des Verfassungsgerichtshofes weder zur strafrechtlichen Verantwortung gezogen werden, noch ist ein Freiheitsentzug zulässig. Der Richter darf weder festgenommen noch verhaftet werden, es sei denn, er wird auf frischer Tat angetroffen und die Festnahme ist zur Gewährleistung des ordnungsgemäßen Verfahrensablaufes unentbehrlich. Die Festnahme ist unverzüglich dem Präsidenten des Verfassungsgerichtshofes mitzuteilen, der die sofortige Freilassung des Festgenommenen anordnen kann.

Artikel 197

Die Organisation des Verfassungsgerichtshofes und die Verfahrensweise vor dem Verfassungsgerichtshof regelt das Gesetz.

STAATSGERICHTSHOF

Artikel 198

1. Die verfassungsrechtliche Verantwortung vor dem Staatsgerichtshof wegen der Verletzung der Verfassung oder eines Gesetzes im Zusammenhang mit dem bekleideten Amt oder im Bereich der Amtsgeschäfte tragen: der Präsident der Republik, der Vorsitzende und die Mitglieder des Ministerrates, der Präsident der Polnischen Nationalbank, der Präsident der Obersten Kontrollkammer, Mitglieder des Landesrates für Rundfunk und Fernsehen, Personen, die der Vorsitzende des Ministerrates mit der Leitung eines Ministeriums beauftragt hat, und der Oberste Befehlshaber der Streitkräfte.
2. In dem durch Artikel 107 bestimmten Umfang tragen auch Abgeordnete und Senatoren die verfassungsrechtliche Verantwortung vor dem Staatsgerichtshof.
3. Welche Arten von Strafen vom Staatsgerichtshof verhängt werden können, bestimmt das Gesetz.

Artikel 199

1. Der Staatsgerichtshof besteht aus einem Vorsitzenden, zwei stellvertretenden Vorsitzenden und sechzehn Mitgliedern, die weder Abgeordnete noch Senatoren sein dürfen. Die stellvertretenden Vorsitzenden des Staatsgerichtshofes und mindestens die Hälfte seiner Mitglieder sollen die Befähigung zum Richteramt haben.
2. Der Erste Präsident des Obersten Gerichtes ist Vorsitzender des Staatsgerichtshofes.
3. Die Mitglieder des Staatsgerichtshofes sind in der Ausübung ihres Amtes unabhängig und nur der Verfassung und den Gesetzen unterworfen.

Artikel 200

Ohne vorherige Zustimmung des Staatsgerichtshofes darf ein Richter des Staatsgerichtshofes weder zur strafrechtlichen Verantwortung gezogen werden, noch ist ein Freiheitsentzug zulässig. Der Richter darf weder festgenommen noch verhaftet werden, es sei denn, er wird auf frischer Tat angetroffen und die Festnahme ist zur Gewährleistung des ordnungsgemäßen Verfahrensablaufes unentbehrlich. Die Festnahme ist unverzüglich dem Präsidenten des Staatsgerichtshofes mitzuteilen, der die sofortige Freilassung des Festgenommenen anordnen kann.

Artikel 201

Die Organisation des Staatsgerichtshofes und die Verfahrensweise vor dem Gerichtshof regelt das Gesetz.

Kapitel IX
ORGANE DER STAATLICHEN KONTROLLE UND DES RECHTSSCHUTZES

Artikel 202

1. Die Oberste Kontrollkammer ist das höchste Organ der staatlichen Kontrolle.
2. Die Oberste Kontrollkammer untersteht dem Sejm.
3. Die Oberste Kontrollkammer ist nach dem Kollegialitätsprinzip tätig.

Artikel 203

1. Die Oberste Kontrollkammer überprüft die Tätigkeit der Organe der Regierungsverwaltung, der Polnischen Nationalbank, der staatlichen juristischen Personen und anderer staatlicher Organisationseinheiten unter den Gesichtspunkten der Legalität, der Wirtschaftlichkeit, der Zweckmäßigkeit und der Redlichkeit.
2. Die Oberste Kontrollkammer kann die Tätigkeit der örtlichen Selbstverwaltungsorgane, der kommunalen juristischen Personen und anderer kommunaler Organisationseinheiten unter den Gesichtspunkten der Legalität, der Wirtschaftlichkeit und der Redlichkeit kontrollieren.
3. Die Oberste Kontrollkammer kann auch unter Legalitäts- und Wirtschaftlichkeitsgesichtpunkten die Tätigkeit anderer Organisationseinheiten und Wirtschaftsteilnehmer insoweit überprüfen, als sie Mittel und Vermögen des Staates oder der Gemeinden nutzen oder finanzielle Verpflichtungen zugunsten des Staates erfüllen.

Artikel 204

1. Die Oberste Kontrollkammer legt dem Sejm vor:
   1) eine Analyse der Durchführung des Staatshaushaltes und der Grundlagen der Geldpolitk,
   2) ein Gutachten über die Entlastung des Ministerrates,
   3) Auskünfte bezüglich der Kontrollergebnisse, Schlußfolgerungen und Berichte, die im Gesetz bestimmt sind.
2. Die Oberste Kontrollkammer erstattet dem Sejm jährlich Bericht über ihre Tätigkeit.

Artikel 205

1. Der Präsident der Obersten Kontrollkammer wird vom Sejm mit Zustimmung des Senats für sechs Jahre berufen. Er kann nur einmal wiederberufen werden.
2. Mit Ausnahme einer Hochschulprofessur darf der Präsident der Obersten Kontrollkammer weder eine andere Stelle innehaben noch eine andere Berufstätigkeit ausüben.

3. Der Präsident der Obersten Kontrollkammer darf weder einer politischen Partei oder einer Gewerkschaft angehören noch eine öffentliche Tätigkeit ausüben, die sich mit der Würde seines Amtes nicht vereinbaren läßt.

Artikel 206

Ohne vorherige Zustimmung des Sejm darf der Präsident der Obersten Kontrollkammer weder zur strafrechtlichen Verantwortung gezogen werden, noch ist ein Freiheitsentzug zulässig. Der Präsident der Obersten Kontrollkammer darf weder festgenommen noch verhaftet werden, es sei denn, er wird auf frischer Tat angetroffen und die Festnahme ist zur Gewährleistung des ordnungsgemäßen Verfahrensablaufes unentbehrlich. Die Festnahme ist unverzüglich dem Sejmmarschall mitzuteilen, der die sofortige Freilassung des Festgenommenen anordnen kann.

Artikel 207

Den Aufbau der Obersten Kontrollkammer und ihre Verfahrensweise regelt das Gesetz.

BEAUFTRAGTER FÜR BÜRGERRECHTE

Artikel 208

1. Der Beauftragte für Bürgerrechte hütet die in der Verfassung und in anderen Normativakten festgelegten Rechte und Freiheiten der Menschen und Staatsbürger.
2. Den Umfang und die Weise der Tätigkeit des Beauftragten für Bürgerrechte regelt das Gesetz.

Artikel 209

1. Der Beauftragte für Bürgerrechte wird vom Sejm mit Zustimmung des Senats auf fünf Jahre berufen.
2. Mit Ausnahme einer Hochschulprofessur darf der Beauftragte für Bürgerrechte weder eine andere Stelle innehaben noch eine andere Berufstätigkeit ausüben.
3. Der Beauftragte für Bürgerrechte darf weder einer politischen Partei oder einer Gewerkschaft angehören noch eine öffentliche Tätigkeit ausüben, die sich mit der Würde seines Amtes nicht vereinbaren läßt.

Artikel 210

Der Beauftragte für Bürgerrechte ist in seiner Tätigkeit unabhängig, insbesonders von anderen staatlichen Organen. Er ist allein dem Sejm gemäß den im Gesetz bestimmten Grundsätzen verantwortlich.

Artikel 211

Ohne vorherige Zustimmung des Sejm darf der Beauftragte für Bürgerrechte weder zur strafrechtlichen Verantwortung gezogen werden, noch ist ein Freiheitsentzug zulässig. Der Beauftragte für Bürgerrechte darf weder festgenommen noch verhaftet werden, es sei denn, er wird auf frischer Tat angetroffen und die Festnahme ist zur Gewährleistung des ordnungsgemäßen Verfahrensablaufes unentbehrlich. Die Festnahme ist unverzüglich dem Sejmmarschall mitzuteilen, der die sofortige Freilassung des Festgenommenen anordnen kann.

Artikel 212

Der Beauftragte für Bürgerrechte informiert jährlich den Sejm und den Senat über seine Tätigkeit sowie darüber, inwieweit die Rechte und Freiheiten des Menschen und des Bürgers eingehalten werden.

LANDESRAT FÜR RUNDFUNK UND FERNSEHEN

Artikel 213

1. Der Landesrat für Rundfunk und Fernsehen hütet die Freiheit des Wortes, das Informationsrecht sowie das öffentliche Interesse an Rundfunk und Fernsehen.
2. Der Landesrat für Rundfunk und Fernsehen erläßt Rechtsverordnungen. Bei individuellen Sachverhalten faßt er Beschlüsse.

Artikel 214

1. Die Mitglieder des Landesrates für Rundfunk und Fernsehen werden von dem Sejm, dem Senat und dem Präsidenten der Republik berufen.
2. Das Mitglied des Landesrates für Rundfunk und Fernsehen darf weder einer politischen Partei oder einer Gewerkschaft angehören noch eine öffentliche Tätigkeit ausüben, die sich mit der Würde seines Amtes nicht vereinbaren läßt.

Artikel 215

Grundsätze und Verfahren des Landesrates für Rundfunk und Fernsehen, seinen Aufbau und ausführliche Grundsätze der Berufung seiner Mitglieder regelt das Gesetz.

Kapitel X
ÖFFENTLICHE FINANZEN

Artikel 216

1. Die für öffentliche Zwecke bestimmten Finanzmittel werden gemäß der im Gesetz bestimmten Weise gesammelt und ausgegeben.
2. Der Erwerb, das Veräußern und Belasten von Liegenschaften, Anteilen oder Aktien und die Ausgabe von Wertpapieren der Staatskasse, der Polnischen Nationalbank oder anderer staatlicher juristischer Personen erfolgt gemäß gesetzlich geregelten Grundsätzen und Verfahren.
3. Die Einführung eines Monopols erfolgt auf dem Gesetzesweg.
4. Die Aufnahme von Darlehen und die Gewährung von Garantien und Finanzbürgschaften durch den Staat erfolgt gemäß den Grundsätzen und der Verfahrensweise, die im Gesetz geregelt sind.
5. Es ist nicht gestattet, Darlehen aufzunehmen oder Garantien oder Finanzbürgschaften zu gewähren, infolge derer die öffentliche Schuld des Staates drei Fünftel des Wertes des

jährlichen Bruttoinlandsprodukts übersteigt. Die Weise, in der der Wert des jährlichen Bruttoinlandsprodukts sowie die öffentliche Schuld berechnet werden, regelt das Gesetz.

Artikel 217

Das Auferlegen von Steuern und anderen öffentlichen Abgaben, die Festlegung der Grundlagen der Besteuerung und der Steuersätze erfolgt auf dem Gesetzeswege. Das gleiche gilt für die Grundsätze der Zuerkennung von Vergünstigungen und Niederschlagungen sowie die Festlegung von Personengruppen, die von der Steuer befreit sind.

Artikel 218

Den Aufbau der Staatskasse und die Weise, in der das Staatsvermögen zu verwalten ist, regelt das Gesetz.

Artikel 219

1. Der Sejm beschließt den Staatshaushalt für das Haushaltsjahr in Form eines Haushaltsgesetzes.
2. Grundsätze und Verfahrensweise der Ausarbeitung der Haushaltsgesetzesvorlage, die Anforderungen, insbesonders an ihre Ausführlichkeit, denen diese Vorlage genügen muß, sowie Grundsätze und Verfahrensweise der Ausführung des Haushaltsgesetzes regelt das Gesetz.
3. Ausnahmsweise können durch ein Gesetz zur provisorischen Ausgabenermächtigung die Einnahmen und Ausgaben des Staates für einen Zeitraum kürzer als ein Jahr beschlossen werden. Die die Haushaltsgesetzesvorlage betreffenden Vorschriften werden entsprechend auf die Vorlage des Gesetzes zur provisorischen Ausgabenermächtigung angewandt.
4. Tritt das Haushaltsgesetz oder das Gesetz zur provisorischen Ausgabenermächtigung nicht am Eröffnungstag des Haushaltsjahres in Kraft, führt der Ministerrat die öffentlichen Finanzen aufgrund der eingebrachten Gesetzesvorlage.

Artikel 220

1. Die Vergrößerung der Ausgaben oder die Einschränkung der vom Ministerrat geplanten Einkünfte darf nicht dazu führen, daß der Sejm ein größeres Hauhaltsdefizit als das in der Vorlage des Haushaltsgesetzes vorgesehene beschließt.
2. Das Haushaltsgesetz darf nicht vorsehen, daß das Haushaltsdefizit durch die Eingehung von Verbindlichkeiten der zentralen Staatsbank gedeckt wird.

Artikel 221

Das Vorschlagsrecht in Bezug auf ein Haushaltsgesetz, ein Gesetz zur provisorischen Ausgabenermächtigung, ein Haushaltsänderungsgesetz oder ein Gesetz über die Aufnahme einer öffentlichen Schuld sowie in Bezug auf ein Gesetz über die Gewährung einer Finanzgarantie durch den Staat steht ausschließlich dem Ministerrat zu.

Artikel 222

Der Ministerrat legt dem Sejm die Haushaltsgesetzesvorlage für das kommende Jahr spätestens drei Monate vor Beginn des Haushaltsjahres vor. In Ausnahmefällen ist eine spätere Vorlage des Entwurfes zulässig.

Artikel 223

Der Senat kann Änderungen des Haushaltsgesetzes innerhalb von zwanzig Tagen nach der Weiterleitung an ihn beschließen.

Artikel 224

1. Der Präsident der Republik unterzeichnet das Haushaltsgesetz oder das Gesetz zur provisorischen Ausgabenermächtigung innerhalb von sieben Tagen, nachdem ihm das Gesetz vom Sejmmarschall vorgelegt worden ist. Die Vorschrift des Art. 122 Abs. 5 findet auf das Haushaltsgesetz und das Gesetz zur provisorischen Ausgabenermächtigung keine Anwendung.
2. Ruft der Präsident der Republik vor der Unterzeichnung des Haushaltsgesetzes oder des Gesetzes zur provisorischen Ausgabenermächtigung den Verfassungsgerichtshof wegen der Vereinbarkeit dieses Gesetzes mit der Verfassung an, so hat der Verfassungsgerichtshof in dieser Angelegenheit nicht später als innerhalb von zwei Monaten nach der Antragstellung zu entscheiden.

Artikel 225

Wird die Haushaltsgesetzesvorlage nicht innerhalb von vier Monaten nach der Einbringung beim Sejm dem Präsidenten der Republik zur Unterzeichnung vorgelegt, kann der Präsident innerhalb von vierzehn Tagen die Verkürzung der Sejmamtszeit anordnen.

Artikel 226

1. Innerhalb von fünf Monaten nach dem Abschluß des Haushaltsjahres legt der Ministerrat dem Sejm den Bericht über die Ausführung des Haushaltsgesetzes zusammen mit einer Unterrichtung über die Staatsverschuldung vor.
2. Der Sejm erörtert den vorgelegten Bericht und beschließt, nachdem er sich mit dem Gutachten der Obersten Kontrollkammer vertraut gemacht hat, innerhalb von neunzig Tagen über die Entlastung oder Nichtentlastung des Ministerrates.

Artikel 227

1. Die Polnische Nationalbank ist die zentrale Staatsbank. Ausschließlich ihr steht das Recht zu, Geld auszugeben sowie die Geldpolitik zu bestimmen und durchzuführen. Die Polnische Nationalbank ist für den Wert des polnischen Geldes verantwortlich.
2. Organe der Polnischen Nationalbank sind der Präsident der Polnischen Nationalbank, der Rat für Geldpolitik und der Vorstand der Polnischen Nationalbank.
3. Der Präsident der Polnischen Nationalbank wird vom Sejm auf Vorschlag des Präsidenten der Republik für sechs Jahre berufen.
4. Der Präsident der Polnischen Nationalbank darf weder einer politischen Partei oder einer Gewerkschaft angehören noch eine öffentliche Tätigkeit ausüben, die sich mit der Würde seines Amtes nicht vereinbaren läßt.
5. Mitglieder des Rates für Geldpolitik sind der Präsident der Polnischen Nationalbank als sein Vorsitzender und Personen, die sich durch Kenntnisse im Bereich des Finanzwesens auszeichnen und die in gleicher Anzahl vom Präsidenten der Republik, dem Sejm und dem Senat für sechs Jahre berufen werden.

6. Der Rat für Geldpolitik bestimmt jedes Jahr die Grundlagen der Geldpolitik und legt sie dem Sejm zur Kenntnisnahme vor. Diese Vorlage erfolgt gleichzeitig mit der Einbringung der Haushaltsgesetzesvorlage durch den Ministerrat. Der Rat für Geldpolitik erstattet dem Sejm innerhalb von fünf Monaten nach dem Abschluß des Haushaltsjahres Bericht über die Durchführung der Grundkonzeptionen der Geldpolitik.
7. Den Aufbau und Grundsätze der Tätigkeit der Polnischen Nationalbank sowie ausführliche Grundsätze für die Berufung und die Abberufung ihrer Organe regelt das Gesetz.

Kapitel XI
AUSNAHMEZUSTÄNDE

Artikel 228

1. In besonderen Bedrohungssituationen, wenn die gewöhnlichen verfassungsrechtlichen Mittel nicht genügen, kann ein entsprechender Ausnahmezustand eingeführt werden: Kriegszustand, Notstand oder Katastrophenzustand.
2. Der Ausnahmezustand darf nur durch eine auf der Grundlage des Gesetzes ergangene Rechtsverordnung eingeführt werden. Die Rechtsverordnung ist öffentlich bekannt zu machen.
3. Die Grundsätze der Tätigkeit der öffentlichen Gewalt sowie der Umfang, in dem die Rechte und Freiheiten der Menschen und Bürger eingeschränkt werden können, regelt das Gesetz.
4. Das Gesetz kann die Grundsätze, den Umfang und die Verfahrensweise der Ausgleichung von Vermögensschäden regeln, die als Folge der Einschränkung der Freiheiten und Rechte der Menschen und Bürger während eines Ausnahmezustandes eingetreten sind.
5. Die infolge der Einführung eines Ausnahmezustandes getroffenen Maßnahmen müssen verhältnismäßig gegenüber dem Bedrohungsgrad sein. Sie müssen auf die schnellstmögliche Wiederherstellung einer normalen Staatstätigkeit zielen.
6. Während eines Ausnahmezustandes dürfen folgende Gesetze nicht verändert werden: die Verfassung, die Wahlordnungen in den Sejm, den Senat und in die örtlichen Selbstverwaltungsorgane, das Gesetz über die Wahl des Präsidenten der Republik sowie Gesetze über Ausnahmezustände.
7. Während des Ausnahmezustandes und innerhalb von neunzig Tagen nach seiner Beendigung darf weder die Sejmamtszeit verkürzt noch eine das ganze Land betreffende Volksabstimmung durchgeführt werden. Ebensowenig dürfen Wahlen in den Sejm, den Senat, in die örtlichen Selbstverwaltungsorgane oder zum Präsidenten der Republik abgehalten werden. Die Amtszeit dieser Organe ist entsprechend zu verlängern. Die Durchführung von Wahlen zu den örtlichen Selbstverwaltungsorgane ist in den Gebieten möglich, in denen der Ausnahmezustand nicht eingeführt worden ist.

Artikel 229

Im Fall einer Bedrohung des Staates von außen, eines bewaffneten Angriffs auf das Gebiet der Republik Polen oder wenn sich aus einem völkerrechtlichen Vertrag eine Verpflichtung zur gemeinsamen Abwehr eines Angriffes ergibt, kann der Präsident der Republik auf Antrag des Ministerrates den Kriegszustand in einem Teil des oder für das gesamte Staatsgebiet einführen.

Artikel 230

1. Im Fall der Bedrohung der verfassungsmäßigen Ordnung des Staates, der Sicherheit der Staatsbürger oder der öffentlichen Ordnung kann der Präsident der Republik auf Antrag des Ministerrates den Ausnahmezustand in einem Teil des oder für das gesamte Staatsgebiet einführen. Der Ausnahmezustand ist für eine bestimmte Zeit einzuführen, die neunzig Tage nicht überschreiten darf.
2. Der Ausnahmezustand darf nur einmal mit Zustimmung des Sejm und des Senats für eine Periode von nicht mehr als sechzig Tagen verlängert werden.

Artikel 231

Die Rechtsverordnung über die Einführung des Kriegs- oder Ausnahmezustandes legt der Präsident der Republik dem Sejm innerhalb von achtundvierzig Stunden nach deren Unterzeichnung vor. Der Sejm erörtert unverzüglich die Rechtsverordnung des Präsidenten der Republik. Der Sejm kann sie mit absoluter Stimmenmehrheit in Anwesenheit von mindestens der Hälfte der gesetzlichen Abgeordnetenzahl aufheben.

Artikel 232

Um den Folgen von Naturkatastrophen oder denen von technischen Unfällen, die Merkmale einer elementaren Katastrophe haben, entgegenzuwirken oder deren Folgen zu beseitigen, kann der Ministerrat den Katastrophenzustand für einen Teil oder für das gesamte Staatsgebiet einführen. Der Katastrophenzustand ist für eine bestimmte Zeit einzuführen, die 30 Tage nicht überschreiten darf. Eine Verlängerung des Zustandes kann nur mit der Zustimmung des Sejm erfolgen.

Artikel 233

1. Das Gesetz, das den Umfang der Einschränkung der Freiheiten und Rechte der Menschen und Bürger während eines Kriegszustandes oder eines Notstandes bestimmt, darf die Freiheiten und Rechte, die in den Art. 30 (Menschenwürde), 34 und 36 (Staatsangehörigkeit), 38 (Lebensschutz) 39, 40 und 41 Abs. 4 (menschenwürdige Behandlung), 42 (das Tragen strafrechtlicher Verantwortung), 45 (Zugang zu den Gerichten), 47 (Persönlichkeitsrechte), 53 (Gewissen und Religion), 63 (Petitionen), 48 und 72 (Familie und Kind) bestimmt worden sind, nicht einschränken.
2. Unzulässig ist eine Einschränkung der Freiheiten und Rechte der Menschen und Bürger ausschließlich wegen der Rasse, des Geschlechts, der Sprache, der Konfession oder deren Fehlens, der Zugehörigkeit zu einer gesellschaftlichen Schicht, der Abstammung oder des Vermögens.
3. Das Gesetz, das den Umfang der Einschränkung der Freiheiten und Rechte des Menschen und des Bürgers während eines Katastrophenzustandes bestimmt, darf die in den Art. 22 (Freiheit der wirtschaftlichen Betätigung), 41 Abs. 1, 3 und 5 (Freiheit der Person), 50 (Unverletzlichkeit der Wohnung), 52 Abs. 1 (Freizügigkeit und Aufenthaltsfreiheit auf dem Gebiet der Republik Polen), 59 Abs. 3 (Streikrecht), 64 (Eigentumsrecht), 65 Abs. 1 (Arbeitsfreiheit), 66 Abs. 1 (Recht auf sichere und hygienische Arbeitsbedingungen) und 66 Abs. 2 (Recht auf Erholung) bestimmten Freiheiten und Rechte einschränken.

Artikel 234

1. Kann der Sejm während des Kriegszustandes nicht zu Sitzungen zusammenkommen, erläßt der Präsident der Republik Polen auf Antrag des Ministerrates Rechtsverordnungen mit Gesetzeskraft in dem Umfang und in den Grenzen, die im Art. 228 Abs. 3 bis 5 bestimmt worden sind. Diese Rechtsverordnungen unterliegen der Bestätigung durch den Sejm auf dessen nächster Sitzung.
2. Die in Abs. 1 bezeichneten Rechtsverordnungen haben den Charakter einer Quelle allgemeingeltenden Rechts.

Kapitel XII
VERFASSUNGSÄNDERUNG

Artikel 235

1. Eine Gesetzesvorlage über eine Änderung der Verfassung kann von mindestens einem Fünftel der gesetzlichen Abgeordnetenzahl, dem Senat oder dem Präsidenten der Republik vorgelegt werden.
2. Die Verfassungsänderung erfolgt über ein Gesetz, das zunächst vom Sejm und dann wortgleich innerhalb einer Frist nicht länger als sechzig Tage vom Senat verabschiedet wird.
3. Zwischen der Einbringung der Gesetzesvorlage zur Änderung der Verfassung beim Sejm und der ersten Lesung dieser Vorlage müssen mindestens dreißig Tage liegen.
4. Das Gesetz über die Verfassungsänderung wird vom Sejm mit einer Mehrheit von mindestens zwei Dritteln der Stimmen in Anwesenheit von mindestens der Hälfte der gesetzlichen Abgeordnetenzahl beschlossen. Der Senat beschließt es mit absoluter Mehrheit der Stimmen in Anwesenheit von mindestens der Hälfte der gesetzlichen Senatorenzahl.
5. Der Sejm kann ein Gesetz, das die Vorschriften der Kapitel I, II oder XII der Verfassung ändert, nicht früher als am sechzigsten Tag nach der ersten Lesung der Gesetzesvorlage beschließen.
6. Betrifft das Verfassungsänderungsgesetz die Vorschriften der Kapitel I, II oder XII, können die im Abs. 1 genannten Rechtsträger innerhalb einer Frist von fünfundvierzig Tagen nach der Verabschiedung des Gesetzes durch den Senat beanspruchen, daß eine Volksabstimmung über das Gesetz durchgeführt wird. Mit einem diesbezüglichen Antrag wenden sich die Rechtsträger an den Sejmmarschall, der unverzüglich die Durchführung der Volksabstimmung innerhalb von sechzig Tagen nach Einbringung des Antrages anordnet. Die Verfassungsänderung gilt als angenommen, wenn sie von der Mehrheit der abgegebenen Stimmen befürwortet wird.
7. Nach der Beendigung des in den Abs. 4 und 6 bestimmten Verfahrens legt der Sejmmarschall dem Präsidenten der Republik das verabschiedete Gesetz zur Unterzeichnung vor. Der Präsident unterzeichnet das Gesetz innerhalb von einundzwanzig Tagen nach dem Vorlagetag und ordnet dessen Verkündung im Gesetzblatt der Republik Polen „Dziennik Ustaw" an.

Kapitel XIII
ÜBERGANGS- UND SCHLUßVORSCHRIFTEN

Artikel 236

1. Die Vorlagen der Gesetze, die unentbehrlich zur Anwendung der Verfassung sind, bringt der Ministerrat innerhalb von zwei Jahren nach dem Tag des Inkrafttreten der Verfassung beim Sejm ein.
2. Die zur Verwirklichung des Art. 176 Abs. 1 in Bezug auf das Verfahren vor den Verwaltungsgerichten erforderlichen Gesetze werden vor Ablauf von fünf Jahren nach dem Tag des Inkrafttretens der Verfassung verabschiedet. Bis diese Gesetze in Kraft treten, gelten die Vorschriften, die für eine außerordentliche Revision gegen Beschlüsse des Obersten Verwaltungsgerichts anzuwenden sind.

Artikel 237

1. Innerhalb eines Zeitraumes von vier Jahren nach dem Tag des Inkrafttretens der Verfassung sind die Ausschüsse für Ordnungswidrigkeiten bei den Amtsgerichten zur Verhandlung wegen Ordnungswidrigkeiten zuständig, wobei über eine Haftstrafe das Gericht beschließt.
2. Die Berufung gegen einen Beschluß des Ausschusses untersucht das Gericht.

Artikel 238

1. Die Amtszeit der verfassungsmäßigen Organe der öffentlichen Gewalt und der Personen, die in diese vor dem Inkrafttreten der Verfassung gewählt oder berufen worden sind, endet mit dem Ablauf der Frist, die in den vor dem Tag des Inkrafttreten der Verfassung geltenden Vorschriften bestimmt worden ist.
2. Ist die Amtszeit in den vor dem Tag des Inkrafttretens der Verfassung geltenden Vorschriften nicht festgesetzt, und ist seit dem Tag der Wahl oder Berufung eine längere Zeit als die von der Verfassung bestimmte vergangen, endet die Amtszeit der Organe der öffentlichen Gewalt oder der sie bildenden Personen mit dem Ablauf eines Jahres nach dem Tag des Inkrafttretens der Verfassung.
3. Ist die Amtszeit in den vor dem Tag des Inkrafttretens der Verfassung geltenden Vorschriften nicht festgesetzt, und ist seit dem Tag der Wahl oder der Berufung eine kürzere Zeit vergangen, als das von der Verfassung für verfassungsmäßige Organe der öffentlichen Gewalt oder die sie bildenden Personen bestimmt wird, ist die Periode, in der die Organe oder die Personen ihre Funktion gemäß den bisher geltenden Vorschriften ausgeübt haben, in die von der Verfassung festgesetzte Amtszeit einzurechnen.

Artikel 239

1. Innerhalb eines Zeitraumes von zwei Jahren nach dem Tag des Inkrafttreten der Verfassung sind Entscheidungen des Verfassungsgerichtshofes über die Verfassungswidrigkeit der vor dem Inkrafttreten der Verfassung verabschiedeten Gesetze nicht endgültig und werden vom Sejm erörtert, der die Entscheidung des Verfassungsgerichtshofes mit der Mehrheit von zwei Dritteln der Stimmen in Anwesenheit von mindestens der Hälfte der gesetzlichen

Abgeordnetenzahl ablehnen kann. Das gilt nicht für Entscheidungen, die infolge von an den Verfassungsgerichtshof gerichteten Rechtsfragen erlassen worden sind.

2. Ein Verfahren wegen der Festlegung einer allgemeingültigen Auslegung eines Gesetzes, das vor dem Inkrafttreten der Verfassung eingeleitet worden ist, ist einzustellen.
3. Am Tag des Inkrafttretens der Verfassung verlieren die Beschlüsse des Verfassungsgerichtshofes über die Auslegung der Gesetze ihre allgemeine Verbindlichkeit. In Kraft bleiben die rechtskräftigen Gerichtsurteile und andere rechtskräftige Entscheidungen der Organe der öffentlichen Gewalt, die unter Berücksichtigung der vom Verfassungsgerichtshof für allgemein verbindlich erklärten Auslegung gefällt worden sind.

Artikel 240

Während des ersten Jahres nach dem Inkrafttreten der Verfassung kann das Haushaltsgesetz vorsehen, daß ein Defizit durch die Eingehung von Verpflichtungen der zentralen Staatsbank gedeckt wird.

Artikel 241

1. Die völkerrechtlichen Verträge, die bisher von der Republik Polen aufgrund der zur Zeit ihrer Ratifizierung geltenden verfassungsrechtlichen Vorschriften ratifiziert und im Gesetzblatt veröffentlicht worden sind, gelten als Verträge, die durch ein vorhergehendes Zustimmmungsgesetz ratifiziert worden sind. Die Vorschriften des Art. 91 werden auf sie angewandt, wenn der Vertrag seinem Inhalt nach die in Art. 89 Abs. 1 genannten Gegenstandsbereiche betrifft.
2. Innerhalb von zwei Jahren nach dem Inkrafttreten der Verfassung legt der Ministerrat dem Sejm das Verzeichnis der völkerrechtlichen Verträge vor, die mit der Verfassung unvereinbare Bestimmungen enthalten.
3. Die vor dem Inkrafttreten der Verfassung gewählten Senatoren, welche das 30. Lebensjahr nicht vollendet haben, behalten ihre Mandate bis zum Ende der Amtszeit, für die sie gewählt worden sind.
4. Das Verbinden des Abgeordneten- oder des Senatorenmandats mit einer Funktion oder einer Beschäftigung, für die das im Art. 103 bestimmte Verbot gilt, hat zur Folge, daß das Mandat nach Ablauf eines Monats nach dem Inkrafttreten der Verfassung erlischt, es sei denn der Abgeordnete oder der Senator verzichtet auf die Funktion oder die Beschäftigung wird beendet.
5. Angelegenheiten, die der Gegenstand eines Gesetzgebungsverfahrens oder eines Verfahrens vor dem Verfassungs- oder dem Staatsgerichtshof sind und die vor dem Inkrafttreten der Verfassung eingeleitet worden sind, werden gemäß den verfassungsrechtlichen Vorschriften fortgeführt, die am Tage ihrer Einleitung gegolten haben.
6. Innerhalb von zwei Jahren nach dem Inkrafttreten der Verfassung stellt der Ministerrat fest, welche Beschlüsse des Ministerrates und Anordnungen der Minister oder anderer Regierungsverwaltungsorgane, die vor dem Inkrafttreten der Verfassung beschlossen oder erlassen worden sind, gemäß den im Art. 87 Abs. 1 und Art. 92 der Verfassung bestimmten Bedingungen durch Rechtsverordnungen zu ersetzen sind, die aufgrund einer gesetzlichen Ermächtigung erlassen worden sind. Den Vorschlag solcher Gesetze legt der Ministerrat dem Sejm in angemessener Zeit vor. Ebenfalls innerhalb von zwei Jahren nach dem Inkrafttreten

der Verfassung legt der Ministerrat dem Sejm eine Gesetzesvorlage vor, die bestimmt, welche Normativakte der Regierungsverwaltungsorgane, die vor dem Inkrafttreten der Verfassung erlassen worden sind, Beschlüsse oder Anordnungen im Sinne des Art. 93 der Verfassung werden.

7. Die am Tag des Inkrafttretens der Verfassung geltenden Akte des lokalen Rechtes und die Gemeindevorschriften werden Akte des lokalen Rechts im Sinne des Art. 87 Abs. 2 der Verfassung.

Artikel 242

Außer Kraft treten:

1) das Verfassungsgesetz vom 17. Oktober 1992 über die gegenseitigen Beziehungen zwischen der gesetzgebenden und der vollziehenden Gewalt der Republik Polen und über die örtliche Selbstverwaltung (Dz. U. 1995 nr 84, pos. 426, nr 38, poz. 184, nr 150 poz. 729 und Dz. U. 1996, nr 106, poz. 488),
2) das Verfassungsgesetz vom 23. April 1992 über die Verfahrensweise bei der Vorbereitung und der Verabschiedung der Verfassung der Republik Polen (Dz. U. nr 67, poz. 336 und Dz. U. 1994 nr 61, poz. 251).

Artikel 243

Die Verfassung der Republik Polen tritt drei Monate nach dem Tage ihrer Verkündung in Kraft.

Präsident der Republik Polen

Aleksander Kwaśniewski

Verfassungsorgane und ihre Kompetenzen

Zusammengestellt von Wojciech Jakubowski

Sejm

Struktur und Zuständigkeiten

Grundsatz des freien Mandats – Abgeordneter ist Vertreter des ganzen Volkes, an Aufträge und Weisungen nicht gebunden und nur seinem Gewissen unterworfen. Sejm setzt sich aus 460 Abgeordneten zusammen, die in: allgemeiner, gleicher, unmittelbarer, freier und geheimer Wahl gewählt werden. Wahl auf 4 Jahre (nach dem Verhältniswahlrecht).

Organe des Sejm

Sejmmarschall

leitet die Arbeiten des Sejm

Seniorenkonvent (Ältestenrat)

gewährleistet die Mitwirkung der Klubs hinsichtlich der Arbeiten im Sejm

Vertretung der Abgeordneten-klubs und -kreise

Im Klub (parlamentarische Fraktion) sind mindestens 15, und im Kreis (parlamentarische Gruppe) – 3 Abgeordnete

Präsidium

ordnet die Sitzungen des Sejm an und leitet die Arbeiten des Sejm

Zusammensetzung des Präsidiums: Marschall, stellvertretende Marschalls

Sejmausschüsse

bereiten vor und erörtern Themen, die Gegenstand der Sejm-Sitzungen sind

Ständige Ausschüsse
Ad hoc-Ausschüss (Sonderausschuss, Untersuchungsausschuss)

Funktionen des Sejm

Bestimmung der politischen Ordnung

Gesetzgebungsverfahren

Kontrolle- Kontrolle der Tätigkeit der Regierung und anderer Staatsorgane z.B. Untersuchungsausschüsse, Entgegennahme der Rechnungslegung über die Ausführung des Haushalts (Absolutorium), Anfragen und Interpellationen der Abgeordneten Beschluss über das Misstrauensvotum

Mitwirkung bei Ernennungen und Berufungen anderer Staatsorgane (Regierung, Verfassungsgerichtshof, Staatsgericht, Präsident der Obersten Kontrollkammer – mit Zustimmung des Senats, Beauftragter für Bürgerrechte – mit Zustimmung des Senats, Abgeordnete – Mitglieder des Landesrates der Gerichtsbarkeit, ein Teil des Landesrates für Rundfunk und Fernsehen, Präsident der Polnischen Nationalbank – auf Antrag des Präsidenten)

In Fragen der Sicherheit des Staates – kann den Beschluss über die Verhängung des Kriegsrechts fassen, stimmt – aufgrund des Beschlusses – der Verlängerung des Ausnahmezustandes, der vom Präsidenten angeordnet wurde, zu.

In auswärtigen Angelegenheiten gibt dem Präsidenten mittels eines Gesetzes die Zustimmung für die Ratifizierung bzw. Kündigung völkerrechtlicher Verträge, die eine finanzielle Belastung des Staates verursachen

Senat

Grundsatz des freien Mandats – der Senator ist der Vertreter des Volkes, an Aufträge und Weisungen nicht gebunden. 100 Senatoren, die in den Wahlkreisen für die Legislaturperiode des Sejm gewählt werden. Ein zweites Organ der gesetzgebenden Gewalt, neben dem Sejm

Organe des Senats

Marschall des Senats
Präsidium des Senats

Seniorenkonvent (Ältestenrat)

Senatsausschüsse

Funktionen des Senats

1. Gesetzgeberische Funktion: Mitwirkung am Gesetzgebungsverfahren

2. Kreative Funktion: Der Senat stimmt der Ernennung und Entlassung des Präsidenten der Obersten Kontrollkammer, der Berufung des Beauftragten für Bürgerrechte zu, wählt einen Teil des Landesrates für Rundfunk und Fernsehen

3. Andere Funktionen: Das Präsidium, die Ausschüsse und 30 Senatoren haben das Recht, die Feststellung der Verfassungsgemäßheit der Gesetze bzw. anderer Rechtsakte mit der Verfassung bzw. anderen Rechtsakten, vom Verfassungsgerichtshof zu beantragen.

Der Senat stimmt über die vom Präsidenten angeordnete Volksabstimmung ab.

Die Nationalversammlung

Sejm und Senat bilden die Nationalversammlung in den von der Verfassung bestimmten Fällen.

Verifizierende Funktionen:

1. Entgegennahme des Eids vom Präsidenten der Republik Polen

2. Erklärung einer dauerhaften Unfähigkeit des Präsidenten zur Amtsausübung aus gesundheitlichen Gründen

3. Anklage gegen den Präsidenten wegen Verletzung der Verfassung oder Gesetze oder wegen Begehung einer Straftat.

Der Präsident der Republik Polen

Staatsorgan der vollziehenden Gewalt

Staatsoberhaupt der Republik Polen

Völkerrechtlicher Vertreter der Republik Polen

Gewährsmann der Fortdauer der Staatsgewalt

Wacht über die Einhaltung der Verfassung

Hütet die Souveränität und die Sicherheit des Staates

Wahl des Präsidenten

In allgemeiner, gleicher, unmittelbarer und geheimer Wahl gewählt.

Passives Wahlrecht (Wählbarkeit) steht dem polnischen Bürgern zu, die das 35. Lebensjahr vollendet haben und bei den Sejmwahlen das volle Wahlrecht genießen.

Mehrheitswahlprinzip, d.h. der Kandidat muss eine absolute Stimmenmehrheit auf sich vereinigt haben

Zuständigkeiten des Präsidenten

Unterzeichnung der vom Sejm und Senat gebilligten Gesetze. Der Präsident sollte die Unterzeichnung binnen 24 Tage ab Vorlegung vollziehen. Er kann auch die Unterzeichnung verweigern und dem Sejm mit einem begründeten Antrag auf erneute Erörterung zurücksenden. Der Sejm kann das Veto des Präsidenten mit Dreifünftel der Stimmen ablehnen. Das Gesetz wird dann vom Präsidenten binnen 7 Tagen unterzeichnet.

Beantragung der Prüfung der Vereinbarkeit des Gesetzes mit der Verfassung beim Verfassungsgerichtshof.

Gesetzesinitiative
Im Falle desselben Gesetzes, steht dem Präsidenten entweder das Einspruchsrecht zu oder die Beantragung der Prüfung seiner Vereinbarkeit mit der Verfassung.

Auflösung des Sejms. Er ordnet die Wahlen zum Sejm und Senat an. Er nimmt an den Sitzungen beider Kammern teil, wenn er es für zweckmäßig hält. Er kann sich an den Sejm, an den Senat oder an die Nationalversammlung mit einer Botschaft wenden.

Ernennung des Ministerpräsidenten, Berufung des Ministerrates und Vereidigung der Mitglieder der neuberufenen Regierung; auch Annahme des Rücktritts des Ministerrates, Beauftragung des Ministerrates mit Aufgaben und Pflichten.

Einberufung des Kabinettsrates in Angelegenheiten von besonderer Bedeutung. Den Kabinettsrat bildet der Ministerrat, der unter der Leitung des Präsidenten berät. Dem Kabinettsrat stehen die Zuständigkeiten des Ministerrates nicht zu.

Erlass von Rechtsverordnungen und Anordnungen zum Zwecke der Ausführung des Gesetzes aufgrund der dem Präsidenten erteilten Vollmachten sowie Erlass von Verordnungen hinsichtlich der Ausführung seiner gesetzlichen Berechtigungen. Die Anordnungen und Verfügungen des Präsidenten bedürfen zu ihrer Gültigkeit der Gegenzeichnung durch den Ministerpräsidenten bzw. den zuständigen Minister. Die Ausnahme stellen die Prärogativen (eigene Berechtigungen) dar.

Beantragung der Prüfung der Vereinbarkeit der Normativakte mit der Verfassung beim Verfassungsgerichtshof.

Anordnung eines Referendums – mit Zustimmung des Senats – in Angelegenheiten von besonderer Bedeutung für den Staat.

Berechtigungen im Bereich der Außenpolitk: Ernennung und Entlassung der Vertreter der Republik Polen in anderen Staaten sowie die Annahme der Akkreditierung der Vertreter anderer Staaten, Ratifizierung und Ankündigung völkerrechtlicher Verträge

Ernennung der Richter auf Antrag des Landesgerichtsrates

Ernennung des Ersten Präsidenten sowie des Präsidenten des Obersten Gerichts, des Präsidenten des Verfassungsgerichtshofs und des Präsidenten des Obersten Verwaltungsgerichts

Der Präsident kann einen Antrag an den Verfassungsgerichtshof stellen, die Mitglieder der Regierung zur verfassungsgemäßen Rechenschaft zu ziehen.

Beantragung der Kontrolle durch die Oberste Kontrollkammer

Als oberster Vorgesetzte der Streitkräfte, ist er im Allgemeinen für die innere und äußere staatliche Sicherheit verantwortlich. Im Falle einer Bedrohung des Staates von außen, kann er den Kriegszustand verhängen und die Mobilisation anordnen; im Falle einer Naturkatastrophe oder einer Bedrohung der inneren Sicherheit des Staates kann er einen Ausnahmezustand entweder in einem Teil oder im ganzen Hohheitsgebiet einführen.

Im Einvernehmen mit dem Minister für Nationale Verteidigung ernennt er und entlässt den Chef des Generalstabs. Für die Kriegszeit ernennt er und entlässt den Obersten Befehlshaber der Streitkräfte.

Der Präsident als Staatsoberhaupt ist berechtigt, das Begnadigungsrecht anzuwenden, Orden und Auszeichnungen zu verleihen, die polnische Staatsbürgerschaft zu zuerkennen bzw. zu entziehen.

Die Regierung

Staatsorgan der vollziehenden Gewalt

Ministerrat

Der Ministerrat ist für die Innen- und Außenpolitik verantwortlich. Er leitet die gesamte Regierungsverwaltung, entscheidet in allen Angelegenheiten der Staatspolitik, die nicht kraft Verfassung bzw. Gesetze dem Präsidenten, anderen Organen der Regierungsverwaltung und der territorialen Selbstverwaltung vorbehalten sind.

Zusammensetzung

Ministerpräsident

Stellvertreter des Ministerpräsidenten

Minister

Vorsitzende der Ausschüsse und der Komitees, die eine Funktion der obersten Verwaltungorgane ausüben

im gleichen Verfahren wie die Regierung berufen (z.B. Vorsitzende des Komitees für wissenschaftliche Forschungen)

Besondere Aufgaben des Ministerrates

Gesetzesinitiative – bezüglich des Haushaltsgesetzes – das Alleinrecht – ; der Ministerrat kann auch dringende Gesetzesentwürfe vorlegen;

Gewährleistung der Ausführung der Gesetze; Erlassen der Verordnung zum Zwecke der Ausführung der Gesetze und aufgrund der erteilten Vollmachten; Erlassen der Verordnungen mit der Rechtskraft eines Gesetzes aufgrund der vom Sejm erteilten Vollmacht; Beschlussfassung im Umfang seiner verfassungsmäßigen Befugnis

Leitung, Koordinierung und Kontrolle der Tätigkeit anderer Organe der Staatsverwaltung, die der Ministerrat vor dem Sejm zu verantworten hat

Entwurf des Haushalts und anderer Finanzpläne des Staates sowie Gewährleistung deren Ausführung;

Aufsicht über die territoriale Selbstverwaltung;

Unterhält Beziehungen und schliesst Abkommen mit den Regierungen anderer Staaten und internationaler Organisationen ab

Gewährleistung der inneren-und äußeren Sicherheit des Staates

Die Verfassung bestimmt (zum ersten Mal) den Katalog der Zuständigkeiten des Ministerpräsidenten

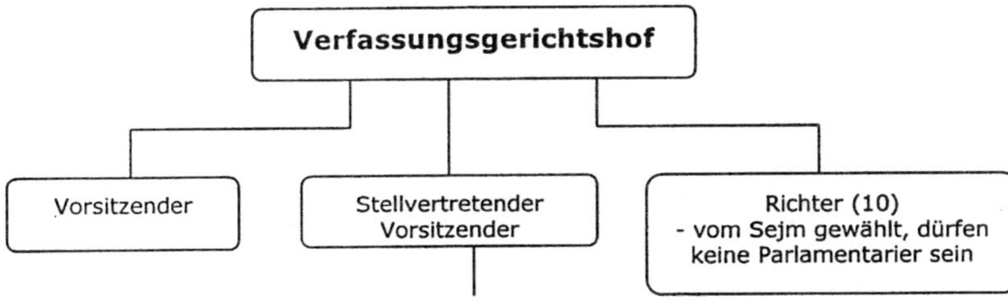

mit der Novelle zum Gesetz am 26.03.1982 eingeführt, den Aufgabenbereich regelt das Gesetz vom 29.04.1985 über den Verfassungsgerichtshof

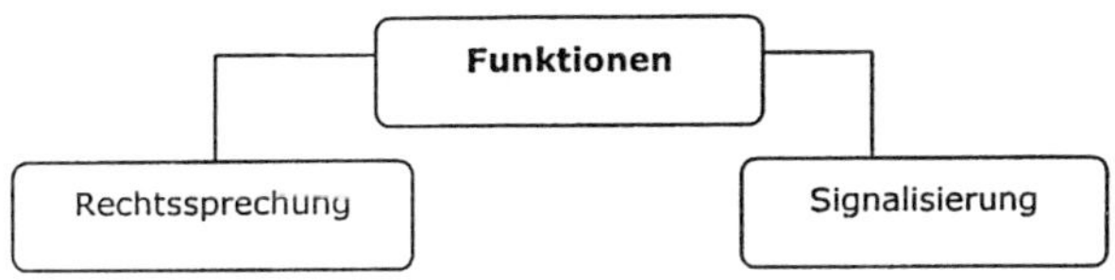

Der Verfassungsgerichtshof entscheidet über:

die Vereinbarkeit:der Rechtsvorschriften wie Gesetze, Dekrete, Verordnungen mit der Verfassung;

die Vereinbarkeit anderer Normativakte mit der Verfassung bzw. anderer dem Gesetz gleichen Rechtsvorschriften;

über die Delegalisierung von politischen Parteien kraft Gesetzes über die politischen Parteien;

Der Verfassungsgerichtshof unterbreitet den Staatsorganen Hinweise über die festgestellten Rechtsabweichungen und –lücken, die unbedingt behoben werden müssen, um die Kohäsion des polnischen Rechts gewährleisten zu können.

Der Staatsgerichtshof

Vorsitzender (Erster Präsident des Obersten Gerichts)

Stellvertreter des Vorsitzenden (2)

Mitglieder

Stellvertreter der Mitglieder (5)

Die Richter werden vom Sejm gewählt und dürfen keine Parlamentarier sein.

Zuständigkeiten:
Der Staatsgerichtshof entscheidet über die Verantwortung der Personen, die die höchsten Staatsfunktionen ausüben, wenn sie die Verfassung der Republik Polen bzw. die Gesetze während ihrer Amtszeit verletzt haben.

Eine verfassungsmäßige Verantwortung tragen:

Präsident der Republik Polen

Mitglieder des Ministerrates

Präsident der Obersten Kontrollkammer

Präsident der Polnischen Nationalbank

Oberbefehlshaber

Leiter der zentralen Behörden

Personen, die der Ministerpräsident mit der Leitung eines Ministeriums bzw. eines Zentralamtes beaufragt hat

Personen, die vor den Staatsgerichtshof treten müssen, können auch zur strafrechtlichen Verantwortung gezogen werden, wenn sie eine Straftat begangen haben

Der Präsident der Republik Polen wird auch vor dem Staatsgerichtshof zur Rechenschaft gezogen, falls er die Verfassung bzw. die Gesetze veletzt bzw. eine Straftat begangen hat.

Der Staatsgerichtshof entscheidet als Gericht der 1. Instanz (1+4) bzw. als Berufungsgericht (1+6, mit Ausnahme der Richter, die in der 1. Instanz entscheiden).

Die Oberste Kontrollkammer

Die Oberste Kontrollkammer wurde zum ersten Mal im Jahre 1919 berufen. In der Zweiten Republik Polen war sie ein von der Regierung unabhängiges Organ und dem Präsidenten der Republik Polen unterstellt. Im Jahre 1957 wurde sie wiederhergestellt und dem Sejm untergeordnet. Vom Jahre 1976 wurde sie dem Ministerrat unterstellt. Im Jahre 1980 wurde die Unabhängigkeit vom Ministerrat und die Unterordnung dem Sejm gegnüber wiederhergestellt. Oberste Kontrollkammer - ist das oberste Organ der staatlichen Kontrolle

Zusammensetzung:

Vorsitzende– wird vom Sejm für 6 Jahre Amtszeit gewählt. Er nimmt an den Sejmsitzungen teil und kann an den Sitzungen des Ministerrates teilnehmen

Stelltvertreter (4-6) – werden vom Sejmpräsidium auf Antrag des Vorsitzenden der Obersten Kontrollkamme ernannt und entlassen.

Kollegium der Obersten Kontrollkammer

Vorsitzender

Stellvertreter des Vorsitzenden

Generaldirektor

Mitglieder

Organisationsstrukturen der Obersten Kontrollkammer sind Abteilungen und Außenstellen.

Die Oberste Kontrollkammer kontrolliert die Tätigkeit der Organe der Regierungsverwaltung, der Polnischen Nationalbank, der staatlichen juristischen Personen und anderer staatlicher Organisationseinheiten.

Die Oberste Kontrollkammer kann die Tätigkeit anderer Organisationseinheiten und Wirtschaftssubjekte kontrollieren, wenn diese:

1. Auftragsarbeiten des Staates ausführen,
2. die öffentlichen Aufträge zugunsten des Staates bzw der territorialen Selbstverwaltung erfüllen,
3. Interventionsarbeiten oder öffentliche Arbeiten ausführen,
4. unter Einsatz vom Staats- bzw. dem kommunalen Eigentum handeln bzw. dieses Eigentum verwalten,
5. eine ausschließlich ihnen erteilte Hilfe, Garantien bzw. Bürgschaften des Staates bzw. der territorialen Selbstverwaltung in Anspruch nehmen,
6. finanzielle Verbindlichkeiten zugunsten des Staates leisten

Die Oberste Kontrollkammer überprüft die Durchführung des Staatshaushalts, die Finanz- und Vermögenswirtschaft der Kanzlei des Präsidenten, der Kanzlei des Sejm, der Kanzlei des Senats, des Verfassungsgerichtshofs, des Beauftragten für Bürgerrechte und des Landesrates für Rundfunk und Fernsehen, des Landeswahlbüros, des Obersten Gerichts, des Obersten Verwaltungsgerichts und der Staatlichen Arbeitsinspektion.

Die Kontrolle der Tätigkeit der territorialen Selbstverwaltung im Bereich der Erfüllung eigener Aufgaben wird unter dem Gesichtspunkt der Legalität, Wirtschaftlichkeit und Redlichkeit überprüft.

Der Beauftragte für Bürgerrechte (der Ombudsmann)

Die Institution des Beauftragten für Bürgerrechte wurde im Jahre 1987 errichtet.
Der Beauftragte für Bürgerrechte ist eine Einmann-Institution mit einer sehr großen Unabhängigkeit.

Der Beauftragte für Bürgerrechte wird vom Sejm, mit Zustimmung des Senats, auf Antrag des Sejmmarschalls bzw. von 35 Abgeordneten, bestellt.
Die Amtszeit beträgt 5 Jahre.

Aufgabenbereich:

Der Beauftragte für Bürgerrechte

nimmt die Rechte und Freiheiten der Bürger gegenüber den Behörden wahr,

ersetzt keine Gerichte bzw. Verwaltungsbehörden , unternimmt Handlungen grundsätzlich nach Erschöpfung sämtlicher Rechtsmittel

Der Beauftragte für Bürgerrechte kann an die zuständigen Organe Beurteilungen, Gutachten, Bemerkungen, Postulate formulieren, die den Schutz der Rechte und Freiheiten der Bürger betreffen.

Der Beauftragte für Bürgerrechte, indem er ein Verfahren durchführt, kann:

jeder Sache vor Ort nachgehen;

Erklärungen fordern;

Informationen verlangen;

beim Verfassungsgerichtshof die Unvereinbarkeit gesetzgeberischer und anderer Vorschriften mit der Verfassung und Gesetzen fesstellen lassen;

beim Verfassungsgerichtshof die Bestimmung der allgemein geltenden Auslegung des Rechts beantragen;

Rechtsanfragen an das Oberste Gericht und das Oberste Verwaltungsgericht richten;

Landesrat für Rundfunk und Fernsehen

Ein Organ, das aufgrund des Gesetzes vom 19.12.1992 berufen wurde, und das für den Rundfunk und Fernsehen zuständig ist. Der Landesrat für Rundfunk und Fernsehen gewährleistet die Meinungsäußerungs- und Informationsfreiheit sowie das öffentliche Interesse an Rundfunk und Fernsehen. Seine Mitglieder werden von: dem Sejm, dem Senat und dem Präsidenten berufen. Der Rat bestellt aus seinen Mitgliedern und den Vorsitzenden. Die Amtszeit der Mitglieder beträgt 6 Jahre, dabei beenden ein Drittel der Mitglieder die Amtszeit je 2 Jahre.

Aufabenbereich

1. Das Entwerfen der Richtungen der Politik des Staates im Bereich des Rundfunks und Fernsehens im Einvernehmen mit dem Ministerpräsidenten.
2. Die gesetzmäßige Bestimmung der Bedingungen für die Tätigkeit der Sender.
3. Die Erteilung der Konzessionen.
4. Die gesetzliche Beaufsichtigung der Tätigkeit der Sender
5. Die Organisierung der Untersuchungen zum Inhalt und den Empfangsquoten.
6. Die Bestimmung der Abonnements-, Konzessionsgebühren und der Gebühren für die Registereintragung.
7. Die Bewertungen der Gesetzesentwürfe und der internationalen Verträge über Rundfunk und Fernsehen
8. Die Förderung des wissenschaftlich-technischen Fortschritts und der Weiterbildung des Personals des Rundfunks und Fernsehens.
9. Die Zusammenarbeit mit dem Ausland und die Förderung dieser Zusammenarbeit im Bereich Rundfunk und Fernsehen.

Parlamentswahlergebnisse 1989–1997

Parlamentswahlergebnisse 1989
(Mandatsverteilung)

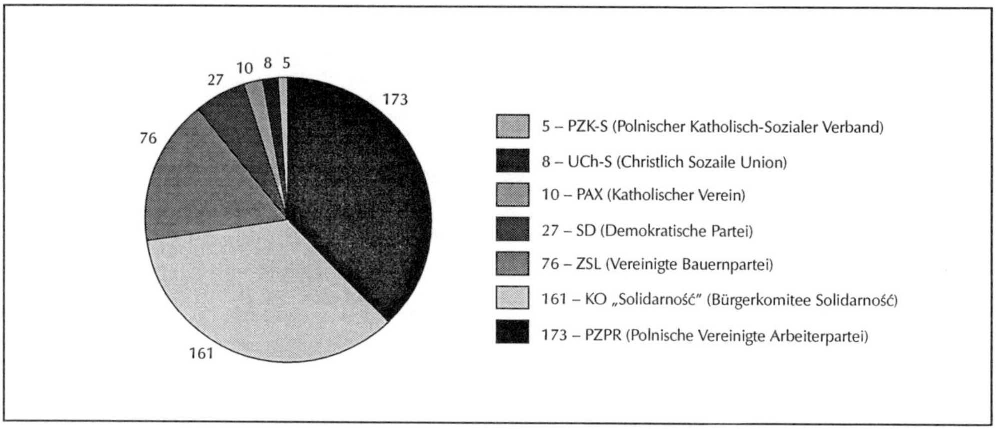

Parlamentswahlergebnisse 1991
(Mandatsverteilung)

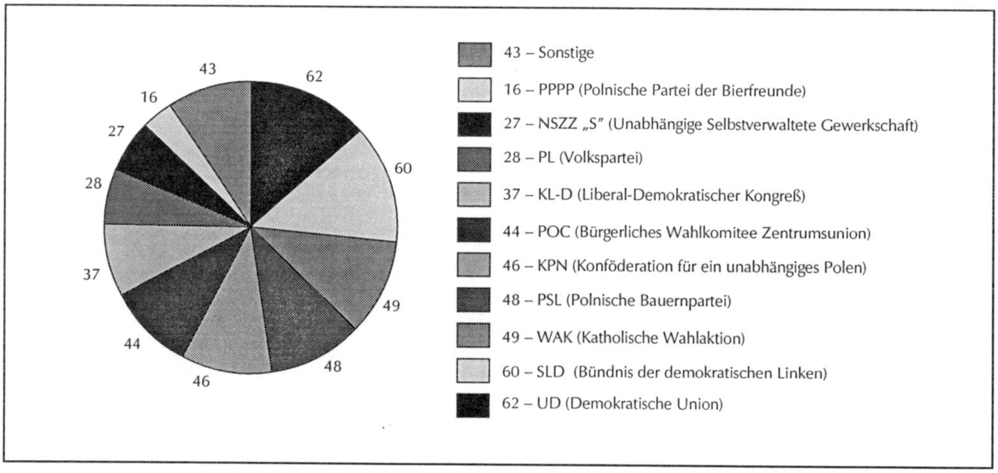

Parlamentswahlergebnisse 1993
(Mandatsverteilung)

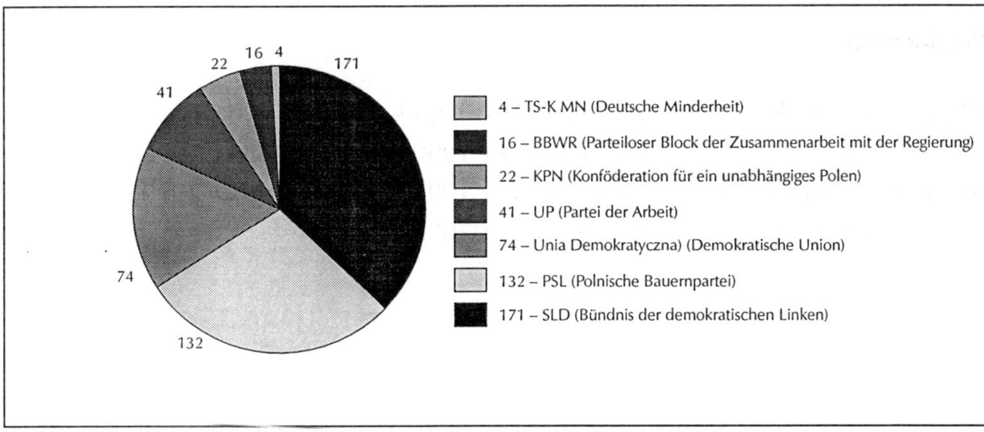

Parlamentswahlergebnisse 1997
(Mandatsverteilung)

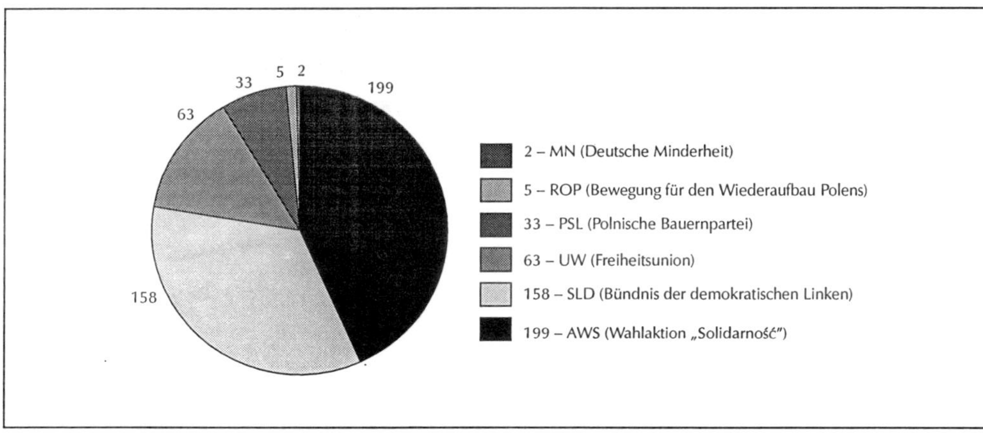

Präsidenten und Regierungen der III Republik

Präsidenten

Wojciech Jaruzelski	19. Juli 1989 – 22. Dezember 1990
Lech Wałęsa	22. Dezember 1990 – 22. Dezember 1995
Aleksander Kwaśniewski	23. Dezember 1995 – 23. Dezember 2000
Aleksander Kwaśniewski	23. Dezember 2000 –

Regierungen

Tadeusz Mazowiecki	12. September 1989 – 14. Dezember 1990
Jan Krzysztof Bielecki	12. Januar 1991 – 5. Dezember 1991
Jan Olszewski	23. Dezember 1991 – 5. Juni 1992
Waledemar Pawlak	5. Juni 1992 – 10. Juli 1992 (ohne Regierungsbildung)
Hanna Suchocka	11. Juli 1992 – 18. Oktober 1993
Waldemar Pawlak	26. Oktober 1993 – 4. März 1995
Józef Oleksy	7. März 1995 – 7. Februar 1996
Włodzimierz Cimoszewicz	7. Februar 1996 – 17. Oktober 1997
Jerzy Buzek	31. Oktober 1997 –

Abkürzungsverzeichnis

AK	Armia Krajowa (Landesarmee)
AL	Armia Ludowa (Volksarmee)
AWS	Akcja Wyborcza Solidarność (Wahlaktion „Solidarność")
BBWR	Bezpartyjny Blok Współpracy z Rządem (Parteiloser Block der Zusammenarbeit mit der Regierung)
Dz.U.	Dziennik Ustaw Rzeczypospolitej Polskiej (Gessetzblatt der Republik Polen)
FJN	Front Jedności Narodu (Front der Nationalen Einheit)
GUS	Główny Urząd Statystyczny (Statistisches Hauptamt)
KdR	Koalicja dla Rzeczypospolitej (Koalition für die Republik)
KIK	Klub Inteligencji Katolickiej (Klub der katholischen Intelligenz)
KLD	Kongres Liberalno-Demokratyczny (Liberal-Demokratischer Kongreß)
KOR	Komitet Obrony Robotników (Komitee zur Verteidigung der Arbeiter)
KPN	Konfederacja Polski Niepodległej (Konföderation des Unabhängigen Polen)
KPP	Konfederacja Pracodawców Polskich (Konföderation der Polnischen Arbeitgeber)
KRRiTV	Krajowa Rada Radiofonii I Telewizji (Landesrat für Rundfunk und Fernsehen)
NBP	Narodowy Bank Polski (Polnische Nationalbank)
NIK	Najwyższa Izba Kontroli (Oberste Kontrollkammer)
NSZZ	Niezależne Samorządne Związki Zawodowe (Unabhängige Selbstverwaltete Gewerkschaften)
OPZZ	Ogólnopolskie Porozumienie Związków Zawodowych (Gesamtpolnische Gewerkschaftsverständigung)
PC	Porozumienie Centrum (Zentrumsunion)
PRL	Volksrepublik Polen
PSL	Polskie Stronnictwo Ludowe (Polnische Volks(Bauern)partei)
PZPR	Polska Zjednoczona Partia Robotnicza (Polnische Vereinigte Arbeiterpartei)
ROP	Ruch Odbudowy Polski (Bewegung für den Wiederaufbau Polens)
SD	Stronnictwo Demokratyczne (Demokratische Partei)
SdRP	Socjaldemokracja Rzeczypospolitej Polski (Sozialdemokratie der Republik Polen)
SLD	Sojusz Lewicy Demokratycznej (Bündnis der demokratischen Linken)
UD	Unia Demokratyczna (Demokratische Union)
UP	Unia Pracy (Partei der Arbeit)
UW	Unia Wolności (Freiheitsunion)
VRP	Volksrepublik Polen
WAK	Wyborcza Akcja Katolicka (Katholische Wahlaktion)
ZChN	Zjednoczenie Chrześcijańsko-Narodowe (Christlich Nationale Vereinigung)

Autoren und Herausgeber

Tadeusz Bodio,
Prof. Dr. habil., wissenschaftlicher Mitarbeiter, Fachbereich Philosophie und Soziologie der Politik am Institut für Politische Wissenschaften der Warschauer Universität

Ryszard Chruściak,
Dr. wissenschaftlicher Mitarbeiter, Fachbereich für Politische Systeme am Institut für Politische Wissenschaften

Jan Garlicki,
Prof. Dr. habil., wissenschaftlicher Mitarbeiter, Fachbereich Philosophie und Soziologie der Politik am Institut für Politische Wissenschaften, Direktor des Zentrums für Empirische Forschung „Indicator"

Leszek Graniszewski,
Wissenschaftlicher Mitarbeiter, Fachbereich für Politische Systeme am Institut für Politische Wissenschaften

Izabela Malinowska,
Dr., Fachbereich für Politische Systeme am Institut für Politische Wissenschaften, Stellvertretende Direktorin der Institutes für Politische Wissenschaften an der Warschauer Universität

Tadeusz Mołdawa,
Prof. Dr. habil., Wissenschaftlicher Mitarbeiter, Fachbereich für Politische Systeme am Institut für Politische Wissenschaften, ehemaliger Dekan der Fakultät für Journalistik und Politische Wissenschaften, Direktor des Instituts für Politische Wissenschaften an der Warschauer Universität

Grzegorz Rydlewski,
Dr., Wissenschaftlicher Mitarbeiter, Fachbereich für Politische Systeme am Institut für Politische Wissenschaften, ehemaliger Staatssekretär und Chef der Kanzlei des Vorsitzenden des Ministerrates und Sekretär des Ministerrates

Barbara Rysz-Kowalczyk,
Dr. habil., Direktorin des Instituts für Sozialpolitik an der Warschauer Universität

Tomasz Slomka,
Wissenschaftlicher Mitarbeiter, Fachbereich für Politische Systeme am Institut für Politische Wissenschaften

Stanislaw Sulowski,
Dr., Fachbereich Philosophie und Soziologie der Politik am Institut für Politische Wissenschaften, Stellvertretender Direktor der Institutes für Politische Wissenschaften an der Warschauer Universität, Präses des Vorstandes der Stiftung „Politeja"

Konstanty Adam Wojtaszczyk,

Prof. Dr. habil., ehemaliger Direktor des Instituts für Politische Wissenschaften an der Warschauer Universität, Dekan der Fakultät für Politologie an der Humanistischen Hochschule in Pultusk, Vorsitzender des Komitees für Wissenswettbewerb über Polen und die gegenwärtige Welt

Eugeniusz Zielinski,

Prof. Dr. habil., Fachbereich für Politische Systeme am Institut für Politische Wissenschaften, ehemaliger Direktor des Instituts für Politische Wissenschaften, Mitglied der Staatlichen Kommission für Wissenschaftliche Grade und Titel.